互联网平台
智能风控实战

王永会 / 著

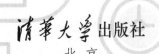

清华大学出版社
北京

内 容 简 介

风控是互联网平台业务的重要环节。随着业务的迅速发展，黑灰产问题逐渐突出，大数据和人工智能技术的普及为智能风控提供了强力支撑。本书以作者实践经验和总结为基础，介绍了搭建智能风控系统对抗黑灰产的方法。全书共10章，按如下思路组织内容：

（1）**认识问题**：第1章介绍常见的黑产类型，解密黑产运转的内幕，带读者认识建立风控体系的必要性。

（2）**分析问题**：第2章分析风险范围和种类，提出智能风控的系统框架和需要的各项能力，从整体上介绍智能风控系统，避免一开始就陷入技术细节。

（3）**解决问题**：包括第3~8章，介绍搭建智能风控系统需要的软硬能力，包括理解业务和避免过度黑盒的实用方法、数据建设、常用技术手段（监督学习、迁移学习、GNN等）、量化评估和可视化效果呈现。

（4）**总结与展望**：包括第9章和第10章，总结搭建智能风控系统的注意事项，简单展望智能风控技术的发展趋势和前景。

本书内容源自作者的工作实践和经验总结，适合风控从业人员（技术管理者、分析师、算法工程师、产品经理）以及其他对互联网风控感兴趣的人员阅读。

本书封面贴有清华大学出版社防伪标签，无标签者不得销售。
版权所有，侵权必究。举报：010-62782989，beiqinquan@tup.tsinghua.edu.cn。

图书在版编目（CIP）数据

互联网平台智能风控实战 / 王永会著. —北京：清华大学出版社，2022.1
ISBN 978-7-302-59434-5

Ⅰ.①互… Ⅱ.①王… Ⅲ.①网络公司－风险管理－研究 Ⅳ.①F490.6

中国版本图书馆CIP数据核字(2021)第225964号

责任编辑：王中英
封面设计：郭　鹏
责任校对：胡伟民
责任印制：宋　林

出版发行：清华大学出版社
　　　　　网　　址：http://www.tup.com.cn, http://www.wqbook.com
　　　　　地　　址：北京清华大学学研大厦A座　　**邮　　编**：100084
　　　　　社 总 机：010-62770175　　**邮　　购**：010-83470235
　　　　　投稿与读者服务：010-62795954，jsjjc@tup.tsinghua.edu.cn
　　　　　质 量 反 馈：010-62772015，zhiliang@tup.tsinghua.edu.cn
　　　　　课 件 下 载：http://www.tup.com.cn，010-83470236
印 装 者：三河市铭诚印务有限公司
经　　销：全国新华书店
开　　本：185mm×260mm　　**印　　张**：24.25　　**字　　数**：595千字
版　　次：2022年1月第1版　　**印　　次**：2022年1月第1次印刷
定　　价：99.00元

产品编号：089197-01

推荐语

随着现代互联网科技的发展，以互联网平台为支撑的业务遍地开花，由此引发的黑色产业不断滋生，营销、欺诈、信用风险等方面都面临一定的挑战，如何建立并迭代企业的智能风控体系显得尤为重要。

《互联网平台智能风控实战》一书全面介绍了风控体系建立的背景、如何理解业务场景、数据的处理流程、常用风控手段以及实际案例，从系统开发到业务实践，全方位展示了智能风控系统在互联网平台的实战应用，深入浅出并系统地讨论了智能风控体系进化历史和发展全景，对于想要快速了解智能风控的从业人员是一本难得的参考书，同时对于业务及研发人员具有很好的参考和借鉴价值。

耿艳坤，顺丰速运集团 CTO、顺丰科技 CEO

《互联网平台智能风控实战》一书侧重讲解搭建智能风控系统的思路框架，引导读者从全局视野了解风控，从业务全流程去思考，采用多种技术路径去实施，并归纳出智能风控管理应做到全链路覆盖、依托丰富的大数据、从业务源头上减少风险、灵活管控，非常具有参考价值。

唐会军，数美科技 CEO

在互联网的江湖里，黑灰产是一股神秘又恼人的力量，而与黑灰产的对抗又是互联网平台无法回避的问题。《互联网平台智能风控实战》一书结合作者多年的一线作战经验，给出了一整套与黑灰产对抗的智能风控体系，既能从技术手段给出实操建议，又能跳出技术，从更高视角来理解风控，从整体上思考解决方案，相信会给读者带来有益的启发。

巴川，竞技世界首席数据科学家、CCFTF 数据科学 SIG 主席随着互联网领域技术的快速发展，网络黑灰产已经形成成熟的产业链。据测算，网络黑产从业人员已过百万，市场规模达到千亿元级别。同时，黑产技术和风控手段也在随着攻防对抗过程不断演变，虽然有关黑产以及攻防技术的文章发表不少，但是都缺乏系统性。《互联网平台智能风控实战》一书作者长年在一线工作，在同黑产对抗中积累了丰富的实战经验，对黑色产业链有着深入的研究和总结。本书首先介绍了黑色产业链，然后从业务、数据、规则防控、实战、评估、平台等维度系统讲解了对应的风控解决方案，深入浅出，是当下业务安全领域少有的专业图书，非常值得一读。

陈成，快手业务安全负责人

推荐序一

在硝烟四起的互联网平台大战结束之后,留给人们最深的印象可能就是无处不在、越来越多的平台补贴了。商家收获了潮水般突然涌来的用户,用户体验到了远高于价格的超值服务,平台快速扩大了市场占有率,投资人眼看着公司估值节节攀升——大家似乎各取所需,皆大欢喜。然而,盛宴之后很少有人会真正关心互联网产业的长期健康发展,更少有人会认真思索如何借助基于数据和算法的先进技术手段,去挤出繁荣里的虚假泡沫,维护平台上的良性增长。

在《互联网平台智能风控实战》一书中,作者基于自己在一线互联网平台公司的长期实战经验,帮助大家建立起一套科学地收集、加工、评测和呈现大数据的智能风控方法论,能够指导工作在互联网行业不同场景下的业务、产品和研发人员,能够更加及时、精准和全面地掌握商业活动的真实状况,制定更能贴合实际的商业决策。在当今互联网平台经济迅猛发展的风口浪尖,本书所倡导的"技术要理解业务、服务产品"的思路,将能从根本上有效对抗黑产风气,最终带来整个行业的有序发展。

智能风控技术虽然来源于数据和算法,但又不限于冷冰冰的规则和指标。风控技术对抗的是利益背后的人性。相信读者们能够从本书的实战经验中,体会到那一场场攻防对抗战之下隐藏的复杂利益关系和算计取舍。智能风控之所以能够有效地建立起保护正常商业行为、促进合理商业生态屏障的逻辑,最终依赖的也是技术专家在设计模型与系统时,综合考虑数据的价值、损益的平衡、信息的隐藏和权力的制约,等等,这些都是需要反复博弈的因素,也是本书最引人入胜的地方。

所谓魔高一尺、道高一丈,互联网平台上的智能风控战争永远不会有终结的一天,不过这也是这项事业最让人着迷的一点。希望大家跟随作者对智能风控技术发展趋势的解读,更加深刻地理解这门学问中需要反复揣摩的门道,在未来更为广阔的数据安全治理空间中,创造更大价值,发现更多商机。

蒋凡,京东科技集团智能城市副总裁、《智能增长》作者

推荐序二

为什么互联网平台需要智能风控？智能风控是什么？如何系统化地构建智能风控体系以应对平台运营中面临的各种风险挑战？这三个问题不仅需要我们从理论层面去探索和研究，更需要我们从各互联网平台的业务实践中去总结和认识。

互联网的发展极大地推动了我国数字经济的发展，与此同时，平台在拉新、留存促活、交易、内容生产与传播等运营环节也面临着越来越严峻的欺诈风险。黑产遍布在互联网的各个领域，无论一个平台提供的是什么样的产品服务，都会成为黑产的套利目标。

如果平台做拉新活动，黑产就会造大量的虚假账号"卖"给平台；如果平台做促活活动，黑产就会造大量的虚假活跃"卖"给平台；在下单交易中，黑产可能采用盗刷、恶意退款等方式，让平台货、款两空；如果平台上存在有价值的数据，黑产就会盗爬数据并进行倒卖；如果平台存在榜单，黑产就会通过提供"刷榜"服务来获利；如果平台存在UGC，黑产就会通过发送大量违法诈骗广告进行套利。总之，对于黑产来说，产品是什么不重要，利益才是唯一的思考角度。面对每天金额庞大的损失，对平台来说打击黑产刻不容缓。

最近几年，网信办对互联网行业监管趋严，重拳打击了很多涉政治敏感、黄赌毒以及三俗内容的产品。互联网不是法外之地，在此背景下，加强互联网平台业务和内容风控意识，建立完善的风控制度，构建以反欺诈反垃圾为核心的风控系统和机制显得尤为重要。而互联网的飞速发展也让我们清醒地认识到，对于不同规模、不同实力及处于不同经济发展水平的平台来说，风控的侧重点、切入点及路径也应有所不同。平台需要从自身条件出发，制定适合自身情况的规划。

本书侧重讲解搭建智能风控系统的思路框架，引导读者从全局视野了解风控，从业务全流程去思考，采用多种技术路径去实施，并归纳出智能风控管理应做到全链路覆盖、依托丰富的大数据、从业务源头上减少风险、灵活管控。

本书分为10章，从黑产、解决方案、业务、数据、模型、应用、工具、痛点、挑战与未来等角度，对互联网平台智能风控进行了精辟的总结分析。

最后，特别感谢王永会先生邀请我为本书写序，数美科技作为一家专业的在线业务风控解决方案服务商，将持续关注智能风控领域，为塑造智能风控商业价值和实现健康向上的互联网生态贡献微薄的力量。

唐会军，数美科技 CEO

前　言

互联网平台业务发展迅猛，产品迭代以快节奏见长，营销推广多以线上为主，这些特点是平台业务的优势，同时也深受黑灰产的喜爱。黑灰产有发达完善的情报和监控体系，也有成熟配套的刷量工具和研发资源，任何产品的漏洞和玩法都会被黑灰产在短时间内研究得明明白白，刷量一触即发。

本书所讲的风控面向的就是与黑灰产对抗的问题。时至今日，黑灰产已经发展得非常成熟，软件架构和基础工具都能够根据不同产品和业务快速调整定制。反观风控，在不少中小企业中遇到刷量问题时，既无风控人员又无风控措施，只能临时抱佛脚，花费人力、物力不停地趟路，研究对抗之法。实际上很多大型互联网公司早已积累沉淀了成熟的方法论，但由于风控内容较为隐秘，无法较为直白地系统化描述。本书试图通过笔者在实践中的一些经验体会，讲述构建智能风控系统的粗略框架，希望能够给还在趟路的从业人员提供参考。

本书不追求具体潮流的某个技术、某个模型来解决单个具体案例，而是强调搭建智能风控系统的思路框架，引导读者从整体上思考解决方案，从更高的视角来理解风控。全书共 10 章，按照如下思路组织内容：

（1）**认识问题**：第 1 章介绍常见的黑产类型，解密黑产运转的内幕。

（2）**分析问题**：第 2 章提出智能风控的系统框架和需要的各项能力，从整体上介绍智能风控系统，承上启下。

（3）**解决问题**：包括第 3~8 章，介绍搭建智能风控系统需要的软硬能力，包括理解业务和避免过度黑盒的实用方法、数据建设、常用技术手段、量化评估和可视化效果呈现。

（4）**总结与展望**：包括第 9 章和第 10 章，总结搭建智能风控系统的注意事项，简单展望智能风控技术的发展趋势和前景。

书中第 6 章介绍了一些场景和案例，一方面便于读者更好地理解技术手段的应用，另一方面也想通过这些案例说明一个问题：任何一个被黑产盯上的场景，想要彻底解决问题，都需要多手段、全链路地防控。书中多次强调数据打通，有些案例的解决方案读者可能会觉得有些别扭，原因就在于数据无法获取。笔者认为大数据的维度丰富性一定程度上需要跨产品跨平台的数据打通才能做到，体现到业务上就需要全链路的防控，全链路防控也是避免单节点不断暴露问题的必经之路；而智能则只是把大数据的维度发挥出来的一个技术手段。

  在写作之初，笔者信心满满。写到中间处，已觉自己站在愚昧之巅，随着在工作中认知的不断变化，书中内容写了删、删了又写，一度进入绝望之谷。书中内容多是自身体会，难免有认知错误之处，恳请广大读者批评指正。

  书中很多想法的落实，离不开领导和团队成员的大力支持，在此诚挚感谢耿艳坤、崔代锐、蒋凡、戴少伟的指导和培养，感谢刘梦宇、谭星、徐龙飞、魏尧、李子杰、田会会、张正龙等兄弟们的努力和贡献。起笔容易，坚持不易，时间和精力有限，感谢家人的理解和支持。

  谨以此书献给我的孩子。虽然书中内容还有很多可完善之处，虽然拖拖拉拉持续了很长时间，但最终还是坚持写完了，希望你长大以后能克服惰性、坚持长期主义，不要贪图瞬时满足感，哪怕学个滑板车，想要灵活自如地滑行也需要长久地多多练习。

王永会
2021 年 10 月

目 录

第 1 章 解密黑产

1.1 认识黑产 / 2
    1.1.1 黑产的危害 / 2
    1.1.2 黑产的产生 / 4
    1.1.3 黑产的类型 / 5
    1.1.4 黑色产业链 / 6
    1.1.5 黑产的焦点 / 9
1.2 黑产运作 / 10
    1.2.1 外卖领域的黑产运作 / 11
    1.2.2 出行领域的黑产运作 / 13
    1.2.3 金融领域的黑产运作 / 14
    1.2.4 黑产的特点 / 15
1.3 黑产技术演变 / 16
    1.3.1 风险控制的发展阶段 / 16
    1.3.2 黑产的发展阶段 / 17

第 2 章 风控解决方案

2.1 风险的范围和种类 / 20
    2.1.1 风险的范围 / 20
    2.1.2 风险的种类 / 20
2.2 风控的团队配备 / 21
2.3 智能风控的技术思路 / 23
    2.3.1 智能风控的定义 / 23
    2.3.2 设备指纹 / 23
    2.3.3 规则引擎 / 25
    2.3.4 监督学习模型 / 28
    2.3.5 无监督学习模型 / 30
    2.3.6 知识图谱 / 36
    2.3.7 深度学习 / 37
    2.3.8 联防联控 / 39
    2.3.9 系统化解决方案 / 41
2.4 风控系统框架实例 / 44
    2.4.1 外卖风控系统框架 / 44
    2.4.2 电商风控系统框架 / 45
    2.4.3 金融风控系统框架 / 47
    2.4.4 视频风控系统框架 / 49
    2.4.5 小结 / 50
2.5 智能风控系统的构建要点 / 50

第 3 章
核心：理解业务、服务于产品

- 3.1 风控、业务和产品 / 54
  - 3.1.1 风控工作的生存困境 / 54
  - 3.1.2 如何理解业务 / 55
  - 3.1.3 业务理解的认知表现 / 56
  - 3.1.4 业务理解的行动表现 / 58
  - 3.1.5 数据和模型论 / 60
  - 3.1.6 理解业务的风控实例 / 61
- 3.2 风控需要被理解 / 62
  - 3.2.1 模型可解释性 / 63
  - 3.2.2 全局解释 / 64
  - 3.2.3 模型相关的解释方法 / 72
  - 3.2.4 模型无关的解释方法 / 75
- 3.3 引导型风控 / 87

第 4 章
关键：数据的重要性

- 4.1 数据的价值 / 91
- 4.2 大数据风控误区 / 92
  - 4.2.1 大数据风控污名化 / 92
  - 4.2.2 被忽视的数据质量问题 / 93
  - 4.2.3 大数据并不"大" / 93
- 4.3 数据的搜集 / 94
  - 4.3.1 数据源 / 94
  - 4.3.2 埋点采集 / 95
- 4.4 风控数仓 / 97
  - 4.4.1 风控数据流程 / 97
  - 4.4.2 大宽表与数据指标 / 100
- 4.5 特征工程 / 102
  - 4.5.1 特征构造 / 102
  - 4.5.2 特征加工处理 / 103
  - 4.5.3 特征选择和降维 / 107
- 4.6 案例 / 114
  - 4.6.1 一个简单的例子 / 114
  - 4.6.2 Kaggle 比赛的例子 / 117
- 4.7 风控的数据输出 / 118
- 4.8 数据可视化分析 / 120

第 5 章
手段：规则、模型和监控

- 5.1 设备指纹 / 124
  - 5.1.1 Hook 机制 / 125
  - 5.1.2 反 Hook / 128
  - 5.1.3 设备指纹技术 / 131
  - 5.1.4 模拟器 / 135
  - 5.1.5 群控/云控系统 / 138
- 5.2 规则引擎 / 141
  - 5.2.1 规则引擎的总体架构 / 141
  - 5.2.2 规则引擎的核心技术 / 143
- 5.3 风控模型方法 / 146
  - 5.3.1 评分卡 / 146
  - 5.3.2 监督学习模型 / 155
  - 5.3.3 样本不均衡处理策略 / 158
  - 5.3.4 PU Learning / 173
  - 5.3.5 主动学习和迁移学习 / 175
  - 5.3.6 社区发现 / 178
  - 5.3.7 异构网络的密集子图挖掘 / 190
  - 5.3.8 图神经网络（GNN）/ 200

         5.3.9　知识图谱 / 210
         5.3.10　其他算法模型 / 218
　5.4　监控 / 220
         5.4.1　大盘指标监控 / 221
         5.4.2　规则监控 / 222
         5.4.3　模型稳定性监控 / 224
         5.4.4　变量级监控 / 228
         5.4.5　情报和舆情监控 / 230

第 6 章
场景：反制手段的应用

　6.1　系统性防御 / 233
　6.2　刷销量、好评、排名、榜单 / 234
         6.2.1　背景 / 235
         6.2.2　技术手段 / 237
         6.2.3　案例 / 240
　6.3　刷红包、优惠券 / 243
         6.3.1　背景 / 243
         6.3.2　技术手段 / 245
         6.3.3　案例 / 245
　6.4　刷团伙、群控、BC 联合套现 / 255
         6.4.1　背景 / 256
         6.4.2　技术手段 / 257
         6.4.3　案例 / 259
　6.5　虚假商户、虚假申请、虚假账号、多角色联合的虚假孤岛 / 274
         6.5.1　背景 / 275
         6.5.2　技术手段 / 275
         6.5.3　案例 / 276
　6.6　刷广告、渠道推广 / 282
         6.6.1　背景 / 284
         6.6.2　技术手段 / 286
         6.6.3　案例 / 291
　6.7　舞弊刷业绩——销售 / 296
         6.7.1　背景 / 296
         6.7.2　技术手段 / 298
         6.7.3　案例 / 299
　6.8　内容风险 / 311
         6.8.1　背景 / 312
         6.8.2　技术手段 / 312
         6.8.3　案例 / 313
　6.9　物流作弊 / 320
         6.9.1　背景 / 320
         6.9.2　技术手段 / 321
         6.9.3　案例 / 322
　6.10　分角色治理 / 323

第 7 章
评估：损失与收益的平衡

　7.1　评估的意义和困难 / 327
　7.2　评估指标 / 328
         7.2.1　有明确样本集的评估 / 328
         7.2.2　无明确样本集的评估 / 332
　7.3　样本来源 / 335
　7.4　A/B 测试 / 336
         7.4.1　A/B 测试原理 / 336
         7.4.2　风控中的 A/B 测试 / 337
　7.5　损失与收益评估 / 338
         7.5.1　业务损失和收益评估 / 338
         7.5.2　风控视角的损失和收益评估 / 339
         7.5.3　实施方法 / 339

第 8 章
管理平台：直观的可视化工具和管控工具

8.1 管理平台的重要性 / 342
8.2 可视化看板 / 343
8.3 可解释性与可视化 / 347
8.4 查询分析平台 / 354
8.5 监控和引擎配置平台 / 356
8.6 其他工具 / 357
8.7 小结 / 358

第 9 章
风控的挑战与智能风控系统的搭建原则

9.1 风控的痛点与挑战 / 360
9.2 搭建智能风控系统的原则 / 362
9.3 搭建智能风控系统的注意事项 / 364

第 10 章
风控的未来技术

10.1 未来的技术趋势 / 370
10.2 智能风控公司的机遇 / 373

第 1 章
解密黑产

这是一个最好的时代。互联网如此普及,市场有无限可能,大量的创业公司崛起,生活服务无不能连接到互联网,让人有了更多想象。这也是最坏的时代。伴随着新型业务的出现和增长,黑色产业(以下简称黑产或黑灰产,本书不对黑产和灰产做具体区分)正在野蛮生长,而每个企业在初期都会缺乏风险控制意识,都曾为此付出过沉重代价,Uber 打车、拼多多、ofo、外卖、无数的 P2P 平台、无数的广告主……

1.1 认识黑产 <<<

羊毛党、水军、僵尸粉，这些都是大众熟悉的黑产，因为他们能够被大众接触到或者感触到。然而黑产远不只这些，他们早已经形成了庞大的产业，始终紧盯着企业营销运营的手段，并让企业付出巨额代价。

1.1.1 黑产的危害

据不完全统计，中国网络的黑色产业规模已达千亿元的级别，手段五花八门，刷单让平台防不胜防，因被刷单而导致重大损失的案例举不胜举。图 1.1~ 图 1.4 分别是 Uber、外卖、ofo、消费金融被黑产侵蚀的例证。从中可以看出，刷单黑产已给企业造成严重的经济损失，刷单严重者，每日给企业造成的损失高达千万元，对于很多创业阶段的小企业来说，可谓致命一击。为此，国家针对刷单事件进行了立法支持，每年因为刷单而追究刑事责任的案件不在少数，全国第一个刷单案由杭州市余杭区人民法院公开宣判，“90 后”刷单者李某某因犯非法经营罪被一审判决五年六个月，连同原判有期徒刑九个月并罚，决定执行有期徒刑五年九个月。2017 年 11 月 4 日全国人大常委会通过了新修订的《中华人民共和国反不正当竞争法》，对刷单相关的法律条款进行了完善，明确规定了惩罚力度。

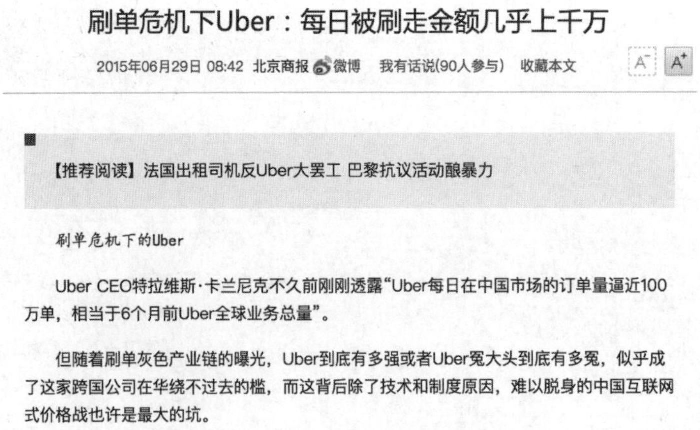
刷单危机下Uber：每日被刷走金额几乎上千万

2015年06月29日 08:42 北京商报 微博 我有话说(90人参与) 收藏本文 A⁻ A⁺

【推荐阅读】法国出租司机反Uber大罢工 巴黎抗议活动酿暴力

刷单危机下的Uber

Uber CEO特拉维斯·卡兰尼克不久前刚刚透露“Uber每日在中国市场的订单量逼近100万单，相当于6个月前Uber全球业务总量”。

但随着刷单灰色产业链的曝光，Uber到底有多强或者Uber冤大头到底有多冤，似乎成了这家跨国公司在华绕不过去的槛，而这背后除了技术和制度原因，难以脱身的中国互联网式价格战也许是最大的坑。

图 1.1　Uber 被刷单（图片来源于网络）

刷单影响到了每个互联网人。刷单严重的平台失去了消费者信任；面临刷单不公平竞争排名的情况，平台中安分经营的商家被逼着刷单，形成恶性循环。传统线下场景中，消费者可以看到实物，通过观察可以与商家建立初步信任，而互联网时代，消费者看不到实物，往往通过平台的信用体系（如评分、评论）做出判断。刷单破坏了这个体系，久而久之破坏了平台的生态。

团伙虚构店铺恶意刷单获利57万 揭秘外卖刷单操作流程

2016年12月14日 11:16 澎湃新闻

> 摘要：团伙虚构店铺恶意刷单获利57万，揭秘外卖刷单操作流程。在外卖O2O刷单市场中，最主要的客源是来自平台上的餐饮商户。除了"刷量"，他们更实际的需求是赚平台补贴，包括饿了么、美团、百度外卖在内，谁的补贴额度越高，谁就更容易受到刷单群体的青睐。

（原标题：外卖平台区域经理与他人勾结，虚构店铺恶意刷单400余万元）

团伙虚构店铺恶意刷单获利57万，揭秘外卖刷单操作流程。在外卖O2O刷单市场中，最主要的客源是来自平台上的餐饮商户。除了"刷量"，他们更实际的需求是赚平台补贴，包括饿了么、美团、百度外卖在内，谁的补贴额度越高，谁就更容易受到刷单群体的青睐。近日，3名男子为骗取外卖平台每单几毛钱到几十块不等的订餐补贴，在两个月内疯狂刷单400余万元，获利57万元。目前，该犯罪团伙的主谋田某被上海普陀警方抓获。（12月14日）

图 1.2　外卖被刷单（图片来源于网络）

ofo红包车被职业刷单者"攻陷"薅羊毛日入万元

2017-05-16 00:31

没有技术"把关"的红包奖励活动，时常会因自身漏洞而成为个别群体刷单"赚钱"的目标，ofo红包车再次证明了这点。近日，ofo红包车刚刚上线就被职业刷单者"刷单"，甚至有网友声称每天刷ofo红包车日入万元。

4月16日，ofo共享单车推出红包车活动，在其平台APP内寻找带有红包标识的区域，在该范围内解锁车辆骑行超过10分钟、距离达到500米后，便可领取现金红包，红包最高金额达5000元。

图 1.3　ofo 红包车被刷单（图片来源于网络）

盗刷帝国：黑产涌入消费金融，刀口舔血月入百万

2017-03-14 22:00

近两年，消费金融上升为互联网金融的头把交椅，火爆异常。一群盗刷银行卡的黑产人员，在消费金融崛起后，尾随而来。他们整合各个渠道泄露的用户信息，就像完成一幅拼图般，精心拼凑。一旦锁定目标，他们招数百变地专营各种漏洞，配合新式设备，进行大规模清洗。

图 1.4　金融黑产（图片来源于网络）

然而黑产之大，绝非刷单一种形式，盗刷、诈骗、攻击、木马等花样层出不穷。消费金融的空前繁荣，让黑产有机会顺水推舟，涌入新兴产业中。黑产人员能通过搜集并整合各个渠道泄露的用户信息，用完成一幅拼图般的耐心，精心拼凑出每个用户信息。银行卡盗刷、透支让很多受害者几近倾家荡产，还要忍气吞声。目前信用卡相关法律尚不健全，持卡人的信用卡被盗刷后，需要向银行提供非本人刷卡的证明。即使是这样，很多银行要求在没有破案前，持卡人先对盗刷金额买单。除了盗刷，欺诈更是不容忽视，据第三方统计，消费金融领域，超过 50% 的损失是由于欺诈导致的。欺诈即骗贷，某医美分期平台负责人曾公开表示，整个医美市场的贷款量大概是 60 亿元，其中就有 15 多亿元被骗贷者们攫取。黑产危害，可见一斑。

1.1.2 黑产的产生

1. 有利益的地方就有黑产

新型互联网事物在推广期往往会采用补贴的手段吸引新客加入,补贴变相产生的诸如红包、赔付、优惠券等形式,成为黑产的关注焦点。创业者在业务不断扩张、求生存的阶段,重点更多放在产品的体验和业务不断完善上,加之在产品设计环节缺少抗风险意识,导致黑色力量与正常用户同时成长,甚至超越了正常用户的体量而使企业破产的情况也时有发生。外卖行业里的满减优惠(指用户下单达到一定金额后减免一定额度),本意是吸引用户下单,提高客单价,但如果能打破满减次数限制,或者买卖双方串通起来,就会演变为作弊;金融领域的借贷,通过盗用他人的身份信息或者购买虚假信息骗贷;出行领域的"幽灵"司机则是团伙作案,牟取暴利(见图1.5)。

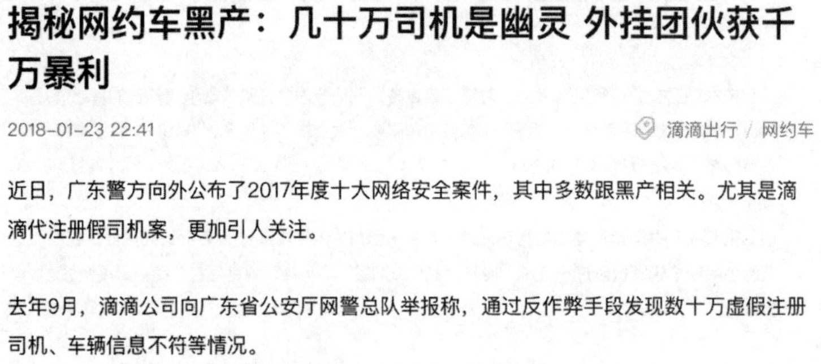

> **揭秘网约车黑产:几十万司机是幽灵 外挂团伙获千万暴利**
>
> 2018-01-23 22:41　　　　　　　　　　　滴滴出行 / 网约车
>
> 近日,广东警方向外公布了2017年度十大网络安全案件,其中多数跟黑产相关。尤其是滴滴代注册假司机案,更加引人关注。
>
> 去年9月,滴滴公司向广东省公安厅网警总队举报称,通过反作弊手段发现数十万虚假注册司机、车辆信息不符等情况。

图1.5　网约车黑产(图片来源于网络)

2. 泡沫效应

利益的驱使让黑产总有可乘之机。让很多人想不到的是,一些表面的繁荣其实只是海市蜃楼,主动刷单在很大程度上又助力了黑产的发展。一直以来,刷榜刷量行为是业内的一个比较隐晦的话题。应用程序开发者在应用商店上架自己的App后,苦于下载量、安装量上不去,开始尝试寻求刷榜的力量,一旦看到效果,便会变本加厉。在这个产业链中,刷榜已是常态(见图1.6),就像正常商品一样明码标价,不少公司为了曝光自家的App都有此行为,刷榜行为几度让苹果应用商店更新了排名算法。微信公众号刷量事件更是戳破了行业泡沫,电商平台、外卖平台的投机商家也主动寻找中介帮自己提高销量。刷,已成为一些个体/企业宣传推广的常用手段,已成为一些群体的固定职业,已成为一些推广机构、中介平台的生存手段。在这个泡沫中主动要求刷量的行为助长了黑产气焰,而因此带动的黑产繁荣会给他们带来大量的损失。

因此,不论是平台漏洞导致的被动利益吸引,还是主动的"推广营销"行为,都为黑产的产生和增长提供了空间和助力。这两方面却又存在矛盾:针对平台漏洞,平台往往需要考虑风险控制措施来打压黑产;而主动的"推广营销"却让黑产继续"合理"存在,反过来再把技术手段应用于漏洞导致的利益,可谓环环相扣,冤冤相报。

图 1.6 App 刷榜

除此之外，国内征信体系的不完善和大数据风控人才的欠缺，也给黑产的发展提供了机会。大数据风控的普及在国内还面临诸多痛点和难点，甚至被挂以虚名、实则无风控，让大数据风控在监管层面遇阻，这些都为暗处的黑产带来了便利。

1.1.3 黑产的类型

黑产都是为了利益而存在的,根据平台业务涉事方参与黑产能否直接获得金钱利益,可以分为两类：

（1）直接套利型。主要的形式包括外卖平台上的套补贴，金融类的骗贷，共享单车的刷红包，打车行业的套补贴、线上推广的刷下载量和安装量，广告的刷曝光点击量等，以及为达到此目的而产生的虚假实体（如虚假用户、虚假商户、虚假司机、虚假媒体等）。这种类型的涉事方一般通过作弊、刷单，或者通过接活中介直接就可以获利。

（2）间接套利型。主要的形式包括电商中的刷量、刷排名，社交媒体上的刷榜、刷量，社区中的水军，以及以广告诈骗、垃圾灌水、黄色信息推广为主的内容型黑产等。这种类型的涉事方一般不能直接获得金钱利益，中间往往还需要转化，如刷排行的因为排名靠前导致更多曝光机会，进而带来更多新增用户；在贴吧发古怪文字加链接的水文，因为用户单击链接的次数增多而带来更多下载量。当然对于接活的黑产工作室来说，不存在直接、间接的概念，总是可以获利的。

根据黑产活动对业务的影响，又可以分为业务安全型和内容安全型：

（1）业务安全型。指对业务正常运转有影响的黑产，会导致业务的资产损失、生态破坏（劣币驱逐良币）以及体验变差、信用口碑下降等问题。包括上述的直接套利型和间接套利型中的刷量部分。

（2）内容安全型。主要是指内容不符合监管要求，以及不满足平台的内容管理规范和价值观的黑产。黑产作恶后的直观表现是在图、文、视频上肉眼可见。

事实上，不同的黑产类型在作案手法上差别较大，对抗的理念也会不同。直接套利型的黑产在不同业务场景上虽然手法区别不大，但与业务结合后，会产生"变异"，想要复制其他业务上的对抗方法，成本依然相当高，不过其命脉在于"利"，在获利空间上下功夫可以实现很好的效果。业务安全型的黑产在数据表征上就是异常，它们与绝大多数正常用户行为不同，因此，对抗业务安全型实际就是在做异常发现。

1.1.4 黑色产业链

黑产在实际操作过程中需多方配合，他们以盈利为目的，有组织、分工明确地团伙式作案，追求低成本、高回报。根据分工不同，主要包括以下利益方。

（1）信息收集人员。主要负责盗取用户身份证号、银行卡号、手机号、手机 SIM 卡、微信账号等隐私信息。可以通过技术手段（如拖库、撞库等）偷到用户信息，也可以通过灰色交易收购大量旧手机、手机卡（一般称之为卡商）等囤积号码。手机卡一般来源于物联网卡、虚拟运营商的未实名卡（卡商可以通过收集网络数据进行实名化）、海外卡以及企业内部违法倒卖的实体卡号等，其中虚拟运营商的未实名卡（黑卡）占大比例。细数这里面的人员，包括办黑卡的卡商、收黑卡的卡商、制作猫池设备（参见图1.7）的厂家，以及号商（出售微信账号、支付宝账号等）。随着国家对隐私信息的保护力度加大，以及用户隐私保护意识的增强，以上身份信息获取难度大了很多，但依然有很多企业内部人员，利用职务之便非法倒卖用户数据。2020年7月，铁岭市公安局破获了一起兜售实名微信号的黑产案件，数额巨大，而数据的来源就是某企业数据中心工作人员和某平台工作人员。

图 1.7 猫池设备（图片来源于网络）

（2）验证码供应商。主要负责提供短信验证码、语音验证码。卡商提供的手机卡通过有通信能力的猫池设备接入验证码接码平台，专门用来收发短信，根据获取渠道不同，每条短信的费用从几分钱到几块钱浮动。通过自动化管理软件，管理众多手机号在不同平台的出现次数，同一个手机号可以在多家平台以新用户身份使用。此外，一般还配备可视化平台，对验证码发送请求量、成功率等指标有较为详细的监控，资费标准明码标价。提供这种服务的平台数不胜数，如易码、讯码、51接码、E码、火云、芒果、神话等，关键还有数不清的低调到没有名字的平台。这两年国内很多公司开始瞄准国外市场，针对国外的短信接码平台也涌现了一大波。图1.8所示的是正在使用易码平台接收短信验证码，图1.9所示的是Z-SMS提供的在线短信接码服务，无须登录即可看到短信内容。

图1.8 易码平台接码示例（图片来源于网络）

#	电话号码	短信详情
1	106*************1224	【ZAO】你的验证码是612783
2	106*******3083	【ZAO】你的验证码是012298
3	106*************5870	【众安科技】您的验证码是598307，请在5分钟内完成验证。
4	106*************3201	【优益快借】尊敬的用户，您的登录验证码为：7857

图1.9 Z-SMS在线短信接码

除了短信验证码和语音验证码平台，还有打码平台，如图1.10所示。在注册或异常登录环节，一般会设置图片验证码来屏蔽机器人，这种图片中含有字母、数字或者汉字等，人肉眼很容易识别，但是对于机器来说，需要大量的样本进行算法训练进行识别。而打码平台既提供机器识别能力，又提供人工解码能力，即雇佣人去解码，标注和解码一举两得。参与打码的人一般称为打码工，按打码数量计算收入，当然也会计算正确率。

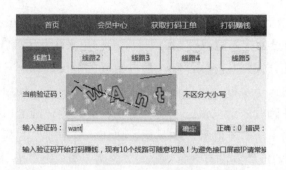

图 1.10　某打码平台（图片来源于网络）

（3）技术研发人员。主要负责模拟器、手机参数修改器、定位修改器、按键精灵等软件研发，这类技术研发并不一定是为了用于黑灰产，但却可以为黑灰产所用。例如，手机参数修改器可以做到一键修改手机参数；定位修改器可以让手机定位"穿越"到任何想去的地方，并可以模拟出轨迹。目前国外已经出现了采用人工智能技术进行刷好评的做法，效果逼真。国内一些电商平台也开始出现技术刷好评的现象，可以预见，未来黑产领域也将智能化。这不，以前黑灰产用单机加抹机神器（图1.11）就可以刷出一片天地，今天就连模拟器也换成了云手机，采用云指令技术，云端操作，可实现一台手机变多台，可以一键新机，可以改定位，成本也就日均一块钱。

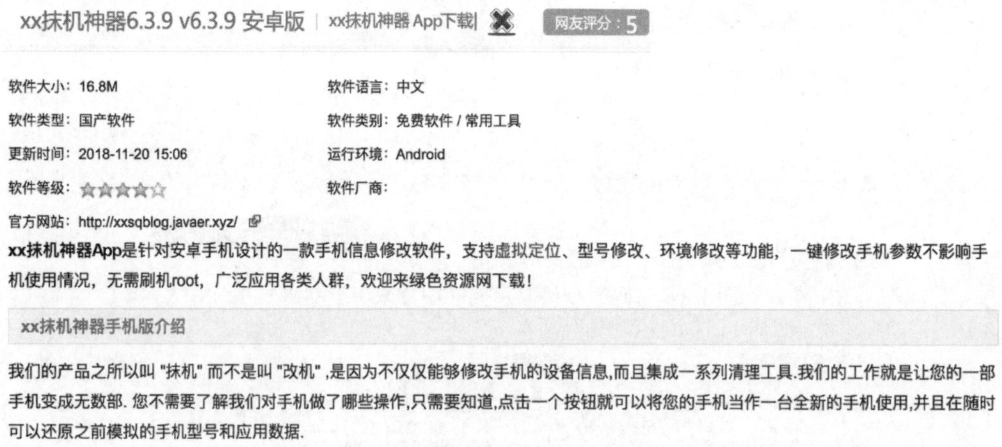

图 1.11　抹机工具

（4）刷单中介/工作室。主要负责制定刷单攻略、联系客户、组织并实施技术刷单操作。把刷单攻略制作成详细可操作的教程，一份教程可卖几十元到上百元，通过QQ群、微信群等社交工具雇佣刷单人群。中介对各大平台的业务流程都很熟悉，承包任务，伪造信息，甚至公司内外勾结。目前很多工作室除了有很多"拉活儿"的销售商务，也具备信息采集、接码、技术研发等能力，能够在模拟器、云手机、按键精灵、脚本、木马等方面做很多研发工作。

（5）刷手。主要负责具体的刷单操作，这类群体中不乏学生、家庭妇女、乡村农民等各类型的刷单职业工作者和不知情被利用的人群，职业者往往遍布于各个刷单的论坛社区、QQ 群、微信群中。

图 1.12 描述的即为黑色产业链的上下游，其中每个角色在实际中并不是单纯负责一个环节，比如卡商可以提供号商的能力，接码平台本身也可以兼作卡商。产业链中主要涉及设备、卡、号和软件，整个产业链围绕的核心就是解决这些资源的货源问题，而刷单中介/工作室主要是解决资源整合和人的问题。所以，做黑产与开一个网上店铺很相似，以前是自己解决货源问题，自己拉新做活动，而现在平台可以提供很多赋能工具。

图 1.12　黑色产业链

1.1.5　黑产的焦点

只要有利益的地方就有可能存在黑产，但从黑产的角度看，是否值得黑，关键就在于事情的成本与收益的衡量，所以黑产往往聚焦于那些低成本高收益的行业，比如互联网金融行业、电商行业、O2O 行业。对于低成本低收益的行业，通过量的积累，也可以快速达到高收益的效果，比如初入市场阶段的创新型互联网产品，如 ofo 共享单车、滴滴打车等。针对相对稳定的互联网产品，因新增功能的推广涉及的利益引诱依然是黑产关注的焦点，比如支付宝推广阶段的分享红包。

据笔者不完全统计，目前黑产关注最多的行业有互联网金融、电商、O2O、社交、新兴行业、游戏（游戏行业的黑产与前面几个行业的黑产有很大区别，主要涉及外挂、私服、黑卡、盗号、挂马等手段，因笔者经验有限本书较少涉及）。

1. 互联网金融

互联网金融中有两类比较常见的欺诈场景，一是刷新用户，二是假身份借贷（俗称骗贷）。自从 2013 年余额宝引爆互联网金融以来，各种金融产品层出不穷，为了吸引更多用户加入，各个平台都在新用户注册这块砸下重金。刷单者利用手机黑卡到各互联网金融平台大量注册新用户，平台补贴的新用户奖励大量落入刷手口袋中，效果大打折扣。骗贷曾经形成了专门的产业链，由贷款中介推动，办理假资料，伪造账单、消费记录，钱一到位就彻底消失。消费分期和现金贷等小额贷款已成重灾区，骗贷者往往使用同一批资料，利用平台之间的信息不互通，短时间内在多家平台连续骗贷。目前业内逐步建立了数据共享机制和行业黑名单，防范骗贷现象，国家在对待金融风险方面也下了很大功夫，2019 年以后，互金相关的黑产随着行业发展逐步落幕。

2. 电商和 O2O

电商和 O2O 领域的刷单基本是相通的，一般联合商家刷优惠、刷信誉、刷销量、刷排名等。刷优惠吸走了平台的资金，直接导致经济损失，其他的刷单则对平台的评价体系注入垃圾，损害平台口碑、误导用户，影响平台整体的生态平衡。在电商和 O2O 领域，一般涉及 B 端（商户）、C 端（用户）、物流和销售四部分，涉及的业务链条长，产品细节多，单一角色防控难以产生效果，往往一波未平一波又起，因此是黑产关注的行业里最复杂的一类。本书的很多案例也主要围绕电商和 O2O，后文也会重点介绍针对此类场景的风控解决方案。

3. 社交行业

社交行业的黑产主要在社交平台大量注册小号，从事发广告、刷粉、刷阅读量、充当网络水军、传播色情内容、进行网络诈骗等。被黑产关注最多的社交平台主要是流量大的渠道，如微信、QQ、微博、陌陌、贴吧等。

4. 新兴行业

不断涌现的新兴行业始终是黑产关注的重点，行业新生的产品往往因为快速抢占市场，在风险控制方面比较薄弱。典型的例子如共享单车、打车、众筹、P2P、区块链。2017 年 4 月，ofo 推出红包车，打开 ofo 手机 App，在红包区范围内开锁，且骑行时间超过 10 分钟、距离达到 500 米，即可获得现金红包。因为 ofo 没有 GPS 定位，无法定位到每一辆小黄车，而且用户结束行程不用锁车，所以用户只要在规定的"红包车区域"内，选取任意一辆小黄车，输入 ofo 车牌号（甚至可以输入不在此区域的红包车）并获取密码，就能开启"骑行"状态了。操作十分容易，很快成为职业刷单者眼中的肥肉，正因为如此轻松就能赚钱，导致大量用户也加入刷 ofo 红包的活动中，可谓损失惨重。

随着新兴行业的逐渐成熟，风险会逐步可控，但又会继续出现新的行业，黑产就像野草般"春风吹又生"。

1.2 黑产运作 <<<

通过 1.1 节的介绍，我们对黑产及其产业链有了一定认识。黑产范围广大，产业链涉及诸多利益方，这些角色在欺诈链条中是如何配合运作的呢？孙子云，知彼知己，百战不殆。只有摸清黑产的运作才能制订正确的风控方案。实际上，在不同的领域中，实施欺诈的差异很大，很难统一而论，但从采用的伎俩上看并无明显区别，不论是电商和 O2O 领域的刷单，还是广告领域的欺诈，作案的手法都是一致的，因此这给我们研究黑产运作和欺诈相关的风控减少了不少成本。本节将从 O2O 外卖行业中的欺诈切入，阐述黑产链条的运作过程。

1.2.1 外卖领域的黑产运作

1. 外卖业务流程

黑产难以防范的原因有很多，其中一个是它伴随正常业务流程，产生于其中的细枝末节，也正因如此，实施风险控制往往需要**非常熟悉业务**，一则要了解业务中的风险所在，二则避免风控措施误伤正常流程。这是做好风控工作的首要前提。

读者朋友对外卖的业务流程应该不会陌生，但实际上据笔者调查发现，绝大部分人熟悉的只是在线上点一份外卖的流程，除此之外并不了解太多。

1) 用户熟悉的外卖业务流程

一般来讲，打开手机上的外卖App，会看到一个附近的商家列表，用户选择自己喜欢的商家，进而选择适合自己口味的菜品加入购物车，确认下单，下单前会填写收餐人姓名、联系电话以及收餐地址，而后在线支付即可完成下单操作，如图1.13所示。这个过程与在电商平台上购物并无明显区别，是任何一个有过点外卖或者网上购物经验的人都很熟悉的流程。

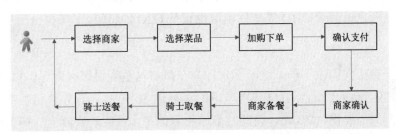

图1.13 用户视角的外卖业务简易流程

商家收到用户的下单请求后，根据实际情况确认订单，然后开始备餐（准备发货），外卖平台的后台调度系统会把订单任务分配给某个骑士（物流），骑士赶至商家处取到餐，最后送到收餐地址处的收餐人手中（配送）。虽然与电商在物流调度环节稍有不同，但不影响整体过程的一致性。

2) 用户视野之外的角色——BD

到这里，都是普通用户比较熟悉的流程，但这个流程已经涉及了三个角色：用户、商家、骑士。习惯成自然后往往容易忽略两点，一个是平台中的商家是怎么入驻到平台中来的，另一个是下单的用户是怎么来到平台的。这就引出了另外一个角色，我们称之为**BD**（**Business Developer**，**业务拓展人员**，下文会把商务、销售、业务等人员统称BD）。BD的职责主要包括：签约商家入驻到平台、市场营销、拉新（此处更多指线下拉新，线上拉新一般由运营人员负责），具体介绍如下。

（1）商家入驻平台是需要通过一套信息系统录入很多信息的，包括商家的门脸照、后厨照、营业执照、卫生许可证、身份证、结算使用的银行账号、商家地址、名称、联系方式、线上营业时间等几十项信息，考虑到大部分商家不擅于使用信息系统，加之很多信息填写不规范等情况，为了方便快捷，信息录入一般由 **BD 协助完成**。

（2）**市场营销**是指在业务发展过程中，为了提高市场占有率，针对商家和用户开展的一系列营销活动，比如经常看到的满减活动。BD 有权限进行活动的配置。

（3）**拉新**是指为了吸引源源不断的新用户，BD 开展的地面推广活动。例如，在路边、校园、商场或者商家门口，撑起易拉宝（海报架），拉几张桌子，通过送小礼物的方式吸引用户下载 App 然后下单。

笔者注意到，因为骑士的工作时间往往集中在午高峰和晚高峰，其余时间段相对空闲，因此曾经出现过骑士拉新的做法，具体执行形式不限，这倒是一个不错的思路，只可惜由于执行原因，收益甚微且风险较多。

针对线上拉新，除了运营人员的策划和推广，还有付费形式的推广合作，即买量，比如资讯类 App 中的广告投放，在使用这类 App 时，信息流中会掺有一定数量的广告，点击广告后会让用户下载另一个 App。

从以上流程中不难看出，外卖的线上业务虽然简单，但背后的运作过程还是很复杂的，涉及了用户、商家、骑士、BD 等角色，这也正是 O2O 的特点。

2. 暗涌

用户在平台上向商家下单，这一正常行为在黑产这里变得很有意思。以"满 50 元减 20 元"的优惠活动为例，当用户购物车中的菜品满 50 元时，不考虑配送费和打包费的情况下，用户只需要支付 30 元。而此时商家收到的是多少呢？实际上，商家收到的依然是 50 元，给用户减免的 20 元则由平台补贴给了商家（即平台烧钱）。此处便是**黑产的焦点**所在，我们来看这个过程，如下。

如果下单用户与商家串通，那么商家不需要备餐，并返还用户支付的 30 元，同时再额外给用户一笔 5 元的"辛苦费"，那么商家和用户分别获得 15 元和 5 元的"好处"，可谓空手套白狼（假设不考虑平台抽佣）。前面提到了订单会被后台调度系统分配给骑士，骑士到商家处取餐，商家可以告知骑士餐已被用户自行取走，骑士或许觉得略微惊讶，但自己省了一趟配送，自然也很乐意接受商家的说辞。此情况遇见多了，骑士很快就会发现商家的秘密，有人说骑士可以选择举报，没错，但这与举报车辆违法行驶类似。于是骑士与商家达成一致，收到此类订单，商家不用出餐，骑士也无须再白跑一趟来取餐，从此骑士和商家双双过上了幸福的生活。

再来讲讲 BD 可能做的动作。

BD 有权限进行活动配置，当然可以与商家串通，倾斜补贴力度。"满 50 元减 20 元"调整为"满 50 元减 30 元"，与商家各自分得 5 元好处，何乐而不为？

BD 签约商家时协助完成信息录入工作，这里也成了舞弊的点。除了完成自身 KPI

需要而造假，BD自然也可以算清楚用户与商家合谋的收益，这样只需拥有几个"商户"，就可以同时兼收多重收益了。

地面拉新可以说是BD负责的事情中最有油水的。针对拉新的考核，一般有**新用户量和复购率**两项指标，快速发展期甚至只有新用户量一项指标，这很容易出现作弊。对于新用户的"新"如何定义，这也是很关键的。仅以一维账号（如手机号）作为判定标准的情况非常容易被刷，此时BD与刷单中介合作，轻而易举完成拉新任务。拉新中另一类风险便是低效拉新，BD往往通过廉价小礼品吸引老年人下载App下单（实际是拿老年人手机代操作），因为这类群体本身不会操作也非目标用户，造成极低的复购率，导致资金低效使用。

3. 小结

从上述的暗黑流程中，我们可以得出以下几点结论。

（1）职业刷单者以用户身份介入，其他角色虽产生于业务内部，却是黑产的重要发动机。

（2）用户和商家可以串通刷单，即商家与职业刷手合谋，当然也存在商家与散户薅羊毛的串通，但实际中规模和危害远小于前者。这种模式也是电商领域的刷单主流。

（3）骑士和商家可以串通刷单。

（4）BD可以和商家、职业刷单者串通。

实际上，还有更多，如商家自身也可以作为用户来刷单，即商家自导自演；其实任何其他角色自身都可以是刷单用户；更进一步，BD可以同时兼任BD、商家、骑士多重身份，自导自演一场关于虚假商户下的虚假订单如何虚假配送的大戏，订单的所有信息不过是按照正常流程走了一遍，但实际上并没有线下（offline）的环节。笔者在现实业务中确实发现不少BD利用系统间信息不打通的漏洞，身兼数职牟取利益。

在外卖业务中，除了众所周知的用户薅羊毛（仅以用户身份进行的作弊和欺诈，不依赖其他角色的配合），更多的是上述业务内部角色（商家、骑手、BD）与外部职业刷单者的串通联合。实际上这种现象不仅出现在外卖中，其他行业里外勾结式的黑产模式也不在少数。

1.2.2 出行领域的黑产运作

1. 正常业务流程

出行行业中涉及的角色相对较少，主要是乘客和司机，可以将他们类比为用户和商家，即C端和B端。如图1.14所示，乘客打开App，输入自己的出发地（一般是定位自动识别）和目的地，发起打车请求，司机在附近范围内抢单，抢单成功后到乘客出发地接上乘客，然后驶往目的地；到达后由司机结束行程，用户发起支付流程，一个订单到此便完成了。司机的信息注册自行完成即可，不需要 BD 的参与。因此，相较于外卖场景，业务流程上不涉及过多线下环节。

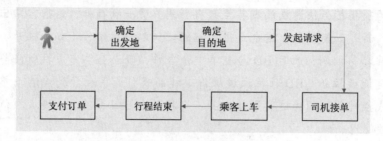

图 1.14 用户视角的出行业务简易流程

2. 刷单运作过程

既然一个订单同样涉及 B 和 C 两端，刷单也必然存在 B 和 C 的串通联合。这其中存在两种情况：

（1）通过增加发单乘客来起量，这与一般的薅羊毛手法并无不同，通过注册大量账号，结合接码平台和刷机软件即可做到。

（2）大量伪造虚假司机，通过非法购买他人信息批量注册司机。

两种情况均需要作弊软件修改 GPS 位置信息，模拟行程轨迹。

除此之外，还有类似于外卖中的商家与用户同身份的手法薅羊毛。2015 年 4 月和 8 月，滴滴出行分别向北京、上海公安机关报案：部分账户异常，存在一人同时担当司机、乘客两重身份，出现多单司机与乘客账户重复、虚构打车交易的现象。

1.2.3 金融领域的黑产运作

与外卖和出行领域相比，互联网金融领域的欺诈运作稍有不同，金融领域的欺诈（金融产品众多，这里主要指借贷相关业务）发生在借贷者与平台之间，缺少了 B 端这一环，因此，黑产主要的工作在于如何获取可以用来借贷的身份信息，而不像上述两类场景中存在 B 端与 C 端勾结串通，但是黑产为了使获取的身份能够成功借贷，在平台上运作留下的表象往往具有相似性。主要的黑产玩法如下。

（1）多头借贷。即向多个平台借贷。起源于拆东墙补西墙的做法，而黑产可以用来投机，往往同期多头借贷。提供借贷的平台多且信息不互通时，就给黑产提供了便利。相关调查发现，小额现金贷人群中，有多头借贷行为的用户占比超过 50%。由于网贷信息不记入央行的征信系统，网贷平台之间信息共享程度又较低，所以导致了多头借贷的爆发。多头借贷本身并非不可取，关键取决于最终**是否还款**，不还款才是黑产的特点，因此如果对多头借贷行为一棒子打死，会误伤有真正需求的用户，这给风控提出了挑战。

（2）中介"助"贷。主要有两类，一是中介负责伪造信用记录等信息，帮助那些资质不过关的用户申请贷款，挣取提成。另一类则是张罗人，本质上是借用他人的信用，往往是在农村地区，付给参与的农民一笔好处费，让他们去申请贷款，实际借贷最后落入中介手中，俗称刷村。每人申请额度一般不大，靠数量累积，多数平台会放弃对这种情况的催收。

（3）职业薅羊毛。每个行业中总有一批黑产用户始终盯着每个平台，一旦发现口子，通过他们的大本营（一般是论坛、QQ群、微信群等）快速传播，薅一笔便消失。

（4）员工作案。企业员工通过获取自己公司内的大量员工信息卖给外部黑产团伙，黑产团伙再用这些信息骗贷。

（5）技术手段。包括用注入、撞库结合网络收集拼凑的方式获取用户信息。

金融领域的产品形态众多，涉及的黑产欺诈手法也远不止这些，对黑产而言，只要能拿到可用的信息，任何方法都值得尝试，毕竟金融行业中黑到一笔钱的收益，远高于前面介绍的外卖和出行行业。

1.2.4 黑产的特点

了解了黑产的产业链和运作过程，不难发现黑产就像一张极其庞大的网，又像一个极其庞大的商业帝国。它在人员构成上具有等级和分散的特点，在运营上具有专业化、职业化、利益链复杂、团伙化和伪装性特点。

（1）专业化。黑卡、猫池设备、自动化管理软件、接码平台、群控系统、代理、各色各样的作弊软件、完整易操作的作案教程，以及对各种行业漏洞细节的把握，都体现了黑色产业的专业性。

（2）职业化。黑产分工明确，组织有序，不少已形成公司规模，明目张胆招聘各种岗位，既有售前销售人员拉活儿，又有后台研发人员研发自动化工具。据称，O2O领域曾出现代理商下某BD成立刷单公司的惊人之举，从事刷量、下载、安装激活等的工作室数不胜数。

（3）利益链复杂。黑产运转的各个环节涉及不同利益角色，上下游之间存在利益关系；既有流程上的配合，又有内外串通共同牟利之举。前面案例中多次存在一端角色身兼多职的情况，这其实是黑产自身缩短利益链条的做法。

（4）团伙化。黑产发展为"以人为本"的操作模式后，极易形成团伙作案。加之风险口子在黑产圈快速传播的效应，人工黑产模式主动或被动地形成了团伙化。这对于风控来说既是好事又是坏事：好处是便于识别发现；坏处是团伙一旦得逞，规模较大、损失较大。

（5）伪装性。一方面一线的刷手可能是正常的人，比如人肉刷单模式、诱导行为；另一方面程序化模拟逐渐逼真，导致异常行为越来越接近于正常用户行为。这对风控的发现和识别工作带来了很大挑战，既不能误伤正常用户，又要尽最大范围召回异常行为和用户。

1.3 黑产技术演变

本节并不讲述黑产技术的发展演变过程，而是介绍黑产找准目标后，在一款产品上不断与平台的风控政策抗衡的过程。

黑产的手段变化一方面取决于平台的风控力度，另一方面受限于成本与收益的考量。实际上，真正在一线执行欺诈的黑产群体——职业刷手仅是这个庞大组织中最不具备技术能力的一方。得益于互联网，为这些职业大军提供后盾的角色业务精细且五花八门，有专门负责注册账号、提供 IP 资源的，有研发自动发评论工具的，有提供手机号和短信验证的，有研发手机窜改软件的，有研发定位修改器的，等等。这些对于职业刷手来说都是武器装备。

1.3.1 风险控制的发展阶段

一般来讲，一个新行业的产品面世后，在风险控制方面会经历如下几个阶段。

（1）无风险控制阶段。这个阶段的产品设计基本不考虑风险，仅仅是在逻辑上做一些简单限制，而这个限制也未必是从风险角度出发的。例如，外卖产品刚上线时允许一个用户每天享受两单优惠，而这个两单的限制更多是从用户用餐习惯和预算角度考虑的。ofo 红包车刚上线时允许一个用户每天随意骑，只要出现在红包区域即可。这个阶段主要是业务刚起步，需要打市场，研发团队中往往也没有风控岗位。

（2）简单风险控制阶段。在上一阶段运转一段时间后，很容易被黑产盯上，往往会曝出被刷单的新闻，或者数据上有明显的异常。此时一般立即采取管控措施，主要以不成系统化的规则为主，并启动以运营审核为辅的控制手段。

（3）稳定的风险控制阶段。损失继续加剧之下，公司开始搭建风控系统，系统化解决黑产问题。该阶段逐渐完善规则和模型，以及人工审核机制，稳定后达到一个可控的平衡阶段。

（4）冷宫与极乐阶段。这是个分裂的阶段，这个阶段的风控能力已经能够快速应对大部分突发事件，有相对之前较为完整的善后流程。但风控的意识在企业内往往也随之被弱化。只要利益诱惑依然存在，黑产技术就会不断演变，但此时风控可能停滞不前，止于修修补补的重复性工作和人工审核而不得解脱，姑且称之为冷宫阶段。如能始终保持魔道相争不松懈，逐步提高黑产的作案成本、降低防御的人工成本，倒也可以不断进步，通往另一极，极乐阶段。

与这几个阶段对应，技术对抗层面同样呈现出阶段性，从简单规则和黑名单库，到规则系统，到有监督的机器学习，再到无监督学习、知识图谱和深度学习技术，大数据风控也需要一个慢慢建设的过程。

1.3.2 黑产的发展阶段

在不了解它之前，黑产就像一个为了争抢宝座的武林高手，对手用几分功力抵抗，它就用几分功力打击。

（1）简单技术刷单阶段。在无风控的阶段，黑产只需突破简单的限制即可大量获利。还是以前面提到的例子来说，如何才能突破每人每日两单的限制呢？这里的"每人"一般是指一个账号，而刷单者通过账号注册机便可获得不限量的账号。对于账号是手机号的，如不涉及接收短信验证码，只需伪造，否则通过接码平台便可获取。红包车的限制仅仅是红包车区域，通过GPS定位修改软件即可把定位移至任何区域。这个阶段对于黑产来说，每单成本最多几毛钱。

（2）技术刷单阶段。这个阶段因为风控的阻挡，黑产只得祭出多种技术手段。例如，如果每人的口径升级为一个账号+一个设备，那么刷手就得多使用窜改器，才能把一部手机玩出花。如果继续升级为一个账号+一个设备+一个支付账号，那么刷手需要购买更多支付账号才能多刷。为了解决这些组合中的维度短板问题，刷手在这个阶段付出的成本会比较高，一般需要准备多部手机，平摊到每单上，成本大概上升至几块钱。对于依赖盗用信息的欺诈来说，撞库也是常用的技术手段。

（3）人工阶段。随着风控力度的加强，当技术手段的成本升高，以至于收益空间较小时，或者技术手段很容易就被侦破时，黑产就会采用人工模式。当然黑产迭代升级的大前提是，利益空间再小也要远大过付出的成本。通过社交手段如QQ群、微信群等组织团伙刷单，但参与刷单的人往往来自各地，有些产品对于地理位置有限制，因此还需要配合一定的刷单教程。由于参与刷单的个体都是正常自然人，因此防范起来难度就会加大。以外卖为例，通常会有一个群主坐镇指挥，每天刷哪些商家、哪些人参与刷、什么时间点执行任务、如何选择定位地址、选哪个菜品下单、如何填写收餐地址等细节都布置清楚，刷手完成一单后在群里截图反馈结果，然后结算。人工模式已经成为目前黑产的主流，成本低廉，不易被发现。现金贷以及消费分期业务中的欺诈基本都以人工模式为主。无论是多头借贷，还是中介主导的刷村，均是人海战术。对于目前国内的众多风控系统来说，对人工模式的识别很难取得很好的效果。这就需要从更多角度变相管控，从这个角度来说，风控解决方案不能只以单纯的拦截为目的，这在后文还会继续探讨。

总结一下，无论处于以上哪个阶段，黑产都不会只以一种手段生存，凡是我们了解到的，都是过去的，他们无时无刻不在研究新的方法，目前甚至已经出现了使用人工智能技术刷好评的案例。那么把这些手段写出来还有什么意义呢？一方面作案手法虽然在表象上不同，但在数据层面有相似性；另一方面即便是被用过的手法，他们也在不停地尝试再用，不信你可以故意开放一个"口子"，保证立马就会被围攻，这些方法用在新的产品中又可以饱餐一顿。正因如此，黑产无严格的阶段性，而是混搭并见利驱使，有阶段的只是风控能力罢了。

第 2 章
风控解决方案

我们已经从总体上了解了黑产，它是一个利益链条复杂的黑色交易产业，时时刻刻紧盯着业务和信息层面的漏洞与风险，然而想要对抗它并不容易，尤其是在海量大数据中准确识别出来更是困难。建立完善的**智能风控系统**是大数据时代唯一的思路，而它需要哪些技术？如何借助这些技术搭建框架？搭建怎样的框架？本章内容将带你一览轮廓。

2.1 风险的范围和种类

第 1 章介绍了黑产的产生、运转模式和演变过程，熟悉黑产的运转对于研究风控方案是至关重要的。然而在建立完整的风控解决方案之前，我们还需要了解一下风险的范围和种类，因为应对不同的风险所需要的风控团队的构成不同，进而也会影响技术的实施与配合。

我们与之斗争的是黑产，但我们实际面对的则是一个个**风险**，而风险范围大、种类多，哪些才是我们关注的重点？这是需要在建立技术解决方案之前务必弄清楚的一个问题，即分清主要矛盾和次要矛盾，否则很容易盲目无焦点，被动挨打。

从另一方面讲，企业中的风控团队，尤其是产研团队，负责的往往不只是一种风险的管控研发方案，更需要分清主次问题，例如业务风险和内容风险的识别和管控方式差别很大，但依然可能交由一个风控团队来负责；刷单和爬虫虽然分别属于业务风险和网络安全领域，但在识别手段上却有共通之处，不过风控团队往往不在同一个部门。

2.1.1 风险的范围

一般来说，每个平台涉及的风险范围都很大，本书也难以概全，简单来说，通常涉及政策法律、技术、业务、内部管理等诸多方面的风险，具体到某个行业或产品，还要细分而论。

（1）**法律风险**。对于相对新兴的业务，如互联网金融、移动支付、共享单车、网约车等，往往缺乏行业规范，尤其是准入和监管政策，在发展过程中摸着石头过河，法律界定模糊，很容易触碰监管红线。法律风险在这些新兴领域尤为突出，如移动支付中的洗钱风险，涉及信用卡支付的场景中发生的套现风险。需要强调的是，有些法律风险易被忽视也易被触碰，如售卖违禁品、发布黄色信息等。

（2）**技术和业务风险**。技术和业务上的风险范围更大，小到一个接口漏洞、一个运营活动的满减配置，大到像"6·18""双 11"大规模活动，任何一个环节的疏忽，都可能导致最终在交易上的巨额损失。

（3）**内部风险**。内部风险是一个比较容易被忽视的方面，也是相对难以治理的，往往涉及财务、流程、信息安全，甚至也与业务交易直接挂钩。比如第 1 章中提到的外卖业务中的 BD 通过多身份实施虚假运作，建立虚假店铺，提取不合作的商家尾款，故意设置或审批大额补贴活动，等等。

2.1.2 风险的种类

正因为风险的范围很大，对于风险的种类划分，从不同角度出发就会有不同的认识和见解。从便于企业对风控团队进行分工的角度，可以将风险分为下面几种。

（1）**政策与法律类风险**。一方面，公司业务运转是否符合国家监管和准入政策？另一方面，公司业务运转中是否存在会被黑产利用的违反法律法规的行为？例如，不允许餐饮平台售卖河豚；不允许广告创意中存在赌博宣传；不允许企业员工倒卖用户数据。

（2）**业务风险**。指与产品业务交易有关的风险，如欺诈、作弊、虚假身份等用户信用风险，以及平台内部围绕交易而衍生的不合规、灰色交易等风险行为。这与第1章介绍的黑产密切关联，也是我们讨论的重点。

（3）**移动网络安全风险**。包括但不限于移动端风险、网络攻击风险、数据安全风险等方面。

- 移动端风险是指由于移动客户端（尤其是Android系统）环境开放、权限大、应用分发渠道多，而引发的安全漏洞、反编译、恶心代码等风险，以及非法植入广告、添加外挂、木马、病毒，窃取用户账号密码等信息。
- 网络攻击风险主要有DDoS攻击、SQL注入、CSS攻击、CSRF/XSRF攻击等。
- 数据安全风险指拖库撞库、信息泄露、信息被抓取等涉及账号、业务数据的风险。

（4）**内容安全风险**。主要指色情、赌博、暴恐、涉政等违法违规内容的风险，以及不符合平台价值观的内容输出风险，如谩骂、网络集会。

从上面可以看出，风险种类是非常多的，而且从实施应对层面来看，通过一个团队来解决这些问题是基本不可能的。那么，在实际中需要配备哪些团队？团队之间应该如何分工协作才比较合适呢？

2.2 风控的团队配备 <<<

黑产中的卡、号等身份数据，可能来源于企业内部员工违法倒卖用户数据的风险行为。如果数据是真实的，靠行为识别往往需要累积或群体异常才能定性；而刷单背后可能涉及销售人员的灰色收入，再准确地识别用户刷单问题，也无法有效打击，因为看不到背后的真相就算不清作弊成本和收益空间。因此，风险控制不是一个单点问题，涉及产品业务和数据的方方面面，自然也就需要多个团队的协作才能建立好的管控体系。

不考虑管控过程中配合风控工作的常规产品团队和研发团队，风控直接相关的团队一般包括如下几个。

（1）**审计团队**。审计团队一般独立于风控体系，但它同样是为了应对风险而设的职能团队。主要包括资料复核审计、IT审计、业务流程规范审计。

- 资料复核审计是指在进行业务风险管理、内控以及合规审查时，所提供的资料往往不做准确性审查，此时需要复核审计团队从资料的源头出发，而不依赖于二次加工结果等信息进行审计核查。资料复核审计是从内控、合规等手段的结果角度出发的，属于监督性质，即审计的是结果的可依赖性。

- IT审计是对开发标准和权限方面的审计，包括对数据的稳定性、是否加密、使用数据的权限等一系列开发标准是否执行到位进行的审计，还包括对离职异动人员的账号审计。
- 业务流程规范审计是指对业务相关的流程是否有明确标准和规范可执行进行的审计，避免利益输送、内外勾结和串通。

（2）合规团队。合规团队负责与监管机构的沟通，及时掌握最新政策和法律法规，确保公司业务在符合要求的范围内运转；负责公司章程的执行，约束员工遵守公司章程，不得有越线违规行为（如贪污受贿、滥用职权等）；负责监督平台上的合作伙伴是否存在违法违规行为。

（3）风控产品和研发团队。风控产品和研发团队负责从产品和技术层面解决业务风险、移动网络安全风险、内容风险等问题。研发团队还会细分不同工种，如数据、策略、架构团队，或事前、事中、事后团队，数据挖掘团队、反欺诈团队、信用评估团队，等等。根据风险种类的不同，还可以区分为业务风控团队、网络安全团队、移动安全团队，等等。

（4）风控运营团队。运营团队是风控团队中不可或缺的一支，负责线上风险案例的审核、处理、跟进，以及对风险案例的分析统计等工作。

（5）廉政调查团队。这里主要指负责线下场景的暗访、调查、取证工作的团队。不少行业存在线下环节，或者有销售、商务角色存在，仅仅依靠线上数据进行风险管理往往信息不够，难以让人信服，线下调查团队配合线上风控工作，可以起到事半功倍的效果。

因为企业在不同发展阶段所能投入的资源不同，所以未必都能具备以上团队配备，但往往会将（3）风控产品和研发团队以及（4）风控运营团队划分为风险控制中心，作为最小集合；其他团队则隶属于不同的组织结构中，也可能没有其他团队。对于一般诸如刷单、欺诈等业务风险来说，**最小火力部署集合**是"产品＋研发＋运营"。而本书要讲的主要内容也正是这部分团队的工作。

有的读者可能会有疑问，为什么在讲技术思路之前穿插了两节来介绍风险和团队？实际上，在大数据风控和人工智能风控火热的今天，每家公司在风控技术上采用的方案依然差别很大，不是对外宣称有大数据就真的有大数据的。即便在同一个公司内部的不同业务阶段，风控技术也是不同的。这取决于公司的业务现状和大数据平台搭建资源的多少，业务和资源影响了团队的构成，进而影响了技术方案。

换句话说，风控是服务于业务的，是以数据为根本的，技术方案的选择归根结底要看业务和数据，不是用了几个机器学习模型就叫智能风控的。那么，接下来我们就来看看有哪些风控技术解决方案吧。

2.3 智能风控的技术思路 <<<

传统风控技术经历了过去几十年的考验，如今随着互联网大数据的普及，在不断涌现新领域和快速迭代的节奏下，传统技术显得捉襟见肘。越来越多的风控工作者开始追求更先进的新技术，一些领域甚至出现了唯 AI 论的噱头，到底什么才是可落地的智能风控技术思路呢？

2.3.1 智能风控的定义

智能风控是指以大数据为依托，采用人工智能技术进行风险检测识别，于事前、事中和事后进行全链路联防联控的系统化风控体系。这里面包含三个要点：

- 大数据是基础，智能风控是服务于大数据量的业务。
- 采用人工智能技术检测，人工智能技术的范畴很广，包括经典机器学习技术，也包括神经网络、自然语言处理、模式识别、知识图谱、搜索、推理等。
- 强调全链路联防联控的系统化风控，换句话说，智能风控既要在产品业务的各个环节进行风险识别，又要在各个环节（事前、事中和事后）进行风险管控，形成各个业务子系统联动协同地管控。注意，这里更注重"管控"，此外强调"事前、事中和事后"，除了是在强调全链路各环节，也是在强调实时、离线相结合的检测和防控。

智能风控更多强调的是一个**智能体系**：

- **智能**体现在能够借助大数据和人工智能技术进行准确发现和识别异常点，智能的关键是要有大数据。
- **体系**体现在针对风险和异常的检测发现和管控上，能够真正利用大数据、挖掘大数据中的价值信息，不以单系统、单风险事件作为管控节点，而是统筹考虑。既然是一个体系，数据往往是闭环的，从数据获取到加工、处理、应用再到回流反馈，而针对数据的任何工作来说，能多细化就多细化，这里面牵扯太多的内容并不能体现在定义中。

智能风控并不是唯 AI 论，我们先简单看一下它所涉及的一些主要技术点。

2.3.2 设备指纹

1. 含义

设备指纹是指可以**唯一标识**出一台设备的设备特征，或者独特的设备标识。比如：

- IMEI：即 International Mobile Equipment Identity，国际移动设备识别码。每部手机在生产过程中都会被赋予一个唯一的 IMEI，用于标识该设备。
- MAC 地址：计算机的网卡在生产过程中会被赋予唯一的 MAC 地址。
- AndroidID：装载 Android 系统的设备首次启动时，Android 系统会随机生成一个 64 位的数字，即 AndroidID。
- IDFA：iOS 系统上可表征设备唯一性的广告标识符。
- OAID：由中国信通院联合华为、小米、OPPO、VIVO 等厂商共同推出，是一种可替代 IMEI 的设备标识符。
- 企业通过自研算法生成的唯一性 ID，也可以视为设备指纹。

但是上述设备指纹在使用中会存在一些问题，下文会讲述。

2. 作用和意义

设备指纹主要是为了能够唯一表示一个用户设备，回答"**你是谁**"的问题，而这个问题正是风险控制的最基本问题：有了 ID 身份，数据才有归属，哪怕是假身份，有这个 ID 的存在才能根据数据进行确认。因此，设备指纹在风控技术中发挥着**基础设施**的作用。此外，设备指纹也是广告营销、用户画像分析的基本前提，例如用户的兴趣标签、人群属性都是基于设备的刻画，再如新客口径的计算、净 DAU 的计算等都与设备指纹有关。

3. 常见形式

设备指纹存在硬件形态，最常见的就是银行的 U 盾，是 PC 时代的代表，一般配合浏览器安全控件使用。随着移动互联网的兴起，软形态的设备指纹成为主流，我们提到的设备指纹默认是指这种形式。

目前在实际应用中被作为设备指纹的 ID，并不是 IMEI、AndroidID、IDFA、OAID 这些 ID，主要原因有两个，一是这些 ID 的准确性差或稳定性差，比如一些手机厂商存在魔术 IMEI，即很多手机使用同一个 IMEI 号；AndroidID 会随着系统版本升级发生跳变。二是这些 ID 在获取时很容易被刷机软件篡改，安全性差。

实际应用中多采用重新签发新 ID 的方式生成设备指纹。从技术实现方式上，生成设备指纹又分为两个环节：

（1）客户端采集，指通过 JS 或 SDK 采集客户端设备信息，这需要在权限允许范围内采集。作弊使用的刷机软件可以通过 Root+Hook 的方式劫持部分设备参数，从而篡改信息造成新机假象，使得移动应用 App 获取的信息并非真实值，因此需要防止采集的参数被 Hook 并保证数据的安全传输。在不能避免被篡改时，尽可能识别出虚假设备，第 5 章还会详细介绍这部分细节。

（2）服务端算法生成，指根据客户端采集的参数信息，并结合历史数据，在服务端生成设备指纹的过程。生成的指纹 ID 可以通过接口返回给客户端或写入 Cookie，同时存于云端数据库中。

在很多资料中，关于设备指纹的介绍都提到了主动式、被动式和混合式三种实现方式。

- **主动式**是指客户端主动采集并生成（实际上由服务端生成也可以）的方式。
- **被动式**是指在客户端与服务端通信的过程中，从数据报文的 OSI 七层协议中，提取出应用 App、设备的 OS、协议栈和网络状态相关的特征，采用算法进行相似度计算，对于新的参数赋予其唯一的设备指纹。被动式指纹的应用和推广目前还比较少。
- **混合式**就是综合采用客户端采集参数、服务端算法生成的模式，这也是业界主流实现方式。

设备指纹解决的是身份标识问题，无法解决虚假设备问题，因此一定还需要与虚假设备识别技术配合使用。而客户端主动采集的参数的一个重要作用就是，识别虚假、篡改、模拟设备等情况，这将在第 5 章深入展开。

2.3.3 规则引擎

1. 含义

规则引擎是可以有效管理变量、因子和规则，从而进行策略决策的系统。它的能力可以用"如果满足……那么……"来表示。假设我们用以下方式来表示一条规则：

```
if x in blacklist and func(y)>10 and z>0.8; then
action: block this query
```

那么，其中的 x、y、z 就是变量或因子。针对一个场景，可以配置多条规则，形成策略。规则引擎有狭义和广义之分：

- 狭义的规则引擎是指具有逻辑表达能力的决策功能，即只具备上述例子中的逻辑判断和决策能力，不关乎 x、y、z 的复杂动态计算（如时间窗口的聚合），只有简单的静态数据处理。
- 广义的规则引擎也是通常所说的规则引擎，除了包括逻辑判断和决策能力，还具备流式数据计算、监控与统计、可视化界面配置管理等能力。后文默认指广义规则引擎。

智能风控中的很多机器学习模型在规则引擎中可以作为**单个因子**，也可以作为一条**规则**使用。例如，z 表示为虚假设备识别模型的结果，就是作为单个因子；而如果变成如下情况：

```
if z>0.95; then
block this query
```

则被当规则使用。

2. 作用和意义

规则引擎既可以看作一种单独的技术能力,又可以认为是智能风控的工程框架,实现简单,可快速搭建,能够实现风控决策与业务逻辑代码的分离,是智能模型决策输出的载体。

规则引擎的**数据能力**负责获取风控所需的任何实时数据流,**计算能力**可以加工处理数据,**决策结果**可以配合运营审核平台或自动化机制输出风险决策,同时还可为机器学习模型提供特征输入和样本集,因此,规则引擎是风控系统的**骨架**。

在大数据风控和人工智能技术应用之前,规则引擎和设备指纹可以说是风控技术的全部。因此,在过去几十年,沉淀出了一批杰出的规则引擎系统,尤其是在逻辑表达这块,如 Drools、Rete、Ilog JRules、Jess、Visual Rules 等。

3. 规则引擎的要点

1) 数据能力

数据能力是指能够获取实时和离线数据,并能基于数据进行加工处理、得到稳定可靠数据的能力,属于规则引擎的数据生产部分,数据能力也可以是独立于规则引擎的能力,但如果风控有自己的数据流会高效很多。数据从日志采集或者业务 DB 到消息队列再到 ETL 是有统一的基础数据流的,而对于风控特有数据流来说,则往往从 ETL 之后开始接入,独立于主线。

数据能力的**核心**主要指风控的离线和实时数据仓库建设。数据仓库分层管理,底层为数据源,往上依次是明细(ODS)层、汇总(DW)层和应用(App)层,如图 2.1 所示,左侧为通用的统一数据仓库分层,虚线框里则为风控的数据仓库分层。

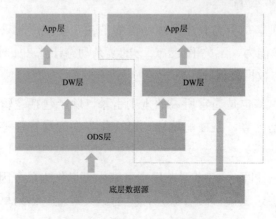

图 2.1　数据仓库分层示意图

- 底层数据源包括日志采集和业务 DB 数据。
- 明细（ODS）层主要负责清洗、过滤、字段转换、连接（Join）和合流。风控的部分数据（如端采集数据）在 ETL 之后，可以不经过清洗过滤，而直接让原始数据进入 DW 层内的 DWD 层（即 Data Warehouse Detail）；其他业务数据可以进行正常的 ODS 层加工，再到 DW 层。
- 汇总（DW）层一般包含以设备 ID、账号 ID 为主要维度的汇总数据，这里的账号 ID 除了 C 端用户的账号，也包括 B 端性质的账号。数据加工服务是非常耗机器资源的服务，主要在离线数据的 Join 和实时数据的合流环节，尤其是后者，需要大量的计算资源和存储资源。举例来说，当用户在点击广告时，我们可能希望拿到曝光广告时的信息，这对于离线计算来说不是问题，但对于实时计算就有很大不同，这两个行为前后时间间隔很短，并且是两条独立日志，这就需要极为高性能的存储查询能力来做支持，甚至需要为了合流而牺牲点击事件处理的实时性。
- 应用（App）层面向数据的应用需求，包括特征宽表、分析图表、前端报表、专题分析等，适合做 OLAP（联机分析处理）、报表模型等。

2）表达式引擎

表达式引擎又叫解析引擎，用于解析规则中的逻辑表达式，进行动态求值，是狭义规则引擎的主要组成部分，甚至被等同于狭义规则引擎。常见的表达式引擎主要有 QLExpress、MVEL、JSEL、Aviator 等。大部分表达式引擎都支持运算操作符、正则表达式、函数调用和自定义函数等功能，但由于实现原理的不同，速度往往差异较大。

3）平台能力

平台能力包括不限于提供配置、实验、监控和可视化功能的能力。

- 配置是指规则引擎的使用人员可以通过界面方便地实现变量、因子和规则的设置。
- 实验是指命中规则时不执行影响生产的动作，仅进行实验标记，并在累积一段时间后可以分析实验效果。
- 监控是指对命中规则的情况能够监控量级波动，并具有报警能力。
- 可视化主要是指提供操作界面以及效果报表。

平台能力主要是从易用性角度来说的，规则引擎的使用者不乏有产品和运营人员，系统拥有便捷易用的可视化配置界面、实验能力和效果报表已是必备要求。

2.3.4 监督学习模型

1. 含义

监督学习模型是机器学习中的一类常见方法，由训练样本数据建立一个模型，依此预测新的样本。训练样本由输入特征和预期的输出（即标签）组成。模型的输出可以是分类标签也可以是连续数值，对应的训练学习过程分别称之为分类和回归。如图 2.2 所示，$f(x)$ 表示为根据训练样本数据学习出的模型，然后对未知标签的生产数据进行预测。

图 2.2 监督学习模型

2. 作用和意义

监督学习模型的主要特点是需要输入的数据带有标签（label），是机器学习中的经典算法模型，每本讲机器学习的书几乎都会花 80% 的篇幅介绍监督学习模型，可见其重要性，实际上，它也是目前应用最广的模型。

在风控技术方案中，监督学习模型（主要指判别模型，常见的如 LR、SVM、决策树、神经网络）依然是非常重要的一部分，不论是回归还是分类，风控领域始终不缺应用的场景。但从过去的经验来看，机器学习技术在风控领域的应用依然存在一些阻碍，主要来源于模型的可解释性、量化评估以及风控意识层面。

传统风控过于强调"强特征""强证据"，这是因为风控的决策结果往往是非黑即白（非 0 即 1）的。这种现象在金融行业中尤为普遍，比如十年前，如果要办一张信用卡，就需要提供工作相关信息，如工资年收入、流水、公司名称、座机电话等，对于有一定经济能力的大学生、打工族来说，提供这些信息有难度，他们很难办下来信用卡。在非黑即白的处理方式下，如果拿不到强特征，往往就会做出负面决策，如月收入不足 5000 元、无固定工作，就无法办理贷款。如果确实是一个优质用户，那么这将影响用户体验，也会使平台失去一个用户。

而有了大数据就不一样了，大量弱特征（例如网购、酒店住宿、旅游、搜索甚至健身、移动通信）结合复杂机器学习模型甚至深度学习模型，可以获得不错的结果。例如虽然这个用户的月收入不足 5000 元、也无固定工作，但其家庭月收入超过 20 000 元，信用卡按时还款、无逾期，购买过直播设备套装，搜索过视频剪辑相关内容，手机对应机型的市场价在 3000 元以上，安装列表中不存在多个借贷 App，活跃于英语、育儿、购物、短视频等 App……如果历史样本中存在很多这样的成功借贷且信用良好的用户，那么依此训练的模型也会预测该用户是一个好的用户。

因此，有大数据的支撑，监督学习模型将会发挥更好的作用，在降低风险的同时可以带来更好的体验和收益。

3. 实施步骤

实施监督学习模型一般有以下几个步骤。

（1）问题定义，确定目标变量（因变量）和自变量。

- 目标变量：例如，在反欺诈场景中，目标变量是要判断用户是否为欺诈用户（是为1，否为0）；在转化率预测模型中，预测商品的转化率是目标（取值是0到1的浮点数）。根据目标变量的不同，问题可以分为分类问题和回归问题，后者的目标变量是连续型数值。

- 自变量：监督学习模型是通过学习因变量和自变量之间的关系建立模型的，因此还需要确定问题的自变量。自变量的确定需要业务经验，这也是做风控必须熟悉业务的一个原因。在信用模型中，用户的基本信息、交易记录、浏览行为、社交信息等维度都是可能影响用户信用的自变量。

（2）数据与特征。问题定义确定之后，开始准备数据工作，包括样本集和特征工程。在风控场景中，往往黑样本（即有风险的一类，也是少数类）是比较难收集的，尤其是针对用户（to C）的模型，经常出现样本不均衡问题，这在后文中会详细介绍如何处理。特征工程同样是监督学习模型的关键点。生产环境不同于科研，不比论文使用的数据，实际数据都包含了很多噪声和垃圾，存在很多缺失项，因此需要大量的工作进行数据清洗、加工，如数据过滤、缺失值填充、样本选择、特征选择、降维等，当然其中有些工作还要取决于选择的模型，这在本书后面的章节还会详细介绍。

（3）训练调优。选择适合场景的算法，如树模型算法 GBDT、XGBoost、RF 等具有特征选择能力，LR 具有较好的可解释性。LR 模型往往被认为是简单的模型，"体现不出技术含量"，这是经常在实际工作中看到的一种偏见。实际上，LR 模型结合特征工程，可以支持海量维度（上亿维）的输入，准确度和性能都可以做到非常高，这是其他模型不具备的能力。

简单模型搭配海量离散特征，这是经典组合，特征工程在其中会更加重要。模型训练前样本分为训练集、测试集、交叉验证集，模型在训练集上训练，在交叉验证集上避免过拟合，在测试集上看泛化（即测试模型是否能够在非训练数据上取得较好的效果）。训练的好坏需要指标衡量，主要有 AUC、KS、准确率、召回率、F1 值等。除了使用单个模型，风控领域还会采用多模型融合的思路提高最终的效果准确率。

（4）部署上线。模型效果符合业务要求后即可部署上线了，以 A/B 测试或全量方式上线到生产环境。部署方式跟建模工具有关，主要的建模语言或环境有 Python、Spark、R、Java、C++，部署存在两种方式，一是离线部署，配合调度系统运行；二是在线部署，以 service 方式提供服务，在线场景是实时的，根据流量大小可以采用不同的方案，比如大流量可以采用 PMML 方式、TensorFlow serving 方式、常驻内存方式，小流量可以做的选择更多，甚至可以采用 http server 方式提供服务，或者借助一些开源的框架如 prediction io 实现在线实时部署。

2.3.5 无监督学习模型

1. 含义

无监督学习模型没有带标签的训练样本，直接在一堆数据中挖掘、寻找数据之间的关系，因此被称为无监督学习。监督学习模型根据样本和特征在有限范围内进行记忆工作，以此判别新事物是否符合记忆；而无监督学习模型是要找出数据内部的规律和联系。以聚类为例，将具有相同特点或者紧密关系的数据归属到一个类簇，如图 2.3 所示（书中需要看彩色效果的图，请参见文前彩插，后同）。

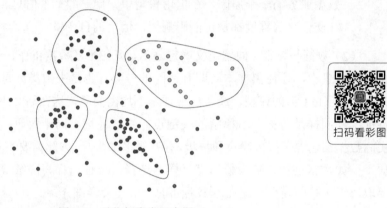

图 2.3　无监督聚类示意图

2. 作用和意义

2.3.4 节讲的监督学习模型应用场景非常广泛，尤其适合有样本数据的固定场景，如设备是否虚假、IP 是否高风险、图片是否违规等，但经验发现，在应对用户反作弊方面，往往存在几个限制。一是需要标签，虽然大数据时代不缺数据，但想要获取大量带有标签的高质量样本并不容易，因此就产生了第二个限制：样本不均衡，即标注为作弊的样本数量总是有限的。不均衡问题可以通过一定的技术手段缓解（参考 5.3.3 节）。第三个限制是不易准确验证预测结果。模型预测一个用户作弊，难以给出一个确定性验证结果，很多业务场景不像借贷那样有逾期坏账的概念，能自动给出真实值，生产中针对用户的真实值往往难以获得，特别是新用户作弊，一次性交易、从此不再来，很难界定其中的风险。

对于此类情况，往往有几种解决方案。**第一种**是从数据维度考虑，之所以难做界定是因为掌握的信息太少，所以丰富信息采集和规则方法（包括获取外部数据源），通过接下来要介绍的无监督学习模型考察聚类，通过知识图谱考察与其他对象的关系。**第二种**是变相去做其他角色的决策，挖掘所关联的商户的风险特征，从便于获取真实值的商户入手，以团伙式打掉作弊群体，此即联防联控的范畴。**第三种**是在业务允许范围内放长线，即通过时间窗口的加长，暴露出来更多信息，此信息不局限于用户的订单，因为用户很可能不再使用该账号下单，但容易与其他账号发生关联关系，为进一步得到实证获取更有力线索。

这里面最主要且有效的方法就是采用无监督学习模型，尤其是聚类、社区发现、知识图谱等方法。无监督学习模型在处理用户反作弊问题时，能够绕开样本的限制性因素，取得一些补充效果，不需要带标签样本、不依靠特征。以挖掘出的群体对比总体的业务指标差异，可以识别出大量的相似手段作弊和团伙作弊。总结起来，无监督学习模型还有以下优势。

（1）预警能力。无监督学习模型可以在风险发生早期发现异常行为，如批量注册、团伙涌向某个活动等。这是因为无监督学习模型在构建两个用户的关系时，不像监督学习模型那样过多依赖特征，而是通过几个简单的线索计算用户之间的关系或者距离。例如，通过两个账号是否在同一个设备上出现，来建立用户账号的关系，那么当出现单个设备批量注册的现象时，无监督学习模型的结果就会出现明显集中，同样地，当一个快速涨粉的大V账号下大量粉丝账号共用设备时，也会出现集中问题。因为无监督学习模型相较于有监督学习模型来说，摆脱了过多的场景依赖，使其结果不再仅适用于固定场景，因此能够在风险发生早期暴露出痕迹。

（2）覆盖面广。像聚类、社区发现等方法，它们的输出结果都是一个个的类簇，每个类簇中包含很多节点，属于批量识别，覆盖账号数量较多，易于发现团伙欺诈。

（3）可解释性强，便于人工审核。聚类模型多以图形化和表格展示为主，直观可解释，方便操作。如图2.4所示为一个聚类结果，图中存在4个类簇，每个类簇中含有多个用户，如果用红颜色表示高风险，绿颜色表示低风险，辅以表格来说明每个类簇的次留率，那么很直观就可以将类簇①认定为作弊。

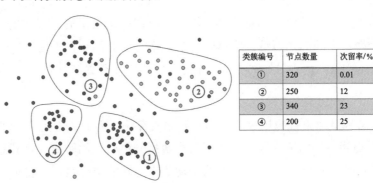

图 2.4　聚类示意图

3. 实施步骤

以聚类算法为例，简要介绍一下在风控中的实施步骤。

（1）特征工程，主要挑选样本中利于计算两两距离的特征，以及用于图形化、评分和其他业务需要的属性信息。特征数量无须过多，那些号称数万、数十万特征的做法无须听之信之，结合笔者的业务经验，几十个甚至十几个特征都可以取得相当好的效果，还不用做降维操作。如果是基于向量化的输入，那么这里的特征工程则变成了获取向量化结果。

（2）聚类分析，选择合适的距离函数，计算样本距离。需要注意的是，影响距离的因素不止一个特征，因此不同特征的重要性有所区别；另外，不同特征的数据真实性也有所不同，这些都可以根据业务经验赋予不同权重。确定距离后，选用聚类算法生成聚类，为了保证效果，整个过程可能反复迭代进行。聚类过程中，关于节点和关系的表示，传统通过邻接矩阵来表示，目前流行通过网络表示将节点嵌入一个低维的稠密向量空间中，使得在原网络中有关联的节点在向量空间中有比较近的距离。

（3）图形化分析，以一个更直观的视角分析聚类结果，每个簇是否具有很强的特点和相关性，簇与簇之间是否低关联。图形化有两种，一种是紧贴聚类分析过程的研发图形化，一种是产品化的图形化，后者信息更为详尽。在产品化之前进行图形化，更多是为了验证聚类分析的效果；在产品化之后进行图形化，是为了方便预警监控和人工运营。

（4）排序评分，这也是聚类方法想要自动化运用的必备步骤，主要从簇的大小和业务风险损失来衡量。簇的大小是指簇内样本的数量，数量越多，羊毛口子被利用的人口基数可能就越大，群体事件和突发事件的可能性也就越大；业务风险损失是指簇内样本可能导致的风险资损有多少，这可区分刷量和刷钱的行为，一般来说，簇大资损小的是刷量，簇小资损大的是刷钱。评分可以按照风险高低从大到小顺序，也可以反之。为了便于与图形化更好地结合，在产品化阶段一般还会进行定性操作，即给每个簇进行描述性结论，针对簇的大小、资损、关联的原因进行解释说明，便于人工运营操作。

4. 无监督学习主要使用的聚类算法

无监督学习模型中最常使用的是聚类算法。聚类即根据数据的相似性把数据分为多类，要评估两个样本之间的相似性，通常使用的方法是计算两个样本之间的距离，主要有欧式距离、曼哈顿距离、余弦距离等。目前主要使用的聚类算法有以下几个。

1）K-means 算法

K-means 算法是最简单且应用最广泛的一种聚类算法。主要过程是先随机选取 K 个中心点作为 K 个类簇，遍历所有数据；根据每个数据到中心点的距离，将其划分到最近的中心点类簇中；然后重新计算每个类簇的平均值作为新的中心点，重复遍历；不断迭代直至收敛或者满足迭代次数要求。这其实是求解最优化问题的一种思路，我们换个表述方式会更具有一般性。假设有 N 个点，要分为 K 个类簇，那么 K-means 算法的思路则是要实现最小化：

$$J = \sum_{i=1}^{N} \sum_{k=1}^{K} a_{ik} \| x_i - c_k \|^2$$

其中，a_{ik} 取值为 0 或 1，当数据点划分到类 k 时为 1，否则为 0。通过确定 a_{ik} 和 c_k 来最小化 J，可以采用迭代的方法，先固定 c_k，选择最优的 a_{ik}，即将数据划分到离它最近的点；再固定 a_{ik}，求解最优的 c_k。如何确定 c_k 呢？J 对 c_k 求导等于 0，便得到 J 最小时，c_k 应满足

$$c_k = \frac{\sum_i^m a_{ik} x_i}{\sum_i^m a_{ik}} = \frac{1}{m}\sum_i^m x_i$$

也就是前面说的类簇平均值，m 为类簇中数据点个数。按照 K-means 算法的迭代步骤，每次迭代可以使得 J 不断减小，最终收敛到阈值范围。由于跟初始点选取有关，且 J 为非凸函数，所以不保证找到全局最优解，只能找到局部最优解。在实际中，初始点多随机选取，确定 K 后重复执行多次，避免随机引起的局部最优，通过观察 K 与 J 的走势图并结合业务场景最终确定。

2）GMM（高斯混合模型）算法

GMM 通过样本的概率密度分布估计，来实现数据样本的聚类问题，它给出的是每个样本点属于每个类的概率，而不是具体属于哪个类，因此也被称作软聚类算法。GMM 模型的定义为：

$$p(x) = \sum_{k=1}^{K} \pi_k N(x; u_k, \sigma_k)$$

其中，K 同 K-means 算法中的 K 含义类似，表示高斯模型个数；π_k 表示第 k 个高斯模型的权重，$\pi_k \geq 0; \sum_{k=1}^{K} \pi_k = 1$；$N(x; u_k, \sigma_k)$ 表示第 k 个高斯模型：

$$N(x; u_k, \sigma_k) = \frac{1}{\sqrt{2\pi}\sigma_k} \exp\left(-\frac{(x - u_k)^2}{2\sigma_k^2}\right)$$

均值为 u_k，方差为 σ_k，每个高斯模型称为一个 component，即为聚类中心。对概率密度分布的估计即求解 π_k、u_k 和 σ_k，即可得到样本 x 属于每个类簇的概率。GMM 通常采用最大期望值（Expectation Maximum，EM）进行参数估计，求解思路与 K-means 迭代类似，先固定一个高斯模型，迭代优化求解其参数；然后再固定一个高斯模型的参数，最优化其权重。具体的 EM 算法求解，引入了隐变量，分为 E 步和 M 步，具体可以参考相关资料。

采用 GMM 模型做聚类，给出的并不是确定的类簇，而是属于每个类簇的概率，这一点不同于 K-means 算法，但同样需要指定 K 值。

3）层次聚类算法

层次聚类算法通过计算不同类别数据点间的相似度——距离来创建一棵有层次的聚类树，可以选择从上到下把大类分割的分裂法，也可以采用从下到上对小类聚合的凝聚法。

分裂法的主要步骤如下。

（1）将样本集所有样本视为一个类簇，好比树的根（root）节点。

（2）重复执行以下操作直至达到聚类数目：在同一个类簇中计算两两之间的距离，找出最远的两个样本 i 和 j；将 i 和 j 分配到不同的类簇中，设为 $c1$ 和 $c2$；计算原类簇中其他样本与 i 和 j 的距离，距离 i 近则划入 $c1$ 中否则 $c2$ 中。如图 2.5 所示，分裂的过程类似于从根节点开始创建多叉树。

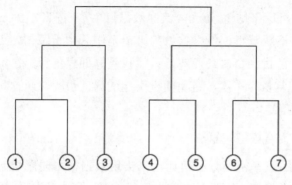

图 2.5 层次聚类

凝聚法的思路则是初始时，把每个样本点都看作一个类簇，计算两两之间的距离，取最小的两个合并为一个类簇，重复该过程直至满足条件。在计算两个类簇的距离时，有两种常见的做法，一种是把两个类簇中的两两距离求和，除以两个类簇的元素个数取平均；另一种则是取两个类簇的中心点距离。该过程类似于图 2.5 中从底向上创建哈夫曼树。

4）谱聚类算法

谱聚类（Spectral Clustering）算法是近年来比较流行的一种基于图论的聚类算法，比起传统的 K-means 算法，它对数据分布的适应性更强，效果更好，性能更优。

谱聚类算法的主要思想是把所有数据视为空间中的点，相似的数据连接起来，相似度即为两个点的边权重，通过对所有数据点组成的图进行切割，使得切图后不同子图的边权重之和尽可能低，而子图内的边权重之和尽可能高，从而实现聚类。

大体思路很好理解，实现步骤也比较简单，但是背后的数学解释就复杂了很多，切图中想要求得最小化 cut 实际是一个 NP-hard 问题，通过特征分解利用特征向量来简化数据空间，最后还要在低维数据上继续调用 K-means 算法。关于谱聚类算法的更多介绍，请参考 5.3.8 节的详细内容。谱聚类算法只需要数据之间的相似度矩阵，且采用了降维处理，在稀疏数据和高维度数据聚类场景下，效果优于传统 K-means 算法，因而备受欢迎。

除这几类算法外，还有密度聚类如 DBSCAN 算法，近几年新发展的核聚类如 SVDD 算法、SVC 算法等。聚类算法从类型上可以分为原型聚类、层次聚类、密度聚类和图聚类四种，Scikit-learn（简称 sklearn，是针对 Python 语言的免费软件机器学习库）中都有相关的实现，如图 2.6 所示为 sklearn 支持的聚类算法。

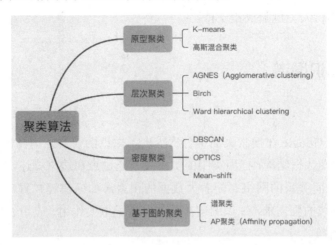

图 2.6　Scikit-learn 支持的聚类算法

除聚类算法之外，实际上，基于图的算法包括 PageRank、连通图、社区发现等在内的算法，它们很适合用来做风控解决方案。如图 2.7 所示，京东天网风控系统中采用了基于用户社交网络的指标数据。Datavisor 公司是一家提供无监督欺诈检测服务的企业，这从侧面证明了无监督模式的一些优势和市场。KDD 最佳论文涉及图算法相关的论文不在少数，2016 年最佳论文 FRAUDAR 更是直击异常检测主题，2017 年 KDD 的 13 场学术论文报告中，有 10 场与风控相关，其中又以半监督或无监督手段为主。

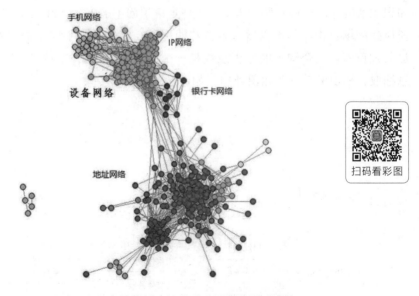

图 2.7　京东基于用户社交网络的风控模型（图片来源于网络）

无监督学习模型已然成为第四代风控技术，当然，监督学习模型与无监督学习模型并不是舍我其谁的关系，而是相辅相成的。有监督学习模型更适合解决特定的问题，而无监督学习模型更适合做异常发现，其结果又能成为监督学习模型的输入，提高模型效果。

无监督学习聚类模型的结果具备良好的可解释性，配合直观的可视化工具，能够为运营人员和客服人员提供人工风险决策支持。

2.3.6 知识图谱

1. 含义

2012 年 5 月，Google 在搜索页面中首次推出了知识图谱。知识图谱本质上是语义网络，通过构建一种图数据结构，把现实中的实体关系通过点和边来描述，实现一种更有效、更直观展示本体之间关系的网络。随着大数据的积累，如何快速挖掘出蕴含其中的价值信息，成为很多领域的强需求，知识图谱在其中发挥了重要作用，应用领域有风控、营销、搜索、推荐、问答等。

知识图谱由一条条的知识组成，知识表示为 SPO（Subject-Predicate-Object）三元组，其中 P 对应主谓宾结构中的谓语，分为两种形式，一种是属性（property），一种是关系（relation），即可以细分为（实体 1，关系，实体 2）、（实体 1，属性，属性值）两种形式。例如（123，共用一个设备，456）表示两个 ID（123 和 456）共用一个设备，（123，最近 30 日活跃天数，20）表示 ID 为 123 的用户最近 30 天里有 20 天活跃。

知识图谱在数据层，以事实（fact）为单位存储知识，比如上述的 SPO 三元组。一般采用 RDF（Resource Description Framework）格式或者图数据库方式存储这种三元组。知识图谱构建的过程有两种方式，一种是自顶向下的方式，另一种则是自底向上的方式。在风控的场景中，基本以后者为主，即通过一定的技术手段从原始数据中提取出事实，加入知识库。这个构建的过程往往是一个不断迭代更新的过程，主要分为三个阶段：信息抽取、知识融合以及知识处理，如图 2.8 所示。

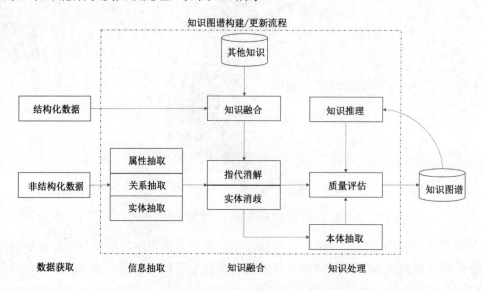

图 2.8　知识图谱构建/更新流程（图片来源于网络）

（1）信息抽取指从结构化和非结构化数据中提取出实体、属性和关系，数据多来源于日志、交易订单、网页、图片等，提取方法也根据数据源不同而不同。

（2）知识融合是指对提取的信息进行去冗余合并和消歧等操作，以及融合现有知识和外部知识。

（3）知识处理包括本体构建、知识推理和质量评估。

实际上，这些过程可根据数据源及其质量不同而适当取舍，但无论如何，想要在风控领域应用，必须有较高的置信度。比如，在金融理财类产品中，很少有好友关系的概念，但通过产品自身提供的分享推荐等拉新功能，可以建立结构化的关联数据，而这个过程并不需上述流程中的诸多环节。再如多个账号在同一设备上的登录行为建立的关联，也源于结构化数据，构建过程同样省去诸多环节。一般来讲，基于结构化数据构建的图谱，流程相对简单，质量较高。

2. 风控领域应用知识图谱的场景

风控领域中主要有哪些场景可以使用知识图谱呢？这里先简单介绍两个常见的场景。

（1）身份识别。主要指不同账号通过设备、地址等信息而导致的关联。比如，拥有相同的设备指纹，在同一设备登录或者尝试登录，拥有相同的下单 IP、相同的手机号码、相同的收货地址，等等。

（2）关系识别。主要指通过产品的显著或不显著关联而建立的"好友"关系。

- 产品的显著关联：比如因为一个营销活动，一个用户把产品推荐给了另一个用户。如果这种推荐链条很长，可能就是一种团伙。正常的推荐关系可以成为营销或者催收的有力工具。
- 产品的不显著关联：如大量用户相同时段内都以相似的地址申请贷款，或者都去相同的网上店铺下单。

细分的风险场景会有很多，但基本上可以划分为身份识别和关系识别，或者用一个更形象的描述——分身识别和团伙挖掘，前者检测网络中的多个实体是否为现实中的一个实体，后者检测网络中的多个实体是否为现实中的一个团伙。

2.3.7 深度学习

1. 含义

深度学习是机器学习领域中的一个方向，源于人工神经网络的研究，试图模仿大脑神经元之间的信息传递过程，通过在模型结构中设计大量神经元和多个隐藏层，将原始低层特征转化为高层抽象，因为有多个隐藏层而被称为深度学习，图 2.9 所示为一个两层隐藏层的神经网络结构。

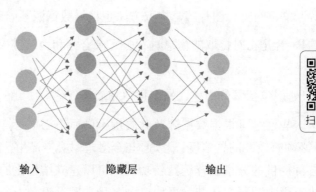

输入　　　　　隐藏层　　　　　输出

图2.9　神经网络结构示意图

2. 作用和意义

2016年和2017年是深度学习高速发展并受到大家越来越多关注的两年，不论是工业界还是学术界都投身其中，各行各业开始尝试深度学习技术的落地。深度学习在风控领域的应用，虽不乏取得明显成绩的案例，但由于风控多方面的可解释性要求，以及数据层面的获取难度，导致应用效果未能如图像、语音、医疗等领域显著。不过这并不影响大数据风控引入深度学习技术的必然性。深度学习的多层处理，能够将原始低层特征转化为高层抽象表示，再通过简单模型就可以实现复杂分类任务，这也是一种常见的做法。

3. 深度学习模型

深度学习模型主要有如下几类。

（1）普通深度神经网络。这是相对于两个概念来说的，一个是相对于传统的神经网络而言，隐藏层数增多了（并无明确说法，一般达四五层以上），形成更深的神经网络；另一个是相对于卷积神经网络和循环神经网络，它们本身层数较多，但概念上不加"深度"字眼。常见的DNN是全连接的前馈深度神经网络。

（2）卷积神经网络（Convolutional Neural Network，CNN）。这是深度学习能如此普及的功臣模型，可谓众所周知。训练过程中通过卷积、池化操作把数据的维度进行压缩，适用于结构化数据，多应用在图像领域，如图像分类、物体检测、文本识别、黄反过滤等。从AlexNet到VGGNet、GoogleNet，再到2015年的ResNet，最后到笔者写此段文字时的ResNeXt、DenseNet，CNN在解决网络过深时的训练精度、速度、扩展等方面不断涌现出新型网络结构。

（3）循环神经网络（Recurrent Neural Network，RNN）。前面两类模型网络主要是前向反馈，循环神经网络则可以前向传播也可以反向传播，通过网络中的特殊门结构，可以实现对输入序列的"记忆"和"忘记"。RNN在理论上适用于解决序列数据问题，但同样也存在梯度消失问题，尤其对于序列很长的情况，较广泛应用的主要是基于RNN模型的LSTM（Long Short-Term Memory，长短期记忆）模型及其变体如GRU（Gated

Recurrent Unit），用于长期及远距离的依赖关系。主要应用场景有语音分析、文字分析、时序分析。

（4）其他网络。如深度生成模型里的受限玻尔兹曼机（Restricted Boltzmann Machine）、深度信念网络、生成式对抗网络（Generative Adversarial Network）、自编码器（Auto-encoder）等。

4. 风控领域应用深度学习模型的场景

结合笔者的经验，深度学习技术在风控中应用较多的场景主要有特征选择和特征表示，知识图谱的构建，以及涉及时序、图像、文本等方面的场景。当下风控系统中应用广泛的模型主要是有监督学习模型中的逻辑回归（LR）和树模型（主要是 GBDT、RF、XGBoost），而这些模型都较为依赖特征工程，尤其是逻辑回归模型。相较而言，深度学习较少的特征工程能取得不错的预测效果。

但在实际中，往往会出现一个现象：把现有的模型（如 LR/GBDT）直接升级为深度学习的模型后，不能取得更好的效果，或者说不能取得明显的效果。这多是因为原来模型使用的特征，都是经过特征工程加工后适合相对应的模型的，而喂入深度学习模型未必能够学习到更高级的表示，此时不如喂入更原始一些的特征，避免此前特征工程遗漏信息。再者，深度学习的模型一般有适合的使用场景，比如 LSTM 适合于时间序列相关的场景，CNN 类型的模型不适合时序类的场景，因此不是模型的简单替换就能带来效果提升的，需要结合具体的业务场景来考虑，且和整个任务过程中采用深度学习解决的是分类问题还是特征问题有关。

而对于图像、文本方面的场景，深度学习因为其复杂的网络结构自然比传统机器学习更适用，比如通过 CNN 提取图片特征、鉴别黄反图片，通过 RNN 进行语义分析等，这是深度学习技术擅长的领域。这些应用在商业信用模型中一般出现较少，在以内容风控为主的场景中更多一些，比如贴吧、微博、涉及评论的商业板块（如电商中的带图评论），以及短视频、社区等。

在一些依赖大数据的场景（如智能获客、智能定价、投资推荐）中，往往也可以借助深度学习技术提升效果。因为此类场景特征维度多，人工不易实施特征工程，应用场景对个体的判别结果不苛求准确性，解释性的需求也弱，因而便于深度学习技术的发挥。

2.3.8 联防联控

1. 含义

联防联控是指以企业内各个**产品业务的数据内循环**理念为主导的防御控制思路，形成全链路和全渗透防御控制局面。全链路是指一个业务的事前、事中、事后都要有风控环节，全渗透是公司的所有业务和产品都要有风险控制，并能打通风险画像数据。

举例来说，用户在注册账号时有风险查杀和风险刻画，注册后在商家下单时也有风险查杀和风险刻画，当诸多风险账号的数据集中于某个商家时，将对商家的风险刻画形成影响，而商家风险的刻画会影响商家的排名、营销活动的门槛和力度。

这与疫情防控有些相像，强调每个环节都要防控并信息互通。联防联控不是一种技术手段，而是一种技术理念，不苛求在风险进入的第一个环节就能检测出来，但追求尽可能将风险及早识别，并产生连贯影响。此外，联防联控还有第二层意思，即企业与企业的协同防御，但一般实施困难，而同时掌握多行业数据的第三方风控公司可以在一定程度上发挥这个作用。

2. 作用和意义

联防联控有助于从总体上打击黑灰产，不留死角；长期看更利于建立平台健康的生态秩序，展开来看就是下面两个方面。

（1）全链路渗透到产品业务中，能够将前面提到的具体技术应用到产品的各个环节，比如在登录、下单、支付、评价等关键点位置实施风控方案；又如贷前、贷中、贷后分别管控，层层过滤，形成一道道防线。

（2）全渗透可以做到数据打通，并有助于风控结果数据回流，形成闭环。在企业增长过程中，分工是必然的事情，分工的必然结果是不同业务线产生不同的系统。以外卖业务为例，存在用户端、商户端、骑士端和销售端，这些不同的端由企业内不同的团队负责，相应的系统也是独立的。类似地，打车业务中的用户端和司机端是独立的。虽然数据仓库解决了数据隔离问题，但是权限管控和团队分工可能又会导致再次隔离，这对于发现角色串通的联合作弊（特别是身兼多角色的作弊）相当不利。全面数据互通，尤其是风险数据互通，能够让打击效果事半功倍，在一定程度上可以引导平台的角色建立良性循环。

因此，联防联控中很重要的一环是要实现数据的打通和自然身份的识别，即需要识别出哪些人既是用户又是商家，或者既是用户又是司机，哪些用户与商家关系紧密，哪些用户与司机经常存在交易。一般会有以下两种情况。

- 使用相同的信息存在直接关联，比如一个人既是用户又是商家，在用户系统和商户系统中使用了相同的身份信息，如手机号、设备等。

- 使用不同的信息存在间接关联，比如有多个手机号、使用亲属等他人的信息。我们会在后续章节介绍如何通过 IDMapping+ 搜索引擎的方式解决这类问题。

被黑产盯住的漏洞往往会在短时间内传播，比起黑产的这种分享和联合作战，各个企业中的风控却很容易存在数据孤岛问题，比如在 A 平台上作案的用户被风控限制后，在 B 平台上依然可以兴风作浪。业内也不乏公司之间的技术交流分享，但对于细节和数据，往往都是避而不谈，加之竞争原因，更难说合作了。

这给很多提供风控解决方案的第三方风控公司提供了机会，它们往往通过与不同行

业合作构建自己的大数据,来实现所谓联防联控,即一种跨行业的数据打通,主要有几个体现:

- 通过接入第三方的 SDK,能够实现跨行业的设备指纹打通,识别不同行业的设备风险行为。
- 积累各种不同行业、不同种类的黑名单库,如风险 IP、设备、账号等。
- 间接收集用户在互联网上的行为数据,为大数据风控建模提供数据基础。

正是鉴于此,笔者建议与第三方风控公司合作,可以得到有价值的参考。

2.3.9 系统化解决方案

1.含义

智能风控是一个系统化的风控体系,系统化解决方案就是为了搭建这个体系,以联防联控为理念,以大数据为依托,采用前述技术搭建的完整系统。实现系统化方案包含三部分,一是解决数据的问题,二是解决风险识别和发现的问题,三是解决处罚的问题。数据的问题由 SDK 和数据仓库等方式来解决,是一个说起来简单、做起来非常需要关注细节的事情。风险识别和发现的问题,正是本节要大篇幅介绍的部分。处罚的问题由分级处罚机制负责,在联防联控理念中,强调联动处罚和全渗透,并以一种看似弱处罚的方式多环节影响。

2.执行方案

1)从技术角度看

为了提高工程化效率,我们在实践过程中以场景需求为驱动,同时构建基础风控和业务风控能力。

- 基础风控

基础风控主要指与产品业务场景无关的风控服务能力,在整个方案中起到基础性作用。如设备指纹、模拟器识别、人机识别、越狱、刷机、虚假账号、机器注册、高危 IP/设备等;又如图片和视频是否涉及色情、低俗内容,文本是否涉及政治、敏感词、违禁品等。

不论哪个领域、哪款产品,只要涉及了反欺诈和黄反,这些就都属于基础服务。尤其对于大平台,往往横跨多个业务,如打车、酒旅、外卖、金融等,每个业务线都需要风控,这些基础风控能力不需要重复研发,数据可以打通,服务可以共享。即便非大平台,一个领域内的各个端也会有这种需求场景,比如外卖中的用户端有图文评论功能,涉及图文黄反;商家端有菜品展示功能,同样涉及图文黄反。

基础风控能力也是以提供风控服务为主营的第三方风控公司青睐的板块,因为不依赖于业务形式，不需要理解产品，相对独立，能够服务化，可以依赖大数据和 AI 技术打出品牌。

- 业务风控

业务风控是指基于产品业务的特性和数据，并与基础风控能力结合而建立的风控能力，如识别用户刷单、识别商家作弊、识别司机乘客串通造假、判断用户的还款能力、还款意愿等。可以看出，这些风控内容与产品业务强耦合，需要非常清楚业务的流程、操作细节、数据详情和风险点。

涉及角色较多的，可以根据角色划分，针对每个角色的业务特点、行为表现和交易记录，分别建立用户、商家等各个角色的风控方案。此外，业务风控还包括对销售、运营、代理商等在内的人员进行风险评定和管理，避免灰色交易、虚假业绩和伙同外部人员倒卖信息、平台外交易等，比如在房产中介平台和二手车平台中的"飞单"现象——平台搭线，成交在其他地方；教育行业的拆单现象——能够一单完成的，拆成两单完成。

2）从业务角度看

基础风控和业务风控的划分是从技术角度切入的，从业务角度看，无论采用什么技术能力，都希望能够覆盖所有环节的风险，因此，为了实现全链路能力，系统化解决方案强调事前、事中和事后三阶段风控。

- 事前风控指在交易（或一个业务流程的关键节点）达成之前进行的风险管控，不同行业差别较大。包括基于用户的登录注册、浏览行为、点击行为等其他操作行为以及获得的用户信息，进行的信用评估、流量作弊识别、反欺诈检测、风险大小评估、用户偿还能力和意愿评估等。

- 事中风控指在交易过程中进行的风险管控，如电商场景下单时的欺诈检测；金融场景持续评估用户信息真伪、还款能力；广告场景在曝光点击等计费点事件上的实时检测，都属于事中风控。

- 事后风控是在交易达成之后进行的诸如离线建模分析、风险预警和数据清洗等风控能力。事后风控因为时效性要求不高，会在一个较长的时间窗口内分析判断，准确性高。同时又因为业务结算周期往往较长，所以事后风控更好与处罚手段相结合。

3. 系统化解决方案实例

如图 2.10 所示，是外卖场景中的"第 N 个人领取最大红包"问题，一个红包分享到微信群后，第 N 个领取红包的人获取的金额最大。"羊毛党"会通过一批账号轮流抢红包，总有一个抢到最大的，而最大的那个红包才是"羊毛党"青睐的。通过与商户串通，可以实现套补贴的灰色收入，更有甚者，通过虚假商户进行套现。

因为第 N 个人领取最大红包的问题，引出了"羊毛党"账号团伙，又引出了刷单商户，最后引到虚假商户上。这样看起来，一个小的问题需要层层突破，直至最后解决了虚假商户问题才能彻底肃清，会给人始终解决不完、挖不尽风险的感觉。类似的问题还有很多，往往都是紧急的口子，需要快速填补，所以往往采用临时方案应对。长此以往，风控难以形成系统化，常陷于被动状态。如果采用系统化解决的思路，该如何应对呢？

图 2.10　第 N 个人最大红包

实际上，基础风控能力的构建并非完全脱离业务需求直接去做，而是同样由业务需求触发的，但它更倾向于一种底层能力，或者叫中台能力。

遇到问题必然先临时用规则引擎或者离线分析的方法甚至产品的方法（如限制领到红包的账号只有消费了红包，才能再领第二个）打击一波，而后考虑长期的防御机制。这个问题背后引出的是账号团伙、商家刷单和虚假商户问题。而账号团伙和商家刷单问题都可以通过团伙挖掘的方法来检测，团伙挖掘时又需要考虑账号、设备等实体之间的关系或距离，设备指纹又是其中必不可少的一项能力；虚假商户因为构造了一个不存在的商户，很多资料（如门脸图）造假，而结算人账号和证件信息是真实的，且往往是平台中已存在的，因此这里面涉及资料的真假鉴别、结算人的关系图谱等。

这样分析下来，需要几项基础风控能力：设备指纹、团伙挖掘（社区发现）、关系图谱、图像识别等，还需要业务风控能力：假账号抢红包、商户刷单、虚假商户等的识别。我们自然就会先去构建基础风控能力，在场景上结合业务特点再去构建业务风控能力。

用图 2.11 所示的篱笆方案来描述这个过程会更形象。

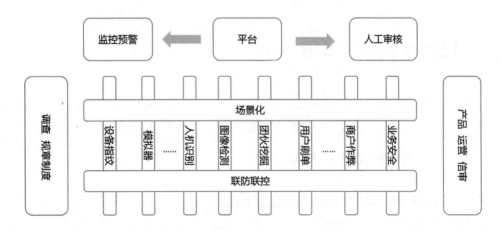

图 2.11　篱笆方案

- 图中竖着的每个柱子表示基础风控能力。
- 横着的栏杆"联防联控"表示数据融合和打通、风险结果渗透等，目的是要把分散于不同模型间的风险统一考虑，每个子模型负责的事情相对比较专一，但风控要降低总体风险，需要全盘考虑。
- 横着的栏杆"场景化"则是针对具体的业务场景进行的综合分析，如第 N 个人最大红包问题、拉新场景、营销场景、虚假商户等，可以是特别具体的一个小型优惠促销活动，也可以是一个较大的风险话题。如果在业务的初期，因为其他风险口子的触发和规划，已经建立了以上基础能力，那么应对这个新问题时成本将很低。

而对于事前、事中和事后三阶段来说，具体到第 N 个人最大红包问题这个案例中，

- 事前：在账号的注册、抢红包环节，就能在设备、账号和 IP 等方面事前触发预警。
- 事中：下单交易时，这些异常的账号集中的商户也很容易监测到。
- 事后：即便事中环节有所疏漏，在事后环节，也能够通过分析账号的聚集性找到商户的聚集性。

久而久之，你会发现，这种篱笆方案能够应对不断变化和突发的风险案件，不至于被动填补每个漏洞口子，建立好竖着的每项服务后，剩下的工作在于不断完善并加固它，主要的变化来自上层的场景，应对不同场景的风险依靠的还是底层的那些服务，额外再进行与场景有关的具体分析即可。

诚然，系统化方案还不能自动运转，还需要人的参与。需要人参与，就需要有监控预警和人工审核的工具来提高效率，甚至还需要线下调查的支持。例子中并未体现处罚环节，实际上处罚环节是系统化很重要的一环，而处罚的标准和手段制订往往决定了整个平台的生态稳定性。

2.4 风控系统框架实例

本节介绍几类公司的风控系统框架，以帮助读者加深对 2.3.9 节系统化解决方案的理解。

2.4.1 外卖风控系统框架

图 2.12 所示为某外卖系统的风控系统框架。外卖属于 O2O 领域，线上看似简单，但线下环节重，线上线下结合起来就会非常复杂，从图中可以看出涉及较多的角色，因此它的风控按角色治理，然后再跨角色联防联控，同时将风险结果渗透到业务全链条各环节中。

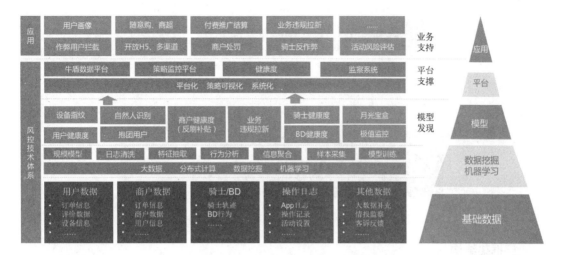

图 2.12 某外卖系统的风控系统框架

1. 框架结构

框架主要分为基础数据层、数据挖掘和机器学习层、模型层、平台层和应用层，其中：

- 基础数据层主要负责统一数据流和数据口径，进行简单的数据加工、格式转化等内容。
- 数据挖掘和机器学习层负责数据清洗、特征工程和机器学习模型的训练工作。
- 模型层就对应了我们前文提到的基础风控和业务风控能力，以健康度模型为业务风控的核心。
- 平台层将健康度转化为一个实值，并将该值及支撑该值的风险理由具象化，再将挖掘层的特征可视化出来，便于应用到产品业务中，增强可解释性。
- 应用层对接具体的需求场景，借助平台层的能力实现对业务的风险管控。

2. 采用的技术

在用户风控这块有图挖掘、社区发现等手段，从用户账号的个体、分身、团伙等角度挖掘风险；综合设备指纹、规则引擎和机器学习等手段识别用户刷单、建立健康度模型。在商户风控方面采用传统机器学习和深度学习技术，识别商户作弊、联合刷单、刷销量、虚假商户等风险。针对线下环节，同样建立了风险模型，解决虚假拉新、低复购、骑士作弊、业务人员刷绩效等。图 2.12 中的设备指纹和自然人识别能力，既可以直接用于用户风控，又作为横跨多角色进行联防的基础能力。

2.4.2 电商风控系统框架

图 2.13 是京东商城早年的风控系统——天网。电商与外卖有很多相似之处，在风控治理上都存在非常明确的商家和用户风险识别。

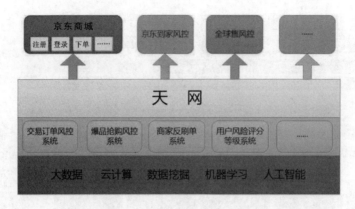

图 2.13 京东商城的风控系统框架（图片来源于互联网）

1. 框架结构

天网系统存在三个层次：

- 底层是数据和挖掘层，使用大数据、云计算、数据挖掘、机器学习等技术。
- 中间可以认为是业务模型层，包括交易订单风控系统、爆品抢购风控系统、商家反刷单系统，背后还有用户风险评分等级系统（用于刻画用户风险画像），以及风险信用系统（用于存储用户风险信用信息及规则识别引擎）等。
- 最上层是支撑业务层，覆盖京东商城注册登录、下单等多个产品业务节点，并同时支撑京东旗下其他业务如到家、全球售等。

2. 采用的技术

- 天网底层的数据和挖掘层是基于 Spark 的框架，同样采用了图模型、无监督聚类、社区发现、机器学习和深度学习技术。数据支撑包括数据的抽取、清洗、加工，通过 ETL 接入多个生产线的业务数据、日志数据，其中不乏有非结构化数据，加工处理后，输出为风控指标数据，进而可以处理为模型需要的维度数据。
- 数据之上的业务模型层，以分类、聚类算法为依托，以业务通用场景为目标，建立了多个模型系统。
  - 交易订单风控系统采用自动 + 人工审核模式，系统无法精准判断的，交给人工审核团队判定。
  - 爆品抢购风控主要针对高并发高流量的机器抢购，拦截黄牛订单。
  - 商家反刷单系统类似于外卖中的作弊识别，识别联合刷单、刷排名刷好评等。
  - 还有图 2.13 中未画出的算法引擎、分析引擎和决策引擎。
- 业务模型层最终形成平台，支撑风控服务在各种应用场景的落地，即支撑业务层。

同为电商领域的平台还有淘宝，图 2.14 所示为淘宝的反作弊框架，框架同样也提供了全链路的风控能力，覆盖售前、售中和售后。

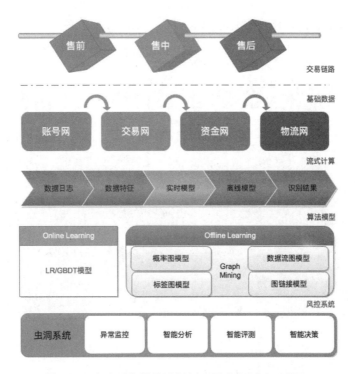

图 2.14 淘宝反作弊算法框架（图片来源于互联网）

算法框架融合了账号、交易、资金和物流四网的大数据，还有日志数据。实时模型对异常的在线数据进行实时分析，以简单的 LR 模型和 GBDT 模型为主；而离线模型是对全链路的数据综合分析，对历史数据和实时数据综合考虑，主要以图模型为主，如标签图模型、概率图模型、数据流图模型和图链接模型。引用云栖社区中的介绍如下：

- 标签图模型在大规模属性图上利用标签传播算法分析用户的行为，用来挖掘同机团伙和协同炒作团伙。
- 概率图模型分析用户信息的风险程度（比如预防用户地址泄密）和用户购物行为链路之间的关联（比如识别账号异常行为）。
- 数据流图模型在大规模数据流上挖掘频繁子图，在资金流网络中发掘"僵尸账号"通过炒信行为产生的"坍缩网络"，有效识别炒信用户。
- 图链接模型在大规模图数据基础上做排序和权重挖掘，能够发现重复运单和虚假运单行为。

2.4.3 金融风控系统框架

金融（主要指小额贷、现金贷和消费贷等产品）风控的核心着眼于反欺诈和授信两个阶段。但金融产品往往不同于互联网的其他产品，风控需要的用户数据无法在平台自身获取。因此，相较于其他风控系统来说，金融风控的难点在于**数据获取**。图 2.15 所示为金融风控的框架示意图，同样覆盖申请、授信、还款和催收各个环节。

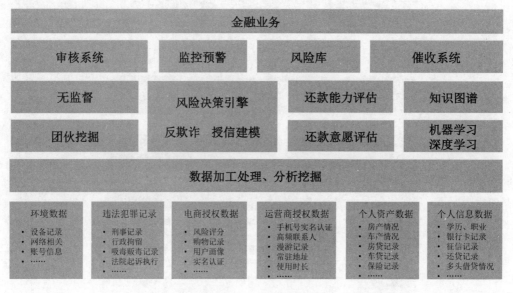

图 2.15　金融风控系统框架

1. 框架结构

金融风控系统框架大致也可以分为数据层、挖掘层、模型层和业务层。

- 底层的数据层需要收集大量不同来源的用户数据，进行加工处理，主要包括用户在金融平台申请贷款时的环境数据（如设备、网络、账号等基础信息）、用户的违法记录、电商授权数据、运营商授权的数据、个人资产数据以及个人信息等。
- 挖掘层会针对数据进行加工处理，尤其是非结构化数据转结构化数据，以及数据质量评估，分析挖掘数据中的风险线索。
- 模型层会根据业务特点建立一系列图挖掘和监督模型。
- 业务层则会综合审核、预警和模型等各种工具，服务于产品业务。

2. 采用的技术

大数据风控不仅对数据的量级有要求，更对数据的维度有要求。通过对大数据的挖掘，如运营商数据、账号数据、设备数据等构建复杂网络，采用社区挖掘算法、PageRank 算法、知识图谱等技术，可以发现团伙作案，也可以用来在催收环节寻找借贷人，解决失联现象。所以从技术上看，金融风控系统与电商和 O2O 风控系统采用的技术方案大体是一致的，在用户反欺诈这块都采用了无监督技术。

授信建模环节更是基于大量维度的数据进行深度挖掘，从弱数据到形成金融知识图谱，结合深度学习评估用户的信用、还款能力和意愿。传统机器学习方法对特征工程要求很高，尤其是简单模型，但在弱数据方面，有大量的文本、网页、图片等数据，人工特征工程心有余而力不足，引入深度学习技术可以自动从大量庞杂的非结构化数据中生成高质量的深度学习特征。

金融风控系统中占据较重要位置的是审核系统和催收系统。机器学习技术的引入已经让人工审核的比例下降了很多，但并未完全替代也很难完全替代人工审核。催收系统是金融风控中特有的系统，负责不良资产的处置，涵盖短信提醒、电催、上门催收、法院诉讼、网络仲裁等众多环节，还涉及资产分配、线下还款、催收记录、借款人信息、逾期费用核算等众多功能需求。

2.4.4 视频风控系统框架

视频业务在发展中也面临着诸多业务安全问题，如活动薅羊毛、恶意下单、订单欺诈、会员账号撞库盗号等。

1. 框架结构

爱奇艺的风控服务由三大部分组成，如图2.16所示，包括麦哲伦系统、哥伦布系统、郑和系统。麦哲伦系统负责业务接入，提供服务资源管理、模型规则管理、维度数据管理、上下线管理功能，同时提供运营平台，支持风险预警、事件处置、数据查询和仪表盘等内容；哥伦布系统主要面向对业务数据的特征工程；郑和系统是安全知识仓库，提供基础数据能力。

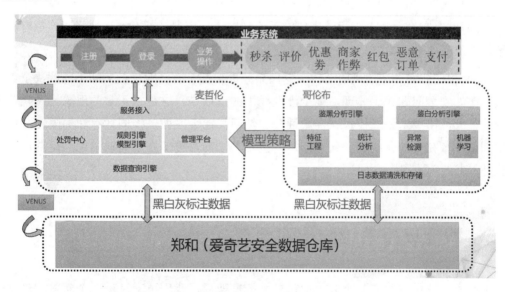

图2.16　爱奇艺风控系统框架（图片来源于互联网）

爱奇艺的这套风控体系同样强调联防联控、各业务联合，在模型、规则和数据层面进行共享，联合布控，协同防御。

2. 采用的技术

爱奇艺风控系统在模型策略部分，同样采用了机器学习技术，将监督学习和无监督学习方法综合运用，同时结合规则引擎，在业务的各个环节进行风险分析。框架中值得特殊强调的部分是，其建立了风控的数据仓库，并有较好的数据标注流程，这是风控系统很重要的部分，也是建设系统化方案的瓶颈之一。

2.4.5 小结

总结以上风控系统的框架，我们不难发现几个共同点：

（1）底层数据建设是标配。没有足量的多维度数据，谈不上大数据风控，数据是所有行业风控的基础。

（2）规则引擎是必备手段。大数据+AI吹破天，风控技术也离不开规则，规则简单、有效，而引擎是撑起所有线上实时服务的入口，能够串联起机器学习模型。

（3）机器学习和深度学习的应用需要看场景。因为可解释性要求和监管要求，复杂模型使用场景有限，这是行业现状。因此，机器学习和深度学习技术的应用主要体现在辅助场景中。

（4）强调联防联控和全系统流程的渗透。绝大多数框架应对风控都不是一个点一个点地防御，而是整体防御，从事前、事中、事后的全流程上，从多个业务的协同上，从底层数据和特征的打通上，乃至多平台的合作上，都在追求联防联控。

（5）都存在平台和人工运营审核。无论规则还是模型，都有准确性问题，都有漏抓问题，人工审核是必要的，而平台是提高人工审核效率的工具。

（6）相比前面介绍的风险范围，这些系统框架都是有针对性的，即不能解决全部的风险，比如安全问题较少体现，很少涉及线下的反欺诈，这是很正常的现象。风险范围本身就很大，用技术做风控存在局限性，当然用其他手段做风控同样存在局限性，所以不要期望一个完美的系统解决所有问题。技术关注的点更多在于商业信用和反欺诈上，这也是本书的关注点。

2.5 智能风控系统的构建要点 <<<

了解了系统化方案和各个公司的风控系统框架后，我们再来讨论一个问题：建立一个相对完善的智能风控系统，需要考虑哪些要点呢？

1. 核心：理解业务、服务于产品

在互联网企业中，业务和产品部门以业绩和用户体验为导向，而风控部门以降低风险为目标，这是为实现企业战略目标而采取的一种分工协作体系。但在实际执行过程中，风控部门往往基于职责所在,看哪都是问题,在处理问题时难免会和业务、产品部门产生矛盾,打得不可开交是常有的事。这其实跟风控人员对于风控的定位不清晰有很大关系。

风控是伴随业务发展永恒存在的,只要有利益存在,所有的攻击和尝试都不会停止——无论它有多么困难,哪怕它是违法的。所以不要企图杜绝风险,而要让风险可控。没有风险的业务,基本上也鲜有收益。在发现问题时,要能通过风控技术、产品或业务调节等多种变通方法,来实现业务的推进和风险控制,这才是风控价值的真正体现。

除了在部门协作关系上风控要理解业务、服务于产品,在具体风控细节上同样要理解业务和产品的细节。不了解产品的线上运转逻辑和具体细节,每条风控策略便无法制订;不了解业务的线下操作模式和具体细节,同样无法制订相关的风控策略。

我们将在第 3 章讲述理解业务和产品的详细内容。

2. 关键:数据的重要性

如今,大数据人尽皆知。智能风控通过大数据观察异常,没有数据寸步难行,没有大量的多维度数据恐怕也行之不远。数据之于风控的重要性超出一般人的想象,笔者在做风控的实践中,大部分精力都花在数据方面,尤其是起步之初,需要有预见性地搜集、积累数据,甚至是反常规角度搜集数据。

举例来说,风控多关注异常报错类情况,登录成功的记录可以用来统计异地登录、登录频次、登录时间、登录 IP、登录的设备等;而登录不成功的记录依然有风控的参考价值,如登录不成功的设备、IP、次数、位置等;页面埋点、日志上报、数据接入等更是需要在前期完成部署的,还要随着产品的迭代更新维护,因为如果后续需要做某项策略检测时发现重要数据的缺失,将是一件很悲催的事情。

除了搜集数据,还要做大量的加工处理工作,保证数据的粒度、质量。不要低估数据的大小和增长速度,不要在建设数据仓库(简称数仓)上有任何犹豫,哪怕它很占用资源,没有数仓的风控,好比打没有后勤给养能力的战争。

我们将在第 4 章讲述数据的获取、加工、输出等生产流程。

3. 手段:规则、模型和监控

规则、模型和监控是风控技术方案的三板斧,任何一个方向做深做大,都可以解决大部分问题。

规则的方法久经历史考验,不过随着数据量级和数据维度的增大,耗费的成本越来越高,但是无论如何都不能贬低规则方法在风控领域的价值,比如它的灵活、高效在应对突发事件上的优势,它的简单易操作在支持人工运营上的便捷性。

大数据让**模型**焕发生机,使得机器学习、深度学习、知识图谱等技术落地于风控领域。目前,风控领域是一个不可多得的能将所有人工智能技术应用于实践的领域。我们姑且容忍它的黑盒特性,借助它的力量为系统能力加码吧。

监控手段直观有效。监控的重点在于选择合适的业务指标，指标需要支持不同的粒度，因此，监控背后实则是指标体系和数仓能力的建设。

规则＋监控＋平台可以称为风控解决方案的一个组合优惠套餐。这三板斧如何较好地融为一体？我们将在第 5 章讲述。

4. 评估：损失与收益的平衡

效果评估是风控团队生存的必备技能，能够在与业务和产品团队处理争议时提供有力证据，也是智能风控落地的关键点。在没有好的可解释性时，足够好的效果能够应对一切。

在业务发展大方向上，风控评估需要在降低损失与影响业务收益之间做权衡；在具体策略细节上，同样需要在降低风险与影响用户体验之间做权衡；甚至在业务发展不同阶段，更需要评估体系来做平衡。在产品上线的初始阶段，可以快速试错；而在业务成熟阶段，则会追求更高的准确率和召回率，并寻求对业务影响和风险控制的平衡点。

评估需要量化指标进行衡量，有哪些指标是可以评估风控能力的？如何评估业务影响？请参考第 6 章关于评估方法的介绍。

5. 平台：直观的可视化工具和管控工具

平台即工具。数据指标也好，手段也罢，甚至是评估，都需要可视化展现，才能便于理解。规则配置、人工审核、信息查询等也需要平台支撑。机器学习技术本身就存在可解释性的缺陷，而可视化又能辅助提高可解释性。

我们将在第 7 章讲述平台的能力。

第 3 章
核心：理解业务、服务于产品

理解业务、服务于产品是智能风控系统搭建的核心。往小了说，风控是一个注重细节的工作；往大了说，风控是影响业务收入的卡点。不理解业务，不熟悉产品，细节工作就难做好，处罚就会做不动。仅仅我们理解业务还不够，还需要让业务人员理解风控。这是一个双向关系问题。

3.1 风控、业务和产品

理解业务、服务于产品是智能风控系统搭建的核心，但非智能风控系统本身的核心，这一点需要说明。第 2 章中已经多次提到风控需要理解业务，渗透于产品。为什么要这么做？怎么做才叫理解业务呢？

3.1.1 风控工作的生存困境

做风控是相当不容易的，尤其是在业务属性很重（线下环节多）又存在较大风险的行业，是一个公认的"脏活儿"。目前国内的互联网企业中，风控从业者数量相较于其他工种少太多，并且企业中也缺乏基本的风控意识，都是在被"薅"走了很大一笔后才清醒认识，又在长期没有被"薅"后放松了警惕，在这样的背景下，风控工作的生存困境是存在的，归纳如下。

（1）**风控工作一定是跨团队的，对协作要求高**。在 2.1 节里提到了各种各样的风险，这些风险本身就来自多个团队，因此，风控的工作必然是跨团队协作的。相信大家应该有所体会，由于各团队目标不能高度统一等实际问题，跨团队的工作往往是比较困难的，风控的跨团队工作以其他团队配合为主。再加上国内很多公司对风控缺乏足够的认识，甚至公司中绝大部分员工不清楚风控是做什么。如果不能建立流畅的沟通机制，晓以利害、精准打击风险，推动起来就不那么容易。

（2）**做风控对理解公司业务和产品的要求高**。如何能很好地跨团队协作，让其他团队知晓利害呢？这就要熟悉业务策略和产品细节，还要能够洞察其中的风险，辅以数据分析。想要精准打击风险，同样需要熟悉业务策略和产品细节，还要清楚黑产的手段，才能把解决方案做准确。

（3）**风控团队很容易被挑战和"背锅"**。一条策略不慎造成误伤，影响用户、影响业务数据，被其他团队批判并拿来当反面案例（bad case）研究——这是常有的事情，因此而"背锅"的情况也并不罕见，所以风控需要把握准确率与召回率。还有一种经常被挑战的情况——机器学习模型给出的一个黑盒概率分数不好理解。所以风控人员需要理解外界，也需要考虑如何更好地被外界理解。

（4）**风控是技术，更是一种业务，需要建立机制来评估风险**。既然风控是业务，那么它的运转必然需要某种机制。实际中，业务变化很快，产品不断迭代更新，风控人员难以做到全面了解各个细节，尤其是当公司存在多种产品形态时，这就需要建立一定的机制评估风险。比如需要业务团队配合采集哪些参数、上报哪些数据，以便于统一接入风控服务；处罚权是交给风控团队还是交给业务团队；分级处罚标准和处罚流程如何制订；项目的什么阶段需要风控的介入，是在需求环节提前进行风险评估，运营活动的报备审批经过风控环节，还是事后发现。建立适合公司自身情况的风控流程和机制，能够提高风控意识，规范流程，对于风控业务运转来说，已经成功了一大半，剩下的才是识别风险。

3.1.2 如何理解业务

一般在其他技术图书或者文章中，对于业务的认知往往是指产品，的确，在互联网圈里，技术的业务方是指产品方。但是在本书中，业务包括线上、线下运营相关的做法及人员，而产品包括线上的网站、App等资源展现形式，以及背后的策略逻辑和人员（产品经理）。以外卖为例，如何把一个个商家接入平台上营业、如何把用户吸引来下单，这属于**业务**的范畴；接入平台的过程是需要信息化的，需要把很多资料上传到系统里，这属于**产品**功能；吸引用户下单并不断使用这个外卖App，这属于**产品和运营**策略。从这个例子也可以看出，**业务重线下、重打法，产品重线上、重流程，运营起到衔接作用。**

我们讲风控要理解业务、服务于产品是指，要在弄清楚业务的运转逻辑、搞明白产品的策略和细节的前提下，来制订风控方案，再去影响产品和业务；本质目标是让业务运转更健康和风险可控，不能因为风险控制过度而左右产品和业务发展，当然也需要禁止出现风险明显大于收益的产品和业务形式。

那么如何能很好地理解业务？理解业务就是要熟悉业务的人和事，人的方面是比较容易的，而事的方面需要从很多侧面了解，甚至需要形成一些机制来保障。

1）风控流程和机制保障

主要是指评审流程和应对机制，清楚地规定风控何时、以何种形式介入产品业务中，是在产品评审环节就介入，还是产品上线后运转一段时间、出了问题再介入，以及规定发生风险时与业务协同应对的机制。当然我们鼓励在产品未上线时就能介入，提前评估可能会发生的风险，熟悉数据链路并做好预案。

流程和机制有助于我们快捷方便地了解业务和产品新动向，及时发现漏洞和风险，也是风控执行落地的必备举措。形成了稳定有效的流程和机制之后，能够变被动为主动，随时跟进产品和业务的新动向，而不再是被动去分析研究，同时能够较早介入，提前发现风险。

具体的措施包括在产品评审环节进行风险评估，对报备的运营活动进行风险评估，准备风控SDK的接入，明确数据从端到仓库的链路，清晰风险的应对措施和处罚手段，确定好接口人，等等。

2）多用多体验

主要是对风控策略相关人员的要求，需要对业务流程进行完整的梳理，形成业务流程图，对每个环节都能非常清楚其中的业务逻辑。如果业务只是涉及线上环节，有产品功能对应，还是比较容易梳理清楚的。但如果涉及线下环节，没有线上功能与之对应，那就需要把线下的运转细节也了解清楚，弄明白线下与线上的对接是如何进行的，因为看不见的地方更容易出现问题，数据上的异常也不好解释。

笔者曾在外卖订单的备注里发现这样一种现象：一个商户的订单虽然来自不同的用户，但备注却都是一样的，而且是一串不明含义的短数字。了解后才知道，地面拉新人员在线下拉新时，为了标记每个用户是谁拉来的，让用户在下单时备注一个工作人员的编号，便于后续的统计。

再例如，点外卖订单时，收货地址只能在商家的配送范围内，但总有一些订单的地址出现在配送范围之外，单看线上数据必然会认为是异常。事实上，在线下拉新时，选择的商户与拉新地点可能不在一处，就会修改商户的配送范围。当事后看到订单时，商户的配送范围早已恢复成了原来那样。如果计算发生在事后，那么就会出现配送范围之外的情况。

其实很多企业都有让研发人员到线下体验业务流程的传统，为的也是更好地熟悉和理解业务运转过程。

3）紧跟公司的战略目标

业务一定是紧跟公司战略目标的，熟悉战略目标便于理解很多事情为什么要做，为什么有轻重缓急，如何权衡利弊，也便于对齐目标。另外，建议最好了解一下行业的产业链、竞品的模式和优缺点，你会知道谁更容易"招来"黑产。

4）了解业务发展的历史

这个看似不相关的问题其实很常见，很可能成为工作中的一个坑点。我们知道，采用机器学习建模是需要样本的，样本往往都是历史数据，历史数据经常存在不同于当前的特殊取值，这跟当时的业务背景强相关。

比如有一个特征是订单一次享受的优惠额度，正常取值范围一般在 100 元以内，但实际中还是发现了取值超过 200 元甚至 300 元的例子，而它属于特殊渠道的补贴场景，是历史某个阶段的产物。如果不了解这种特殊情况的存在，很容易影响准确率。实际工作中，因为历史数据的缺失或者区别于当前形势而导致的模型效果差不是小概率事件。

3.1.3 业务理解的认知表现

怎么才叫理解了业务，并没有严格的标准定义。根据笔者经验，可以从以下三方面考虑。

1）清楚业务的目标、考核内容以及成本核算

业务的目标决定了事情的空间，也决定了利益的焦点和矛盾的焦点。若业务的目标是要扩大市场规模、实现增长,那么短时间内可能会有快速发展,会更关注拉新、新增日活、月活等。而矛盾的地方在于,量的快速增长之下可能埋藏着风险,比如当日新增用户的次留、7日留很差,这在一定程度上就决定了风控的关注重点。风控往往对接很多条业务线,清楚每个业务的目标,有助于灵活调整方向。反过来说,能够灵活调整风险管控政策,也可以反映出对于业务理解的深度,毕竟始终不变的风控政策是很少的。

了解业务的考核内容,一方面可以更具体地熟悉业务的目标,另一方面便于关注业务人员的做事焦点,这些地方很容易出现违规问题。比如,业务考核"新用户数"一项,那么就需要弄清楚,此处对"新用户"的定义口径。

了解成本与收益的核算方式。这个其实很重要,从业务角度看,隐含了业务打法;从风控角度看,有了利益与风险衡量的基准。公司想要盈利,可以根据用户的长期价值与成本核算,也可以根据单订单的收益与成本核算,黑产也是类似的思路。与外卖为例,对于外卖平台来说,一条订单,不考虑其他费用的情况下,假设涉及的成本是物流配送费用(A)和优惠补贴(B),收益是用户支付价格(C)和商家抽佣(D),那么需要C+D大于A+B才能有正向收益。而对于刷单作弊者而言,获取的补贴要大于付出的成本才有空间,所以如果能核算出订单有没有刷单收益空间,那么对于判断是否存在刷单嫌疑有很大帮助。

2)知晓业务逻辑和产品细节

前面讲到要多用多体验,才能对业务流程和产品细节非常清楚,清楚的标准是能够非常熟练地讲出主要流程逻辑、产品细节,具体到有哪些输入、哪些输出。比如App的某个页面是H5的还是Native的,一条订单有哪些字段,需要用户填写的有哪些,会做哪些验证,还要注意,像"备注"之类需要用户随意发挥的地方,很容易出现涉敏涉黄暗语等风险。

再比如关于优惠的形式有红包、代金券、会员等,这里面的钱由谁来承担要清楚。因为这才是影响风控策略制订的关键。同样是"满50减20",减的这20元里企业承担多少,商户承担多少,代理商又承担多少,不同比例要区别对待。如果跟普通用户一样不关心这里面的区分,或者默认都是一方承担的,那就说明你没理解透。

再比如,对细节的理解还体现在能够跳出流程本身,洞察其中可能被黑产利用的点。我遇见过这样一个例子,某平台为了推广平台上的超市购,特意补偿用户大额优惠券(比如"满200减150"),一个账号、一部手机、一个身份每天可以购两单,每单都能使用。微信和支付宝为了抢占支付场景,也曾多次通过超市购物进行补偿活动(比如"满100最高减50"),一般是在每次活动期间,一个账号、一部手机、一个身份只能享受一次。不知道读者朋友是否注意到了这两种优惠方式的风险区别。

3)了解业务和产品产出的数据

如果说前面两点还比较泛泛、无法量化衡量的话,那么这一条便是具体要求。用户端看到的商家数据从何处来？有哪些主要维度？涉及哪些处理流程？用户订单包括哪些字段？这些都要清楚。这些不同数据的产出和维护一般是由不同部门支持的，每份数据的责任方要清楚，数据口径尤其重要，特别是新业务由于不断更新迭代，往往忘记通知使用方数据字段。

根据以上内容，我们可以整理成表3-1，如果都能很好地回答出来每个条目，那么理解业务这一关就可以算作通过了。

表 3-1 了解业务的内容

	谁	做什么	看什么	有什么	为什么
业务 1					
业务 2					

其中，

- 谁：指哪些业务方，包括业务侧、产品侧和研发侧的接口人。
- 做什么：指业务流程和策略细节。
- 看什么：指业务关注哪些指标，其中哪些与风控相关。
- 有什么：指业务上产生哪些核心数据，尤其是用户数据、设备数据、行为数据和交易数据。
- 为什么：指业务上的一些细节决策为什么要那么做，对数据上会产生哪些影响。

3.1.4 业务理解的行动表现

理解业务不仅要熟悉业务的人和事，还要从业务的角度看问题，不要站在业务的对立面。我们将其总结为几项注意事项，遵循这些事项会让风控更容易被理解、被接受，更好地服务于产品和业务：

1）注重用户体验

风控的目的是控制风险，减少企业损失，但很难灭绝风险。为了惩罚作弊刷单的可疑用户而有损正常用户体验是难免的，但是这个平衡度一定要把握好。关注用户体验主要从下面几个方面着手。

- **管控手段要分级**：不同的风险等级要对应不同的管控，不能一概而论。如图形验证码、短信验证、语音验证、人脸识别、实名验证、禁部分功能、封号等，对用户体验的影响程度不同，需要根据不同风险等级执行。业界一般通过打扰率指标来监控。
- **文案描述避免争议**：对于盗号等影响用户资产的风险，应给出非常明确的提示；

针对用户的分级管控需要有文案提示的，应注意文案的语气和措辞。

- **寻求更好的交互方式**：通过产品化的解决方案来规避风险永远是上策。通过简单的产品逻辑和流程的调整来避免风险，而且不影响用户体验，是最低成本的解决方案，也是最合理的方案。
- **应对投诉要有力**：为客服提供风险分析报告和部分管控权限，便于给用户提供解释或执行封禁/解封等操作，缩短问题解决的链条长度。

2）灵活管控、重检测、快响应

行业内存在一个基本的原则：轻管控、重检测、快响应，这里做了稍许调整，将"轻管控"改为"灵活管控"。

轻管控原则是指在判断有风险嫌疑、需要限制用户操作时，限制的动作宜轻不宜重。这里有两个原因，一是从用户体验角度出发的，二则是因为想要在一个路径节点上对风险判断准确是十分困难的事情，特别是前面的节点和中间节点，所以需要全链条风控，当限制发生在路径比较靠前的节点上时，如果发生误判对用户伤害就会很大，因此需要从轻处理，让用户付出较小成本二次验证，走向下一个节点。

轻管控对于实时风控来说是尤其合适的，比如能尽量在页面上通过验证码验证就不要短信验证，能短信验证就不要禁止访问。这背后的逻辑是对策略的置信度和用户风险等级的考虑。

离线场景稍有不同，判断依据的信息量更大、更准确，对于非 To C 的业务来说，如 To B 和内控，则可以从严管控。原因是这部分业务一旦存在风险，数额较大，影响较为恶劣，再加上离线场景下的分析准确率更高，特别是在需要规范秩序和打造口碑的阶段，比如餐饮行业对于营业执照和卫生许可证的要求，随着监管日趋严格，一旦发现商户的证件缺失或造假，应当立即下线。当然，从严处理同样也是基于策略的置信度和风险等级考虑，对准确性要求更高。

无论是从严还是从轻处理，都需要根据业务所处的阶段灵活调整。比如同样是刷销量，在大平台上刷销量和在一个小的电商平台上刷销量，得到的惩罚一定不同；即便同样是在大平台上刷销量，10 年前和现在的惩罚力度也是不同的。

综上，笔者认为把"轻管控"调整为"**灵活管控**"更合适。

重检测强调一方面是要尽可能分析更多的数据，更全面、准确地进行风险判断，另一方面是要检测先行，即做到知彼，对平台的风险以及风险影响的范围和严重程度都能了如指掌。可以不管控，但是不可以不知晓。

快响应原则很好理解，发现问题及时处理，尽可能减少损失。但是说起来容易做起来难，想要做到快速响应，需要风控系统的实时能力支持，需要能够随时清楚业务细节的变化。做风控遇到需要快响应的事件实在太多了，我遇到过因为风控系统无法快速支持、需要业务团队修改逻辑临时补救的,也遇到过不清楚细节就快速修改了风控策略、导致产生新问题的状况。支持紧急突发事件,要做到快,离不开实时规则引擎能力。

3)注重风险收益平衡

注重用户体验和灵活管控,也都是平衡原则的体现,平衡原则的主要体现是准确率和召回率的取舍。这种取舍与很多因素有关,比如业务发展阶段、风控系统发展阶段,甚至风险发生的规模和时机。

4)注重数据友好

数据友好包括友好的可视化和策略的可解释性。基于大数据的风控模型往往都是黑盒的,如何能将关键数据以可视化的方式直观展现给决策者和运营人员,方便他们使用,这是非常非常重要的。关于模型可解释性的研究当前也有一些可选方案,3.2 节会详细介绍。

3.1.5 数据和模型论

看到做一个合格的风控从业人员需要这么透彻地理解业务,很多读者估计要崩溃了,甚至觉得这是在胡扯:"我只是想做一个建模工程师啊,难道需要这么熟悉业务才行吗?我对业务就是不感兴趣怎么办?""我没有去熟悉业务,模型效果也很不错啊!"的确,很多风控的算法研发者唯数据和模型论,但是风控不是一堆模型的集合。

如果不去理解业务,到底能否做好风控呢?可以明确告诉大家,不可能。那么理解了业务就一定能做好风控吗?答案也很明确,同样不能。因为风控范围太广了,不单是技术。

但不理解业务就做好一个模型,还是存在可能的。最典型的例子就是一些模型比赛,比赛给出的数据往往都是脱敏的,以 $f1$、$f2$、$f3$ 等形式给出,参赛者可能完全不知道是什么含义、更别提理解业务了,但这不影响建模,参赛者会用到一些技巧寻找有利的特征。例如 Kaggle 的 Avazu Click-Through Rate Prediction 比赛任务里,冠军队伍在数据分析上就找到了一个绝密武器——不采用完整数据集建模,而是把数据集分成两部分单独建模。这其实需要一定的数据分析技巧和数据敏感度。而大部分情况下,都是在做数据探索,比如可能的方法包括但不限于以下这些:

- 观察数据。比如每个变量的分布情况、变量两两之间的相关性、与目标的相关性等。
- 构造统计特征。单纯理解数据最常用的方法便是对原始特征的扩展,比如历史均值、方差、对比值等。
- one-hot 编码。统计每个取值的出现频率,抓住 top 的取值进行 one-hot,剩余的小类别归到其他。

- 向量化。向量化可以把稀疏高维特征转变为稠密低维特征，可以把对象间的复杂关系用数字量化表示，相似的用户或者相关联的用户在向量上也具有相似性，这会减少很多复杂的特征工程工作。
- 模型融合。采用 stacking 和 ensemble 思想融合模型，弥补单个模型的缺陷。

事实上，比赛中大量的数据探索工作，放在实际工作中，就是在熟悉业务和数据的细节。而单纯只看数据不结合业务，太容易走弯路和采坑了。不仅如此，风控的模型还需要形成数据的闭环才能不断地迭代改进，而这些都需要理解业务背景、清楚数据流。

要站在更高层次思考全局解决方案，而不是陷在局部最优解里。当你站在更高层次往下看的时候，会发现模型之于风控可能只是很小一部分，训练数周的模型比不过一条业务规则的作用，这是常有的事情。所以实际工作中，理解业务与使用技术手段相结合，才能够事半功倍。

3.1.6 理解业务的风控实例

本节通过几个小的实例，讲述在产品细节上如何兼顾用户体验、把握风险收益平衡的度。

1）实例一：打车体验

用过某打车 App 的朋友可能会留意到，曾经有个功能，在连续两次取消叫车后需要等待几分钟才可以再次叫车，这个功能大概率是为了防止恶意刷单而进行的频率控制操作。打车需要设置出发地和目的地，出发地可以通过定位默认填充，当然也可以通过用户挪动地图上的位置或手动输入来改变出发地；目的地默认是根据用户出行记录预测的，当然也可以修改，在紧急情况下很容易出现两地点设置错误、点击了打车按钮，只能取消再打。

从数据分析上看，取消两次的比例应该是很少的，因此权衡了体验和风险后，采取了取消两次需要等待的这样一个设计方案。实际上，在兼顾体验上，仍有空间可做，而不是采取所有用户一刀切的方式。例如可以根据对用户的分析建模，对正常用户上调取消的次数限制，对可疑用户采用原来方案，并可以实时根据用户取消的次数来控制可使用取消的机会。

2）实例二：外卖异地下单

订外卖时有一个细节，如果一个常住地在北京的人突然出现在上海下单，那么一般在下单时需要进行短信验证甚至语音验证。这也是从风险角度做出的决策，认为异地下单的账号有刷单可能性。

类似地，这依然有继续优化体验的空间，例如高健康度的用户异地下单时可以免去验证,以减少对用户的打扰;而可疑用户则采用验证方案。

3)实例三:线上付款码

某线上支付 App 使用付款码的设计上曾经有个功能:对 App 的用户开放扫码收钱能力,且不需要商家扫码设备,用手机扫一扫即可收钱。付款码下方还有一个数字串,数字串等同于付款码,若能获取数字串就可以进行收钱,这样就能套取支付账号绑定的信用卡金额。

这个例子完全照顾了体验,而没有过多考虑风险。当然该 App 很快将付款码做成了动态变化的,并隐藏了起来,且改为了只能商家扫码收款的模式。

这三个例子后来的产品方案都做到了兼顾用户体验和控制风险,虽然有的还有优化空间,但可能受限于实现成本。从这几个例子也可以看出,风控的这个度并不难把握,风控也并不是业务的对立面,而是一道盾牌,有力保护业务的安全运转。

3.2 风控需要被理解 <<<

要做好风控,需要风控从业人员深刻理解业务,也需要业务人员能够理解风控,因为后者涉及风控的执行力。在前几年,除了金融企业,公司内了解风控是做什么的员工比例极低,更谈不上如何默契合作了,更多的是很多质疑:为什么要加这个采集数据的需求?为什么要拦截掉这些用户?为什么好不容易谈来的合作伙伴被风控影响了合作?面对这些问题,怎么才能更好地让业务人员理解风控呢?很可惜这不是一个单点问题,也不单是一个技术问题,需要综合手段治理。比如我们可以:

- 经常以邮件或者卡片等形式向公司其他员工介绍风控团队的职责、分工和对接人,加强教育。
- 邮件通报风控发现和处理的案例。
- 建立风险评估流程,介入业务线和产品的评审研发环节。

以上这些手段可以强化风控的职责存在感,使得外界能够对风控形成像正常业务一样的熟悉度,知道如何配合工作。

本节介绍的"风控需要被理解"的侧重点不在这里,主要是指风控结果的可接受问题,尤其是风控模型结果的可接受问题,这是技术能解决的部分,即可解释性。

风控是集问题发现与处罚于一体的,处罚才能被其他团队感知,而处罚一个对象就要有依据,就好比对一个疑犯定罪,要有证据才可以。没有理由支撑结论,业务团队就会与风控团队之间存在信任鸿沟。尤其是采用机器学习建立的风控模型,单纯一个打分结果是站不住脚的,需要提供"证据"。

3.2.1 模型可解释性

那么怎么定义模型可解释性？Zachary C. Lipton 在 *The Mythos of Model Interpretability* 中认为可解释性要求模型具有透明度，过程可以被模拟。就好比一段代码的流程图，按照流程图的步骤，输入数据可以人工推演出来预期的结果，称之为可模拟性。

笔者认为这个观点更多针对计算过程，而这里讲的风控模型可解释性是要让人能看懂为什么得到这样一个预测结果，来解决模型的信任问题。一个打分结果，如果业务团队看不懂就会抵触，哪怕在总体上有准确率的效果数据摆在那。好的可解释性追求的是让没有技术背景的人也能看明白（interpretation is the process of giving explanations to Human）。这其实是很难的，所以其中会有不同程度、不同角度的解释方法。虽然 Lipton 在文章中也多次批判了信任问题，但实际工作经历告诉我们，它确确实实存在。

关于模型可解性的研究还是一个相对新兴的领域，还没那么系统化，尚没有一套完整的标准，不过这不妨碍我们先学习一下先贤们是怎么做的。无论是哪种定义和方法，都对于理解风控模型是有益的。Christoph Molnar 在他的 *Interpretable Machine Learning, Making Guide for Making Black Box Models Explainable* 一书中，提到了一些对可解释性方法分类的参考标准。

（1）是基于模型内在结构解释，还是事后再做解释。内在解释性要求一些机器学习模型本质上是具可解释性的，比如线性模型、树模型。事后解释意味着先选择和训练一个黑盒模型，在训练后应用可解释性方法，比如通过特征重要性、部分依赖关系图等。

常见的基于模型内在结构解释的方法主要有以下几种：

- 基于规则的方法，规则本身就是可以解释的，所以规则系统在风控领域大面积应用也是理所当然的。
- 经典的线性模型，比如线性回归、逻辑回归、广义线性回归等，这些是应用最广泛且可解释性最高的方法，据说全世界每秒使用量上千万次。
- 基于决策树的方法，决策树本质上是一堆 if-else 规则，同样具有较好的解释性，基于决策树的模型如随机森林、XGBoost，虽然不够直观，但也算是可解释的。
- 传统基于聚类的方法以及知识图谱表示，本身就具备直观解释性。

事后解释方法与模型训练过程是分离的，比如通过显著特征图（Saliency Map）解释 CNN 网络的 CAM 与 Grad-CAM 方法、通过局部建模的代理模型方法 LIME，ICML 2017 年的最佳论文还提出了利用影响函数理解黑盒模型预测结果的方法。

（2）是针对特定模型的解释，还是与模型无关的通用解释。特定于模型的解释方法与模型强相关，取决于每个模型的能力和特征，比如系数、p 值、与回归模型相关的 AIC 分数、决策树的规则等。而与模型无关的解释方法依赖于事后对模型的分析，可用于大部分机器学习模型。这种方法通过分析特征的输入输出对来逼近模型的预测结果,无须关注模型内部。

(3)是局部解释,还是全局解释。局部解释是针对单个样本的预测结果进行解释,又叫个体解释;全局解释则是针对整个模型行为,也称为总体解释。

从这里也能看到,上述划分并不是正交的,而是有重合的,如 LIME 方法既属于事后解释也属于局部解释方法。接下来就展开介绍一下其中典型的几种解释方法,这里从全局解释和局部解释的角度划分,因为局部解释用到的场景更多,在局部解释中再分别介绍模型相关和模型无关的解释方法。

3.2.2 全局解释

全局解释(即总体解释)着眼于模型本身,关注哪些维度起到了主要作用,因此便于抓住主要因素,忽略次要因素,利于做决策。总体解释在风控模型中多用于特征选择、发现作弊的主要区分点、总结作弊规律、制订策略和优化产品逻辑。

1. 基于特征重要性的总体解释

总体解释的方法当前以特征重要性为主,做过机器学习的读者应该都很熟悉图 3.1 的特征排名,这是根据 xgboost.plot_importance 方法或者 feature_importances_ 属性绘制输出的排名靠前的重要特征。需要说明的是,以下内容中的示例部分基于的是 Kaggle 竞赛题目"Synthetic Financial Datasets For Fraud Detection"提供的数据集训练模型,该数据集是在某移动支付公司的交易日志基础上合成加工出来的。

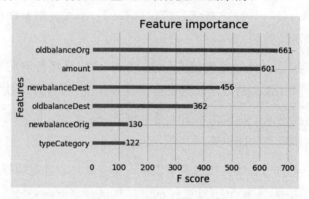

图 3.1 特征重要性排名

在图 3.1 中,柱状图的横轴表示 F 值(F score),纵轴表示特征(Features);amount 表示交易金额;oldbalanceOrg 表示源账户交易前余额,newbalanceOrig 表示源账户交易后余额;oldbalanceDest 表示目的账户交易前余额,newbalanceDest 表示目的账户交易后余额;typeCategory 表示交易类型,比如转账、提现。图 3.2、图 3.3 中的词含义相同,不再重复解释。

2. 不同模型的总体解释方法

不同模型在总体解释特征重要性的具体实现上方法不同，如 RF 和 GBDT 模型都会采用 Gini 重要性，RF 还可以通过特有的袋外数据错误率计算特征重要性，而 XGBoost 则可以按权重（weight）、增益（gain）和覆盖（cover）三种方式来计算，LightGBM 则可以按划分（split）和增益（gain）两种方式来计算。Gini 重要性即常用的 feature_importances_ 计算原理，值越大代表特征越重要，在 scikit-learn 官方文档中是这样解释的：

> *The importance of a feature is computed as the (normalized) total reduction of the criterion brought by that feature. It is also known as the Gini importance.*

意思是，在树的构建过程中，每个特征都会有按某种标准计算带来的划分增益，它所带来的总增益即为 Gini 重要性。

随机森林 RF 模型因为其特殊性，存在一定比例的数据没有被采样，称之为袋外数据（Out of Bag，简称 OOB），这样在计算一个特征的重要性时就可以借助袋外数据得出每棵树在袋外数据上的错误率，对该特征加入噪声干扰后再次计算袋外数据上的错误率，二者之差表示为该特征对模型预测结果的影响力，所有树上的差值平均就作为该特征的重要程度。

我们再来看一下风控模型中另一个常用算法 XGBoost，如何计算它的特征重要性。在源码 python-package/xgboost/plotting.py 文件里可以发现，XGBoost 的特征重要性计算有三种方式：weight、gain 和 cover，原文的解释是这样的：

> *importance_type : str, default "weight"*
>
> *How the importance is calculated: either "weight", "gain", or "cover"*
>
> ** "weight" is the number of times a feature appears in a tree*
>
> ** "gain" is the average gain of splits which use the feature*
>
> ** "cover" is the average coverage of splits which use the feature*
>
> *where coverage is defined as the number of samples affected by the split*

解释如下。

- weight（权重）是指一个特征出现在树中的次数，也就是被用来分裂节点的次数，图 3.1 就是按权重排序的结果。
- gain（增益）是指使用该特征分裂时的平均增益，即平均的训练损失减少值，图 3.2 是按增益排序的结果。
- cover（覆盖）指的是一个特征被用来分裂时，会影响一定数量的样本数，所有样本数的总和除以用于分裂的次数,所得的平均值即为覆盖,图 3.3 是按覆盖排序的结果。

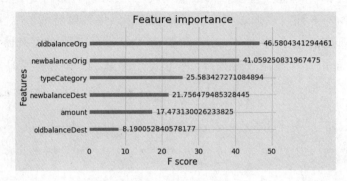

图 3.2　特征重要性 gain 类型

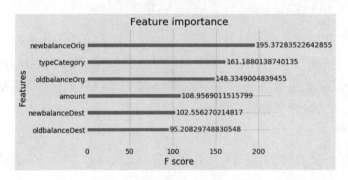

图 3.3　特征重要性 cover 类型

3. 统一解释方法

通过图 3.1~ 图 3.3 可以看出,选择不同的类型,输出的结果是不一样的,那么到底该选择哪个?使用者可能会有很大的疑惑。除此之外,还可以用 Partial Dependence Plot(部分依赖图,简称 PDP)方法来计算特征重要性,如图 3.4 所示展示了 amount 和 oldbalanceOrg 与预测结果的关系,它在固定其他特征不变的情况下,通过改变观察变量的值来看模型结果的变化,从而计算特征重要性的。

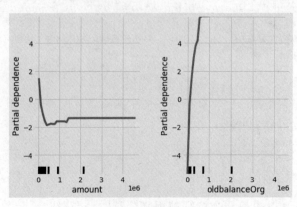

图 3.4　Partial Dependence Plot 方法

有没有满足一致性和精确性的特征重要性解释方法呢？这就是即将介绍的 SHAP 方法，它可以给出两种形式的特征重要性，如图 3.5 和图 3.6 所示。图 3.5 是以柱状图形式给出的特征重要性，与图 3.1～图 3.3 类似；图 3.6 则与 PDP 方法有一定相似性，即给出了单个特征对结果影响的正负向，这里先不关心 SHAP 方法的计算原理。

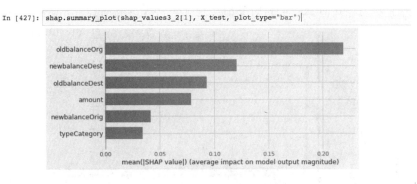

图 3.5　SHAP 全局均值法输出特征重要性（1）

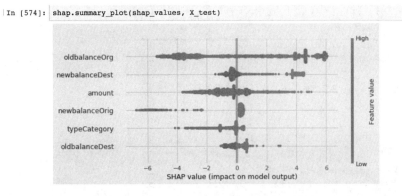

扫码看彩图

图 3.6　SHAP 全局均值法输出特征重要性（2）

图 3.6 是 SHAP 特有的输出方式，其左侧的特征重要顺序由右侧的 High-Low 方向标示，与图 3.5 一致，是在样本集上的总体重要性排序；每个样本在每个特征对应的行上都有一个点，点的颜色和位于中轴线（横坐标为 0）的位置决定了该特征往哪个方向影响样本类别倾向，及其影响大小。比如特征 oldbalanceOrg 对分类结果的影响最大，覆盖的样本数也最多，随着源账户交易前余额越来越大，风险也在增加；而 oldbalanceDest 影响的样本数就比较少，而且余额大反倒降低风险；newbalanceOrig 特征表明，交易后的源账户余额越小越增加风险，反之降低。

我们还可以像 PDP 那样观察单个特征对结果的影响，如图 3.7 所示，amount 在 0.1（单位为 1e7）以内时，最终的预测结果受其他特征的影响大；而到 0.2 以上时，影响就很稳定，这说明交易金额大小超过 200 万①时风险较大，但分出两条线。根据图 3.8

---

① 数据的实际单位对模型来说没有意义，数据集里已经统一了量纲，在这里只关注数据本身。数据集官方给出的解释是以当地货币单位计。

所示的 newbalanceDest 与 amount 的交叉影响结果看，一部分样本在 amount 大于 0.1 和 newbalanceDest 低于 3 500 000 时，SHAP 值表现稳定，风险较小，即图中的横线部分；而 newbalanceDest 高于 4 000 000 时，SHAP 值也相对稳定，风险较大，这也就可以解释为什么图 3.7 中有两条平行线。这里的 SHAP 值稳定都是指在这种情况下，这两个特征的影响是占主要的，其他不稳定的情况都会受其他特征影响而导致预测结果浮动。

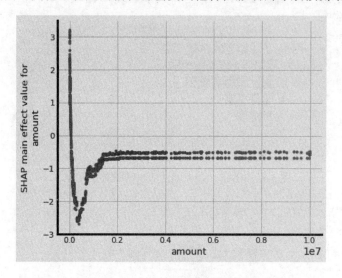

图 3.7　amount 特征对结果的影响

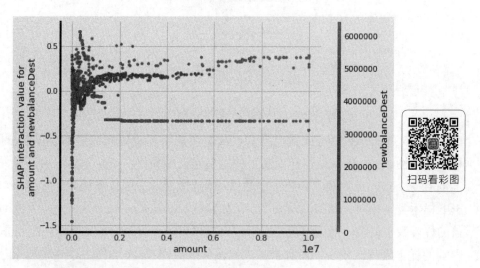

图 3.8　amount 与 newbalanceOrig 的交叉影响

SHAP 方法也支持多个特征的交叉，我们再来看下排名第一的特征 oldbalanceOrg 与 typeCategory 的交叉结果，如图 3.9 所示，源账户交易前的金额大于 1 千万时，此时 typeCategory 均为 TRANSFER 类型而非 CASH_OUT，对于风险预测的影响是占主要部分的，其实不考虑 typeCategory，在 oldbalanceOrg 大于 300 万时，对模型的影响也是很大的。

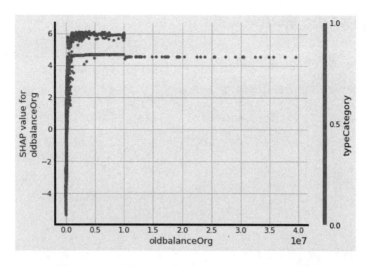

图 3.9 oldbalanceOrg 与 typeCategory 的交叉影响

4. 深度模型的总体解释方法

在接触 SHAP 方法之前,我们知道对于经典的机器学习模型来说,都是可以使用 feature_importances_ 来分析特征重要性的,但对于深度学习模型并没有这种东西,怎么解决呢? PDP 提供了一种思路,即对每个特征进行随机 shuffle,观察模型指标的变化。这里我们介绍另一种敏感性分析方法——基于方差的敏感性分析(也叫 Sobol 方法),其他敏感性分析方法还有 OAT/OFAT、FAST 方法、Morris 筛选法等,感兴趣的读者可以参考相关文献。

Sobol 方法是一种比较古老的方法,它把模型当作黑盒,因此无关线性和非线性。假设一个模型有两个输入和一个输出,可能会发现 80% 的输出方差是由第一个输入的方差引起的,10% 的输出方差是由第二个输入的方差引起的,5% 的输出方差是由两个输入之间的相互作用引起的,这里的百分比就是敏感性。如何计算出敏感性度量呢?这需要采样来生成自变量,输入模型中获得因变量,然后根据下面的一阶和总阶敏感指数公式计算出来。

$$S_i = \frac{\mathrm{Var}_{X_i}(E_{X_{-i}}(Y|X_i))}{\mathrm{Var}(Y)}$$

$$S_{Ti} = \frac{E_{X_i}(\mathrm{Var}_{X_{-i}}(Y|X_{-i}))}{\mathrm{Var}(Y)}$$

其中,$Y = f(X)$,X_i 为第 i 维特征;X_{-i} 表示除 X_i 之外的特征集合;S_i 为 X_i 的一阶敏感度,表示 X_i 的影响;S_{Ti} 为 X_i 的总指数。采样的基础方法为伪随机的蒙特卡罗方法,但低差异的准蒙特卡罗方法可以使采样更均匀,敏感度系数计算更准确。不过依然需要较多的采样数据以保证计算精度,而且随着维度增加,需要计算的方差和期望更是呈指数级增加,后来又提出了一些改进方法,比如 Polynomial Chaos 和 GPR(Gaussian Process Regression)方法,感兴趣的读者可以参考相关文献。

根据下面这个例子,我们简单看一下敏感度分析的用法。为了便于直观,我们把用到的特征都显示出来,同时使用 XGBoost 模型替代深度模型,实际中可以把深度模型的预测结果保存到文件中,然后加载进来。

```python
from SALib.sample import saltelli
from SALib.analyze import sobol
cs = ['amount','oldbalanceOrg', 'newbalanceOrig','oldbalanceDest','newbalanceDest','typeCategory']
problem = {
    'num_vars': 6,
    'names': cs,
    #// 此处为各个特征取值的上下界
    'bounds': [[X_undersample['amount'].min(), X_undersample['amount'].max()],
               [...], [...], [...], [...], [...]]
}
# 采样1000个
param_values = saltelli.sample(problem, 1000, calc_second_order=True)
### 以下代码可通过 yy = np.loadtxt("deep_module_outputs.txt", float) 替换为深度模型的结果,这里随便拿一个训练好的模型示例
yy = np.zeros([param_values.shape[0]])
for i, sx in enumerate(param_values):
    sx2 = {'amount':[sx[0]],'oldbalanceOrg':[sx[1]],'newbalanceOrig':[sx[2]],'oldbalanceDest':[sx[3]],'newbalanceDest':[sx[4]],'typeCategory':[sx[5]]}
    sx3 = DataFrame(sx2,columns=cs)
    ret = clf.predict_proba(sx3)
    yy[i] = ret[0][1]
####
Si = sobol.analyze(problem, yy, print_to_console=False)
# 输出一阶敏感度指数
print(Si['S1'])
```

```
# 输出总指数
print(Si['ST'])
```

程序的输出结果如下：

```
[1.99030736e-01 6.31223187e-02 3.15869487e-04 6.92140204e-04
 2.29707415e-03 7.40510412e-01]

[0.21977177 0.06871204 0.00207501 0.00184471 0.00202167
 0.74083361]
```

从总指数看，敏感度从高到低依次为：'typeCategory' → 'amount' → 'oldbalanceOrg' → 'newbalanceDest' → 'oldbalanceDest' → 'newbalanceOrig'。但这里面有一个问题，特征 'typeCategory' 取值只有离散值 0 和 1，但在采样时变成了连续值，我们对采样后的数据进行修正，使得随机一半为 0，一半为 1，再来看总指数变化：

```
[0.78891953 0.25285969 0.12526614 0.1131204 0.12708109
 0.10249429]
```

这次敏感度从高到低变成了：'amount' → 'oldbalanceOrg' → 'newbalanceDest' → 'newbalanceOrig' → 'oldbalanceDest' → 'typeCategory'，而且多实验几次，结果并不稳定。显然，这与 SHAP 方法给出的结果还是有明显不同的，这取决于抽样的量级和抽样数据是否与原始数据集的分布一致有关。其实，SHAP 方法不单单可以应用于树模型，还可以应用于深度模型，它提供了 DeepExplainer 解释器。对于深度学习的整体性解释，我们还是首推 SHAP 方法。

5. 总体解释的局限性

总体解释在特征选择和模型的训练调优阶段有很大的辅助作用，当给出的特征重要性与经验大相径庭时，模型可能存在错误。更重要的是，它会从宏观上告诉你影响某个事件的主要因素是什么，可以据此做一些业务决策。

但用来解释个体则行不通，根据我与业务人员近几年的沟通发现，业务人员关注的往往都是一个个具体案例，而不是整体结论。为什么这么说呢？比如审核，他要把待审的案例一个个看一遍，每一个情况都不完全一样，如果你告诉他某个用户被判定有欺诈风险，理由是图 3.1~ 图 3.3 的那几个重要性特征，他肯定不会接受。他需要的是这个用户被判断为有风险的具体原因，而不是整体上如何。所以说，针对个体的解释是很有必要的，业务人员是要把事情落地的，是最接地气的，他们不需要也不关心你采用的是深度学习方法还是规则方法。

那怎么来解释个体呢？这里面又可以分为模型相关的解释和模型无关的解释方法。

3.2.3 模型相关的解释方法

我们知道，线性模型是最容易解释的，因为模型是满足可加性的，如下式，所有特征值与其系数乘积的和，即为最终的结果或变体。

$$f(x) = \beta_0 + \beta_1 x_1 + \beta_2 x_2 + \cdots + \beta_n x_n$$

在做个体解释时，需要以 $\beta_i x_i$ 作为特征的贡献，而不能以系数的绝对值来解释个体上单特征的重要性。但很多问题不是线性可表达的，而树模型的结构在表达复杂性和可解释性上满足了想象力，其本身的结构和基于信息理论的构树过程，使得其解释起来符合判断逻辑。问题在于当树的深度超过 3 层时，就很难做出可被接受的解释描述了，更不用提 RF、GBDT、XGBoost 等模型深度超过 3 层又有多棵树的情况了。

为此，这些模型在解释个体时都有一些特定于模型的方法，比如 RF 可以采用基于样本分布变化的特征贡献度方法。这是论文"Interpreting Random Forest Classification Models Using a Feature Contribution Method"提出的一种方法，下面通过论文中的一个具体例子来解释一下计算过程。图 3.10 所示为使用 RF 模型训练的树结构，样本集一共 10 个样本，4 个特征，LD 表示每个节点的训练样本集合，Y^n_{mean} 表示每个节点的 LD 中正样本的比例，LI^c_f 表示每个节点在分裂特征 f 作用下的正样本比例增量。

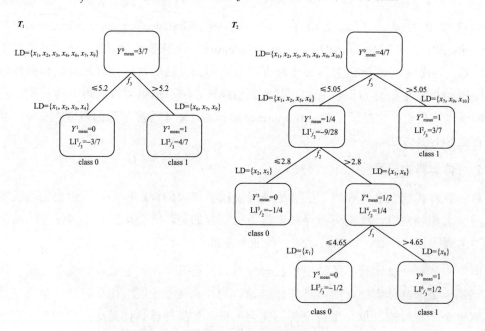

图 3.10 基于样本分布变化的特征贡献度解释 RF 模型示例

对于实例 x_1，如果要计算特征 f_3 对其最终预测结果的贡献度，可以这样计算：
$\text{FC}^{f_3}_{x_1} = \dfrac{1}{2}\left(-\dfrac{3}{7} - \dfrac{9}{28} - \dfrac{1}{2}\right) = -0.625$。$x_1$ 在两棵树中都有出现，在第一棵树 T_1 中的路径是

$n_0 \to n_1$,在第二棵树 T_2 中的路径是 $n_0 \to n_1 \to n_4 \to n_5$。在 T_1 中,从根节点到叶节点的 $n_0 \to n_1$ 这条路径,经过 f_3 分裂后,节点中的正样本比例从 $\frac{3}{7}$ 变成了 0,因此增量为 $-\frac{3}{7}$;在 T_2 中,从根节点到叶节点的 $n_0 \to n_1 \to n_4 \to n_5$ 这条路径,两次经过特征 f_3 分裂,节点中的正样本比例分别从 $\frac{4}{7}$ 变成了 $\frac{1}{4}$、从 $\frac{1}{2}$ 变成了 0,增量分别为 $-\frac{9}{28}$ 和 $-\frac{1}{2}$。因为两棵树是独立的,最终将所有增量求和后取平均值即得出上述结果。

从这个计算过程不难看出,方法的核心要点是计算每个节点的正样本比例,以及从父节点到子节点的正样本比例变化的增量;然后罗列出要解释的实例在所有树中的路径;对路径上的每个参与分裂的特征累加其增量,作为总贡献度;最后求取在整个森林里的平均值,作为特征的贡献度。

GBDT 模型也有类似的解决思路,但 GBDT 与 RF 有很大不同,一是树之间并不是独立的,而是有前后关系的;二是对分类问题而言,GBDT 的输出结果是一个分数而不是类别,论文"Unpack Local Model Interpretation for GBDT"给出了特有的解决方式。由于只有叶节点才有分数,即样本经过特征分裂落到叶节点时获得的分值,只要能把这个分数回溯到根节点,就可以像前面那样计算增量。

我们仍以一个具体例子来解释这个过程,如图 3.11 所示,左图中的节点 6 经过特征"feat5 是否小于或等于 1.5"进行分裂,若是,则落到节点 11,并获得 0.085 的分值;否则落入节点 12,获得 0.069 的分值;以两个叶节点分值的平均值作为父节点 6 的分值估计,即 $\frac{1}{2}(0.085+0.069)=0.0771$(见图 3.11 右图节点 6),并以此进行向上回溯,回溯所有的中间节点,直至根节点。这样每个节点有了分值之后就等同于有了前述方案的 Y_{mean}^n,然后就可以计算增量了,其余步骤都是类似的,稍有不同的是在计算单个特征对一个实例的最终贡献度时,不需要像随机森林模型那样最后再取平均,而是把所有树上的贡献度加和即可。由于从父节点分裂到左右两个子节点的样本数并不一定相同,所以在求父节点的平均值时,可以使用样本数加权的方式。

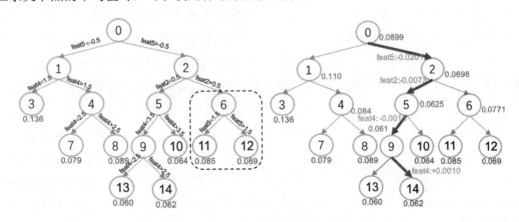

图 3.11 GBDT 模型计算特征贡献度示例

在深度学习方面，也有很多跟模型相关的解释方法，比如针对 CNN 模型的 CAM（Class Activation Mapping）和 Grad-CAM（Gradient-based CAM）解释方法，针对 RNN 模型的 FSA（Finite State Automaton）方法。其实对于采用 FSA 方法来解释时序模型，如果想要在风控领域应用且要面向非技术人员的话，还是不太能够被接受。而对于图像类的识别，如果只是分类问题，很多风控的场景不需要解释，因为一看到图片就明白了。这时的诉求与解释模型的内部决策过程还不一样，但对这种认知的捕捉，为借助指标的可视化呈现来辅助理解提供了可行性，这也是为什么单独写了可视化的内容（第 8 章）来辅助增加可解释性的原因之一。

CAM 是由论文 "Learning Deep Features for Discriminative Localization" 提出的，我们知道，对于深层卷积神经网络，多次卷积和池化后，最后一层卷积层包含丰富的空间信息，而 CAM 方法则在最后一层卷积层之后利用 GAP（Global Average Pooling）方法重新计算并替换掉全连接层。GAP 针对卷积层输出的特征图（feature map）计算每个的均值，再通过加权求和得到输出，如图 3.12 所示，对每一个类别 C，每个特征图 k 的均值都有一个对应的权重 w_k^c。

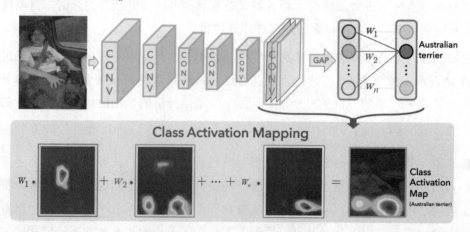

图 3.12　CAM 过程示意图

这个方法的另一个要点是如何可视化。比如图 3.12，要解释为什么分类的结果包含狗，要先把狗这个类别对应的所有 w_k^c 取出来，求出对应特征图的加权和。GAP 的好处就是池化的大小与整个特征图是一样的，即在计算均值时是求每张特征图所有像素的均值，这里的加权结果也和特征图是一致的，然后对它进行上采样直到原始输入大小，叠加到原图上去就可以看到可视化效果。

CAM 的效果其实是不错的，但因为要把全连接层替换为 GAP 层，模型要重新训练，所以代价较高，而 Grad-CAM 便是解决这个问题的。Grad-CAM 求权重的方法不同，它是用梯度的全局平均来计算权重，并在论文 "Grad-CAM: Visual Explanations from Deep Networks via Gradient-based Localization" 中给出了数学推导，证明了与 CAM 方法得到的结果是等价的。Grad-CAM 还对最终的加权和做了一个 ReLU 操作，只关注对类别 C

有正向影响的像素点，避免带入一些属于其他类别的像素，从而影响解释的效果。

如果每种模型的解释都需要非常清楚模型的结构，那么成本无疑是非常高的，我们当然希望能够用一些通用的方法来解释尽可能多的模型，这就是模型无关的解释方法。

3.2.4 模型无关的解释方法

这里介绍两个模型无关的解释方法，一个是 LIME，属于代理模型解释法，采用一个新的简单模型来拟合原来黑盒模型的局部结构，比如采用线性模型，用模型的系数权重来解释原模型；另一个是 SHAP，基于原模型的条件期望响应来计算特征贡献度。这是目前应用比较广泛的两种解释方法，一些其他的工具如 iml（R 语言）、Live（R 语言）、breakDown（R 语言）、ELI5、Skater 等也多与这两种方法有相关性或可比性。

1. LIME 方法

1）LIME 方法的原理

LIME（Local Interpretable Model-Agnostic Explanations，模型无关的局部解释器）由 2016 年的 KDD 论文 "'Why Should I Trust You?' Explaining the Predictions of Any Classifier" 提出，认为用作解释的表征与原始特征可以不同，但在局部逼近。它把模型的原始特征映射到一个简单二进制向量空间，通过在局部抽样建立新的数据集，然后观察原模型预测结果，重新学习一个新的简单模型专门用来解释。如下公式：

$$\xi(x) = \underset{g \in G}{\operatorname{argmin}} \mathcal{L}(f, g, \pi_x) + \Omega(g)$$

其中，

- 定义解释模型 $g \in G$，G 表示所有可能的解释模型集合。
- $\mathcal{L}$ 等同于损失函数，或者理解为解释模型与原始模型在局部的偏离程度。
- $\Omega(g)$ 表示 g 的复杂度，实际上 LIME 只优化损失部分，复杂度由使用者关注，比如控制使用的特征数 K。
- f 为原模型，$f: \mathbb{R}^d \to \mathbb{R}$，$x \in \mathbb{R}^d$，$x' \in \{0,1\}^{d'}$。
- $\pi_x(z)$ 用来度量 x 和 z 的相似性，即刻画 x 的局部。

文章中以稀疏线性解释为例，采用一个指数核函数实现 $\pi_x(z) = \exp(-D(x,z)^2 / \sigma^2)$，$D$ 可以为余弦距离等度量方式；σ 为核函数宽度，越大表示距离远的抽样样本影响越大。

局部抽样的大体过程如图 3.13 所示，假设原始待解释模型的决策边界用蓝粉背景表示，显然是非线性的。图 3.13 中最显著的加号表示被解释的样本（称为 X）。LIME 方法会在 X 周围采样，也会在远离 X 的地方采样，按照它们到 X 的距离赋予权重。用原始模型预测这些扰动过的样本，用这个新的样本集学习出一个线性模型，并假设其决策边界为图中的虚线。新模型在 X 附近可以很好地拟合原模型，所以这个解释只在 X 附近成立，对全局无效，这也是名字中 Local 的由来。

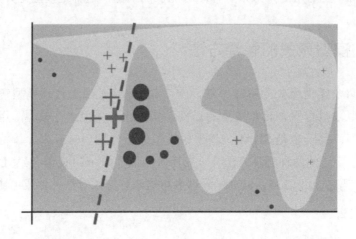

图 3.13　LIME 示意图

不过阅读 LIME 的 Python 实现发现，实际由一个变量（sample_around_instance 变量）决定采样方式，如果为 True，以 X 为中心，服从 (0,1) 正态分布抽样，否则，以整体训练数据的均值为中心抽样，但它的默认值却是 False。这也难怪 Christoph Molnar 在 *Interpretable Machine Learning* 中吐槽，LIME 并不是以被解释的实例为中心抽样，而是以训练数据的均值为中心抽样。

对于文本类或者图像类的问题，局部抽样过程明显不同，文本类的数据是通过随机去掉字词来抽样，以 1 和 0 分别表示字词的出现与否；图像类的数据则是通过超像素块分割或者关闭超像素块来采样，因为单个像素点的影响很小，所以按照临近相同颜色的像素块为单位抽样。

LIME 方法虽然缺乏理论支撑，也无法在高度非线性模型中有较好效果，但它对于大部分模型能够给出较为直观的解释。更为重要的是，LIME 方法提出的**通过扰动实例建模**和**用损失函数衡量差异**的思路具有很强的参考意义，掀起了模型解释性研究的热潮。后来很多可解释性方面的研究都与 LIME 有关，比如 Skater 方法，以及下面即将介绍的 SHAP 方法。

2）LIME 方法的使用

LIME 方法的使用是非常方便的，可以下载 Python 工具包，执行 pip install lime 即可安装。下面根据论文中提到的基于新闻数据集（20 newsgroups）来区分 atheism 和 christian 的例子，看看官网给出的具体用法参考。例子中的分类模型采用了随机森林算法，训练有 500 棵树的森林，测试集上准确率可以达到 92%，可以说非常高了。

```python
import lime
import sklearn
import numpy as np
import sklearn.ensemble
import sklearn.metrics
from __future__ import print_function
from sklearn.datasets import fetch_20newsgroups
categories = ['alt.atheism', 'soc.religion.christian']
newsgroups_train = fetch_20newsgroups(subset='train', categories=categories)
newsgroups_test = fetch_20newsgroups(subset='test', categories=categories)
class_names = ['atheism', 'christian']
vectorizer = sklearn.feature_extraction.text.TfidfVectorizer(lowercase=False)
train_vectors = vectorizer.fit_transform(newsgroups_train.data)
test_vectors = vectorizer.transform(newsgroups_test.data)
rf = sklearn.ensemble.RandomForestClassifier(n_estimators=500)
rf.fit(train_vectors, newsgroups_train.target)

pred = rf.predict(test_vectors)
sklearn.metrics.f1_score(newsgroups_test.target, pred, average='binary')


from lime import lime_text
from sklearn.pipeline import make_pipeline
c = make_pipeline(vectorizer, rf)
print(c.predict_proba([newsgroups_test.data[0]]))


from lime.lime_text import LimeTextExplainer
```

```python
explainer = LimeTextExplainer(class_names=class_names)

idx = 83

exp = explainer.explain_instance(newsgroups_test.data[idx], c.predict_proba, num_features=6)
print('Document id: %d' % idx)
print('Probability(christian) =', c.predict_proba([newsgroups_test.data[idx]])[0,1])
print('True class: %s' % class_names[newsgroups_test.target[idx]])

exp.as_list()

print('Original prediction:', rf.predict_proba(test_vectors[idx])[0,1])
tmp = test_vectors[idx].copy()
tmp[0,vectorizer.vocabulary_['Posting']] = 0
tmp[0,vectorizer.vocabulary_['Host']] = 0
print('Prediction removing some features:', rf.predict_proba(tmp)[0,1])
print('Difference:', rf.predict_proba(tmp)[0,1] - rf.predict_proba(test_vectors[idx])[0,1])

%matplotlib inline
fig = exp.as_pyplot_figure()

#exp.show_in_notebook(text=False)
#exp.save_to_file('/tmp/oi.html')
exp.show_in_notebook(text=True)
```

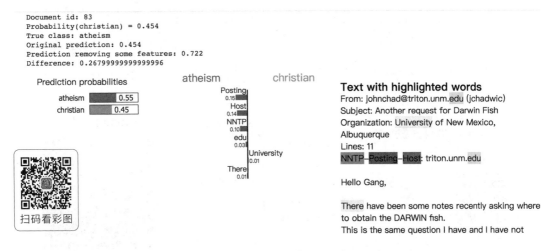

图 3.14 LIME 方法解释示例 1

这里主要是看一下 LIME 的用法，案例的更多细节可以参考官方网站。从示例代码可以看出，前半部分与正常建模并无区别，后半部分使用解释器时，需要传入待解释的个体、回调方法以及特征数（只用少数的特征即可），回调方法的作用是输出类别标签。这是一个只采用了 $K=6$ 个特征的线性模型解释器，从给出的解释可以看出，之所以被分为 atheism 一类，图 3.14 有背景色的几个词起了很大作用，通过去掉影响最大的两个词，预测结果就会偏向对立方，而偏移的概率大小正是这两个维度的影响权重之和，这也从侧面反映了模型是线性的。但是实际上，去掉这两个词，划分为另一类是错误的，虽然原模型准确率很高，但是从这里可以看出它并不是很合理，这也说明 LIME 方法能够辅助发现建模合理性。

再来看一下如何用 LIME 方法解释 3.2.2 节的基于 Synthetic Financial Datasets For Fraud Detection 数据集训练的 XGBoost 分类模型。图 3.15 是用 LIME 解释一个具体样本的可视化示例，左边是模型预测的结果，右边是特征与取值的情况，中间是特征对每个类别的重要性，这里的排序是 oldbalanceOrig > newbalanceOrig > typeCategory > amount > oldbalanceDest > newbalanceDest，与前面 plot_importance 给出的总体重要性结果是不同的。这里给出的是针对这个具体样本的解释，单看 oldbalanceOrig 和 amount 可能有风险，但是考虑到其他特征，综合起来便没有风险。

```
    explainer = lime.lime_tabular.LimeTabularExplainer(X_train.
values,\ feature_names=X_train.columns.values.tolist(), class_
names=c_names, discretize_continuous=True)

    fn = X_train.columns.values.tolist()

    predict_fn = lambda x: clf.predict_proba(pd.DataFrame
(x,columns=fn))
```

```
exp = explainer.explain_instance(d1.values, predict_fn, num_
features=6, top_labels=1)
exp.show_in_notebook(show_table=True, show_all=False)
```

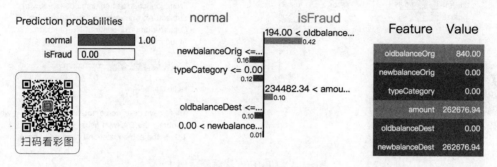

图 3.15　LIME 方法解释示例 2

从以上两个例子可以看到，LIME 方法的可视化效果是比较直观的，可以较为方便地看到每个个体被识别为相应类别的概率，以及对应的原因。2017 年 LIME 作者又提出了新的研究成果 Anchors，它与 LIME 不同的地方在于，LIME 是在局部建立一个可以理解的模型，而 Anchors 则是建立一套更精准的规则。虽然 LIME 论文中提到在各种模型和场景的数据上都表现良好，但笔者更建议在文本方面使用 LIME 方法。LIME 模型在实际应用中可能会存在不稳定现象，由于采用抽样的方法和依赖核函数的原因，原本两个非常相近的样本在解释结果上可能会出现较大差别。笔者更倾向于使用 LIME 解释图像、文本相关的模型，对于结构化的表格数据（tabular 数据），还是建议使用下面的 SHAP 方法。

当然除 LIME 外，图像方面的解释方法还有 Grad-CAM（Selvaraju et. al. 2017）、Loss Landscape（Li et. al. 2017）、Tree Regularization（Mike Wu, et. al. 2017）等，有兴趣的读者可以参考相应的文献。

2. SHAP 方法

1）SHAP 方法的原理

SHAP（SHapley Additive exPlantions）方法目前已经融合到 XGBoost 模型里，可以在源代码 python-package/xgboost/core.py 文件中看到 predict 方法的定义，其中就有 SHAP 相关内容：

def predict(self, data, output_margin=False, ntree_limit=0, pred_leaf=False,pred_contribs=False, approx_contribs=False,pred_interactions=False,

validate_features=True)

我们重点关注后面几个参数的注释，翻译为中文如下：

- 当 pred_leaf=True 时，会输出每个样本在所有树中的叶子节点，可以通过可视化每棵树看到一个样本在树中的决策路径，而叶子节点上的值累加求和后，再经过模型参数 objective 指定的函数进行转换，就得到最终的预测值。
- 当 pred_contribs=True 时，输出所有特征对于一个样本预测值的贡献度，即 SHAP 值，而所有贡献度的累加和等同于预测值。
- 当 approx_contribs=True 时，输出 pred_contribs 的近似版本，时效性上要比 pred_contribs 好一些。
- 当 pred_interactions=True 时，输出两两特征组合的 SHAP 值。

这里面提到的 SHAP 值是一个什么东西呢？在了解 SHAP 之前，我们先来看看什么是 Shapley Value。Shapley Value 其实是来自游戏理论中的一种价值分配算法，该算法由诺贝尔经济学奖获得者 Lloyd Stowell Shapley 发明，因此以其名字命名。

Shapley Value 要解决的问题是多人合作的价值分配问题（参考自 *A Course in Game Theory*，读者可参考了解细节）。记全集 $N=\{x_1,x_2,\cdots,x_n\}$ 有 n 个元素，代表 n 个人；任意 s 个元素组成的子集 $S \subseteq N$，称为一个合作联盟；v 为价值函数，$v(S)$ 表示子集 S 中所有元素共同合作产生的价值。那么最终每个人分配的价值表示为 $\varphi_i(N,v)$，此即 Shapley Value。价值分配满足下面几个原则：

- 有效性：每个人分得的价值之和等于 $v(N)$，即 $\sum_{i \in N} \varphi_i(N,v) = v(N)$。
- 对称性：如果 i 和 j 是可互换的，那么 $\varphi_i(N,v) = \varphi_j(N,v)$；对于任一不包含 i 和 j 的集合 S，都有 $v(S \cup \{i\}) = v(S \cup \{j\})$。
- 冗员性：如果 i 未做贡献，那么 $\varphi_i(N,v) = 0$，$\varphi_i(S) = v(S \cup \{i\}) - v(S) = 0$。
- 可加性：如果说把一个游戏分成两部分，那么获得的价值也可以拆分为两部分，即对于任何两项任务 v 和 w，$\varphi_i(N,v+w) = \varphi_i(N,v) + \varphi_i(N,w)$。

Shapley Value 的计算公式为：

$$\varphi_i(N,v) = \sum_{S \subseteq N \setminus \{i\}} P(S) \Delta_i(S) = \frac{1}{|N|!} \sum_{S \subseteq N \setminus \{i\}} |S|!(|N|-|S|-1)! \{v(S \cup \{i\}) - v(S)\}$$

$$P(S) = \frac{|S|!(|N|-|S|-1)!}{|N|!}$$

$$\Delta_i(S) = v(S \cup \{i\}) - v(S)$$

对于该公式的直观解释，可以认为 Shapley Value 就是求解 x_i 对每个参与的合作联盟的边际贡献期望值（边际贡献即 $\Delta_i(S)$），如果把所有元素的顺序看作排列组合，而所有排列中位于 x_i 前面的排列总共有 $|S|!(|N|-|S|-1)!$ 个。

为了便于理解，以一个具体例子演示一下计算过程。假设一个开发团队由 L、M、N 三人组成，目标是要开发一个 100 行代码的机器学习模型，三人必须一起才能完成该项目。合作的价值贡献如表 3-2 所示。

表 3-2 合作的价值贡献

合作联盟	代码行数
L	10
M	30
N	5
L,M	50
L,N	40
M,N	35
L,M,N	100

不同序列的边际贡献如表 3-3 所示。

表 3-3 边际贡献

序列	L 贡献	M 贡献	N 贡献
L,M,N	v(L)=10	v(L,M)−v(L)=50−10=40	v(L,M,N)−v(L,M)=100−0=50
L,N,M	v(L)=10	v(L,M,N)−v(L,N)=100−40=60	v(L,N)−v(L)=40−10=30
M,L,N	v(L,M)−v(M)=50−30=20	v(M)=30	v(L,M,N)−v(L,M)=100−50=50
M,N,L	v(L,M,N)−v(M,N)=100−35=65	v(M)=30	v(M,N)−v(M)=35−30=5
N,L,M	v(L,N)−v(L)=40−5=35	v(L,M,N)−v(L,N)=100−40=60	v(N)=5
N,M,L	v(L,M,N)−v(M,N)=100−35=65	v(M,N)−v(N)=35−5=30	v(N)=5

三个参与者共有 3!=6 种序列组合，那么按照公式，每个开发人员的 Shapley Value 为：

贡献者	计算公式	Shapley Value
L	1*(10+10+20+65+35+65)/6	34.17
M	1*(40+60+30+30+60+30)/6	41.7
N	1*(50+30+50+5+5+5)/6	24.17

那 Shapley Value 如何与机器学习关联起来呢？把所有特征视作游戏的参与者，训练模型进行预测便视为一场游戏，而样本 i 之特征 j 的 Shapley Value，即 φ_{ij} 的含义是：特征值 x_{ij} 对样本 x 的预测结果相对于整个数据集的平均预测结果的贡献度（或者叫偏离度，所以存在负值）。图 3.16 为 Christoph Molnar 在 *Interpretable Machine Learning* 中所举的例子。

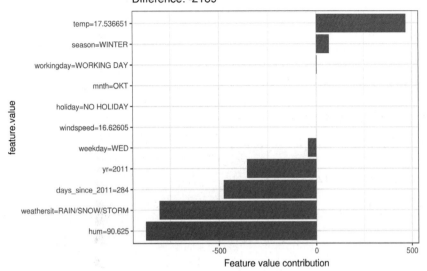

图 3.16　特征贡献示例图

该例子采用 RF 模型，利用天气和日期等信息预测每天的自行车租赁数量，图中横轴表示特征值对应的贡献度，纵轴为每个特征与特征值，自上而下分别表示温度（temp）、季节（season）、工作日（workingday）、月份（mnth）、假期（holiday）、风速（windspeed）、周末（weekday）、年份（yr）、时间（days_since_2011）、天气（weathersit）和湿度（hum）。针对图中的一个样本，实际预测值（Actual prediction）是 2329，当天的平均预测值（Average prediction）是 4517，比平均值小 2189。从图中可以看出，最有负向影响的是湿度（hum）、天气（weathersit）和时间（days_since_2011），而当天的温度是正向的影响。所有特征的贡献度加和等于 −2189，即一个样本的所有特征的贡献度加和，为该样本预测值与平均值的差：

$$\sum_{j=1}^{p}\varphi_{ij}=f(x_i)-E_X(f(X))$$

那么，每个特征的 Shapley Value 到底如何计算呢？根据前面的公式，要计算一个特征的 Shapley Value，需要计算出有该特征参与的一个集合的预测值，以及对应的只缺少该特征的集合的预测值，得出其边际贡献，然后重复计算，直到遍历了所有该特征参与的集合。最后所有的边际贡献的平均值即为该特征的 Shapley Value。这将是一个指数级的计算复杂度，因此 Strumbelj et al. 在 *Explaining Prediction Models and Individual Predictions with Feature Contributions* 中提出了一种近似的计算方法：

$$\varphi_{ij}=\frac{1}{M}\sum_{m=1}^{M}(f(x^{*+j})-f(x^{*-j}))$$

其中，$f(x^{*+j})$ 是样本 x_i 的预测值，但其中一部分特征值被随机样本的特征值所取代，

x^{*-j} 与 x^{*+j} 类似，区别是少了 x_{ij}，换成了随机样本对应的特征值。这 M 个样本都是经过这种替换模式、由两个样本拼凑而成的。近似算法的计算过程如下：

step1：For all $j \in \{1, 2, \cdots, p\}$：

step2：For all $m \in \{1, 2, \cdots, M\}$：

step3：从数据集 X 中随机选择一个实例 z

step4：选择特征的一个随机排列 $o \in \pi(S)$

step5：实例 x：$x_o = (x_{o1}, \cdots, x_{oj}, \cdots, x_{op})$

step6：实例 z：$z_o = (z_{o1}, \cdots, z_{oj}, \cdots, z_{op})$

step7：构造新的实例：

$$x^{*+j} = (x_{o1}, \cdots, x_{oj-1}, x_{oj}, z_{oj+1}, \cdots, z_{op})$$

$$x^{*-j} = (x_{o1}, \cdots, x_{oj-1}, z_{oj}, z_{oj+1}, \cdots, z_{op})$$

step8：计算 $\varphi_{ij}^{(m)} = f(x^{*+j}) - f(x^{*-j})$

step9：计算 $\varphi_{ij}(x) = \dfrac{1}{M} \sum\limits_{i=1}^{M} \varphi_{ij}^{(m)}$

根据算法描述，对于样本实例 i 和特征 j，$j \in \{1, 2, \cdots, p\}$，固定抽样次数 M；每次从数据集中选择一个样本 z，样本的特征值顺序做一定扰动，并生成两个新的按该顺序排序的样本实例 x^{*+j} 和 x^{*-j}，前者由实例 i 的 j 个特征值与样本 z 的 $p-j$ 个特征值组成；后者由实例 i 的 $j-1$ 个特征值与样本 z 的 $p-j+1$ 个特征值组成，相较于前者而言，仅仅换掉了特征 j。然后计算 M 个 x^{*+j} 和 x^{*-j} 的模型结果之差的均值，作为特征 j 对样本 i 的 Shapley Value。

了解了 Shapley Value，再来解密 SHAP。SHAP 是 SHapley Additive exPlantions 的缩写，由华盛顿大学的 Scott M. Lundberg 和 Su-In Lee 在论文"A Unified Approach to Interpreting Model Predictions"中提出，是一种可以解释任何模型的通用归因方法。而 Shapley Value 正是 SHAP 方法中的重要技术基础，SHAP value 的本质就是 Shapley Value，但它与原模型的边际期望有关。SHAP 被认为是同时满足 Local accuracy（局部准确性）、Missingness（缺失零贡献）和 Consistency（一致性）三个属性的加性特征归因方法唯一解。

（1）局部准确性是指解释模型 $g(x')$ 在局部等同于原始模型 $f(x)$，式子表示如下：

$$f(x) = g(x') = \varphi_0 + \sum_{i=1}^{M} \varphi_i x_i'$$

其中，$g(x')$ 为解释模型，x' 是简化的输入，可以通过映射函数 $x = h_x(x')$ 映射到原始输入。$\varphi_0 = f(h_x(0))$ 表示没有任何简化输入时的模型输出，即偏置项。

（2）缺失零贡献是指某项特征缺失时，它的贡献度为 0，式子表示如下：

$$x_i' = 0 \Rightarrow \varphi_i = 0$$

其中，x_i' 是第 i 个特征项，φ_i 是该特征项的贡献度。

（3）一致性是指，如果一个特征在一个模型中的缺失所导致的变化，大过其在另一个模型中缺失所导致的变化，那么该特征在第一个模型中的贡献也要大于其在另一个模型中的贡献，式子表示如下：

$$f_x'(z') - f_x'(z' \setminus i) \geq f_x(z') - f_x(z' \setminus i) \Rightarrow \varphi_i(f', x) \geq \varphi_i(f, x)$$

其中，f' 和 f 为两个模型，$z' \setminus i$ 表示 $z_i' = 0$。

理论证明，Shapley Value 是满足三个条件的加性特征归因方法唯一解。因为 SHAP 基于 Shapley Value 做解释，自然也就是满足条件的唯一解。SHAP 定义每个特征的贡献为该特征在给定条件下（因此排序的集合也是给定的）模型结果的期望：$f_x(z') = f(h_x(z')) = E[f(z) | z_S]$，其中 S 是 z'（$z' \subseteq x'$）中非 0 下标的集合，z_S 为其中一种排序，$h_x(z') = z_S$。

SHAP 的作者曾在论文中指出，用 $E[f(z)|z_S]$ 来近似表示 $f(z_S)$ 主要是考虑大部分模型无法处理缺失值。这种定义形式，基本对齐了 Shapley regression（Stan Lipovetsky, et. al. 2001）、Shapley sampling（Erik Štrumbelj, et. al. 2014）等方法，同时还与 LIME、DeepLIFT（Avanti Shrikumar, et. al. 2017）等方法有一定联系。如图 3.17 所示，以一种顺序为例（实际上 φ_i 应该为所有排列顺序的平均值），SHAP 值解释了当前输出 $f(x)$ 是怎样偏离基准值 $E[f(x)]$ 的，其中 φ_0、φ_1、φ_2、φ_3 使得 $f(x)$ 往高于基准值方向走，而 φ_4 使其更接近基准值。

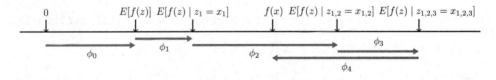

图 3.17 SHAP 的模型表示

鉴于精准计算 SHAP 值的计算量高（因为 Shapley Value 的计算代价高），SHAP 根据 LIME、DeepLIFT 等方法，又结合 Shapley Value 算法进行近似计算，并针对不同的模型提供了不同的解释器，如下：

- TreeExplainer：Tree SHAP 实现的解释器，适用于树模型如 XGBoost、LightGBM 等，速度快，准确度高。

- DeepExplainer：DEEP SHAP 实现的用于深度学习模型的解释器，基于 DeepLIFT 和 Shapley Value 算法，适用于 TensorFlow 和 Keras 框架上的深度模型，速度快，但只能做近似解释。
- GradientExplainer：也是应用于深度模型的解释器，不过是基于 SHAP 和集成的梯度算法，性能上比 DeepExplainer 差一些。
- KernelExplainer：Kernel SHAP 实现的解释器，适用于任何模型，主要方法是 LIME 和 Shapley Value。

也就是说，SHAP 方法集成了多种技术，并在其基础上改进优化，使得满足三条性质，包括 LIME、Shapley Value、DeepLIFT 等，所以 SHAP 又是一种综合框架，从其论文中前半部分对各种方法的抽象也能看出。至于 LIME 方法的推导如何与 Shapley Value 建立联系，感兴趣的读者可以参考论文。

传统的 Shapley Value 计算忽略了特征之间的相互作用，后来又提出了改进版支持特征交叉组合。传统的 SHAP 也未考虑特征组合问题，后来又对二阶特征组合进行了研究。目前最新的 XGBoost API 也支持了这种功能，即 pred_interactions 参数。

2）SHAP 方法的使用

如果感觉前面的原理介绍还是比较难懂，没关系，这并不影响我们的使用，下面通过一个具体的例子来看一下如何做解释。

```
import shap

# load JS visualization code to notebook
shap.initjs()
# explain the model's predictions using SHAP values
# (same syntax works for LightGBM, CatBoost, and scikit-learn models)
explainer = shap.TreeExplainer(clf)
shap_values = explainer.shap_values(X_test)
# visualize the first prediction's explanation
shap.force_plot(explainer.expected_value, shap_values[i], X_test.iloc[i,:], link='logit')
```

使用是不是非常简单？不过对非技术人员来说，其可视化输出并不是特别直观，后面还会在第 8 章介绍可视化的相关方法。如图 3.18 所示，预测为欺诈类的概率约为 0，在使用 SHAP 解释时，所有特征重要性排序为 oldbalanceOrg > amount > oldbalanceDest > newbalanceDest > newbalanceOrig > typeCategory。同 LIME 一样，不用太关注这个顺序与总体重要性排名是否相符，重要的是通过 SHAP 的可视化结果，可以看出来哪些特征对于判断这个具体的实例是否有欺诈风险有正向作用，比如 oldbalanceDest 和 newbalanceOrig 对判断风险有正向作用，但是其他特征起负向作用，综合起来认为是一个无风险的实例。

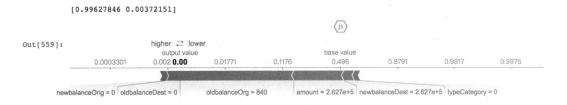

图 3.18　SHAP 可视化

以上内容就是对常用的两种模型无关解释方法的介绍。近年来，关于模型无关解释方法的研究也逐渐多了起来，其中还有一类方法是借助实例来做解释。比如反例方法（Counterfactual Explanation，参考论文"Counterfactual Explanations without Opening the Black Box: Automated Decisions and the GDPR"）。如果用在风控中，可以用一些已经确定事实的各种类型的作弊欺诈例子作为参考，反向套用公式，以特征的距离和模型预测结果的差异来衡量是否可用作解释。

还有一些基于实例的方法，比如 MMD-Critic 方法、贝叶斯实例模型（Bayesian Case Model，BCM）等，通过一些代表性的样本来解释聚类/分类结果。这类方法比较有探索性，可以辅助我们更好地了解数据的分布。MMD-Critic 方法能够帮助我们找到数据中一些具有代表性和特例的样本，是 2016 年提出的一种无监督学习方法，它的主要作者是谷歌大脑的一位科学家 Been Kim，主要思想是根据人的认知过程，通过一些有代表性的原型例子来做分类和决策，但这些例子毕竟有限，且不能反映一个事物的诸多方面，所以需要通过一些特例来完善认知。Critic 一词可以理解为"挑刺"，即发现不同于代表性群体的个例。

关于什么是好的解释，并没有一个严格的标准，不同的学者对可解释性的研究重点也有所不同。从使用角度看，当用户受众是产品运营人员时，我们更侧重让结果有更多的数据支撑，而不过分关注模型的决策原理，毕竟模型本身还存在准确性的问题，为错误的结果做解释只对研发调优模型有作用。而想要做到有数据支撑，就容易很多，借助图表将特征和原始指标可视化呈现出来，人们凭借经验和对信息的捕捉能力，结合上述模型的结果，便能够快速形成判断。

3.3 引导型风控

多年的经验发现，**理解业务**和**被业务理解**并不容易，模型的可解释性解决了"为什么要干掉某个用户"的问题，但很多时候你会遇到另外一种情况：识别准确率很高，理由很充分，却无法改善平台的长期作弊问题，刹不住虚假流量之风。这既是一个理解业务的问题，又是一个被理解的问题，需要双方就"什么样的作弊问题需要打击"达成一致。什么样的作弊需要打击，这并不是一个非常明确的问题，尤其是真人真机参与的作弊。

引导型风控是笔者自定义的一个概念，旨在灵活管控，引导黑产向着高成本方向走，引导业务向着低风险方向走。下面通过几个例子来理解其中的含义。

1）案例：获客

用户增长是任何产品的必经之路，然而获客越来越难，成本越来越高。成本高了便有人便盯上这块肥肉，这里面存在一条暗黑的获客产业链。无论线上获客还是线下获客，都存在大量的作弊，尤其是线上的渠道买量、广告买量。

我们知道，如果是按安装、激活、注册、次留不同深度的指标来衡量流量水分，渠道想要获得稳定收益，势必要达标才行。假如业务按激活付费，风控就要按照注册、次留、七日留等更深度指标去量化风险，并让渠道知晓这种评估方式，以此拉高作弊成本，缩小作弊虚假流量与真实流量的差距，当虚假流量在深度行为上足够逼真时，就不再适合当作虚假流量对待，相应的管控手段也可以有所区别。例如，业务按激活付费拉新时，某渠道带来的用户中，一部分用户在激活、注册、次留甚至七日留存上都表现良好，然而这批用户每天安装 App 数量超过几十个，可谓专业作弊者，试问此时如何对待这批用户？这时风控的目标就非常重要，如果当成作弊者，对于黑产来说，久而久之并不能形成一个通过提高深度行为来规避作弊的认知，这对于引导流量往提高深度转化效果方向发展并不利，对长期的反作弊也不利。

2）案例：推荐

针对一线销售业务的风控，一以贯之的方法是用各种规则和规章限制、约束其行为。如果约束过于宽松，则效果有限；如果约束过于严格，则会引发一线的反弹，不够灵活应对业务形势，严重的甚至会出现销售聚众上访闹事现象。

根据笔者多年的领悟，在处理与一线销售接触的事情上，尤其是如果想要算法在一线业务落地应用，要么自上而下地强推，要么以一种推荐的思路去做。而风控方面，这两种思路可以兼具：有些红线性质的行为，必须明确规章约束；而对于有探讨空间的业务打法，因线上算法难以全面获取线下数据，准确性难以保障，可以在相对有把握的领域以推荐的方式辅助一线，逐步改变销售习惯，以减少风险。

例如，外卖业务的销售可以跟商家合作在地面进行拉新活动，在商家门口或者远离商家的繁华地段进行活动宣传，吸引新用户当场下单。为了不影响商家正常的接单和配送派单工作，出现了一种"虚拟店"，即在系统中复制原商家，除配送范围外，其他所有信息与原商家一模一样，但仅用于拉新，用户下单不需要走配送派单环节。很多漏洞往往都是因为临时方案的善后工作没做好导致的，这种"虚拟店"也是如此——没有完善的销毁管理手段，甚至需要借助研发写脚本手动删除。这给流动性很大的销售人员带来了可乘之机，他们便可以利用"虚拟店"进行虚假拉新和劣质拉新，进而这种现象又影响了正常使用"虚拟店"拉新的销售，线上数据看到的表象是拉新质量越来越差，甚至有作假成分。

要解决这个问题，初步方案便是一开始讲的通过一系列规则加以约束，但是不易找到合适的临界点，因为这种"虚拟店"思路本就是填不满的无底洞，在此基础上的任何修修补补都不能起到很好的改善作用，还要为此制订复杂的管理流程、付出监控成本。那么换用推荐思路该怎么做呢？即推荐适合用作拉新的店铺，甚至还可以基于大数据推荐适合拉新的地点、范围和菜品。如此一来，拉新采用推荐的店铺，风险更可控，转化率也会更高。

类似的理念还有很多。例如，在借贷业务中，根据还款能力预估模型推荐匹配的额度，这种思路一方面利于提升转化率，另一方面也是在变相控制风险。又如，基于推荐的信息流广告和搜索广告在风险上也是不一样的，后者可以通过关键词明确定位靶子，而前者则是系统推荐的，黑产无法锁定目标。再如，短视频中的公域流量和私域流量在作弊风险上也存在很大区别，都是因为推荐的方法让黑产很难锁定目标。

3）案例：刷销量、好评

刷销量、刷好评是在很多电商平台都存在的现象，但笔者认为关于这种作弊的识别并不是最重要的，关于它的定位和处罚才是更重要的。销量、好评是商户在搜索排名机制下的一种竞争手段，有刷量需求的商户破坏了这种竞争的公平性和平台的口碑，但它有生存的强需求。所以针对这种类型的作弊，平台要把它封掉下线吗？并不会。一方面要去识别刷销量和刷好评的商户，并尽可能删除这些数据，因为这会影响正常用户的购物体验和平台口碑；另一方面要设计更稳健的排名算法，弱化单纯的销量、好评对排名的权重影响，并加强刷量带来的负面影响。

4）小结

从这几个例子可以看出，引导型风控是基于对业务的理解，从风控角度提出的一种适合良性循环的理念。一方面是让黑产有"目标"，往深度行为进化，虽然更难识别，但更接近真流量，需要灵活管控，避免"嫉恶如仇"和"有异常就干掉"的粗暴手段；另一方面是推荐业务上的降维打法，从业务的根本源头上减少风险的发生。

理解业务路漫长，绝不仅仅是知道业务流程和产品交互。对目标和定位要有深刻理解，清楚风控要解决什么问题，了解风控手段对业务的影响，以及业务反过来对风控的影响。这说起来简单，一以贯之地做起来很难。

第4章
关键：数据的重要性

数据是风控系统的关键，没有大数据就难谈智能风控。当然，数据之于任何系统都是宝贵财富，想要拥有它也必须付出高昂的成本。但并不是任何产品都有能力获取大的数据体量和丰富的数据维度，数据驱动论也曾被劣币污名化，不过这并不影响数据的价值。而想要数据发挥出价值，就需要清楚数据在数据源头和每个加工环节的处理逻辑。这个工作非常烦琐、重复，但又必须得做，可以说是一个不得不做的"脏活儿"。

4.1 数据的价值

不论是政策性风险、系统性漏洞，还是涉及商业信用的作弊、欺诈，风险决策都离不开对客户交易数据和操作行为的分析，这些数据和行为是大数据的源头。如今大数据技术已在各行各业广泛应用，形成的数据产品在决策层面发挥了巨大作用。例如，外卖行业中的智能物流配送服务，离不开对用户点餐需求、商家位置、骑手实时运力的大数据掌握；各类产品的推荐离不开对用户的精准刻画；共享单车的投放离不开对用户出行规律的挖掘。风控模型的应用更离不开大数据的支持，主要体现在下面几个方面。

1）构建商业信用模型需要数据

作弊和欺诈，反作弊和反欺诈，这二者之间打的就是信息战。信息战的关键在于谁掌握的数据多，谁掌握的数据准确。为什么很多 App 顶着冒犯用户隐私的风险采集用户数据？其中一个很重要的原因就是为了做反作弊等风控工作。

风控模型和各种其他技术手段都是建立在维度丰富的大数据之上的，如果没有数据，就更谈不上大数据，风控工作也就无从谈起。现实中有一些采集数据受限的情形，例如广告平台都很介意媒体 API 的接入方式，这是因为 API 接入时，采集数据有限且真假难辨，而这种情况下还不如广告主获取的信息多，面临的风险极大。又如，不少产品经理在一些节日前喜欢做一些营销活动，多以 H5 页面形式，开发成本低并利于转发分享，但因为前期忘记了数据埋点，活动上线后被刷单严重却又无法快速弥补。

随着人工智能技术的火热，以及数据驱动论的影响，越来越多的企业开始重视**大数据商业信用模型**的研发。这些模型一般都基于海量数据，深度挖掘用户的属性数据和交易行为数据，借助机器学习或深度学习技术训练而来。这里的"海量数据"更多强调的是数据的量级、维度和丰富度。大数据的概念从字义上容易让人们形成误解，误以为只要数据多了就是大数据，但其实更多的是指从原始数据中能挖掘出更多的维度。这就需要风控从业者对数据有深刻的理解，有高效的工具实现价值挖掘。

2）用户画像需要数据

当"千人千面"和信息流推荐成为互联网产品的标配时，用户画像也成了基础建设的标配。商业信用可以看作对用户的风险刻画，而用户画像是对用户的完整刻画。想要完整刻画一个用户的方方面面，如果不借助大数据就是痴人说梦。实际上，用户画像一般并不直接参与风控的模型决策，多用来辅助评估和验证数据。

举例来说，一个设备显示出了手机被 Root 且刷机的特征，但画像显示该设备的用户经常去健身房、近期搜索关键词有"教育""美食"等正常行为，则人工来打标签就不太会标注为风险用户。假设该用户去申请借贷，我们一定会评估他的信用，但不一定评估他的还款能力和还款意愿；但有些情况下可能因为获取的数据限制，并不能很好地评估信用，此时还款能力或许可以给我们的审核一些建议。而该用户去健身房和关注教育的行为，说明在还款能力上问题不大。

3）评估模型需要数据

风控过于严格会导致用户误伤和流失，过于松散会导致疏漏造成企业损失，因此需要评估模型的准确率和召回率，评估风控策略对业务的收入影响，这当然也需要靠数据。构建商业信用模型和用户画像需要的是原始数据，而评估模型需要的是加工数据。

4.2 大数据风控误区

数据的价值是毋庸置疑的，然而以数据为驱动做风控的方法论却曾在金融风控领域遇到挑战。2017 年 12 月 1 日，互联网金融风险专项整治、P2P 网贷风险专项整治工作领导小组办公室正式下发了《关于规范整顿"现金贷"业务的通知》，明确说明了谨慎使用"数据驱动"的风控模型，而该模型曾被誉为互联网金融中最具革命性的技术。监管层面必然是已洞察到消费信贷行业的乱象，这里面打击的是那些打着"数据驱动"的招牌、实际并无风控，通过高利率覆盖高坏账率的不良做法。

4.2.1 大数据风控污名化

整顿通知的下发并不说明大数据在风控技术中是被质疑和否定的。之所以在金融风控领域被监管层"否定"，主要出于以下两个原因。

（1）存在一些投机的企业借用大数据概念拔高品牌形象，实际并无风控能力，可能只是购买了第三方的风控服务，且服务的质量无法保证，或者无法覆盖企业的应用场景。这种欺骗行为很容易爆雷，也侮辱了大数据风控概念。

（2）把大数据或者大数据模型等同于风控。实际上，风控不仅仅是大数据，更不仅仅是模型。而且金融业务不同于一般互联网产品，它关系国计民生，因而金融风控有其特殊性。一般互联网业务的智能风控，更应该是一个完整的、系统化的体系，大数据模型只是其中的辅助工具。一套完整的风控体系包括很多层面，包括事前、事中、事后全面的风控介入，例如新产品或者新功能上线的风险评估、产品的政策性风险、产品自身的漏洞风险、风险应对方案、中间环节管控、反欺诈，以及资产管理等都是风控体系中非常重要的环节。

总体来说，很多借贷企业要么缺数据，要么缺技术，要么缺金融风控实践，通过超高利率覆盖风险的玩法给大数据风控加了污名。但是要注意，金融行业暴露的问题在其他行业也可能遇到，因为所有行业的风控都涉及反欺诈和信用评估，在底层数据和技术方法上存在诸多相同之处，因此为了让大数据风控更具信服力，需要找出大数据风控被污名化的问题，并予以正视，详见 4.2.2 节和 4.2.3 节。

4.2.2 被忽视的数据质量问题

数据之于风控，好比水泥和砖之于大厦：水泥和砖的质量不高，大厦的可靠性就无法保障。任何一个领域做风控都需要重视数据的质量。与产品功能型质量不同，数据质量无法很方便地进行测试，当引入模型中作为特征使用时更不易被发现，这导致长久以来数据质量问题难以改善。数据质量体现在以下两个方面：

（1）数据采集的口径和准确性。数据的采集方和使用方一般是客户端和服务端两个不同角色。在系统集成过程中，衔接处总是容易出错。采集的数据口径和准确性取决于源头，例如，要采集屏幕分辨率，它其实有四个相关概念：屏幕尺寸、逻辑分辨率、物理分辨率和像素密度，如果数据中存在一种以上口径的数据（即数据有多种含义），那么就会很糟糕。又如，需要引入外部数据源，购买脱敏的用户电商交易数据，如果购买的原始数据里还有刷单数据，同样也会很糟糕。

（2）数据处理的准确性。与传统开发测试相比，大数据和模型的测试还缺乏成熟流程和方法。从数据源头到最后使用，中间还经过多个加工处理环节，其中涉及特殊值的处理、截断甚至丢失，如 NULL 变成了字符串"NULL"，如何保证准确性也是一个较大的难题，最终都将由使用方承担代价。风控中的指标除了常规的求和、求 distinct、均值、方差、频率等计算，其他往往都是业务上关注较少的字段，还有复杂的时空维度，如果使用的数据不是热度数据，就不易发现异常。如果再没有专门的测试人员，则因为数据有 bug 导致风控决策出现错误便会是常有的事。

为了避免数据质量差的问题，数据的采集方需要与数据的使用方加强沟通，对齐口径，同时在数据指标上做好测试和监控。数据质量会直接影响风控的整体准确率。

4.2.3 大数据并不"大"

大数据并没有特别严格的定义，行业默认的概念是一种规模大到在获取、存储、管理和分析方面大大超出传统数据库软件工具能力范围的数据。但它至少有两个不容忽视的特征：数据的规模大、数据类型和维度丰富。

（1）数据的规模大。大数据必然有大规模，使用传统的关系数据库如 MySQL 不足以解决存储、查询和分析需求。数据的规模是有衡量单位的，一般认为每天的数据至少要达 GB 量级，才可以称之为大体量、大规模。规模大只是大数据的必要条件，但很多人以为规模大就是大数据了，这是一个误区。规模大可以同时体现在数据的条数和字段数，单纯的条数多所形成的规模大，并不具有很高的价值。

（2）数据的类型和维度丰富。数据类型和维度丰富是大数据非常重要的特征，更是智能风控大数据的重要特征。可以对比一下商品推荐与风控对数据依赖的差异：商品推荐可谓管中窥豹、一叶知秋，一个用户在网上购买了一罐奶粉，那么可以根据这个行为给此人推荐更多母婴类的产品；但用户本次交易出现在非常驻地，通过这一个维度的数据就判断交易有风险，则是基本不可行的。必须搜集用户多维度的数据，如上网设备信息、支付信息、账户登录信息，以及历史数据和当时数据等综合判断才能下结论。

当然，大数据的特征还有很多，例如获取数据的速度要快，这是指业务上真的要有大量实体产生数据才行；对于智能风控而言，我们主要关注数据的规模和数据的维度。

虽然存在滥用大数据概念的现象，也存在种种数据质量问题和数据并不"大"的现象，但是想要做好风控，必然是要依赖大数据的，本书所提的智能风控概念，更是把数据作为关键性要素。那么在数据处理中有哪些环节？诸多环节需要注意哪些事项？接下来详细介绍。

4.3 数据的搜集 <<<

汉语博大精深，"搜集"和"收集"的区别在于语素"搜"和"收"，"搜"有寻求之意，"收"有收拢之意。对于风控的数据而言，是需要花费相当多的精力来寻求的。大数据时代，数据都存储于数据仓库中，使用者通过查询引擎如 Hive、Impala 或者借助 Hadoop、Spark 读取分布式文件。风控研发人员使用数据时，来源虽然是数据仓库，但数据仓库中的数据并不是真正的源头，我们来看看源头有哪些，都需要搜集哪些数据。

4.3.1 数据源

搜集的数据可以分为设备环境数据和用户行为数据。设备环境数据多通过客户端采集；用户行为数据则一部分通过客户端采集，一部分通过服务端采集，例如用户的手机操作行为，点击、滑动等操作可以由客户端采集，而业务行为如下单、分享、关注等都可以由服务端获取。常见的搜集数据源主要有以下几种。

（1）客户端数据：包括 App 的 iOS、Android 版本，Web、H5、微信小程序等，主要用于采集设备环境信息，以及用户在手机屏幕上的点击、滑动、下拉、翻页等操作行为，需要提前埋点。

（2）服务端日志：后端业务服务器打印的日志，包括服务器的 Access 访问日志、业务模块打印的日志、多记录用户 IP、访问时间戳、访问页面、业务行为等；客户端数据也会经由服务端日志上报至数据仓库。

（3）业务数据库：存储在如 MySQL、Redis、MongoDB 等数据库中的业务数据，这些数据服务于企业每个业务方向，如 B 端业务，包括商品系统、卖家/商户系统里的信息（商户的资质证件信息、营业信息、结算信息、订单信息、联系人、位置等）；C

端业务，包括用户评论、订单、用户个人信息等。搜集这类数据，需要对业务有一定了解且往往滞后于业务，但可以满足复杂分析场景，并且效果显著。

（4）账号数据：账号数据在企业中一般单独维护，并提供统一的账号体系。风控的策略分析一般都离不开基础账号数据的支持，用于分析注册、登录、批量行为、团伙行为等的异常。

（5）外部数据：外部数据是指与其他企业合作的第三方系统数据，以弥补自身平台数据的不足。外部数据的类型多样，与具体业务强相关。常用外部数据主要包括如下类型：

- 第三方风控，如判别是否作弊的服务接口、判别信用风险的某某信用分等。
- 名单库数据，如是否为机房IP、代理或秒拨IP的IP库、设备黑名单库等。
- 运营商数据，如手机是否有接打电话能力、收发短信能力、常驻地、App安装列表等。
- 工商局提供的备案登记信息，央行信用报告，司法部门提供的洗钱、信用卡套现、网络欺诈案件等数据。
- 网络情报数据、爬虫数据等。

4.3.2 埋点采集

在4.3.1节的五种数据源里，客户端数据的获取需要埋点采集，因为受限于App发版，所以采集的成本较高，更新周期较长，但它对识别虚假信息非常重要，因此需要提前规划，尽量一次性采集齐全。

埋点采集的一般做法是在前端代码中嵌入SDK，对关键信息和行为调用SDK中的接口，完成上报，发送至后台服务器。采集的具体实现方式有系统API和内核通信两种。主要采集的用户行为有浏览、点击、页面打开、关闭、按钮操作、滑动、翻页等，主要信息包括设备参数、GPS定位、SDK版本、App版本等，5.1.3节将详细介绍主要采集信息。表4-1和表4-2所示为某产品前端埋点采集的详细内容。

表4-1 前端埋点采集内容：事件

事件名	类型	源
ClickAddtoCartButton	Click	App/H5

表4-2 前端埋点采集内容：属性

属性名称	备注	类型
refer	上一页面	字符串
sdk_version	SDK版本	字符串

续表

属性名称	备注	类型
app_version	App 版本	字符串
os_and_version	操作系统和版本	字符串
city	城市	字符串
latitude	纬度	浮点数
longitude	经度	浮点数
screen_w	屏幕宽	整数
screen_h	屏幕高	整数
wifi	Wi-Fi	字符串
isp	运营商	字符串
battery	电量	整数
ip	IP	字符串或整数
token	加密 token	字符串
uid	用户账号	字符串

埋点采集是数据流中最基础的一个环节，数据使用方也需要清楚每个事件的定义、触发条件和参数字段的口径。经验发现，埋点采集易出现数据不准确问题，主要有以下原因。

（1）网络异常：一般来说，上报埋点采集只会被发送一次，发送不成功不会重试，容易因为网络不稳定导致数据丢失。

（2）缺乏测试：埋点采集非业务功能型需求，而测试工作主要覆盖产品功能和业务流程，埋点的代码易被忽略。另外 Android 手机厂商多样化和操作系统版本的差别，对采集设备参数也有较大影响。

（3）无效数据：恶意攻击、Spider 抓取、线上测试等流量会导致数据存在离群异常。

随着客户端 App 版本不断发行，采集的口径可能会发生变化，而埋点信息管理目前在企业中做得并不规范，往往踩到坑时才会注意，笔者建议针对埋点信息建立数据字典，便于数据使用方了解数据的细节。

我们知道，除了外部数据源可能出现 HTTP 接口形式，其他所有数据都要进入数据仓库。埋点采集的数据先会到达后端业务服务器，再由 Flume 和 Kafka 传输至数据加工中心，由生产加工流程处理后进入数据仓库中，最终以 HDFS 文件或 Hive 表的形式提供使用。其他数据源也是类似的途径，业务数据库中的数据一般也会通过 ETL 流程最终入仓。

4.4 风控数仓

ETL 即 Extract（提取）、Transform（转换）、Load（加载）的缩写。ETL 负责将分散的、异构数据源中的数据抽取到临时中间层，然后进行清洗、转换、集成，最后加载到数据仓库或数据集市中，成为为联机分析处理、数据挖掘提供决策支持的数据。

ETL 是大数据仓库构建的步骤，为何风控还需要类似 ETL 的工作？获取数据不是通过大数据平台的查询引擎就可以实现吗？没错，风控的确不太需要像大数据 ETL 那么完善复杂的数据流程，毕竟很多数据已经在集群上了，但是构建风控的数据仓库是必要的，原因有三点。

（1）风控需要的数据并不都存在于普通的数据仓库中，这些数据主要包括未做规范化的业务日志和外部数据（通过 API 获取的数据或者离线文件）。未做规范化的业务日志可能以 HDFS 文件形式存在于集群中，但未能加工成列存储的 Hive 表，业务方又不需要这份日志。外部数据往往需要风控部门自行加工处理。

（2）风控的 ETL 工作更多是指在数仓统一的 ETL 流程之后，甚至在数仓的 ODS 层之上，构建风控所需的实时和离线数仓，进而进行指标建设和特征工程。

（3）大数据平台建设还不成熟时，尤其需要构建风控数仓。业务快速发展中，还未来得及建设完善的大数据平台，数据源分散且格式不统一，这是比较原始的阶段，而风控需要多方数据综合分析判断，此时需要很大成本来实现 ETL 工作。

4.4.1 风控数据流程

风控数仓分为实时数仓和离线数仓，分别供给实时模型和离线模型。实时数仓以高精准和高时效性取胜，离线数仓以高召回率为法宝。在使用和资源投入上，离线数仓偏多，但是实时数仓不可或缺。风控的轻量型数仓结构在图 2.1 中已有提及，包括底层数据源、ODS 层、DW 层和 App 层四层。其实在标准的数仓分层设计里，DW 层还会细分为 DWD（数据明细层）、DWM（数据中间层）和 DWS（数据服务层）三层，但是在风控中可以简化处理，主要目的是生成中间表和宽表，所以大部分工作都在 ODS 层和 DW 层，尤其是 DW 层。ODS 层由数据平台统一建设，少部分风控特有的规整数据不需要中间处理，可以直接穿透数据的层次，从数据源到 ODS 层到 DW 层，我们姑且把这部分规整数据直接称为 DW 层。

如图 4.1 所示，ODS 和 DW 两层的工作流程包括数据获取、数据清洗、数据转换、数据挖掘和数据入库工作。图中的数据仓库是指 ODS 层数据，ODS 层本身也会做一些清洗过滤工作，但这个主要是日志合法性检查方面的过滤，如解密验签失败过滤、编码错误过滤，对断行、截断数据修正等，ODS 层以不丢数据为原则。

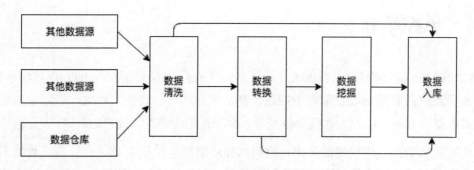

图 4.1　风控数据流程

下面分别介绍图 4.1 中的各个环节。

1）数据获取

数据获取是从数据存储源访问数据。根据数据存储源和使用场景的不同，获取方式也不一样，主要有 HTTP API 方式、WebSQL 方式（可以借助 Hadoop 图形化用户界面 Hue 实现，一般支持不同的查询引擎，如 Presto、Hive、Impala、Spark 等）、Hadoop/Spark 客户端方式、Streaming 流式获取等。

数据获取方式决定了构建的是离线数仓还是实时数仓。离线数仓在数据获取上可选择性很多，比如 Facebook 使用 Presto 查询引擎，每天执行查询次数超过 30 000 次，扫描数据总量超过 1PB。笔者曾采用 Impala、Spark 查询引擎，性能也相当高。而实时数仓因为性能原因在数据获取上可选择性很少，常见的有 SparkStreaming、Flink，如图 4.2 所示。

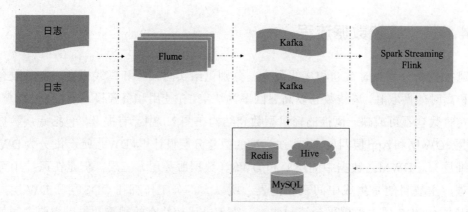

图 4.2　实时取数流程（Flume+Kafka+Spark/Flink）

图 4.2 中，Flume 监控业务日志写入磁盘行为，以消息形式传递给 Kafka，通过 Kafka 把日志消费到各个地方，可以存入 HDFS 中进行离线分析，也可以实时计算。Flume 是一种管道流方式的日志采集、聚合和传输系统，能够支持很多数据源的数据发送方；Kafka 是分布式消息队列；Flink 和 SparkStreaming 是流处理引擎。关于 Flume、Kafka、Flink 和 SparkStreaming 的详细介绍和使用，读者可以参考相关资料。

以 API 方式请求第三方服务数据时，可以采用缓存方案来避免重复获取。若用于实时场景中，还要需要结合消息队列采用异步模式（如图 4.3 所示），以避免因网络 I/O 造成性能下降。

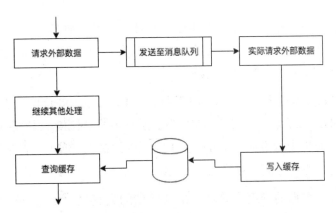

图 4.3 异步访问

针对小型业务，没有大数据集群的情况，该如何处理呢？数据来源不外乎 API、数据库、高速缓存、日志几种形式，这里面复杂的主要是数据库和日志类型的采集。主流数据库如 MySQL 都会有主从同步环节，可以采集从库数据，或者直接采集同步的 binlog 日志。日志采集前需要规范日志格式，使得业务方的日志格式统一，否则对接和兼容成本过高。日志采集的框架有以下两种方式：

（1）ElasticSearch + Logstash + Kibana，即 ELK，其中 Logstash 驻留业务服务器上采集日志，并发送到 ElasticSearch 服务器，Kibana 是一个日志分析的工具。

（2）Flume + Kafka + ElasticSearch，即将前面的 Spark 换为 ElasticSearch，ElasticSearch 本身具有分析和查询功能，支持简单的聚合统计。

2）数据清洗

数据清洗包括两部分，一是正确性检查，如解密验签失败、编码错误等，这部分在 ODS 层过滤；二是逻辑检查，如测试数据标记、Null 值为 "Null" 字符串的处理，这部分尽量在 DW 层清洗。数据非常规整或者不涉及过多逻辑处理的维度属性信息，可直接入库存储，如商户表。

3）数据转换

数据转换包括字段名称和取值类型的转换、字段拉平、数据连接、数据去重、轻度聚合等。其中，字段拉平是指将多个层级结构的数据拉平到一维，常见的就是 json 数据、结构体数据。数据连接是指将一个实体不同来源、不同维度的多个数据进行拼接，把属于同一个实体的不同属性关联在一起。数据去重不是删除数据，而是标记重复数据，重复数据对于业务角度来说没有太多利用价值，但对异常发现有价值。轻度聚合即常见的 sum、count 等统计聚合。

数据转换之后，会形成一些中间表，为进一步的挖掘提供基础，减少重复查询，提高计算效率和复用性。

4）数据挖掘

数据挖掘包含的范围很广，此处是指信息提取、计数、维度聚合和风控指标加工，这是 DW 层的主要内容。数据的价值是隐藏在原始数据中的，这一步就是要"淘"出其中的价值，其结果变成风控指标和模型特征。

例如，经过前面几步已经获取了 IMEI 数据，而 IMEI 更大的价值在于其蕴含的信息：是否格式合法（如 86 开头、35 开头、99 开头、A 开头的 IMEI 在长度和构成上不一样，有的是十进制，有的是十六进制；有的是 14 位，有的是 15 位）、是否能够校验通过、是否满足分布概率、是否与机型对应等。

数据挖掘之后，数据的维度会暴增，形成所谓的**大宽表**。数据挖掘是风控数仓的重要部分，接下来还会详细展开介绍。

4.4.2 大宽表与数据指标

风控数仓不仅在分层上与标准数仓不同，在建模方法上区别更大。常见的业务标准数仓基于维度建模，在数仓越靠近上层的位置，聚合程度越高；从角色角度看，越是偏 B 类的角色，聚合程度越高，而 C 类的用户角色，聚合程度稍低一些，以时间聚合为主。

风控在数据建模上也会有很多高度聚合数据，但总体上偏向用户的数据聚合，这就导致了一个现象：标准数仓提供的主题表往往不是风控关注的，而风控关注的主题，标准数仓没有动力去做，这也是要单独建设风控数仓的原因之一。例如，业务标准数仓里常见商户主题、销售主题，很少见 IP 主题、设备主题；在标准数仓中的用户主题表中，一般是业务上较为关注的指标，如天级或月级的访问次数、加购次数、下单次数、购买商品数、金额、退货次数等，少见设备数、定位常驻地、常用 Wi-Fi、活跃 App、设备型号、系统版本、网络类型、运营商等风控关注的数据。

风控数仓与标准数仓在建模上的另一个区别在于，不论是各种汇总聚合数据，还是维度扩展出来的数据，都是跟随着风控策略而定的。换句话说，大宽表与风控策略是相伴而生的，策略体系与大宽表同步进行，脱离了策略体系的数仓建设就如同花了好几亿元打造、最后却无人观光的旅游景点。

风控大宽表如何建设呢？我们以用户大宽表为例，内部包含维度和指标。维度主要包括可以标识用户身份的 ID（如设备 ID、账号 ID 等）、时间维度（比如分钟级、天级、月级）；重点是其中的指标，指标是在维度上的数据聚合，而这里的维度内容非常广泛，不局限于宽表最后形成的维度，并且可以任意组合维度。指标依赖于策略体系建设，因此可以从策略体系建设的角度来看一下计算哪些指标。

（1）设备环境类指标：主要针对虚假设备的特征，伪造篡改设备信息的情况。例如，是否存在 Root、xposed、magisk 以及越狱，是否使用 VPN、代理 IP、秒拨等行为，是否有双开，是否有调试，是否有虚拟 GPS 软件，是否有按键精灵，是否为群控或云控，是否安装了用户基数大的产品 App，是否安装了手机银行 App、政企类 App，等等。

（2）关系类指标：主要针对设备或用户之间的一对多关系、多对多关系以及团伙聚集关系。如设备指纹 ID 关联的设备数，同 IMEI 设备数，相同 IP 在一段时间内的设备数，一段时间内使用的 IP 数、城市数，团伙 ID、团伙内节点数、团伙平均连接度、团伙模块度，等等。

（3）用户行为类指标：主要针对用户操作行为的特征刻画。如平均每次在线时长、行为路径，短时间内点击次数、翻页次数，详情页面平均浏览时长，修改默认定位地址的次数，不同收货地址数量，等等。

（4）业务类指标：主要描述用户在业务流程上的情况，这一类指标与数仓通用指标有较大重合度，如一段时间内的下单次数、购买商品数、订单总金额、订单总补贴额、订单贴比例、退货次数、退货比例等。

大宽表需要清晰的数据字典，否则维护和使用都将是灾难。数据字典主要包括表 4-3 所示的条目，重点关注口径描述部分，数据来源以及下游使用情况一般通过数据血缘关系表示。

表 4-3　数据字典

字段名	数据类型	默认值	允许空	口径描述	数据来源
android_id	string		YES	android_id	sdk_log. android_id
ip_num_1day	int	0	NO	一天内使用的公网 IP 数量	
city_num_1day	int	0	NO	一天内城市数量	

大宽表能够应用于风控的方方面面，尤其在策略挖掘和特征工程上。

（1）策略挖掘：大宽表中的一些指标本身具有非常高准确率的识别效果，实时宽表可以直接作为策略使用。而大部分的离线宽表，则是策略挖掘的重要数据来源，甚至是唯一来源。

（2）特征工程：指标与特征的区别是什么？两者有一定重合，但指标更容易被理解，更直观，可直接用于探索性数据分析（EDA）；特征是与模型相关的，可以理解为模型的输入，但有的模型需要做很多预处理（如离散化），所以更数值化。指标粒度比较粗，可以从中延伸出特征，甚至本身就是特征。比如指标"逾期天数"取值大于或等于 1，异常值可能取值非常大，但如果采用 LR 模型，需要离散化处理，就与原值有了一些区别。

4.5 特征工程

数据和特征工程决定了机器学习的上限,而算法只是逼近这个上限——这是业界广为流传的一句话,可见数据和特征工程的重要性。特征工程就是把原始数据处理为算法模型需要的输入,以及为了使模型效果更优而在特征上做的优化工作。一般包括特征构造、特征加工处理、特征选择和降维三个部分。但如果你的团队已有风控数仓,那么特征工程的工作将会大大简化,它基于的不再是原始数据,而是大宽表。下面按照不存在风控数仓的情形来介绍特征工程工作。

4.5.1 特征构造

特征构造即基于数据构造出特征,是特征工程中人工参与最多的过程,也是最为挑战人工经验的环节。这个过程与 4.4.2 节的数据指标建设是一样的,构造特征需要很多人工经验,需要熟悉产品细节和黑产特点,需要洞察原始数据,思考问题的当下现象和未来潜在的可能演变形式,需要数据敏感性。

特征构造一般包含两部分,一是从原始数据中构造出一些基础特征,这些基础特征接近于原始数据,往往以原值或二值型存在;二是构造复杂的衍生特征,主要有统计量、属性组合、分割和业务衍生法等方法。下面通过两个例子看一下特征构造的过程。

假设可以从原始数据中获取用户的 IMEI、OAID,当然 IMEI 本身也可以作为特征,这是原值特征,以 IMEI、OAID 不空的数量作为一个特征,取值为 0、1、2,还可以进一步获取**衍生特征**:IMEI 的前 8 位、是否符合校验逻辑、是否与机型品牌对应、同 IMEI 的设备数量等。显然,这些构造都是建立在对设备 ID 的熟悉和对黑产的了解基础上的。

假设在外卖商户反刷单模型中有一个特征,即一天中对一个商户下单频率高的用户比例。想要构造出这个特征,其实背后有 2 个关键点:其一,为什么会考虑高频下单的用户比例?了解一些黑产就会知道,高频操作是黑产的常见特点之一;其二,怎么计算高频下单的用户比例?如果"高频"定义为在时间 n 内用户对一个商户下单超过 m 单,"高频比例"指"高频"用户所占的比例,记为 k,那么这里的 n、m、k 如何取值?这既需要一些经验,又需要分析数据分布。

统计量是特征构造的常用方法。主要是对考察的维度在时间上进行 count、count(distinct)、sum、max、min、mean、variance、median 等统计量计算,分别表示求总数、求去重总数、求和、求最大值、求最小值、求均值、求方差、求中位数。

属性组合也是特征构造时常使用的方法。可以把所有属性罗列出来,尝试组合两个、三个不同的属性,来构造新的特征。至于是否有必要通过自动化方式将所有的组合可能性枚举出来，则可以自行决定，一般做法是由人工经验选定组合属性。

属性分割是特征构造的另一常用方法，尤其在时间或日期等相关属性上，可以划出不同的时间窗口，得到同一属性在不同时间下的特征值，例如 10 分钟内的平均行为数、1 小时内的平均行为数、1 天内的平均行为数。

在时间和日期上对属性分割，然后再考虑属性组合情况，并计算出不同的统计量，如此将构造出大量特征，这是一个升维过程。

业务衍生法是结合统计量、属性组合和分割在业务理解上的综合特征构造方法。上面两个例子就属于业务衍生法构造，为什么要提取 IMEI 的前 8 位作为特征呢？这是基于 IMEI 的格式和黑产作弊的特点的。前 8 位暗含了 IMEI 的分配机构，手机的品牌、型号和产地。低级黑产在篡改 IMEI 或者批量参数请求时，未必能做到准确对应。高频用户比例这个特征的构造就更复杂了，这里面涉及 3 个变量，而这个 3 个变量如何设定，需要提前分析数据的分布，也就是常说的 EDA 过程：如果阈值过于严格，数据就会稀疏，甚至直接可以作为单独的策略使用；而如果过于宽松，就会缺乏区分度。业务衍生法并没有明确的执行标准，可借助分位数和箱线图辅助参考。

4.5.2 特征加工处理

1. 数据清洗

不论是 4.4.1 节的数据流加工还是特征工程，都有清洗环节，避免脏乱差对主流程的干扰。这里的数据清洗针对的是样本不是特征，但清洗的依据是特征。清洗对象主要包括脏数据、差数据、重复数据、噪音数据、离群点数据。

- 脏数据指在数据搜集汇总、提取特征时携带的其他无用数据、格式混乱数据等，如文本中的窜行数据、不满列数据、字符集编码不一致的数据等。
- 差数据多指缺失严重的数据，比如 50% 以上的特征都是缺失的。脏数据和差数据都可以直接删除，在风控模型中，数据力求准确无误高质量，不要因为样本过少而保留低效数据。
- 重复数据是指同一 ID 的数据存在多条，需要视具体情况决定是否保留重复数据。
- 噪音数据是指观测数据的随机误差，一般不好去除，可以通过分箱方法探测。
- 离群点数据在风控模型中尽量不要去掉，有较大可能是异常数据。

2. 特征处理

计算出来的特征还需要进一步加工处理，才能进入机器学习模型。主要操作是处理缺失值、数据变换、无量纲化、二元化与 one-hot 编码、离散化等，视选择的模型不同而有所取舍。

1）处理缺失值

主要处理方法有：删除缺失严重的样本、数据补全、忽略缺失值等。对于缺失严重的数据，建议直接删除。至于怎么算缺失严重，可根据缺失字段而定。数据补全包括均值补全、同类值补全、建模预测补全等。忽略缺失值不同于删除，是指一些算法（如决策树算法）能够处理缺失情况，不需要特殊处理。在 Python 中，均值补全和忽略缺失值可以通过 preproccessing.Imputer() 类进行处理。对于风控模型来说，不建议过多补全或做插值，尤其是缺失的特征属于重要特征情况下。

2）数据变换

数据变换可以辅助发现数据之间的关系，使得每个连续变量分布比较接近于正态分布，也可以解决数据运算溢出问题，比如最小二乘的线性拟合，乘积运算用对数就变成了求和。常用的变换有 Box-Cox 变换、平方根变换、倒数变换、log 变换等。在图像增强算法中，对数 log 变换可以将图像的低灰度值部分扩展，将高灰度值部分压缩，从而强调图像低灰度部分，对比度减小，亮度增加。

Box-Cox 变换是对因变量 y 做的变换，通过对因变量的变换，使得变换后的因变量与自变量具有线性关系，误差服从正态分布。从下面的公式可以看出，当 λ 取值为 0、1/2、-1 时，分别对应 log 变换、平方根变换和倒数变换。

$$y^{(\lambda)} = \begin{cases} \dfrac{y^{\lambda}-1}{\lambda}, & \lambda \neq 0 \\ \ln y, & \lambda = 0 \end{cases}$$

一般来说，对称的分布优于倾斜的分布，更容易解释和产生推论。一些模型使用正态分布变量的效果更好，因此如果变量分布倾斜，可适当进行数据变换。具体来说，对于右倾斜分布（指在二维坐标系中的表现），取变量的平方根、立方根或对数；对于左倾斜分布，取变量的平方、立方或指数。

3）无量纲化

无量纲化即把数据转换到同一规格，利于提高算法精度和加速收敛速度。主要方法有标准化、区间缩放法和正则化。

标准化是将数据按比例缩放，使之落入一个小的特定区间，使得不同度量之间的特征具有可比性，因此，不改变原始数据的分布。标准化需要计算均值和标准差，通过公式

$$\dfrac{(X-\text{mean})}{\text{std}}$$

进行标准化操作（其中 mean 和 std 表示均值和标准差，X 为属性变量），计算时对每个属性减去其均值，再除以标准差，所有数据分布于以 0 为中心、以 1 为方差的分布上。

在 Python 中，可以使用 preprocessing.scale() 函数或 preprocessing.StandardScaler 类进行数据标准化操作。

区间缩放法利用边界最值信息，将特征的取值区间缩放到 [0, 1]，例如通过最大值和最小值方法进行缩放：

$$\frac{X-\text{Min}}{\text{Max}-\text{Min}}$$

具体可以通过 preprocessing.MinMaxScaler 类实现。

正则化针对单个样本，将样本某个范数缩放到单位 1。在使用如二次型或者核方法计算两个样本之间的相似性时，正则化会很有用。其主要思想是对每个样本计算其 p- 范数，然后对该样本中每个元素除以该范数，这样处理的结果是，使得每个处理后样本的 p- 范数等于 1。p- 范数的定义如下。

若 $x=[x_1,x_2,\cdots,x_n]^T$，那么 $\|x\|_p=(|x_1|^p+|x_2|^p+\cdots+|x_n|^p)^{\frac{1}{p}}$

当 p 取 $1,2,\cdots,\infty$ 的时候，分别为：

1- 范数：$\|x\|_1=|x_1|+|x_2|+\cdots+|x_n|$

2- 范数：$\|x\|_2=(|x_1|^2+|x_2|^2+\cdots+|x_n|^2)^{\frac{1}{2}}$

∞ - 范数：$\|x\|_\infty=\max(|x_1|,|x_2|,\cdots,|x_n|)$

可以使用 preprocessing.normalize() 函数对指定数据进行转换。

4）二元化与 one-hot 编码

二元化是把数据只用 0 和 1 来表示，比如连续属性大于某个阈值设为 1，小于或等于阈值设为 0。以"是"和"否"来区分的离散属性，都可以使用二元化。

对于有多个值的离散属性，可以通过多个二元变量表示，即 one-hot 思想：将离散属性的每一种取值都看成一种状态，若属性有 m 个不相同的取值，那么就可以将其抽象成 m 种不同的状态。one-hot 编码保证了每一个取值只会使得一种状态处于激活态，也就是说这 m 种状态中只有一个状态位值为 1，其他状态位值都是 0。例如，一个具有 5 个值 {S,A,B,C,D} 的分类变量需要 5 个二元属性表示，见表 4-4。

表 4-4 一个分类属性到 5 个二元属性的转换

分类值	x_1	x_2	x_3	x_4	x_5
S	1	0	0	0	0
A	0	1	0	0	0
B	0	0	1	0	0
C	0	0	0	1	0
D	0	0	0	0	1

对于连续属性，当采用简单模型（如 LR 模型）时，需要先进行下面的离散化操作再进行 one-hot 编码。

5）离散化

在实际中，很少直接将连续值作为逻辑回归模型的特征输入，而是先要将其离散化，这样做有几个优势：

（1）离散化后模型对异常数据具有较好的鲁棒性。比如一个特征为年龄，在 15 岁到 40 岁之间为 1，否则为 0。如果不做离散化，出现一个异常数据年龄为 1000 的案例，就会给模型造成干扰。

（2）离散化增加非线性表达能力。一个变量变为多个，每个都有自己的权重，等于提升了模型的表达力。

（3）离散化能够简化数据计算，提高计算效率。离散化后形成稀疏矩阵，稀疏矩阵的内积乘法运算速度快。

离散化的主要步骤是如下。

（1）对特征值排序。

（2）搜索合适的分割点。

（3）根据分割点划分一个个子区间。

根据情况决定是否需要继续划分。划分方法（也称为分箱）主要有等距（等宽）、等频、k 均值、最小熵等。

- 等距：也叫等宽，将特征的取值范围分为 n 个等宽的区间，每个区间视为一个分箱。
- 等频：统计特征的取值，按数量比例等分为 n 个部分，每部分当作一个分箱，占总数的 $1/n$。
- k 均值：按照 k-means 聚类算法将待离散化的特征聚为 k 类，需要保证 k 类的有序性。
- 最小熵：利用熵的大小来表示划分后数据的纯度，熵越小，数据纯度越高。考虑因变量的取值，假设因变量共有 m 种取值，计算每个分箱的熵 $e_i = -p_i \log p_i$，p_i 表示每个分箱内因变量取值为第 i 个的样本比例，如果第 i 个分箱中每个因变量的比例都等于 $1/m$，那么第 i 个分箱的熵值达到最大；相反如果只有一种取值，那么第 i 个分箱的熵值将达最小值。总熵值为 $e = \sum_{i}^{m} w_i * e_i$，其中 w_i 为第 i 个分箱的样本数占训练样本的比例。

本质上来讲，无量纲化、one-hot 编码、离散化都是在做数据标准化的事情，在深度学习中也有标准化操作，即批标准化（Batch Normalization）。Batch Normalization 是 2015 年由 Google 研究员的一篇论文"Batch Normalization: Accelerating Deep Network Training by Reducing Internal Covariate Shift"提出的。背景是 DNN 网络训练复杂度高，因此一般采用小批量（mini-batch）方法随机梯度下降，这样导致网络各层输入数据的分布不稳定，造成训练困难，不好拟合。采用 Batch Normalization，在每次 SGD（随机梯度下降）时通过每个 mini-batch 的平均值和方差对数据进行归一化。在 TensorFlow 中有相关的 API 可供使用，如 tf.nn.batch_normalization 和 tf.layers.batch_normalization。

4.5.3 特征选择和降维

特征构造实际上是做了升维操作，如果拿着全部的特征去做训练，则容易出现过拟合问题。当特征维数特别大时，样本想要覆盖特征空间，必然需要相当多的样本，这在实际中往往很难达到，特征矩阵必然稀疏。而样本和特征的稀疏必然会导致样本分布与实际的分布相差更远，泛化能力就会变差。特征选择和降维就是为了解决这个问题。

1. 特征选择

特征选择旨在减少特征数量、减少过拟合、增加泛化能力，对于我们理解底层数据和抓住核心要点有重要作用。特征选择方法大致分为三类：过滤式、包裹式和嵌入式，这些在周志华老师的《机器学习》一书中有详细介绍。

1）过滤式

过滤式（filter）：根据特征的方差以及与因变量的相关性等信息，根据一定阈值进行过滤。

（1）方差过滤

方差过滤法是把特征值方差较小的特征排除，该方法简单直接，认为没有大的波动性在分类上就难有区分度。例如，一个特征的特征值只有 0 和 1 两种，样本中 99% 都是取值为 0 的，这种情况在其他领域可以直接排除该特征，但在风控建模中需要额外关注 1% 的取值为 1 的样本是否属于异常，如果这 1% 存在风险问题，那么该特征可以作为单独策略使用，而无须放入特征集合。

（2）相关性过滤

相关性过滤是通过计算特征与因变量之间的相关关系，剔除相关性弱的特征。主要有 Pearson 系数、距离相关系数、互信息和 MIC（最大信息系数）、卡方检验等方法来计算相关性。

Pearson 系数衡量的是变量之间的线性相关性，结果的取值区间为 [-1,1]，其中 -1 表示完全负相关，1 表示完全正相关，0 表示不线性相关。优点是计算速度较快，Scipy 的 pearsonr 方法即可实现计算；缺点是仅能衡量线性关系。

距离相关系数描述两个变量之间的独立性，系数为 0 表示两变量互相独立，系数越大表示相关性越强。在 Pearson 系数为 0 时不能断定两个变量是独立的，而如果此时距离相关系数为 0，则可以弥补 Pearson 系数的不足。

互信息和 MIC 是一个组合，因为互信息不便于计算连续变量，需要先离散化，MIC 即寻求离散化把互信息取值转换成一种度量方式，取值区间在 [0,1]，并且可以发现非线性关系。互信息方法的优点是适合文本分类的特征和类别的相关性检测，因此一般在文本处理方面应用较多；缺点是容易受边缘概率的影响。

卡方检验是检验定性自变量对定性因变量的相关性。先假定两个变量是独立的，然后观察实际值与期望值的偏差程度，如果偏差足够小，则认为原假设成立，否则原假设不成立。卡方检验对于出现次数较少的特征更容易给出高分，多应用于文本处理方面。

以上方法大部分可以通过 scikit-learn 的 feature_selection 功能实现。下面为使用卡方检验来选择最佳的两个特征的例子。

```
from sklearn.datasets import load_iris
from sklearn.feature_selection import SelectKBest
from sklearn.feature_selection import chi2
iris = load_iris()
X, y = iris.data, iris.target
X.shape
(150, 4)
X_new = SelectKBest(chi2, k=2).fit_transform(X, y)
X_new.shape
(150, 2)
```

2）包裹式

包裹式（wrapper）：根据模型效果每次选择或者排除一些特征，以此进行多轮训练，即基于某种学习器量身定做特征选择。因此，可以理解为一种贪心方法。该方法受限于选用的模型。

scikit-learn 提供了 RFE 和 RFECV，可以用于特征消除，可以通过交叉验证对特征进行排序，如下所示：

```
from sklearn.svm import SVC
from sklearn.datasets import load_digits
```

```python
from sklearn.feature_selection import RFE
import matplotlib.pyplot as plt

# Load the digits dataset
digits = load_digits()
X = digits.images.reshape((len(digits.images), -1))
y = digits.target

# Create the RFE object and rank each pixel
svc = SVC(kernel="linear", C=1)
rfe = RFE(estimator=svc, n_features_to_select=1, step=1)
rfe.fit(X, y)
ranking = rfe.ranking_.reshape(digits.images[0].shape)

# Plot pixel ranking
plt.matshow(ranking, cmap=plt.cm.Blues)
plt.colorbar()
plt.title("Ranking of pixels with RFE")
plt.show()
```

其中,模型采用的是线性核的 SVM,也可以采用逻辑回归模型。

3) 嵌入式

嵌入式(embedding):特征选择与模型训练过程完全融合的方法,常用正则化和决策树模型方法。

(1) 通过正则化来实现,一般采用 L1 范数进行特征选择。原因是 L1 范数会趋向于产生少量特征,其他特征的权值为 0;L2 会选择更多的特征,权值会接近于 0。这样 L1 范数在特征选择上就十分有用,而 L2 范数则具备较强的控制过拟合能力。

(2) 基于树模型选择。树模型在构建过程中本身就具有一定的特征选择在里面,决策树中的每一个节点都是关于某个特征的条件,将数据集按照不同的变量一分为二。对于分类问题,采用基尼不纯度或者息增益;对于回归问题,通常采用的是方差或者最小二乘拟合。当训练决策树的时候,可以计算出每个特征减少了多少树的不纯度。对于一个决策树森林来说，可以算出每个特征平均减少了多少不纯度，并把它平均减少的不纯度作为特征选择的值。这里其实就是特征重要性排序。

2. 降维

降维是指通过某种数学变换，将原始高维空间转变到一个低维的子空间。常见的降维方法有：PCA（主成分分析）、LDA（线性判别分析）、SVD（奇异值分解）、MDS（多维缩放）、Laplacian Eigenmaps（拉普拉斯特征映射）、SparseAutoEncoder（稀疏自编码器）、LLE（局部线性嵌入）、Isomap（等距特征映射）等；这几年新流行的方法有深度学习大神 Hinton 提出的 SNE、Maaten 提出的 t-SNE 和唐建提出的 LargeVis 方法，这些方法也更利于数据可视化。这里简单介绍其中两个。

1）PCA

PCA 是最常用的线性降维方法，它的目标是通过某种线性投影，将高维的数据映射到低维的空间中表示，并期望在所投影的维度上数据的方差最大，以此使用较少的数据维度，同时保留住较多的原数据点的特性。PCA 降维的目的，本质上讲还是去除与因变量关系不大的特征，保留相关性特征。但是我们并不知道这些数据的分布是什么样的，因此降维如果秉着保持最大信息量的目标，便不能使用信息熵的概念。

想要区分出主成分和噪声，就要找到离散程度高的方向。从信息论角度看，分解协方差矩阵、找到特征值最大的方向，也就是方差最大的方向，确实可以最小化信息损失量。如图 4.4 所示，要将样本投影到某一维上，假设有两种不同的直线可供选择，显然选择左边的方案损失的信息量少。

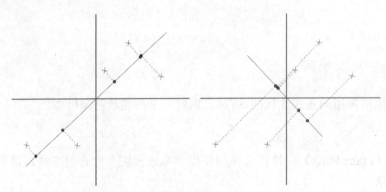

图 4.4　PCA 降维

从数学角度来说，假设有 m 个 n 维的样本 $(x^{(1)}, x^{(2)}, \ldots, x^{(m)})$，且都已经进行了中心化，即均值为 0，$\sum_{i=1}^{m} x^{(i)} = 0$。投影变换后的新坐标系为 $\{w_1, w_2, \ldots, w_n\}$，满足条件 $\|w\|_2 = 1, w_i^T w_j = 0$。假设要从 n 维降到 k 维，新坐标系实为 $\{w_1, w_2, \ldots, w_k\}$，样本 $x^{(i)}$ 在 k 维坐标系中的投影为 $z^{(i)} = (z_1^{(i)}, z_2^{(i)}, \ldots, z_k^{(i)})$，其中 $z_j^{(i)} = w_j^T x^{(i)}$ 是样本 $x^{(i)}$ 在低维坐标系第 j 维的坐标；在新坐标系中的投影方差为 $W^T x^{(i)} x^{(i)T} W$，目标是求所有样本的投影方差和最

大值，即最大化 $\sum_{i=1}^{m} W^{T} x^{(i)} x^{(i)T} W$，亦即：

$$\max tr(W^{T} XX^{T} W), s.t. W^{T} W = I$$

使用拉格朗日乘子法求解该优化问题，得到：

$$XX^{T} W = (-\lambda)W = \lambda' W$$

W 为样本协方差矩阵 XX^{T} 的 k 个特征向量组成的矩阵，λ' 为特征值。因此降维只需对协方差矩阵进行特征值分解即可求解出 W。周志华老师在《机器学习》一书中还提到了基于最大重构性的解法，具体可自行参考。

2）LDA

LDA 降维与 PCA 不同，它是为了降维后数据更容易被区分，类内方差小，类间方差大，因此它实际上一种监督学习的分类算法。

具体地，假设有 m 个 n 维样本数据 $\{(x_1,y_1),(x_2,y_2),...,(x_m,y_m)\}$，共有 k 类，每个样本属于一类，即 $y_i \in \{C_1,C_2,...,C_k\}$，$N_j(j=1,2,...,k)$ 为第 j 类样本的个数，$X_j(j=1,2,...,k)$ 为第 j 类样本的集合，而 $u_j(j=1,2,...,k)$ 为第 j 类样本的均值向量，定义 $\Sigma_j(j=1,2,...,k)$ 为第 j 类样本的协方差矩阵。假设投影到的低维空间的维度为 d，对应的基向量为 $(w_1,w_2,...,w_d)$，基向量组成的矩阵为 W，它是一个 $n \times d$ 的矩阵。优化目标为求下面式子的最大值：

$$J(W) = \frac{\prod_{i=1}^{d} w_i^T S_b w_i}{\prod_{i=1}^{d} w_i^T S_w w_i} = \prod_{i=1}^{d} \frac{w_i^T S_b w_i}{w_i^T S_w w_i}$$

其中，$S_b = \sum_{j=1}^{k} N_j (u_j - u)(u_j - u)^T$，$S_w = \sum_{j=1}^{k} S_{wj} = \sum_{j=1}^{k} \sum_{x \in X_j} (x - u_j)(x - u_j)^T$。接下来问题便转为广义瑞利熵问题。

PCA 的优点是仅关注方差，各主成分之间正交，无监督、实现简单；缺点是需要一次性载入内存，大数据集下需要考虑增量式，不太适合非高斯分布，解释性不如降维前。LDA 的优点是监督学习，可以利用先验，还能应用于分类；缺点是同样不太适合非高斯分布，容易过拟合。

我们通过 scikit-learn 中的 PCA 和 LDA 降维方法对比一下两者的效果。首先通过 make_classification 生成特征和样本数据。

```
import numpy as np
import matplotlib.pyplot as plt
```

```
from sklearn.datasets.samples_generator import make_
classification
#X为特征数据，Y为样本类别，共500个样本，每个样本5个特征，输出3个类别
X, Y = make_classification(n_samples=500, n_features=5, n_
redundant=0,
 n_clusters_per_class=1, n_classes=3)
plt.scatter(X[:, 0], X[:, 1], marker='o', c=Y)
plt.show()
```

对应的数据分布如图4.5所示。

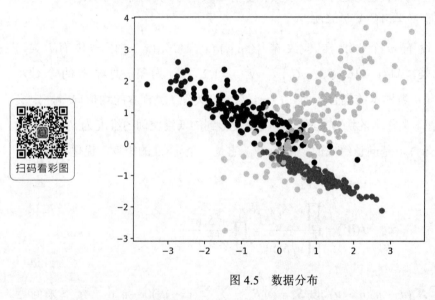

图4.5 数据分布

从中可以看出，数据是有较为明显的类别信息的，左上部分、右下部分和右上部分为不同的三类，然后看看使用PCA降维到两维的情况。

```
from sklearn.decomposition import PCA
pca = PCA(n_components=2)
pca.fit(X)
X_new = pca.transform(X)
plt.scatter(X_new[:, 0], X_new[:, 1],marker='o',c=Y)
plt.show()
```

降维效果如图4.6所示。

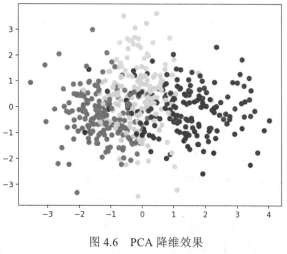

图 4.6　PCA 降维效果

从图中可以看到，PCA 降维后特征和类别的关联已丢失，三类数据已经混合在一起。然后再来看看 LDA 的情况。

```
from sklearn.discriminant_analysis import LinearDiscriminantAnalysis
lda = LinearDiscriminantAnalysis(n_components=2)
lda.fit(X,Y)
X_new = lda.transform(X)
plt.scatter(X_new[:, 0], X_new[:, 1],marker='o',c=Y)
plt.show()
```

降维效果如图 4.7 所示。

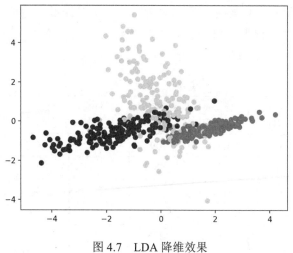

图 4.7　LDA 降维效果

从图中可以看出，LDA 降维后，特征和类别信息依然存在，三类划分依然很明显。当然，并不是说 LDA 降维一定比 PCA 好，不过如果有类别标签，使用 LDA 还是不错的。

关于其他降维方法的细节，因本书篇幅有限就不展开，读者可参考相关文献。

特征工程的内容很多，而且细琐繁杂，特征工程对于风控建模又至关重要，scikit-learn 官方提供了一些特征选择方法，另外推荐《特征工程入门与实践》和《精通特征工程》两本书供读者参考。

如今深度学习已广泛应用，并以 end-to-end 见长，加之自动化学习平台越来越多，是不是就完全不需要人工特征工程了呢？其实不然，尤其是面向表格数据类型做分类任务时，人工特征工程有先发优势；并不是任何情况都能适用深度模型，也并不是所有深度模型都能直接拿原始数据输入；图像领域依然有很多方法，如 SIFT（Scale Invariant Feature Transform）、PCA-SIFT、GLOH（Gradient Location-Orientation Histogram）、SURF（Speeded Up Robust Feature）等特征提取方法；自然语言处理领域因为输入的字词都是离散稀疏的，也需要一些特征工程，如 TF-IDF、N-Gram、Embedding 等。只是相较于经典机器学习方法，深度学习的特征工程不用做特征构造和变换、特征组合等工作。

4.6 案例 <<<

我们来看两个特征工程的例子，4.6.1 节以一个极简单的例子来展现基本的数据处理对效果的影响，4.6.2 节是 Kaggle 比赛的一个例子，特征工程在 Kaggle 比赛中分量极重，优胜队伍的很多处理细节值得参考。

4.6.1 一个简单的例子

为了突显特征工程的影响效果，我们构造了只有 7 个样本点的极端数据集，如表 4-5 所示，预处理后的特征有日期和时间、是否是节假日、是否是工作日、操作时长、路径节点数、订单数、渠道来源、标签，标签用来表示是否有异常。

表 4-5 数据示例

日期和时间	是否是节假日	是否是工作日	操作时长/s	路径节点数	订单数	渠道来源	标签
2018-05-28 10:02:00	0	1	309	10	1	1	0
2018-05-28 11:27:00	0	1	126	3	2	2	0
2018-05-28 23:55:00	0	1	16	3	3	2	1
2018-05-28 22:13:00	0	1	69	4	1	1	0
2018-05-01 12:35:00	1	0	1276	23	1	3	0

续表

日期和时间	是否是节假日	是否是工作日	操作时长/s	路径节点数	订单数	渠道来源	标签
2018-05-01 23:38:00	1	0	78	5	2	2	0
2018-05-01 07:00:00	1	0	18	4	1	2	1

我们采用基础 LR 模型拟合这份数据，如果只把日期和时间改成时间戳，其他不做任何特征工程工作，那么只能得到图 4.8 的结果，并且会得到这样一个警告：RuntimeWarning: overflow encountered in exp，当然使用 bigfloat 可以解决这个问题，但这个问题为什么会出现呢？原因就在于我们不对特征做归一化处理，如果有些 x 值过大，会导致 e^{-x} 过小，造成下溢。

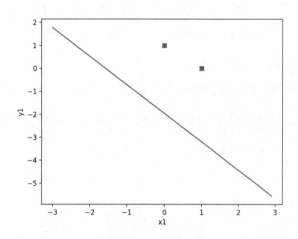

图 4.8　没有特征工程的结果

按照 4.5 节介绍的特征工程方法，只是简单做一些离散化和 one-hot 处理，代码如下。

```
import pandas as pd
from sklearn.feature_extraction import DictVectorizer
from sklearn import preprocessing
import numpy as np
data = pd.read_csv('data.csv',header=0,error_bad_lines=False)
# 去掉日期，抽取小时字段
tt = pd.DatetimeIndex(data['date'])
data['time'] = tt.time
data['hour'] = pd.to_datetime(data.time, format="%H:%M:%S")
data['hour'] = pd.Index(data['hour']).hour
```

```
datanew = data.drop(['date','time'], axis=1)
# 分别对连续特征和离散特征向量化
concols = ['optime', 'nodes', 'freq', 'hour']
confeature = datanew[concols]
x_con = confeature.T.to_dict().values()
discols = ['holiday', 'workday', 'channel_123']
disfeature = datanew[discols]
x_dis = disfeature.T.to_dict().values()
vec = DictVectorizer(sparse = False)
x_vec_dis = vec.fit_transform(x_dis)
x_vec_con = vec.fit_transform(x_con)
# 标准化处理，让连续值特征处理后均值为 0，方差为 1
scaler = preprocessing.StandardScaler().fit(x_vec_con)
x_vec_con = scaler.transform(x_vec_con)
#one-hot
enc = preprocessing.OneHotEncoder()
enc.fit(x_vec_dis)
x_vec_dis = enc.transform(x_vec_dis).toarray()
x_vec = np.concatenate((x_vec_con,x_vec_dis), axis=1)
...
```

然后再来看看拟合的效果（图 4.9），明显比图 4.8 好了很多。

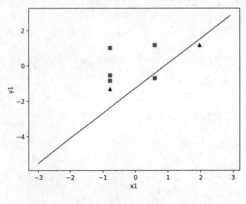

图 4.9　特征处理后的效果

当然，这个例子非常极端，并且它受模型选择的影响。实际上，笔者在工作中发现，即便采用规则的方法来做一些拦截时，因为数据取值不规范或者不做预处理，"踩坑背锅"也是家常便饭。

4.6.2 Kaggle 比赛的例子

Kaggle 于 2010 年创立，专注于数据科学和机器学习竞赛的举办，是全球最大的数据科学社区和数据竞赛平台。企业或者研究机构通过 Kaggle 发布商业和科研难题，悬赏吸引全球的数据科学家，通过众包的方式解决建模问题。而参赛者可以接触到丰富的真实数据，解决实际问题，角逐名次，赢取奖金。诸如 Google、Facebook、Microsoft 等知名科技公司均在 Kaggle 上面举办过数据挖掘比赛。2017 年 3 月，Kaggle 被 Google CloudNext 收购。Kaggle 比赛提供的很多数据集都是脱敏数据，参赛者难以过多了解数据背后的业务细节，只能通过数据观察和特征工程挖掘其中的特点来赢得比赛，而模型选择的重要性在这个过程中明显弱化。

1. 数据观察

Avazu Click-Through Rate Prediction 是 2015 年移动广告 DSP 公司 Avazu 在 Kaggle 上举办的广告点击率预测的比赛，全球共有 1604 支队伍参加，排名第一的团队（4 Idiots 团队）采用的方案就是特征工程 +FFM+Ensemble 策略。

关于这个比赛的数据集介绍，读者可以访问 Kaggle 官网了解详细情况。冠军队伍取胜的关键在于发现了数据集中的奥秘。通过数据统计分析发现，site_id 为 85f751fd 的样本与 app_id 为 ecad2386 的样本是可以分开的，这样就把样本集分成了两部分，单独学习训练。同时发现用 device_id 定义用户时，device_id 大量取值为同一个值 a99f214a，区分度不明显，但通过 device_ip + device_model 进行组合，可以有更好的效果，取值不为 a99f214a 时再用 device_id 定义用户。其他特征处理方法多以 one-hot 和连续变量离散化为主，并采用了 hash 技术巧妙降维，详细代码请参考 https://github.com/guestwalk/kaggle-avazu。

广告流量中的数据的确脏乱差，除了作弊严重，还存在 API 和 SDK 的多样接入方式，导致字段缺失、device_id 为同一个默认值（比如全 0 的 IDFA）是常见现象，虽然 device_ip + device_model 作为唯一标识在实际中并不可取，但是参赛者能够发现问题并去解决的思路值得肯定。笔者总结了 Kaggle 比赛排名靠前的队伍在数据洞察和分析方面的经验，主要有以下几点：

- 分析特征的分布。连续值特征如果是长尾分布，可以进行对数变换或者幂等变换，以适合线性模型。
- 分析目标变量的分布。目标变量值域过大的可以考虑对数变换。

- 分析变量之间两两的分布与相关度，发现高相关和共线性的特征。

2. 特征处理的技巧

由 Sigma 和 RentHop 两家公司共同推出的 Rental Listing Inquiries 比赛，数据来自 RentHop 的租房信息，目标是根据出租房的一系列特征，比如地理位置（经纬度、街道地址）、发布时间、房间设施（浴室、卧室数量）、描述信息、发布的图片信息、价格等，来预测消费者对出租房的喜好程度（分为 high、medium、low 三档）。这样可以帮助公司更好地处理欺诈事件，识别出质量问题，让房主和中介更加理解租客的需求与偏好，做出更加合理的决策。

之所以提这个比赛，是因为其数据类型丰富，有数值型、类别型、时间型、地理位置、文本、稀疏和 id 类特征，能够覆盖生产环境中的主要特征类型。分享其中的处理技巧供读者参考。

- 数值型特征：数值型特征可以简单地加减乘除，如本比赛数据中的 bathrooms 和 bedrooms 数值以及价格（price）数值。
- 类别型特征的编码处理：取值较多的类别型特征如 building_id、street_address 等可以进行平均数编码操作，进而得到数值型数据，论文"Mean Encoding: A Preprocessing Scheme for High-Cardinality Categorical Attributes in Classification and Prediction Problems"对此有相关研究。一般对类别型特征做 one-hot 处理，当类别取值较多时会产生严重稀疏，平均数编码采用了一种经验贝叶斯方法，根据因变量以有监督学习的形式编码出类别型特征。
- 时间特征：时间特征一般需要拆分出天、小时，或者到某个时间点的时间差。
- 地理位置：地理位置特征多采用聚类方式划分区域、找中心点、计算距离。
- 文本特征：文本特征一般涉及去除特殊字符、分词、纠正、替换、去停用词和高频词等。

关于该比赛的特征处理细节，网上也有很多非常直观的详细分析，读者可以自行查阅。这些数据分析的技巧在平时工作中其实多少都会涉及，因为比赛往往故意忽略了数据的业务背景，在参赛方案中显得更重要和刻意，其实很多都是实际工作中的常规操作。

4.7 风控的数据输出

前面讲的是风控如何搜集数据，如何加工处理数据，这些都是风控的输入数据，而风控的输出数据或服务才是产生实际价值的直接体现，也是最隐私的资产。

（1）名单数据：包括用户/商户账号黑名单、IP 黑名单、手机号黑名单、设备黑名单等，以及相应的白名单。名单数据一般是对接业务的最简洁方式，以库或者服务形式提供，属于确定性的结果输出。名单数据查询频次高，需要支持高吞吐高性能，一般存储于内存数据库（如Redis）中，持久化存储可以采用关系数据库。

（2）打分数据：打分数据主要是机器学习模型产出的数据，呈现形式上以数值或等级来量化风险，多以信用分、质量分或健康度命名，是比名单数据更完整的结果输出，能够覆盖全量数据，一般以实时服务或者离线库形式提供。实时服务性能要求高，如非实时计算的模型打分多是离线结果。

（3）风险画像数据：风险画像数据是在4.4.2节的数据指标基础上加工出来的画像数据，如用户画像、商户画像、设备画像等，主要侧重对应实体的风险指标刻画，为名单数据、打分数据提供支撑，一般多用于风控内部进行案例的风险评估和案例分析查询。画像数据的特点是量级大、字段多、更新频繁，但是查询访问量小，可以采用HBase存储，用ElasticSearch提供查询。

（4）关系数据：关系数据描述不同角色/实体间的关系，通过图挖掘实现。例如图4.10所示的三个账号因为设备环境关联，A与B通过同一个设备频繁登录，B与C通过同一个手机号关联。图4.11所示的几个账号有行为共现关系，A~E五个账号因为频繁在同一家店下单，并且出现其他共现行为而关联起来，C和F两个账号在另一家店因共现而关联。

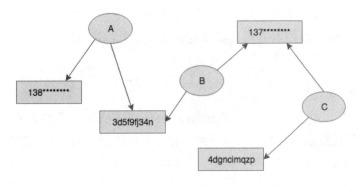

图4.10　关系数据

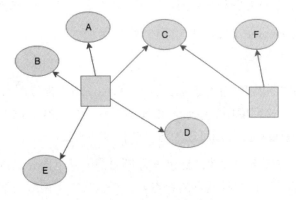

图4.11　共现行为数据

关系数据一般不对外，主要为风控内部数据，其风险结果最终体现到名单数据和打分数据中。关系数据的存储可以采用图数据库如 Neo4j、Titan、Jena 等。Neo4j 是使用最多的图数据库，而且可以和 Spark Graph 集成。

除了这些数据输出，还存在一些服务，如清洗过滤服务、红包优惠券等活动的风险诊断服务等。

4.8 数据可视化分析 <<<

风控的数据——无论是过程数据还是结果数据，一定要进行可视化，这非常重要。第 8 章会介绍效果看板、案例详情（即风险画像）和查询分析平台（即风险画像 + 数据洞察）等可视化平台，这些更多偏向结果数据。本节主要侧重过程数据的可视化洞察。过程数据的可视化洞察是熟悉数据和建模的必备过程。

为什么 Kaggle 比赛中的每个参赛队伍都会采用可视化方法来洞察数据？因为比赛的数据是陌生的，可视化可以使人更直观地了解数据是怎样分布的、存在什么规律。这其实就是实际工作的缩影，区别可能在于数据量级和使用的技术手段。对于轻量级数据的可视化，可以单机本地进行，在 Python 中数据可视化的包也很多，常用的有 matplotlib 和 seaborn；大数据量级的数据可视化，需要先借助 Hive、Spark 等查询引擎将数据聚合，然后再做可视化。那么我们主要用数据可视化来洞察数据的哪些方面呢？主要包括如下两个方面。

1）数据分布

对于本地数据，我们一般会通过 dataframe 的 head 方法看一下数据结构，通过 value_counts 了解每种属性取值的种类。然后分别看看各个属性特征的分布，哪些取值占多数，均值多少，最大值和最小值是多少，等等，大体分布一般会采用直方图，其他可以采用箱线图。直方图可以通过 matplotlib 的 hist 方法或者 seaborn 的 barplot 方法实现，seaborn 可以通过 jointplot 同时显示直方图和散点图，如图 4.12 所示，查看数据分布较为方便。

箱线图可以通过 boxplot 实现，如图 4.13 所示为两种形式的箱线图。

2）数据关系

不同特征之间的关系及其与因变量之间的关系可以用小提琴图来表示，如图 4.14 所示，它其实是箱线图与核密度图的结合，箱线图展示了分位数的位置，核密度图则展示了任意位置的密度，通过小提琴图可以知道哪些位置的密度较高。

在图 4.14 中，白点表示中位数；黑色长方形的范围是下四分位点到上四分位点（上下四分位点以及 3σ 都是风控数据洞察的要点）；黑色长方形两端的细黑线表示须，须长则表示存在离散值；外部形状即为核密度估计，中间大两头小表示分布不均匀。

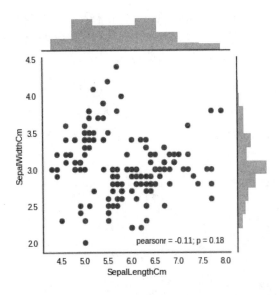

图 4.12　seaborn 同时显示直方图和散点图

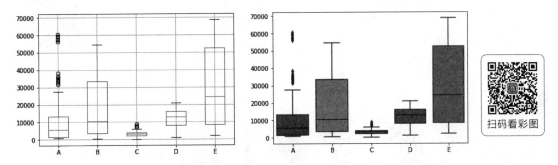

图 4.13　matplotlib 箱线图（左）和 seaborn 箱线图（右）

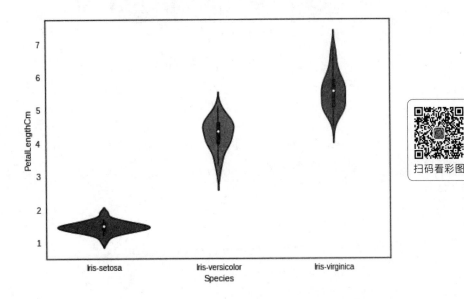

图 4.14　小提琴图

多变量图还可以使用 pairplot 绘制，它可以用来表示每对变量之间的二元关系。如图 4.15 所示是一张基于 iris 花的数据绘制的图，从中可以看出，在所有特征组合中，Iris-setosa 与其他两个种类是有比较明显的界限的。

对于大数据量的数仓数据，不论是看数据分布还是看数据关系，都要复杂得多，临时分析还好，长期还是需要建立专门的框架来做数据的查询、拉取、存储和可视化呈现。目前也有很多成熟方案可供选择，但前提还是要有大宽表和数据指标。

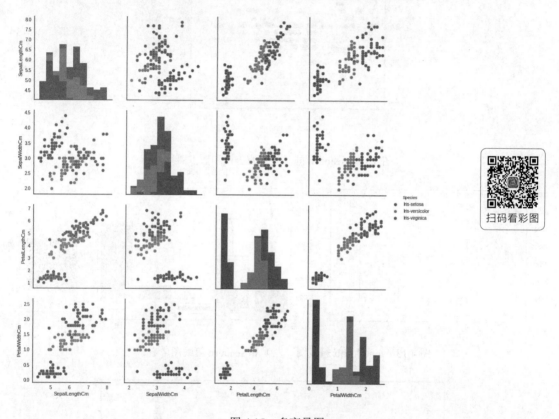

图 4.15　多变量图

第 5 章
手段：规则、模型和监控

风控的手段本质上包括风险的**发现识别**和**管控**。不论是规则、模型还是监控，都是为了发现识别风险，这些手段统称为策略，策略又区分查和杀，前者主要用于预警和计算召回，后者即为我们常说的拦截策略，以下简称策略。策略以规则引擎为主框架，串联起模型和监控，形成系统能力。规则引擎同时具有管控的能力，除了规则引擎执行在线查杀外，管控还可以通过质量分或健康度形成联控打压方案。本章主要介绍通过哪些手段进行风险识别。

5.1 设备指纹 <<<

不论用何种手段识别和管控风险，都需要对用户身份用一个 ID 标识，即设备指纹（参见 2.3.2 节），这些 ID 有很多，如 Android 设备的 IMEI、OAID、AndroidID，iOS 设备的 IDFA 等。业务中有很多场景的策略设计都是基于唯一身份的，最典型的就是拉新和营销活动，如发红包限定每部手机只能领一个红包、新用户的满减优惠额度大，这些都需要确定手机设备是唯一的。

然而刷机软件打破了这个门槛，降低了刷单作弊成本。在第 2 章中简单提到了刷机软件，也叫改机工具、修改器、抹机工具等，一般是通过劫持系统函数和应用函数，对设备信息进行篡改，使用这些软件会导致应用采集的**身份 ID 被欺骗**，每篡改一次，就好像产生了一部新的设备，理论上可以让一部手机变成无数部手机。如图 5.1 所示是两款不同的刷机软件，市场上也曾出现过很多刷机软件，如 iGrimace、008 神器、NZT、AWZ、小白改机、BirdFaker、XY 修改器、海鱼魔器、007 改机等，可能读者读到这里时，这些软件已经被封禁了。

图 5.1 两款刷机软件

刷机不仅可以篡改 ID，还能修改很多硬件参数，模拟设备环境信息，如图 5.2 所示的抹机神器可以修改 MAC 地址、IMSI、ICCID 等参数，可模拟周围 Wi-Fi、手机安装应用列表。此外还有修改定位器等作弊工具，使得基于 LBS 的生活服务也面临虚假定位而难以识别，虚假定位可以用来虚假打卡签到，可以在短视频应用中把视频引流到人口密集区，可以影响基于位置的派单策略（如外卖和打车应用）。

这些修改设备参数的软件为何能欺骗应用 App 采集真实数据呢？这里面的关键技术是 **Hook 机制**，而防御的关键便是**设备指纹技术**。

> xx 抹机神器是一款专业的手机管理工具，采用沙盒机制，虚拟 SD 卡路径，虚拟数据目录，为手机用户创造出一个独立的手机空间，不仅会减少手机的使用内存、降低手机的耗电，还会还原应用数据、系统备份、清理等功能。
>
> **xx 抹机神器介绍**
> xx 依然采用稳定的 xposed 框架，但是自己开发了一套 native hook 框架，完美弥补了 xposed 框架不能修改系统底层 C 语言函数的缺点，做到其他抹机软件做不到的事情。统一账户管理，只需注册一个账号，所有设备都能登录，无须烦琐的设备绑定，一机一号。
>
> **xx 抹机神器功能**
> 屏蔽 root 检测
> 修改所有硬件参数，例如 imei、imsi、iccid、mac 地址等，具体参数有几百项
> 修改所有可能成为手机唯一标识的参数
> 模拟周围 Wi-Fi、手机卡、蓝牙、手机软件列表等，防止应用检测
> 采用沙盒机制，完全隔离每个虚拟 App 的数据，完美替换全息设备
> 易于脚本操作的一键执行
> 人性化的留存计划
> 一键清理工具，一键卸载功能，一键安装工具，等等
> 更多功能请安装软件体验
>
> **xx 抹机神器更新内容**
> 修复饿了么、花椒视频等软件无法启动问题
> 新增保存当前通讯录、短信、通话记录、软件列表等
> 新增列表切换功能和对应脚本命令
> 新增复制环境功能
> 新增云环境，同一账号下所有手机全网共享环境数据

图 5.2 某抹机神器的下载介绍

5.1.1 Hook 机制

采用 Android 和 iOS 系统的设备，都提供了各种接口用于获取设备的基本信息，如设备标识符 IMEI、IDFA。当 App 调用这些系统接口来获取设备的各项参数时，刷机工具是如何从系统层面劫持这些信息的呢？

1. Hook 定义

Hook 译为钩子，钩子即截获并监控事件，勾上事件时按特定的逻辑影响事件。Hook 机制可以使外部代码"融入"被 Hook 的进程中，成为目标进程的一部分，这样就可以通过一个程序改变其他程序的某些行为。

Hook 的工作原理为，在 Linux 用户状态下，每个进程都有独立的进程空间，Hook 需要先进入目标进程空间，修改其内存中的进程代码，替换函数表的符号地址，然后通过 ptrace 函数附加进程，向目标进程注入 so 库，从而达到监控以及对目标进程关键函数进行挂钩。目前的 Hook 技术已经可以 HookJava 层和 Native 层了。

2. Hook 工具

Android 系统的大部分刷机软件都是基于 Xposed 框架的，需要 Root 权限，此外还有 Magisk 框架。通过 Hook 方式可以劫持修改 IMEI、IMSI、Sim 卡序列号（Serial Number）、MAC 地址、AndroidID（设备第一次启动时产生和存储的一个 64bit 数，系统升级或者被 wipe 后该参数会被重置，Android 8 以后新生成的 AndroidID 无法跨 App 使用）、地理位置、安装包列表、屏幕分辨率等。

iOS 系统的刷机软件基于 Cydia 框架。通过 Hook 修改的设备参数有 UDID、IDFA、IDFV、IMEI、SSID、BSSID、SerialNum、地理位置等。一些高级的工具如 NZT（本书写作时已到 NZT10 版本，其前身是 iGrimace）提供了多开和一键新机功能。不过随着 iOS 生态的完善，刷机越来越困难。

以上参数对应的物理含义，读者可以查询相关资料，本书默认读者具有一定知识背景，不做一一解释。

3. Hook 过程

Xposed 框架是一款可以在不修改 Android APK 的情况下影响程序运行的框架服务。它编译了自己的一套 zygote（Android 系统进程），获取 Root 权限安装后，替换 Android 系统 /system/bin 目录下的 app_process 来控制 zygote 进程，使得 app_process 在启动时会加载 XposedBridge.jar，从而实现对 zygode 进程及其创建的虚拟机的劫持，最终对系统的某些功能实现接管。Xposed 的神奇功能不仅在于篡改参数，通过它还可以直接使用 Android 系统未公开的一些 API，理论上可以 Hook 到系统的任意 Java 进程。

以 Xposed 框架为例，简单介绍一下如何篡改。假设要获取 IMEI，正常的获取方式类似如下代码：

```
public String getIMEI() {
    String imei = "";
    TelephonyManager tm;
    tm = (TelephonyManager) this.getSystemService(TELEPHONY_SERVICE);
    imei = tm.getDeviceId();
    return imei;
}
```

采用 Xposed 框架，劫持 TelephonyManager 类的 getDeviceId() 方法后，在 afterHookedMethod 方法中将 DeviceId 设置为系统时间戳，这样每次获取的 DeviceId 都是不同的。

```
public class XposedModule implements IXposedHookLoadPackage {
try {
    findAndHookMethod(TelephonyManager.class.getName(), lpparam.classLoader, "getDeviceId", new XC_MethodHook() {
        @Overrideprotected void afterHookedMethod(MethodHookParam param) throws Throwable {
            super.afterHookedMethod(param);
            param.setResult("" + System.currentTimeMillis());
                }
            });
} catch (Exception e1) {
    }catch (Error e) {
    }
}
```

类似的还有 IMSI、SIM 卡序列号和 MAC 地址的 Hook，都是类似过程，当然实际的 Hook 操作要更高级一些。表 5-1 列出了一些常用设备参数的获取接口。

表 5-1 常用设备参数与获取接口

参数名称	获取接口	示例
IMEI	getDeviceId	888866667777990（一般 15~17 位）
AndroidID	getString	bcbc00f09479aa5b（64 比特十六进制串）
sim 卡序列号（ICCID）	getSimSerialNumber	89860150061859695013（20 位）
IMSI	getSubscriberId	460027932859596（不超过 15 位）
运营商	getSimOperator	46002
网络类型	getNetworkType	2
MAC 地址	getMacAddress	97:a8:68:53:d4:ef
蓝牙名称	getName	
CPU 型号	cpuinfo	Qualcomm 660 snapdragon

还有一些参数不通过 get 方法返回，而是写在类的静态变量中，比如手机品牌和手机型号变量 Brand 和 Model 存于 Build 类中，如表 5-2 所示，这种情况下怎么 Hook 呢？这些变量在初始化时调用了 getString 方法，只要 Hook 该方法，然后再结合传入的参数进行判断就可以了。

表 5-2 变量参数

名称	android.os.Build 中的名字	示例
系统版本	RELEASE	6.0.2
品牌	BRAND	Xiaomi
型号	MODEL	Xiaomi HM2A
指纹	FINGERPRINT	—
Build 时间	time	1491080400000
CPU 指令集	CPU_ABI	armeabi-v7a

Cydia Substrate Hook 框架可以 Hook Java 和 C native 层的代码，运行时改变代码的实现，是一个很强大的 Hook 工具，可以同时 Hook Android 系统和 iOS 系统。随着许多公司对 App 的安全性越来越重视，高风险的核心模块一般会采用 NDK（Native Development Kit）开发，通过 JNI（Java Native Interface）协议调用 C 代码来实现模块功能。毕竟把用 C/C++ 开发出来的代码反编译为汇编代码，分析的难度和成本远远高于 Java 开发。Cydia Substrate 主要通过 MSHookMessageEx 和 MSHookFunction 函数来 Hook Objective-C 和 C/C++ 函数，具体细节读者可以参考 Cydia Substrate 官方手册。

5.1.2 反 Hook

了解了设备参数信息如何被 Hook 机制劫持篡改，一般我们会采取多种方案应对可能发生的参数伪造：

- 增加被 Hook 的难度或者绕过 Hook。
- 识别是否被 Hook。
- 云端结合获取相对准确的设备信息。

本节介绍前两种方案，第三种方案请参考 5.1.3 节的设备指纹技术。

1. 增加被 Hook 的难度或者绕过 Hook

1）采用系统隐藏的接口来获取设备信息

Android 系统有两种 API 是不能通过 SDK 访问的，一种是位于 com.android.internal 包中的 API，称之为 internal API；一种是被标记为 @hide 属性的类和方法。前者不允许调用，后者可以通过 Java 反射机制访问，javadoc 和 droiddoc 中存在 Java 反射机制，不过 API doc 中不存在，未来可能允许公开调用。既然相对隐秘，被 Hook 的可能性就会小很多，因此采用系统隐藏的接口来获取设备信息的方法具有可能性。

基于 Android SDK 进行开发的时候，通常会引用 android.jar 这样一个文件。它位于 Android SDK 平台的文件夹中（SDK_DIR/platforms/platform-X/android.jar）。这个

android.jar 文件去掉了 com.android.internal 包中所有的类和所有标记有 @hide 的类和方法。除了 android.jar 还有一个更重要的文件叫 framework.jar，它虽然没有去掉 android.jar 文件去掉的东西，但也不能很友好地访问。

读者可能会有疑问，既然开发 App 需要使用 android.jar，但它又移除了隐藏的接口，那怎么用反射机制获取接口呢？其实很简单，App 运行在设备上时，会加载 framework.jar，所以反射时找到的其实是 framework.jar 中的隐藏接口。如果不采用反射机制，就需要用 framework.jar 替换 android.jar 文件，名字也要改为 android.jar。至于哪些信息可以通过隐藏接口来获取，已经有开源项目进行了梳理（可以在 GitHub 上搜索 android-hidden-api），并给出了每个版本的完整 jar 包。需要说明的是，使用隐藏 API 有一定风险，但并不排斥这么做，毕竟 Android 整个生态都是有风险的。

2）Binder 通信方式

Binder 译为黏合剂，黏合两个不同的进程，负责 Android 进程间通信，可以把它当作一种 IPC 进程间通信方式。传统的跨进程通信需要从一个进程的用户空间经过内核空间到另一个进程的用户数据，数据复制 2 次，而 Binder 则实现了 mmap 内存映射，数据复制 1 次，更加高效。关于 Binder 更深入的介绍资料很多，在此不做过多介绍。Android 应用可以自己获取 Binder 代理，向 TELEPHONY_SERVICE 发送请求，获取设备的参数信息。具体做法是：

（1）通过 ServiceManager 的 getService 方法得到 Binder 代理，即 TELEPHONY_SERVICE。

（2）TELEPHONY_SERVICE 通过 AIDL 生成 Proxy，调用 asInterface 方法即可返回一个 BpProxy 对象或者 BinderProxy 对象。

（3）通过反射拿到对应的获取设备参数接口（如 getDeviceId）的 transaction id。

（4）通过 transact 方法传入 transaction id 参数，向 Proxy 发送请求，获取对应的信息。

这里面的问题在于，即使反射获取的参数接口被 Hook 了依然不能绕过 Hook。不过 Binder 通信获取参数的方式用于反 Hook 是次要的，更主要的是可以较为安全隐秘地采集设备属性信息，以生成云端设备指纹。

3）自定义底层 Native 代码或采用基于内存和汇编的技术

5.1.1 节中提到想要通过 Hook 拿到 Brand 和 Model，刷机软件可以 Hook getString 方法，而 getString 方法的底层实现其实采用了 Native 方式。因此，可以自定义底层的 Native 代码实现同样的操作，一定概率上可以绕过 Hook。为什么说"一定概率上"呢？因为刷机软件也在升级，Cydia 框架 Hook 底层的 Native 代码已经不是问题。

4）App 加固

那些刷机软件大都是 Hook 系统接口，而应用 App 如果通过其他埋点采集信息则是可以绕过的，自然就会去 Hook 应用 App 的特定参数。想要 Hook App 的参数，就需要反编译 App。App 加固的目的便是有效防止 App 被破解、反编译。Android 应用的加固一般会对应用进行重新编译、加壳保护、修改指令调用顺序等。目前业界主要有四代加固方案：

- 第一代加固方案针对应用可执行文件 Dex 本身，打包时加密，运行时解密。
- 第二代加固方案是类级别的 Dex 保护，把核心的类和方法抽离为单独的文件，利用虚拟机类加载。
- 第三代加固是在第二代的基础上，抽离后翻译成自定义指令，不采用虚拟机。
- 第四代加固则是 java2C 的方案，编译打包后翻译为 C 语言，再编译为 so。

目前大厂为开发者提供了加固方案如 360 加固、阿里聚安全加固、腾讯云应用乐固等，开发者可针对操作体验、加固等待时间、体积变化、启动速度、兼容性等方面的相关评测进行选择。

2. 识别是否被 Hook

"增加被 Hook 的难度或者绕过 Hook"一节中介绍了四种反 Hook 机制，但是对黑产来说，只要有利可图，鲜有不被攻破的，尤其是 Android 系统。其实攻防，尤其是防御方，不在于一个点的对抗，也不在于一个城池的争夺，而要做到整体上能够抵御。刷机软件发展到今天，已经很难从端上单独防御了，于是转为端+云联合防治，这其实就是设备指纹的核心。本节讲述如何识别是否被 Hook 了。这些方法或许不是最新潮的，但是要相信一点，App 从第一版上线到稳定运行，不是一次性就做到安全可靠的，因此黑产也会从最简单的方法开始尝试。

1）检查 Xposed 框架的 Hook 信息存储

分析 Xposed 源码后可以发现，Hook 操作核心调用的函数 findAndHookMethod 中调用了 findMethodExact，该函数会对被 Hook 的函数名进行 cache 命中检测，如果存在于 methodCache 中，则通过 methodCache.get(fullMethodName) 返回，否则通过操作 methodCache.put(fullMethodName, e) 将 Hook 的方法写入 methodCache 中。检查 XposedHelpers 类，发现有同等作用的 cache，还有 fieldCache、constructorCache，如下代码所示：

```
public class XposedHelpers {
    private static final HashMap<String,Field> fieldCache = new HashMap<String,Field>();
    private static final HashMap<String,Method> methodCache = new HashMap<String, Method>();
```

```
private static final HashMap<String,Constructor<?>>
constrcutorCache = new HashMap<String, Constructor<?>>();
    ...
```

因此可以通过反射获取这些缓存字段，检测其中是否含有 App 相关的命名信息。类似地，还有反射检测 XposedBridge 类中的 disableHooks 字段是否设置为 1，以及 XposedBridge 类中提供了打印日志功能，可以分析日志中是否含有相关字段。

2）检查是否被 Root

通过检查 ro.secure 是否为 1，以及文件 /system/bin/su 或 /system/xbin/su 是否存在，来判断设备是否被 Root。

3）检测是否存在 so 注入

检测 so 注入的方法主要是字符扫描，通过读取当前 App 进程的 maps 文件，遍历其中是否含有 Hook 等字眼，并对其 base64 编码形式进行扫描。

当然，不论是识别被 Xposed、Root 还是检测 so 注入，都不能直接认为是有问题的、甚至是被 Hook 的，这些都只是风险判断的参考，还需要进行综合判断。

5.1.3 设备指纹技术

设备指纹是用来识别用户身份的技术，这在 2.3.2 节有一些介绍。U 盾，又称移动数字证书，是银行发给客户证明身份的一种硬件产品，这是一种传统的硬件形态设备指纹，操作流程大致为：

当你登录网上银行进行转账等操作时，银行会发送由时间、字串、交易信息和防重防攻击字串组合在一起，并进行加密得到的字串 A，U 盾将根据个人证书对字串 A 进行不可逆运算得到字串 B，并将字串 B 发送给银行，银行端也同时进行该不可逆运算，如果银行运算结果和 U 盾的运算结果一致，便认为合法，验证通过。

后来银行的业务功能由传统的 PC 客户端转到了浏览器，而浏览器不像传统客户端软件一样受控制，所以需要用户下载安装安全控件，通过控件与 U 盾交互数据。这是银行业很安全的设备指纹技术，即控件 +U 盾。

移动互联网时代的 Android 和 iOS 系统应用并没有采用这种技术，而是软形态的设备指纹，主流的做法是依靠内嵌于 App 中的 SDK 采集设备参数，经网络加密传输到服务端。为了能识别出篡改设备参数背后的真身，需要端上有很强的环境采集能力，并且云上有很强的计算能力，这样才能识别出同一设备硬件、不同设备参数的设备，并为这些不同的设备参数签发出相同的设备指纹 ID。这个过程有点像"水哥"王昱珩"微观辨水"：我们可以猜测辨水靠的是观察杯子的纹路、灰尘、注入水后的气泡分布等微观细节，然后在脑子里形成一幅画，再去找的时候，与脑中画面对比是否一致。这幅画就好比设备指纹，水的特征就好比设备的环境信息。

1. 技术实现

虽然环境信息易被 Hook 劫持篡改，但我们依然要采集，这对于评估验证设备指纹有帮助。在权限允许范围内可采集的信息包括不限于以下类型，参见表 5-3。

- IMEI、IMSI、AndroidID、IDFA、OAID 等 ID 类特征。
- UA、WLAN MAC 地址、蓝牙地址、OS 版本、基带版本、品牌、机型、屏幕分辨率、内存总大小、磁盘总大小、处理器核数与主频、摄像头数量等环境配置信息。
- 电量、声音、SIM 卡、各类传感器、BSSID、SSID、App 安装列表、启动时间、App 首次安装时间、调试状态、运营商、手机名称等动态变化的信息。
- 特定的钉子文件等。

表 5-3 常见采集参数

参数缩写	参数含义
IMEI	国际移动设备识别码，通常所说的串号、序列号
IMSI	国际移动用户识别码
AndroidID	AndroidID，系统首次启动时随机生成的一个 64 比特位数字，以十六进制保存
IDFA	广告标识符，iOS 6 以后存在
OAID	匿名设备标识符，系统首次启动后生成
UUID	通用唯一识别码，可由客户端自行生成
UA	UserAgent 缩写，用户代理
WLANMAC	无线网络设备唯一识别地址
BTMAC	蓝牙 MAC 地址
OSVersion	操作系统版本号
BaseBandVersion	基带版本号
brand	手机品牌
model	手机型号
screen	屏幕分辨率
memory	内存总大小
disk	磁盘总大小
cores	CPU 核数
cpufreq	CPU 主频
cpuabi	CPU 架构
batterycapacity	电池容量
batterypercent	电池电量
numberofcameras	摄像头数量

续表

参数缩写	参数含义
ICCID	SIM 卡序列号，相当于手机卡的身份证号码
SSID	服务集标识符，即 Wi-Fi 名称
BSSID	基本服务集标识符，即接入点 MAC 地址
simoperator	网络运营商
networktype	网络类型
bluetoothname	蓝牙名称
boottime	系统启动时间
firstinstalltime	App 首次安装时间
enableadb	手机调试状态
phonename	手机名称
longitude latitude	GPS 地理位置，经度和纬度
orientation sensor	方向传感器，传感器参数获取不同于前面的参数字段，传感器参数存在多值，以下都仅以名称代替
accelerometer sensor	加速度传感器
lightsensor	光线传感器
magneticfieldsensor	磁场传感器
proximitysensor	距离传感器
temperaturesensor	温度传感器
gyroscopesensor	陀螺仪传感器
pressuresensor	压力传感器
/system/lib/libc_malloc_debug_qemu.so /sys/qemu_trace /system/bin/qemu-props /dev/socket/genyd /dev/socket/baseband_genyd /dev/socket/qemud /dev/qemu_pipe /system/bin/microvirtd /proc/self/cgroup build.prop /system/bin/nox-prop /system/bin/ttVM-prop /system/lib/libdroid4x.so …	模拟器检测用到的特殊文件

根据客户端采集的参数信息，如何生成设备指纹是整个过程的关键。各个企业在这块的生成算法一般都是保密的，总体来说，主要采用两种方式：

- 根据少数几个不易发生变化的 ID 进行拼接组合，再通过 MD5、BASE64、哈希相关算法等进行加密，这种方法也可以直接通过客户端完成，被称为主动式指纹。

- 根据客户端采集的参数进行全局范围的相似度计算，采用的方法包括欧氏距离、马氏距离、联合概率分布、马尔科夫网络和置信度传播算法等，最相似的几组设备参数共用一个指纹 ID。如果新采集的参数与已有设备最相似且超过阈值，那么就分配相同的设备指纹；如果不存在超过阈值的相似设备，那么就为新数据生成新指纹，该指纹 ID 可以根据自定义的 N 进制递增生成，一般以十六进制或加密算法呈现。

生成算法的关键是选择哪些 ID 进行拼接，或相似度在多少认为是同一个设备，这就需要评估指标（准确率和稳定性）来推进算法迭代。客户端采集的参数并不一定全部用于生成设备指纹，而这些多余的参数其中一个作用便是用于评估准确率和稳定性。

2. 评估

直观地讲，对设备指纹技术的要求，要能做到两点：

- 同一设备上的不同网络环境和行为都能被识别为同一个设备。
- 不同设备上相似的网络环境和行为不被标识为同一个设备。

想要做好这两点很难，尤其是在没有账号体系、无登录态情况下的跨 H5 和 App 的同设备识别，目前还没有突破。原因在于沙盒保护机制，iOS 上的沙盒机制比 Android 的更复杂，App 可以获取的参数不能在 H5 上被获取，而 App 和 H5 上都能获取的参数少之又少，早年有一种在 App 内打开隐藏浏览器互通 cookie 的做法，以及利用剪贴板互通的方法等，都存在各种问题，或已经不被系统支持。

国外曾经出现过一种称为 Unify ID 的行为追踪技术，通过人在移动设备上的操作习惯，比如键盘击键时间和压力、打字习惯、手机倾斜角度等，以机器学习和深度学习技术来分析背后是否为一个人，而且据说 Unify ID 仅靠采集四个传感器的数据就能做到高达 99.999% 的准确率，但据了解该技术也仅仅存在于比赛中，未能推广，其中效果不言而喻。

前面说的两点其实代表了设备指纹的**稳定性**和**准确性**要求。稳定性是指签发过设备指纹的设备，当设备环境发生变化时指纹 ID 不应该变化，即对应上述第一点。准确性考虑的是两个不同的设备不能拥有相同的设备指纹 ID，即对应第二点。要评估这两个指标其实也很难，因为样本是个问题，因此我们一般采用近似评估的方式。

对于准确性评估：

- 一般会评估设备指纹 ID 与常规 ID（指 IMEI、OAID、AndroidID、IDFA 等）在一对一、一对多、多对一和多对多情况下的指纹 ID 占比，关注其中一对多是否存在篡改参数问题，控制多对一和多对多比例。
- 还可以评估相同指纹 ID 的设备在设备环境和用户行为方面的一致性，这就要用到表 5-3 中采集的参数。例如可以评估操作系统版本号、基带版本号、手机品牌型号、屏幕分辨率、内存、磁盘的不一致比例。
- 还可以评估行为序列的不相似率，等等。

对于稳定性评估：
- 一般会评估设备指纹 ID 在一段时间后的稳定出现比例。
- 有条件的情况下，可以采用确定性小样本评估准确性和稳定性，如内部员工的样本数据。
- 还可以借助第三方评测来辅助验证。

3. 自研和外采的取舍

设备指纹的研发成本高，验证周期长，关于设备指纹技术是自研还是外采，这里可以给一些建议。

（1）自研设备指纹需要详细了解 Hook 机制、篡改工具的运作机理，才能考虑如何反 Hook，需要深入研究设备硬件参数，每个参数的数据分布、区分度、稳定性，以及在不同型号手机上的表现。这一步是最难、最复杂的，因为机型、操作系统版本多，此项工作非常烦琐。

（2）如果考虑外采，要注意设备指纹技术服务商水平参差不齐，需要对比测试。虽然服务商在研究设备参数方面相对更有经验，但其宣传往往过于夸张，需要甄别，效果也会受限于使用 SDK 时采集的信息量以及算法成熟度，鉴于数据敏感性问题和泄露风险，一般都不会过多传输数据。

（3）如果考虑先外采后自研的方式，那么需要知晓新旧切换有高额代价，历史积累的设备指纹数据需要映射到新的自研指纹上。

4. 安全传输

设备指纹是"客户端+服务端"的一个方案，客户端采集的数据需要安全到达服务端，为此需要接口加密和 HTTPS 传输。在接口加密上，我们知道非对称加密的安全性远高于对称加密，能够防止被篡改。但有时为了性能和效率，会采用简单的对称加密算法，一般先将接口参数按一定规则拼接为字符串，通过算法加密后联合时效性参数，以 POST 方式按照 HTTPS 协议发送到后端服务器。HTTP 采用的是明文传输，网络抓包可以窃取和篡改数据包内容，而 HTTPS 采用 RSA 非对称加密，保证了数据的私密性和完整性。

5.1.4 模拟器

模拟器是一种可以让手机 App 运行在 PC 上的虚拟设备，目前模拟器能够实现手机 90% 以上的功能，最初用于游戏上多开挂机，后来被用到黑产中。它最大的优势是可以做到多开、挂机和虚拟定位，实现低成本刷单。

模拟器可以定制 ROM，一键新机，每次都会随机产生新参数，这一点与抹机工具很像，但是并没有 Hook 操作，也可以不安装 Hook 框架，并且比抹机方式实现的规模稍大。如图 5.3 所示为某模拟器的配置界面，选择想要模拟的手机品牌和型号，以及可用于接收短信的手机号码，即可创建出一款手机，模拟器还可以轻松模拟手机上的摇一摇、震动等操作，任意修改定位地址。

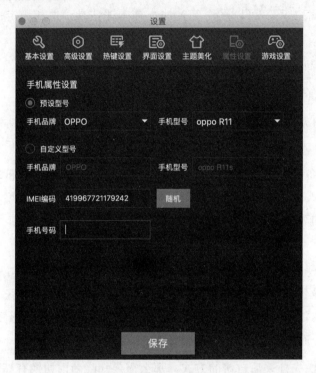

图 5.3　某模拟器配置界面

市面上常见的模拟器以 Android 模拟器为主，iOS 模拟器也开始增多，比如新出的在 x86 系统上就可以跑的黑雷模拟器，是否已被黑产使用还尚未研究，毕竟 App 下载是个问题。Android 模拟器主要分为两大流派，BlueStacks（中文叫蓝蝶）和 Virutalbox：

- BlueStacks 的原理是把 Android 底层的 API 接口在 Windows 上实现，靠谱助手、天天模拟器是基于 BlueStacks 开发的。
- Virutalbox 是在 Windows 内核底层引入驱动模块，采用虚拟化技术将网络、CPU、内存等计算机组件抽象出来，软件模拟（x86 架构不需要 CPU 虚拟化，ARM 架构需要），在物理机的操作系统上创建一个虚拟的环境来运行 Android 系统。海马玩、逍遥模拟器、夜神模拟器和 Genymotion 都是基于 Virutalbox 的。

设备指纹并不能完全解决模拟器的问题，但它是不可或缺的，因为模拟器也能变换参数。除此之外，更需要从设备和操作系统的角度检测是否是模拟器，而这需要利用系统（如 Android）的运行时特征，需要对手机系统和模拟器软件的机制都有比较深入的理解。常用的模拟器检测手段主要是找出其与真机的**区别特征**，包括三个方面。

（1）检测具体每款模拟器的特定属性文件。这些文件可以是系统文件，也可以是钉子文件或者签名，例如是否存在动态库文件，dev 路径下是否存在 socket/qemud 和 qemu_pipe 文件，/system/bin/ 路径下是否存在 so 文件或者可执行文件，表 5-4 列举了一些模拟器的文件和属性特征，读者如需参考使用，请一定先确认模拟器的最新情况。

表 5-4 模拟器文件和属性特征

模拟器	文件特征	属性特征
BlueStacks	/data/.bluestacks.prop /system/bin/bstcmd_shim /system/bin/bstfolderd /system/bin/bstsyncfs /system/lib/egl/libGLES_bst.so /system/lib/egl/libGLES_bst.so-arm	init.svc.bstfolderd init.svc.bstsvcmgrtest
夜神模拟器	/system/bin/nox /system/bin/nox-prop /system/bin/nox-vbox-sf /system/bin/nox-setprop	init.svc.noxd
逍遥模拟器	/system/bin/microvirtd /system/bin/microvirt-prop	init.svc.microvirtd
海马玩	/system/lib/libdroid4x.so /system/bin/droid4x /system/bin/droid4x-prop /system/bin/droid4x-vbox-sf /system/bin/droid4x-setprop	init.svc.droid4x

（2）与同机型的真机对比硬件信息。模拟器的硬件模拟成本并不低，因此模拟会存在不够逼真的情况，参数值也有痕迹，例如：

- 蓝牙功能，有些早期模拟器不具备，现在基本都具有蓝牙功能，但名称可能是 null 值。
- 传感器（重力、温度、光等），测试发现，有的模拟器不具备传感器功能或者模拟效果不够好，不过有些模拟器具有传感器（如重力传感器）功能。
- CPU，模拟器多运行于电脑 x86 体系上，真机多是 ARM 结构，二者在指令集上有很大差别。
- Wi-Fi，多数 Wi-Fi 模拟不能很好地模拟 Wi-Fi 列表，且 SSID 命名随机。

（3）检测运行时环境。可以通过基于 uid 的多进程对应的包名是否有多个私有目录，来检测模拟器多开，还可以检测是否使用了不该 native 的方法、ARP 表中是否存在虚拟机 MAC 地址等方法来检测运行时环境。

你会发现这些方案可能今天还能应付，明天就被破解了，也许读者看到这里的时候，这些方案早就过时了。攻防节奏就是这样，只能多手段配合，不放过每个细节，综合治理、层层治理，既要设备指纹，又要规则策略，还要算法模型。例如，我们可以对环境建模，利用电量变化、Wi-Fi 信号变化、陀螺仪参数变化、剩余内存磁盘变化等特征去建模判断是否为模拟器。这些微弱的特点，组合起来可能就是很强的识别能力。做设备环境的识别，尤其考验细节发现能力。

再举一个细节的例子，我们发现有些模拟器的设备名称或者 Wi-Fi 名称"长相"奇怪，如 auyxbkdlqvxt、qtvdxpqndf、71dbd6qgxp 等形式，而正常的名称却是类似"我的小米""我的 iPhone""TP_LIINK-783e"这种形式。怎么识别这种随机产生的值呢？其实也并不复杂，假设名称由 $c_1, c_2, ..., c_m$ 字符组成，计算出每个名称在整个语料库中的可能性 $P(c_1, c_2, ..., c_m)$，很明显，把它看成一个 n-gram 模型，当 $n=2$ 时，为二元模型：

$$P(c_1 c_2, ..., c_m) = \prod_{i=1}^{m} P(c_i | c_{i-1})$$

每个字符出现的频率都可以通过统计方式得出：

$$P(c_i | c_{i-1}) = \frac{C(c_{i-1}, c_i)}{C(c_{i-1})}$$

其中，$C(c_{i-1}, c_i)$ 表示字符串 c_{i-1}, c_i 出现的次数，$C(c_{i-1})$ 表示 c_{i-1} 出现的次数。当拿到一个新的名称时，通过模型 $P(c_1, c_2, ..., c_m)$ 计算该名称出现的概率（注意需要做平滑处理）。概率低于阈值的，可以识别为随机串。通过这个例子就会发现，做识别并无明确的章法可循，任何漏洞都可能被利用，只能多手段配合。

5.1.5 群控 / 云控系统

可以说，游戏的发展给模拟器带来了生存空间，而电商等互联网生活服务的发展给群控带来了春天。群控系统是用电脑控制手机的软件系统，手机直接采用真机，排布于设备陈列架上（如图 5.4 所示），通过技术手段（比如 Android 调试桥技术 ADB，有 USB 和局域网 Wi-Fi 两种连接方式）由电脑管理软件群控（如图 5.5 所示为某模拟器管理软件），把手机投屏到电脑上，用鼠标和键盘作为虚拟按键反向控制手机操作，既可以手动控制，也可以用自动脚本来控制，简言之，就是把手机上的操作放到电脑上来控制，一台电脑可以同时批量操作成百上千台手机。

群控最大的优势是使用真机避开反作弊策略，可以批量操作，更为夸张的是，群控的每台机器还可以结合抹机工具变换参数。当然，群控的成本肯定是远高于模拟器和机刷方式的，一套群控系统要几千元，手机还要额外单买，每个手机还要装卡并充值，而且为了降低成本往往都会买低配手机，越用越卡顿，如果被封号可能还要升级，这又提升成本，所以维护成本很高，也很费精力，于是**云控**有了市场。群控与云控的区别就好比 PC 与云集群的区别：云控的手机数量会大好几个数量级，手机也可以分散放置；而且云控的手机可以是虚拟机，也可以是具有简单硬件设备的机器，虽然虚拟机容易被封禁，但成本和维护代价低很多，黑产新手往往也会因为低成本而选择虚拟机的。

图 5.4 群控系统的机架（图片来源于网络）

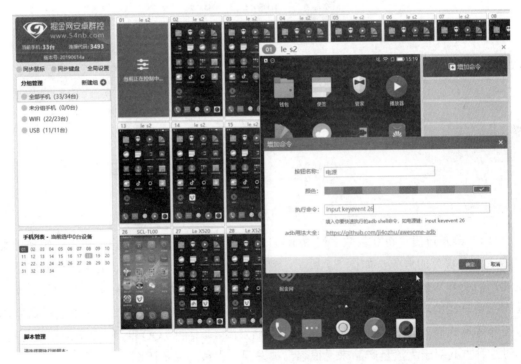

图 5.5 群控系统（图片来源于网络）

采用真机的群控 / 云控系统识别难度很大，单一设备环境角度识别能力有限，好在群控 / 云控系统成本着实不低，往往并不仅仅用在刷新客目的上，而是多以刷量、吸粉、导流、抢红包、撸优惠券、淘宝客和微商营销等为主，甚至还会通过养号伪装（故意做出付费、次留、复购、更长时间留存等方式）来逃过系统追踪。

例如，2018 年 12 月 1 日到 2018 年 12 月 31 日期间，某支付产品推出了使用其 App 到店付款累积 15 天瓜分 15 亿红包的活动，这项活动就被羊毛党们死死抓住了机会，而他们采用的手段就是群控。企业投入 15 亿元来展开这场营销活动，目的是希望通过红包优惠吸引用户，培养用户在线下支付场景中使用其支付方式的习惯。活动的大致操作流程是，在 App 上搜索一串数字，就可得到相应红包，但领取的红包在下次到店消费时才能使用；也可以把自己的红包优惠码分享出去，如果别人成功领取并到店消费，自己就可以得到相应赏金。因为所有的红包都要使用该 App 消费才生效，因此该活动会大大提升该 App 的使用频率。

根据网络报道，有人在短时间内就狂赚 137.8 万元，还有的赚了 52.5 万元，并且显示还有 10 万多个红包在路上，如图 5.6 所示，如此规模显然是专业的羊毛党才能够做到的。想要做到这些，需要解决一个问题：如何让领取红包的人消费并使用红包呢？这个其实并不难，我们来看看黑产是怎么做的。

图 5.6 红包活动（图片来源于网络）

（1）群发短信。将红包数字码置于短信之中，群发到千万个用户手机上，短信的文案做成出自官方的假象，如图 5.7 所示，普通大众往往很少注意区分是真的官方信息还是黑产的诱导短信，于是点击者无数。更有甚者，冒充各社交平台大 V 发布诱导文案，使得不明真相的群众去官方 App 搜索红包；还有写成征婚交友广告的，把红包的数字码以工号等形式嵌入其中，发布到微博、论坛、朋友圈、微信群、QQ 群等，以形成裂变传播。不过这种方式对于大流量产品来说很容易被发现，也很容易被阻断。

图 5.7 群发短信文案（图片来源于网络）

（2）使用群控/云控系统。群控可以控制成百上千的手机设备，云控更是可以控制几万、几十万的设备，通过辅助脚本让这些手机上都安装该App，然后搜索同一个数字号码，发出该数字号码的主账号便可以收到成千上万的红包。注册大量的商家账号并长期养号，领取商家收款码，甚至直接使用收钱功能，也可以做到不用到实体店就实现红包的消费，这对于黑产来说都是很简单的事情。

该支付产品的风控能力在业界已属顶尖，但是面对群控手段，推测依然难免会有损失。群控的识别的确不是靠一招一式就能避免的，它不光需要技术手段，还需要综合产品策略来限制，结合运营机制乃至法律打击手段。使用群控/云控系统最大的特点就是**其用户存在共性**，只要想尽办法找出其中的共性，是可以起到立竿见影的效果的，并且这种表现为团伙式作弊的情况更容易与公安部门合作。寻找用户共性的方法最常用的便是**图挖掘技术**，本章5.3.6节和5.3.7节将会详细介绍。

在应对使用模拟器和群控系统的刷单作弊时，设备指纹技术显得有些单薄了，但它在其中依然具有重要作用，需要它来解决唯一身份的问题，因为即便是模拟器和群控系统，也可以通过抹机工具进行参数变换。同时需要强调的是，因为很多中小规模的群控系统往往采用相同型号的手机，很多参数一致，再加之行为相像，很可能同一个机架上的所有手机被签发出同一个指纹ID，从风险打击角度看，这是符合预期的，也是可以被视作准确的。

5.2 规则引擎 <<<

规则就是约束限制条件，违反了规则就会触发对应的动作，比如红包活动里领取红包后必须消费才能使用，才会奖励分享人，这就是规则。**规则引擎是智能风控系统的骨架**，以前是，现在也是，未来可能也是，重要性不言而喻。我们讲规则引擎的时候，既可能指狭义表达式引擎，也可能指融合了数据和平台能力的整体系统框架，读者可视上下文理解。风控系统的绝大多数组件都与规则引擎有数据交互，一般而言，从零开始的风控系统构建，都是从规则引擎起步的，建设规则引擎所依赖的基建服务往往也会被算法模型复用，比如实时数据流通道、名单库、规则日志等。

5.2.1 规则引擎的总体架构

在2.3.2节里曾简单提到规则引擎的好坏主要体现在数据能力、表达式引擎和平台能力三个方面，这些也都是规则引擎在设计时必要的考虑因素。规则引擎作为风控系统的骨架系统，必然与很多业务系统有数据交互，且又会干预业务流程，因此在对接业务的便捷性、解耦合、实时性与高性能方面都有着较高要求。

规则引擎可以做得很复杂，也可以很简单，这都取决于业务发展阶段和人力情况。最简单的规则引擎至少拥有决策能力，包括查询用户或设备是否在黑库名单中，以及部分硬编码的判断逻辑，往往不够灵活，欠缺实时打击能力，但能运转起来，在业务发展初期多采用这种方式。

略复杂一些的规则引擎一般具有表达式引擎和平台管理工具，如图5.8所示，能够较为高效便捷地实现规则策略的配置，能够查看命中策略的记录和效果报表。在表达式引擎的供数支持上，一般会有计数器、名单库和频控等服务支持，多以Redis与ElasticSearch为底层基建，以保证实时性；以关系数据库或者Hive表做持久化存储。

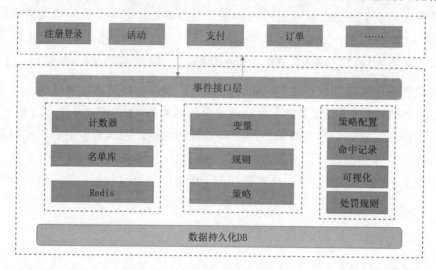

图5.8　略复杂的规则引擎架构

业务会逐渐变得更复杂，同时黑产作弊风险越来越大，图5.8所示的规则引擎就会面临打击能力不足问题。这时规则引擎就要升级，支持更复杂的行为规则策略，具备更实时的打击能力，如图5.9所示的参考架构，变化主要包括：

- 接入实时数据流，借助实时计算框架来统计用户的某种行为累积数据。
- 把算法模型的实时预测结果纳入规则中，作为策略使用。
- 对于线上业务流程耗时影响较大的数据，其获取和计算一般采取异步流程，计算完成后写入Redis或者ES中。耗时更大的流程会走离线计算，通过离线挖掘和离线模型以小时级或天级更新，或者走数据回溯、线下运营打击和审核平台的口子来处理，一般原则是**实时保准确，离线保召回**。
- 建立监控和预警平台，数据也可能会输出到运营审核平台。
- 当业务复杂到一定程度时，企业一般会采用BU（Business Unit，业务线）划分或BG（Business Group，事业群）划分，所以在数据接入层和策略配置平台上也会予以区分。在底层数据层面则要避免出现数据孤岛问题。

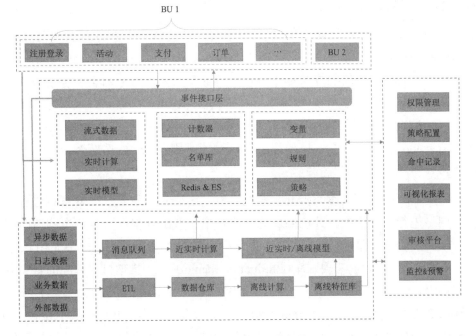

图 5.9 复杂规则引擎架构

笔者认为复杂规则引擎的复杂主要体现在数据能力上，包括数据的获取和计算，便于支持复杂事件处理，而规则引擎的核心还是在于表达式引擎。至于是否具备 DSL 描述规则的能力，主要看引擎面向的用户。有一点没有在图 5.9 中清楚体现，即查杀分离思想，查更侧重监控和标记，具体到规则引擎架构上可以有几种体现：

- 将查策略视作一个单独的策略集合。
- 搭建一个专门的查策略系统，一般是异步或离线方式。
- 不涉及规则引擎，仅以离线分析方式进行。

具体采用哪种方案，还要视业务而定，并无标准。

5.2.2 规则引擎的核心技术

规则引擎最核心的部分是表达式引擎，针对表达式的动态求值，也叫求值器，有解释和编译执行两种实现方式，常见的 Aviator 就是编译执行模式，直接将表达式编译成 JVM 字节码，交给 JVM 执行。一般表达式引擎支持的主要功能包括：

- 支持大多数运算操作符，包括算术操作符、关系运算符、逻辑操作符、位运算符、正则匹配操作符、三元表达式等。
- 支持操作符优先级和括号强制设定优先级。
- 支持丰富数据类型，例如整数、浮点数、字符串等，支持类型转换（自动或强制）。

- 内置一套强大的常用函数库。

表达式求值的过程主要就是模式匹配算法，目前常见的模式匹配算法有 Rete、Treat、Leaps、Matchbox 等，被大家熟知的 Drools 就采用了 Rete 和 Leaps 算法（后来放弃了 Leaps 算法）。目前这些方法都已经发展得非常成熟，被应用于各种引擎中。其实规则引擎起源于规则的专家系统（CLIPS：1984 年 NASA 的项目），发展已有相当长的一段历史了，因此积累了很多成熟的开源引擎。常见的规则引擎主要有 Drools、Jess、URule、Esper、Aviator 和 QLExpress 等；商业的规则引擎主要有 VisualRules、iLog JRules。

Drools 是使用 Java 语言编写的开源规则引擎，它基于 Rete 算法[①]对规则进行分析，形成 tree 网络进行模式匹配。其核心思想是将分离的匹配项根据内容动态构造匹配树，以达到显著降低计算量的效果，更详细的介绍可以参考 jboss.org。如图 5.10 所示，在 Drools 中，规则（rules）存放在规则库（Production Memory）中，推理机要匹配的事实（facts）存放在工作内存（Working Memory）中，当事实被插入工作内存中后，规则引擎会把事实和规则库里的模式进行匹配（Patten Matcher），由推理引擎（Inference Engine）执行。对于匹配成功的规则由议程（Agenda）记录并注册，引擎会执行推理算法中被激发规则的结论部分，当很多规则匹配相同的事实时，Agenda 会通过冲突决策策略来管理这些冲突规则的执行顺序。

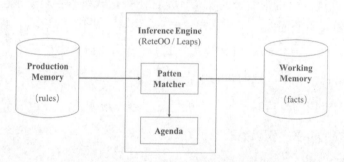

图 5.10　Drools 规则引擎的抽象示意图

Esper 是一个开源事件分析和事件关联引擎，它是 ESP/CEP（ESP 即事件流处理，CEP 即复杂事件处理）的一种开源实现，基于事件流进行数据处理，把要分析的数据抽象为事件，发送到 CEP 引擎，然后根据事件的输入和最初注册的处理模型获得事件的处理结果。它也是使用 Java 语言编写的引擎，其重要特点就是内存计算和类 SQL 语法（EPL，EventProcessLanguage）的支持。

关于 Esper 的中文资料是比较少的，其早期的事件驱动架构如图 5.11 所示，一种轻

[①] Rete 算法最初是由卡内基梅隆大学的 Charles L.Forgy 博士在 1978 年发表的博士论文中所阐述的算法，该算法提供了专家系统的一个高效实现，被广泛应用于一些大型的规则系统中，比如 iLog、Jess 等都是基于 Rete 算法的规则引擎。Rete 算法是一种进行大量模式集合和大量对象集合间比较的高效方法，通过网络筛选的方法找出所有匹配各个模式的对象和规则。

量级 ESP/CEP 框架。海量实时数据流（High-speed high-volume real-time data streams）通过接入适配器（Event Stream connector & adapters），以事件流接入 Esper 引擎（Esper engines）；Esper 引擎部分负责解析 EPL 语句，生成 Statement 对象、事件监听、执行事件处理等；输出的结果通过输出适配器（Output adapters）给事件消费方执行相应动作，其中 POJO 是 Esper 支持的一种事件对象的数据结构，它要求每个类的私有属性要有 get 方法，此外 Esper 还支持 Java.util.Map 和 XML 来表示事件结构；Event Query & Causality Pattern Language 表示 Esper 引擎执行事件处理时所依赖的一些事件查询语言和模式匹配的定义，涉及的算法则放在 Corecontainer 中；在事件处理时，如若遇到聚合或时间窗类的统计，则需要历史数据（Historycal data）的支持。

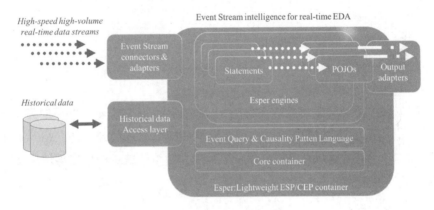

图 5.11　Esper 事件驱动架构图

Aviator 是 Google 开源的一个高性能、轻量级的 Java 表达式引擎，主要用于各种表达式的动态求值，它属于编译型引擎，将 String 类型的表达式编译成 Java ByteCode 并交给 JVM 执行。它的结构也非常简单，就是编译器＋执行器，它的执行流程如图 5.12 所示，如同语言编译过程一样，它先进行代码的编译（Compile）；然后通过词法分析（Lexer）和语法分析（Parser）技术进行解析（没错，就是编译原理课程中讲的那些技术，比如有穷状态机、LL 文法）；解析后用 ASMCode Generator 接口进行目标代码的生成，将语法解析出的结果翻译为 Java 字节码；最后通过 JVM 执行 Java 字节码，输出最终结果。所以你看，把它理解为一门编程语言的编译执行过程也不为过。

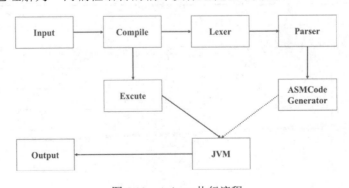

图 5.12　Aviator 执行流程

QLExpress 是阿里 2012 年开源的一个轻量级的 Java 规则引擎，它与 Aviator 类似，也是编译型的引擎。QLExpress 是根据阿里的电商业务规则、表达式组合、高精度的数学公式计算、语法分析、脚本二次定制等强需求而设计的一门动态脚本引擎，并被广泛应用于阿里的电商业务场景。它的定位是脚本引擎，对标的是 Groovy，这种轻量级的引擎也是非常适合用于风控领域的，具体细节和使用方法可以参考 QLExpress 相关资料。

规则引擎属于专家系统，而专家系统属于人工智能的范畴，成熟的规则引擎一般都具备推理能力。在实际使用中因为各种因素影响，我们使用不到这么复杂的能力，甚至可能自研一个简单的可配置的规则系统，而把更复杂的识别功能交给算法模型去做，最终通过规则引擎以策略形式发挥作用。

5.3　风控模型方法 <<<

2.3 节简单介绍了监督学习方法在智能风控的应用和基本步骤、常用的无监督学习方法，以及知识图谱和深度学习技术。本节将对这些技术深入展开，并介绍一下业界主流的风控模型技术。第 6 章将从互联网风险场景角度介绍这些技术的应用落地思路。实际上，所有的机器学习和深度学习的技术，基本都可以应用在风控领域，风控是人工智能技术的一个比较好的实践场景。

5.3.1　评分卡

介绍风控的模型方法就不得不介绍一下评分卡。评分卡早期用于银行审批贷款环节，后来被广泛用于各类风险评估。评分卡的标准形式如表 5-5 所示，其中使用了三个变量，Age 表示账户持有人的年龄，TmAtAddress 为在当前住址的居住年限，EmpStatus 是就业状况。

表 5-5　标准评分卡示例（来源《信用风险评分卡研究》）

变量	条件	分值
基础分值		485
Age	如果 Age<25	19
	如果 Age≥25 且 Age<33	28
	如果 Age≥33 且 Age<48	39
	如果 Age≥48 且 Age<56	24
	如果 Age≥56	20
	如果 Age = 缺失值	19

续表

变量	条件	分值
TmAtAddress	如果 TmAtAddress< 1	12
	如果 TmAtAdderss ≥ 1 且 TmAtAddress< 3	24
	如果 TmAtAdderss ≥ 3 且 TmAtAddress< 5	36
	如果 TmAtAdderss ≥ 5	41
	如果 TmAtAddress = 缺失值	17
EmpStatus	如果 EmpStatus = 全职	38
	如果 EmpStatus = 兼职	19
	如果 EmpStatus = 自由职业	25
	如果 EmpStatus = 失业	7
	如果 EmpStatus = 缺失值	3

假设有这样一个实例，Age = 37，TmAtAddress = 3.5，EmpStatus = 全职，那么可以得到总的分数为 485 + 39 + 36 + 38 = 598。其中 485 是模型计算出来的基础分，39、36、38 分别是 Age、TmAtAddress、EmpStatus 所在区间和类型对应的得分，所有相加求和即为评分卡的最后得分。如果 600 分是定义的评分卡阈值，那么该实例将会被模型判断为有风险。

这种呈现形式给很多人造成了误区，认为这种形式是拍脑袋定权重，但其实它背后是模型的支撑，并且可以使用多种模型，最常见的就是逻辑回归。下面我们详细介绍一下评分卡的一些基础知识，这对于特征筛选与处理有一定的参考意义。

1. 评分卡的种类

评分卡[①]主要用于各种信用评估和互联网金融领域，比如信用卡风险评估、贷款发放、芝麻信用等金融业，经典的评分卡在消费金融行业主要有三种，分别称为 A 卡、B 卡、C 卡。每种评分卡的建立时期、客户数据量以及采用的模型方法都是有很大区别的。

- A 卡是指申请评分卡，侧重贷前，在客户获取期建立信用风险评分，预测客户带来违约风险的概率。建模多采用 LR 逻辑回归、AHP 层次分析法。
- B 卡是指行为评分卡，侧重贷中，在客户申请过贷款并有了一定的行为数据积累后，建立风险评分模型，预测客户开户/贷款后一定时期内违约拖欠还款的风险概率。建模可以采用逻辑回归、神经网络、决策树等。
- C 卡是指催收评分卡，侧重贷后，在还款期建立催收评分模型，对逾期账户预测催收策略反应的概率，从而采取相应的催收措施。实际中，根据不同的催收管理目标，C 卡中会有诸如损失回收评分卡、催收响应类评分卡等区分。建模可以采用逻辑回归、神经网络、决策树等。

---

① 《信用风险评分卡研究——基于 SAS 的开发与实施》一书是较早介绍评分卡的书，虽然出版比较早，但是依然值得参考。

对于如表 5-5 所示的评分卡，你可能会有三个问题：

- 如何对年龄和居住年限这种连续变量进行分组（划分区间、分箱）？
- 有了分组之后，每个分组应该给多少分？
- 怎么定义风险阈值（授信门槛分数）？

2. 变量分组

怎么分组是比较复杂的，可以结合业务经验，可以使用决策树最优分组，也可以使用等宽分组，再借助一些工具调整分组，如 WOE（Weight of Evidence，证据权重值）、IV（Information Value，信息价值）和 GINI（基尼系数）等。WOE 的计算方式如下：

$$\text{WOE}_i = \ln\left(\frac{\text{BadDistribution}_i}{\text{GoodDistribution}_i}\right) = \ln\frac{B_i/B_T}{G_i/G_T} = \ln\frac{B_i/G_i}{B_T/G_T}$$

其中：

- B_i 为第 i 类中异常（违约、欺诈、逾期等）用户数量。
- B_T 为总的异常用户数量。
- G_i 为第 i 类中正常用户数量。
- G_T 为总的正常用户数量。
- WOE 表示"当前分组中的异常用户占总异常用户的比例"与"当前分组中正常用户占总正常用户的比例"的差异，也可以表示"当前分组中的异常用户与正常用户的比例"和"总的异常用户与总的正常用户的比例"的差异。[①] 差异越大，WOE 值越大，分组里的样本异常的可能性就越大，反之亦然。

对于每个分组，也有对应的一个 IV 值：

$$\text{IV}_i = (B_i/B_T - G_i/G_T) * \ln\frac{B_i/B_T}{G_i/G_T}$$

整个变量的 IV 值就是把各个分组的 IV 值累加，即：

$$\text{IV} = \sum_i \text{IV}_i$$

所以从公式看，IV 是 WOE 的加权求和。对于一个变量的分组，"这个分组的异常和正常用户的比例"与"样本整体异常和正常的比例"相差越大，IV 值越大，否则，IV 值越小；极端情况是两个比例相等，IV 值为 0；当分组只有异常或正常用户时，IV = +∞。对于极端情况，建议这种变量直接作为规则，前置或者补充使用，或者调整分组。

使用 IV 来衡量变量的预测能力有几个好处，其一，保证结果为正值；其二，避免出

---

① 存在 Bad 与 Good 上下颠倒的定义方式，此时一般采用好样本标签为 1。

现"某些变量的某个分组中,异常用户占比大,但样本划入该分组的比例却很小"这种情况,此时变量的预测能力并没有那么强,使用 IV 就比较容易发现上述情况,原因就在于 $(B_i/B_T - G_i/G_T)$ 这一项系数。一般来说,当 IV 值低于 0.02 时,IV 值对应的变量没有太多价值;当 IV 值在 0.02 到 0.1 之间时,变量有较低价值;当 IV 值在 0.1 到 0.3 之间时,变量有中等价值;当 IV 值在 0.3 以上时,变量有较高价值。

3. 变量分组的定权赋分

使用 WOE 辅助进行了分组,用 IV 筛选了变量之后,接下来便是如何给每个分组赋分。这一步便是模型与评分卡转换的关键一步。假设异常概率为 p,正常概率则为 $1-p$,借助对数几率(log odds)实现线性回归:

$$\beta_0 + \beta_1 x_1 + \ldots + \beta_n x_n = \ln(\text{odds}) = \ln\left(\frac{p}{1-p}\right)$$

其中 β_i 可以通过 LR 模型训练得出,x_i 是最终进入模型的入模变量,经过 WOE 转换后,可以重新表示为:

$$\left\{\begin{array}{c}\beta_0 \\ +(\beta_1\omega_{11})\delta_{11} + (\beta_1\omega_{12})\delta_{12} + \ldots \\ +\ldots \\ +(\beta_n\omega_{n1})\delta_{n1} + (\beta_n\omega_{n2})\delta_{n2} + \ldots\end{array}\right\} = \ln(\text{odds})$$

其中,ω_{ij} 是第 i 个变量对应的第 j 个类别上的 WOE,δ_{ij} 是二元变量(取值 0 和 1),表示变量 i 是否取第 j 个值。

而评分卡的分值则可以表示为对数几率的线性表达:

$$\text{score} = A - B\ln(\text{odds})$$

A 和 B 分别为常数和系数,负号保证违约概率越低得分越高,这和后面要讲的健康度是一个意思。代入转化后的 WOE,即:

$$\text{score} = A - B\left\{\begin{array}{c}\beta_0 \\ +(\beta_1\omega_{11})\delta_{11} + (\beta_1\omega_{12})\delta_{12} + \ldots \\ +\ldots \\ +(\beta_n\omega_{n1})\delta_{n1} + (\beta_n\omega_{n2})\delta_{n2} + \ldots\end{array}\right\}$$

$$= (A - B\beta_0) - (B\beta_1\omega_{11})\delta_{11} - (B\beta_1\omega_{12})\delta_{12} - \ldots$$

$$-\ldots$$

$$-(B\beta_n\omega_{n1})\delta_{n1} - (B\beta_n\omega_{n2})\delta_{n2} - \ldots$$

以此,便得到了一开始的标准卡形式:

表 5-6 评分卡模板

变量	分组	分值
基础分值		$(A-B\beta_0)$
x_1	1	$-(B\beta_1\omega_{11})$
	2	$-(B\beta_1\omega_{12})$
	..	…
	k_1	$-(B\beta_1\omega_{1k_1})$
x_2	1	$-(B\beta_2\omega_{21})$
	2	$-(B\beta_2\omega_{22})$
	..	…
	k_2	$-(B\beta_2\omega_{2k_2})$
…	…	…
x_n	1	$-(B\beta_n\omega_{n1})$
	2	$-(B\beta_n\omega_{n2})$
	…	…
	k_n	$-(B\beta_n\omega_{nk_n})$

当然,也可以不要基础分值,让 n 个变量均摊这一部分,即每一项加上 offset: $(A-B)\beta_0/n$。

未知数 A 和 B 可以用两个已知或假设的分值代入公式求解出来。根据《信用风险评分卡研究》,一般需要两个假设:

- 在某个特定的比率(指 odds)设定特定的预期分值 P_0。
- 指定比率翻番的分数(PDO)。

首先,设定比率为 θ_0 的特定点的分值为 P_0。然后,比率为 $2\theta_0$ 的点的分值为 $P_0-\mathrm{PDO}$。带入得到两个等式:

$$P_0 = A - B\ln(\theta_0)$$

$$P_0 - \mathrm{PDO} = A - B\ln(2\theta_0)$$

求出 A 和 B:

$$B = \frac{\mathrm{PDO}}{\ln(2)}$$

$$A = P_0 + B\ln(\theta_0)$$

假设想要设定评分卡刻度,使得比率为 1∶60(违约与正常)时的分值为 600 分,

PDO = 20。然后计算出 B = 28.85，A = 481.86，于是计算得分公式为：

$$score = 481.89 - 28.85 * \ln(odds)$$

通常会计算出不同比率下的分值和违约率，便于决策，继续使用上述例子可以得出表 5-7：

表 5-7 评分卡刻度

分值	odds（违约：正常）	违约率（%）
660	1：480	0.21
640	1：240	0.41
620	1：120	0.83
600	1：60	1.64
580	1：30	3.23
560	1：15	6.25
540	1：7.5	11.76
520	1：3.75	21.05
500	1：1.875	34.78

4. 确定风险阈值

最后还剩一个问题，如何定义门槛分数（Cut-off Score）。这里涉及 KS（Kolmogorov-Smirnov）值。KS 用于模型风险区分能力的评估，衡量的是每个评分区间里累计坏样本数占比与累计好样本数占比之差的最大绝对值。差值越大，那么模型的风险区分能力越强。

$$KS = \max\left(\frac{Cum.B_i}{B_T} - \frac{Cum.G_i}{G_T}\right)$$

其中，$Cum.B_i$ 和 $Cum.G_i$ 分别表示累计坏样本数和累计好样本数。

如图 5.13 所示，横轴表示评分的分数，纵轴表示累计样本数量与对应类别总样本数量的比值，紫色线表示坏账累计占比，绿色线表示好账累计占比，差值最大值为 KS 值，此时横轴上对应的分数即为 Cutoff-Score。更直观地，我们可以以分数为横轴，以两条线的差值为纵轴，绘制出 Score 与 KS 之间的关系（图中红色线），选择曲线最高点对应的分数作为 Cutoff-Score 即可。

KS 除了用来确定阈值分数，还是评分卡模型的效果评估方式，此外还有 ROC 曲线、GINI 系数、错误率、准确率、召回率、F1 等。

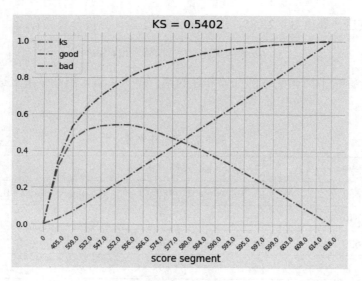

图 5.13　KS 图

5. 实践案例

我们以 Kaggle 上 Give Me Some Credit 的数据集为基础，结合前面介绍的流程，简单创建一个评分卡。首先看一下数据集的情况（字段的含义可以忽略，或者参考 Kaggle 的说明），如图 5.14 所示。

```
dataset_path = './cs-training.csv'
raw_data = pd.read_csv(dataset_path)
raw_data.describe().T
```

Out[1]:

	count	mean	std	min	25%	50%	75%	max
SeriousDlqin2yrs	150000.0	0.066840	0.249746	0.0	0.000000	0.000000	0.000000	1.0
RevolvingUtilizationOfUnsecuredLines	150000.0	6.048438	249.755371	0.0	0.029867	0.154181	0.559046	50708.0
age	150000.0	52.295207	14.771866	0.0	41.000000	52.000000	63.000000	109.0
NumberOfTime30-59DaysPastDueNotWorse	150000.0	0.421033	4.192781	0.0	0.000000	0.000000	0.000000	98.0
DebtRatio	150000.0	353.005076	2037.818523	0.0	0.175074	0.366508	0.868254	329664.0
MonthlyIncome	120269.0	6670.221237	14384.674215	0.0	3400.000000	5400.000000	8249.000000	3008750.0
NumberOfOpenCreditLinesAndLoans	150000.0	8.452760	5.145951	0.0	5.000000	8.000000	11.000000	58.0
NumberOfTimes90DaysLate	150000.0	0.265973	4.169304	0.0	0.000000	0.000000	0.000000	98.0
NumberRealEstateLoansOrLines	150000.0	1.018240	1.129771	0.0	0.000000	1.000000	2.000000	54.0
NumberOfTime60-89DaysPastDueNotWorse	150000.0	0.240387	4.155179	0.0	0.000000	0.000000	0.000000	98.0
NumberOfDependents	146076.0	0.757222	1.115086	0.0	0.000000	0.000000	1.000000	20.0

图 5.14　Give Me Some Credit 的数据集概况

从图 5.14 中的数据可以看出，变量 MonthlyIncome 和 NumberOfDependents 存在缺失，前者缺失较多，后者少量缺失。关于缺失值的处理前面章节介绍过，这里对变量 MonthlyIncome 进行预测填充，对 NumberOfDependents 缺失的则丢弃，数据处理后如图 5.15 所示。

```
data.describe().T
```

	count	mean	std	min	25%	50%	75%	max
SeriousDlqin2yrs	145563.0	0.067538	0.250952	0.0	0.000000	0.000000	0.000000	1.0
RevolvingUtilizationOfUnsecuredLines	145563.0	5.941378	250.510835	0.0	0.031218	0.158817	0.561085	50708.0
age	145563.0	52.110701	14.567652	0.0	41.000000	52.000000	62.000000	107.0
NumberOfTime30-59DaysPastDueNotWorse	145563.0	0.389185	3.756944	0.0	0.000000	0.000000	0.000000	98.0
DebtRatio	145563.0	334.548251	1947.228209	0.0	0.173934	0.359090	0.770641	329664.0
MonthlyIncome	145563.0	5733.682055	13245.587607	0.0	2472.000000	4550.000000	7500.000000	3008750.0
NumberOfOpenCreditLinesAndLoans	145563.0	8.553788	5.141132	0.0	5.000000	8.000000	11.000000	58.0
NumberOfTimes90DaysLate	145563.0	0.231309	3.728803	0.0	0.000000	0.000000	0.000000	98.0
NumberRealEstateLoansOrLines	145563.0	1.033346	1.133115	0.0	0.000000	1.000000	2.000000	54.0
NumberOfTime60-89DaysPastDueNotWorse	145563.0	0.205622	3.712455	0.0	0.000000	0.000000	0.000000	98.0
NumberOfDependents	145563.0	0.759863	1.116141	0.0	0.000000	0.000000	1.000000	20.0

图 5.15 处理后的数据集

然后对个别异常值（如 age 为 0）的情况进行过滤，提取出 X 和 Y，划分训练集和测试集，待用。接下来是进行变量分组、计算 WOE 和 IV 信息，如下面代码所示，这里借用了 pandas 的 cut 方法。

```python
def subgroup(target, var, partition, var_name):
    d_part = pd.DataFrame({'var':var,'y':target,'Bucket':pd.cut(var, partition)})
    d_part_g = d_part.groupby('Bucket', as_index = True)
    new_g = pd.DataFrame(d_part_g.var.min(), columns=['min'])
    new_g['min'] = d_part_g.min().var
    new_g['max'] = d_part_g.max().var
    new_g['Bi'] = d_part_g.sum().y
    new_g['Gi'] = d_part_g.count().y - d_part_g.sum().y
    new_g['Bi+Gi'] = d_part_g.count().y
    # 分组内坏样本的比例
    new_g['badrate'] = d_part_g.mean().y
    # 分组内好样本占总的好样本的比例
    new_g['Gi/GT'] = new_g['Gi'] / (target.count() - target.sum())
    new_g['Bi/BT'] = (new_g['Bi+Gi'] - new_g['Gi']) / target.sum()
```

```
            new_g['woe'] = np.log(new_g['Bi/BT'] / new_g['Gi/GT'])
            iv = ((new_g['Bi/BT'] - new_g['Gi/GT']) * new_g['woe']).sum()
            print("*" * 40 + var_name + "*"*40)
            print(new_g.sort_index(by='min'))
        ...
```

从代码可以看出，这里只是简单了解了数据的分布情况后，手动定义了分组区间，比如变量 age（如图 5.16 所示），实际上还可以采用最优分组法。

```
****************************************age****************************************
         min  max    Bi     Gi   Bi+Gi  badrate     woe     Gi/GT     Bi/BT
Bucket
(20, 35]   21   35  1570  12769  14339  0.109492  0.538405  0.134504  0.230442
(35, 40]   36   40   877   8491   9368  0.093617  0.364094  0.089441  0.128724
(40, 45]   41   45   959  10256  11215  0.085510  0.264622  0.108033  0.140760
(45, 50]   46   50  1024  11910  12934  0.079171  0.180688  0.125456  0.150301
(50, 55]   51   55   878  11418  12296  0.071405  0.069050  0.120273  0.128871
(55, 60]   56   60   603  10983  11586  0.052046 -0.267837  0.115691  0.088507
(60, 65]   61   65   453  10752  11205  0.040428 -0.532606  0.113258  0.066491
(65, 70]   66   70   185   7221   7406  0.024980 -1.030044  0.076063  0.027154
(70, 109]  71  103   264  11134  11398  0.023162 -1.107460  0.117281  0.038749
```

图 5.16　age 变量的分组细节

类似地，计算出所有变量的 IV 值，如图 5.17 所示。根据经验值，IV 值低于 0.02 的变量都可以舍弃，这里扩大一下范围，把 IV 值为 0.0186、0.0319 和 0.0341 的变量，也就是 DebtRatio、MonthlyIncome 和 NumberOfDependents 变量舍弃，其他变量进入 LR 模型，建模训练。

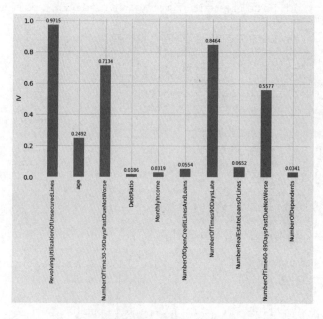

图 5.17　变量的 IV 值

得到模型的系数和 ROC，如图 5.18 所示，然后根据前面的公式和比率计算出 A 和 B，A = 481.8621880878296，B = 28.85390081777927，进而可以求出每个变量在每个分组上应得的评分。还是以 age 为例，在 9 个分组上的得分为 [-8.0, -5.0, -4.0, -3.0, -1.0, 4.0, 8.0, 15.0, 17.0]。

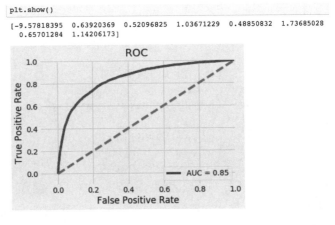

图 5.18　模型系数与 ROC

最后简单通过 KS 看一下模型效果并给出参考阈值。参考前面的图 5.13，可以看出，KS=0.5402，最大值对应的评分为 556 分，因为可以把 556 分作为 Cutoff-Score，当然实际场景中需要结合违约率等指标综合定义。

关于评分卡的知识就介绍这么多。评分卡是一种框架，一种方法论，而不是具体的模型，它主要用于金融领域授信、违约、催收等方面，从表 5-7（评分卡刻度）可以看出，它能够很方便地根据违约率决策分数门槛，操作起来很方便。实际中对于评分卡的应用需要结合业务场景，权衡收益与风险，灵活把控评分的区间，甚至可以通过多个评分卡策略结合人工审核等综合手段发挥到极致。考虑到解释的方便，评分卡背后的模型以 LR 和树模型为主，当然这个在不同类型的评分卡上也是有所区别的。

5.3.2　监督学习模型

从评分卡的底层模型上可以看出，背后实际是在通过监督学习模型做支撑，常用的有 LR、RF 和 GBDT 等。这些方法不单可以用在评分卡上，也可以直接外化用于各种分类、预测等场景。监督学习可以表述为如下的最优化形式：

$$\min f(x)$$
$$\text{s.t.} h(x) = 0$$
$$g(x) \leq 0$$

其中，$f(x)$ 是目标函数，$h(x)$ 和 $g(x)$ 是约束条件。只有 $f(x)$ 的问题称为无约束优化问题，只有 $f(x)$ 和 $h(x)$ 的问题称为等式约束优化问题，$f(x)$、$h(x)$ 和 $g(x)$ 都有的问题称为不等式约束优化问题。

先不说目标函数 $f(x)$ 具体是什么，我们先看什么是损失函数。训练求解的模型与真实模型总是有差距的，误差越小，说明求解的模型越好，衡量这个误差就用损失函数表示。常用的损失函数有：

平方损失：$L(y, f(x)) = (f(x) - y)^2$

绝对损失：$L(y, f(x)) = |f(x) - y|$

合页损失：$L(y, f(x)) = \max(0, 1 - y \cdot f(x))$

似然损失：$L(y, f(x)) = -\log P(y|x)$

损失函数的期望（所有样本的损失函数求和取平均）称为期望风险，学习训练的目标就是使得期望风险最小，但损失函数表达式中的真实模型并不可知。不过样本中每个 x 对应的 y 值是确定的，但是样本数毕竟有限，以此计算得出的是经验风险。由大数定理可知，样本数无穷时，经验风险接近期望风险，所以使用有限的样本求解经验风险最小化的问题，必然是有误差的，因为即便训练充分了也难以拟合样本之外的数据，也就是所谓过拟合问题。于是专家想到了一个方法，即在优化目标函数上加一个惩罚项来进行干预，目标函数就变成了这样：

$$\min \frac{1}{N} \sum_{i=1}^{N} L(y^i, f(x^i, \theta)) + \lambda J(\theta)$$

其中 $J(\theta)$ 为正则化项。那么如何求解出最好的 f 呢？当然是通过样本训练和测试，而其中的关键就是如何进行参数估计，常用的方法就是最小二乘法、最大似然估计和贝叶斯估计（最大后验估计）。其中最小二乘法是最好理解的，不多解释，下面解释其他两种。

最大似然估计认为参数是客观存在的，只是未知，目标是求解使样本分布发生概率最大的参数。假设分布函数为 $p(x|\theta)$，并假设 x 是独立同分布的：

$$l(\theta) = p(x|\theta) = \prod_{i=1}^{N} p(x_i|\theta)$$

为避免乘法下溢，取对数：

$$L(\theta) = \log l(\theta) = \sum_{i=1}^{N} \log p(x_i|\theta)$$

那么最大似然估计即求解：$\mathrm{argmax}\ L(\theta)$。

贝叶斯估计则认为参数 θ 也是随机变量，它也有概率即 $p(\theta)$，这样的话，输入一个 x，不能用一个确定的 y 给出输出结果，而需要用一个概率表示，因此，求解的目标是所有 θ 在输入 x 后的分布概率，即后验概率 $p(\theta|x)$：

$$p(\theta|x) = \frac{p(x|\theta)p(\theta)}{p(x)} = \frac{p(x|\theta)p(\theta)}{\int p(\theta|x)p(\theta)\mathrm{d}\theta}$$

分母是所有后验概率的加和，不影响最大化结果，因此，最大化后验概率近似为：

$$\mathrm{argmax}p(\theta|x) = \mathrm{argmax}p(x|\theta)p(\theta)$$

对比最大似然估计和贝叶斯估计就会发现，贝叶斯估计只是多了 $p(\theta)$ 一项，即它认为的参数也是有概率的。

有了求解目标，接下来便是如何求解最优化问题了，有的问题存在解析解，直接求导令其为零即可得出；但很多问题没有解析解，只能通过启发式算法或数值算法求解。前面提到了三种问题：无约束、等式约束和不等式约束。对于无约束问题，可以通过梯度下降法及其变种、牛顿法、拟牛顿法求解；而有约束的问题一般通过拉格朗日乘子法转换为无约束问题。

问题求解之后需要评估模型，而评估的指标主要有混淆矩阵、AUC、ROC 曲线、PR 曲线、TPR、FPR、F1-Score、KS、RMSE、MAE 等。表 5-8 是一个混淆矩阵：

表 5-8　混淆矩阵

	样本数	真实情况	
		真实为正	真实为负
预测情况	预测为正	True Positive（TP）	False Positive（FP）
	预测为负	False Negative（FN）	True Negative（TN）

假设把正常的样本作为负样本，坏的样本作为正样本（一般把数量多的作为负样本，数量少的作为正样本，也可以根据自己喜好调整，无强制要求，后文的正负之分请读者根据上下文区分），实际中能拿到的正负样本比例可能是 1∶100，甚至更大，即便把所有的正样本全部分到负类里，根据混淆矩阵也可得知准确率（(TP+TN)/(TP+FP+TN+FN)）竟达 99%，当然实际上极度不平衡的情况下，模型训练可能都不会收敛。

由此引出了监督学习模型在风控领域中的一个难题，即正样本太少、样本不均衡，尤其是针对用户的风险建模问题，因为对大部分业务来讲，一个是异常数据本身就偏少，另一个是想要获取异常数据的真实标签是很难的（逾期、不还款这种情况还是比较容易获取的），导致少之更少。

那么如何解决这种问题呢？业界把解决方法分为几类：数据层面的、算法层面的方法，还有模型融合方法。其中不乏大家熟悉的欠采样和过采样，如 SMOTE 及其变种。此外，也会从评估角度选择合适的评估指标，很明显上述采用混淆矩阵的方法评估模型准确率就不太合适，容易忽略数量少的那一类，但也不会弃用，一般会采用如 PR 曲线、ROC 曲线、灵敏性和特异性等多指标角度来综合评估。

接下来详细介绍这类问题的处理方法。这些方法中的绝大部分都已集成在 imbalanced-learn 库中，并与 sklearn 兼容。

5.3.3 样本不均衡处理策略

1. 采样策略

采样策略是数据层面的方法。首先要讲明的一点是，正负样本比例不均衡不一定就需要做样本均衡处理。因为建模的理论依据是假设样本分布与真实分布是一致的，或者是接近的。如果真实场景就是100∶1，那么按1∶1训练出来的模型参数与实际分布的模型参数一定是不一样的，这种差异在逻辑回归模型里的主要体现是不同的常数项，当然系数项肯定也是不一样的，最后在真实生产环境上的精度必然大幅低于训练环境。因此只要有足够的存储资源、计算资源，最关键的是有相当大量级的样本，即便正负样本的比例为1∶100，训出的模型也会是最贴合实际生产环境的。平时之所以要退而求其次地使用少量样本，尽量1∶1或者1∶10的配比，更多是因为各种局限性所致，而不是必须要做均衡策略。

再来说如何做采样策略。采样是指对训练样本的取样，分为过采样（Oversampling）和欠采样（Undersampling）两种。过采样是从样本较少的类别中（以下简称少数类样本）多次重复取样，复制原来的样本；欠采样则是从样本较多的类别中（以下简称多数类样本）部分取样，减少一部分样本。本质上，两种采样方法的目的都是从数据集层面使各个类别的样本比例趋于平衡。此外，还可以将二者进行组合。

1）过采样

过采样是随机抽取，样本是重复的。简单的复制扩大样本量，只是使得这些少数样本的决策边界更加具体了，但并没有扩大这一类别的决策边界，因此会出现过拟合，泛化效果差。**SMOTE**（Synthetic Minority Oversampling Technique）的中文名字是合成少数类的过采样技术，它在随机过采样的基础上做了一些改进，需要设置两个值，一个是 k 近邻的数量，一个是过采样的比例 N 以确定采样的倍率，过程如下：

（1）随机选择一个少数类样本，计算它到其他所有样本的距离，选择它的 k 近邻（保存至 nnarray）。

（2）对于每一个少数类样本 i，从它的 k 近邻中随机选择一个样本（即从 1~k 中随机一个数记为 nn），然后计算 i 和 nn 在每个维度上的差异值，再通过一个 0 到 1 之间的随机数加权该差异值，最后与样本 i 的原特征值合成，成为一个新的样本（以下是 SMOTE 算法的部分伪代码）：

```
for attr ← 1 to numattrs
  Compute: dif = Sample[nnarray[nn]][attr] - Sample[i][attr]
```

```
    Compute: gap = random number between 0 and 1
    Synthetic[newindex][attr] = Sample[i][attr] + gap * dif
  endfor
```

(3) 根据采样比例，重复上述第（2）步，直到满足样本数量要求。

从这可以看出，SMOTE 方法生成的新样本，等同于对原来样本的特征值做了一定程度的扰动，避免了重复样本的问题。读者可能已经注意到了，这个 k 近邻是允许包括多数类样本的，有一定盲目性。

它的改进版是 **Borderline-SMOTE** 算法，该算法只为那些 k 近邻中有一半以上多数类样本的少数类样本生成新的样本，因为这些采样点好比处在正负样本的边界附近，易于分错，所以基于这些样本合成新样本的收益更大；而 k 近邻中如果全是多数类样本，或者一半以上都是少数类样本，那这样的采样点就要放弃采样合成。针对已经选择好的采样点（假如已经放入集合 DANGER 中）如何合成新的样本问题，衍生出了两个版本，分别成为 B1-SMOTE 和 B2-SMOTE。

- **B1-SMOTE** 的做法是，对于 DANGER 中的样本 x，从原始的少数类样本集合中求出 x 的 k 个最近邻样本；随机从中选择 s 个，每个都与 x 计算差异，并以 0~1 的随机数加权后与 x 合成新的样本，这一步与 SMOTE 方法的第（2）步类似。
- **B2-SMOTE** 的做法则不仅从少数类样本中取最近邻，也从多数类样本中取最近邻。而且加权的系数不同，前者是从 0~1 取随机数，后者从 0~0.5 取随机数，也就是说合成的样本更接近少数类样本。具体来说：
  ➢ 先设定一个比例 α，表示"从少数类样本中合成新样本的数量"占"从两种最近邻中合成新样本"的比例。
  ➢ 假设从少数类样本集合求出 x 的 k 最近邻记为 N_k，从多数类样本集合中求出 x 的 k 最近邻记为 P_k，以 α 的比例在 N_k 中随机选出一些样本，按照 SMOTE 第（2）步的方法计算差值。
  ➢ 再以 0~1 的随机数加权差值与 x 合成新的样本。
  ➢ 以 $1-\alpha$ 的比例在 P_k 中随机选出一些样本，以 0~0.5 的随机数加权差值与 x 合成新的样本。

除了 Borderline-SMOTE，还有 kMeansSMOTE、SMOTEBoost、AND-SMOTE、C_SMOTE、SMOTE-DGC、SMOTE-D、Safe-Level-SMOTE、Random-SOMTE、SVMSMOTE、ADASYN 等改进方法，有兴趣的读者可以继续研究相关文献。

2）欠采样

再来介绍一下欠采样，方法也都比较成熟了。基础的欠采样就是随机从多数类样本中去掉一部分，这样就很容易丢掉有用的数据。**Tomek link** 方法提供了一种欠采样中如何剔除数据的选择，大体如下。

假设样本 i 和 j 分属于少数类别和多数类别，$d(i,j)$ 为两个样本的距离。当且仅当不存在第三个样本 l 使得 $d(i, l) < d(i, j)$ 或 $d(j, l) < d(i, j)$ 时，称样本对 (i, j) 形成一条 Tomek link，即彼此是最近邻但分属两类。如果两个样本都来自 Tomek link，那么要么其中一个是噪音数据，要么都处在决策边界上，于是欠采样时，选择丢掉其中的多数类样本 j。

One sided selection 在 Tomek link 方法的基础上又做了一些改进，提取所有的少数类样本和随机选择的一个多数类样本，放入集合 C 中，然后基于此训练一个 1-NN（k 近邻中的 k 为 1）分类器，对原始样本集 S 中的数据进行分类，每一个误分的多数类样本都放入 C 中。最后对集合 C 使用 Tomek link 方法，剔除一些多数类的样本，得到最终的样本集。剔除的这些样本一般是边界或者噪音。

此外还有 NearMiss-（1 &2&3）、Under-sampling with Cluster Centroid、Condensed Nearest Neighbour、Neighboorhood Cleaning Rule、Edited Nearest Neighbour、Instance Hardness Threshold、Repeated Edited Nearest Neighbour、AllKNN 等。

3）组合策略

除了单纯的过采样和欠采样方法之外，还有组合策略，比如 SMOTE + Tomek link、SMOTE + ENN。SMOTE + Tomek link 的思想比较简单，利用 SMOTE 合成新的少数类样本，然后再通过 Tomek link 删除样本对（不是只删除多数类样本），把 SMOTE 扩充的那些可能存在类别重叠的样本踢掉。而 SMOTE + ENN 则是在 SMOTE 之后，对新的样本集使用 kNN（一般 k 为 3）分类，如果误分类，则剔除。

4）不同方法的效果示例

下面以 Kaggle 2011 年比赛 Give Me Some Credit 的数据集为例，来观察上述几种方法的效果。如图 5.19 所示，我们采用了 imblearn 库，可以看到，多数类与少数类的比例为 14：1。

图 5.19　不平衡数据集

imblearn 库支持多种采样方法，此处选取了 7 种方法（除不采样的 Base 外），均采用 LR 模型来做对比实验，最后结果以 ROC 曲线和 PR 曲线对比展示，部分代码如下。

```python
from scipy import interp
tprs = []
aucs = []
mean_fpr = np.linspace(0, 1, 100)
i = 0
names = ['SMOTE', 'Borderline SMOTE', 'EasyEnsemble', 'BalanceCascade', 'NearMiss',
         'SMOTE+ENN', 'SMOTE+Tomek']
methods = [SMOTE(random_state=1),
           SMOTE(random_state=1, kind='borderline1'),
           EasyEnsemble(random_state=1),
           BalanceCascade(random_state=1),
           NearMiss(version=3, random_state=1),
           SMOTEENN(random_state=1),
           SMOTETomek(random_state=1)]
plt.figure(figsize=(10,6))
for (name, method) in zip(names, methods):
    if name == 'EasyEnsemble' or name == 'BalanceCascade':
        y_pred, y_prob = self_method(method)
    else:
        model = make_pipeline(method, LogisticRegression())
        model.fit(X_train, y_train)
        y_pred = model.predict(X_test)
        y_prob = model.predict_proba(X_test)[:, 1]
    fpr, tpr, thresholds = roc_curve(y_test, y_prob, pos_label=1)
    tprs.append(interp(mean_fpr, fpr, tpr))
    tprs[-1][0] = 0.0
```

```
        roc_auc = auc(fpr, tpr)
        aucs.append(roc_auc)
        i += 1
        plt.plot(fpr, tpr, lw=3, alpha=0.8, label='{} (AUC={:.2f})'.
format(name, auc(fpr, tpr)))

    plt.plot([0, 1], [0, 1], linestyle='--', lw=2, color='r',
label='Chance', alpha=.3)
    mean_tpr = np.mean(tprs, axis=0)
    mean_tpr[-1] = 1.0
    mean_auc = auc(mean_fpr, mean_tpr)
    std_auc = np.std(aucs)
    plt.plot(mean_fpr, mean_tpr, color='b',label=r'Mean ROC (AUC = 
%0.2f $\pm$ %0.2f)' % (mean_auc, std_auc),
            lw=2, alpha=.8)

    std_tpr = np.std(tprs, axis=0)
    tprs_upper = np.minimum(mean_tpr + std_tpr, 1)
    tprs_lower = np.maximum(mean_tpr - std_tpr, 0)
    plt.fill_between(mean_fpr, tprs_lower, tprs_upper, color='grey', 
alpha=.2,
                    label=r'$\pm$ 1 std. dev.')

    plt.xlim([-0.05, 1.05])
    plt.ylim([-0.05, 1.05])
    # plt.xlim([-0.05, 0.40])
    # plt.ylim([-0.05, 0.83])
    plt.xlabel("FPR", fontsize=14)
    plt.ylabel("TPR", fontsize=14)
    plt.legend(fontsize=12,loc="lower right")
```

先来看一下 ROC 曲线的效果。据图 5.20 可知，几种方法的 ROC 曲线差别不大。我们把 x 轴的显示范围缩至 0.4，y 轴的显示范围缩至 0.83 来看（如图 5.21 所示），效果最好的是 SMOTE+ENN 和 SMOTE+Tomek 两种方法，最差的是 NearMiss 方法（这里采用的是 3 版本）。

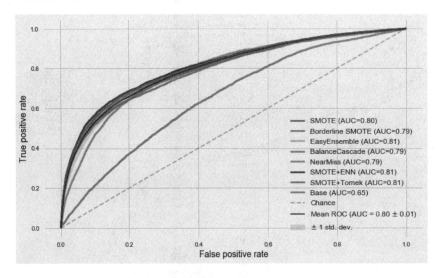

图 5.20　不同采样方法 ROC 曲线（1）

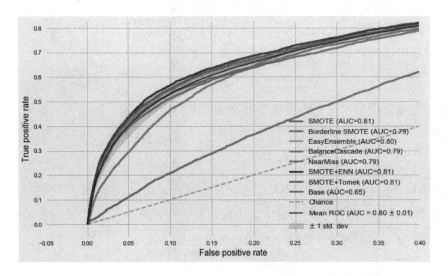

图 5.21　不同采样方法 ROC 曲线（2）

然后再来看一下 PR 曲线（图 5.22），结论是差不多的，效果最好的依然是 SMOTE+ENN 和 SMOTE+Tomek 两种方法，最差的是 NearMiss 方法。

从上面的实验可以看出，针对该问题，除 NearMiss 外，随便采用一种采样方法都可以得到一个差不多的效果。当然，这个数据集的正负类比例并不那么悬殊。这种现象使得我们平常在处理不平衡样本时，往往会选择自己最常用的方法。所以，面对不平衡现象，不要焦虑，随便采用一种采样方法就能得到还可以的结果。当然还可能出现的一种现象是，不管怎么采样，结果都不是很好。要了解更多方法的对比，可以参考 imblearn 手册上的一些例子，不过最主要的还是要结合自己的场景实验效果。

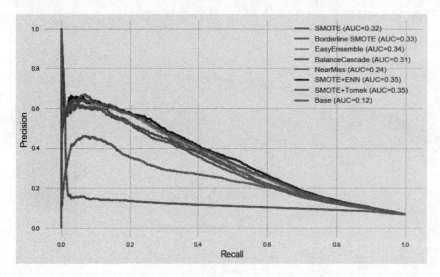

扫码看彩图

图 5.22　不同采样方法 PR 曲线

2. 算法策略

算法层面的策略相对发散一些，与具体的算法模型相关。比如论文"C4.5, Class Imbalance, and Cost Sensitivity:Why Under-Sampling beats Over-Sampling"中曾指出，采用 C4.5 的决策树算法使用过采样策略的效果就很不明显，更适合采用欠采样策略。

1）kNN 算法

对于 kNN 算法，可以采用带权重的距离函数来补偿样本的比例失衡，两个样本的距离定义为一个权重乘以它们的欧氏距离：

$$d_w(x, x_0) = (n_i / n)^{1/m} d_E(x, x_0)$$

其中，$d_E(x, x_0)$ 为样本 x 与第 i 类中的样本 x_0 的欧氏距离，n_i 为第 i 类样本的数量，n 为所有训练样本的数量，m 为特征空间的维度。由此可见，少数类的权重因子小于多数类的权重因子，这样就形成了一种在少数类中找最近邻的趋势，以此来达到调节的目的。

2）SVM 算法

SVM 算法也常用来解决不均衡问题，因为 SVM 算法的分类超平面只与支持向量有关，所以相比其他模型，对不均衡数据不太敏感。但它依然会导致超平面偏向于数量少的一类，为了避免这种情况，提出了一些改进算法，如"Class-Boundary Alignment for Imbalanced Dataset Learning"中提到的边界移动、偏置项惩罚以及改变核函数，再如不同类不同的惩罚常数，这些都已在 sklearn 中已经实现，使用 SVC 方法时指定 class_weight='balanced'，或者尝试不同的惩罚系数 C，如下代码片段和图 5.23 所示效果，图中 weighted 和 non weighted 两条线分别表示有无调整惩罚系数的分类决策边界，从图中效果来看，有惩罚系数的分类影响了近一半的少数类召回。

```
# 参考自 sklearn
n_samples_1 = 1000
n_samples_2 = 100
centers = [[0.0, 0.0], [2.0, 2.0]]
clusters_std = [1.5, 0.5]
X, y = make_blobs(n_samples=[n_samples_1, n_samples_2],
                  centers=centers,
                  cluster_std=clusters_std,
                  random_state=0, shuffle=False)
clf = svm.SVC(kernel='linear', C=1.0)
clf.fit(X, y)
wclf = svm.SVC(kernel='linear', class_weight={1: 10})
# 两种参数形式都可以
#wclf = svm.SVC(kernel='linear', class_weight='balanced')
wclf.fit(X, y)
plt.scatter(X[:, 0], X[:, 1], c=y, cmap=plt.cm.Paired, edgecolors='k')
ax = plt.gca()
xlim = ax.get_xlim()
ylim = ax.get_ylim()
xx = np.linspace(xlim[0], xlim[1], 30)
yy = np.linspace(ylim[0], ylim[1], 30)
YY, XX = np.meshgrid(yy, xx)
xy = np.vstack([XX.ravel(), YY.ravel()]).T
Z = clf.decision_function(xy).reshape(XX.shape)
a = ax.contour(XX, YY, Z, colors='k', levels=[0], alpha=0.5, linestyles=['-'])
Z = wclf.decision_function(xy).reshape(XX.shape)
```

```
    b = ax.contour(XX, YY, Z, colors='r', levels=[0], alpha=0.5,
linestyles=['-'])
    plt.legend([a.collections[0], b.collections[0]], ["non
weighted", "weighted"],
               loc="upper right")
    plt.show()
```

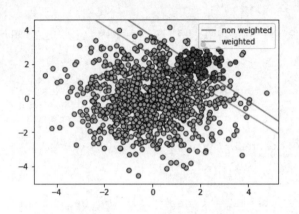

图 5.23　SVC 不同参数处理不平衡数据

One-Class 学习方法常用于样本极度不均衡的场景中，也可以被用来做离群点检测。这种情况下基本只有一种类型的样本，以此训练一个学习器，得到一个紧凑的边界，用来判断一个样本与已知的多数类样本是否一致。常用的实现方法有 SVDD（Support Vector DataDescription）和 OCSVM。

SVDD 的基本思想是寻找一个最小的超球面覆盖已知类别的样本数据，判断一个新的样本时就看是否落在超球面内，而找这个超球面的目标是，求出能够包含多数类样本的最小超球面的中心 a 和半径 R。

OCSVM 的思路是将数据样本通过核函数映射到高维特征空间，使其具有更良好的聚集性，再求解一个最优超平面实现目标数据与坐标原点在特征空间的最大分离。两种方法效果相当，但在高维度情况下，性能太差，所以这些方法在使用前需要做好特征工程和降维操作。ICML 2018 年的论文 *Deep One-Class Classification* 提出了一种深度学习方法（Deep SVDD），来最小化超球面的半径。笔者还没有试过它的效果，有兴趣的读者可以在 GitHub 上搜索 Deep-SVDD，阅读它的论文和代码。

3）代价敏感学习

代价敏感学习（Cost-sensitive learning）是另外一种算法层面的均衡策略。根据场景不同，不同的误分类应该有不同的惩罚力度，比如"将一个坏人判断为好人的代价"与"将一个好人判断为坏人的代价"应该不同，表 5-9 是一个代价矩阵。

表 5-9 代价矩阵

		真实情况	
		真实为正 $y_i=1$	真实为负 $y_i=0$
预测情况	预测为正 $c_i=1$	C_{TP_i}	C_{FP_i}
	预测为负 $c_i=0$	C_{FN_i}	C_{TN_i}

假设银行要根据模型结果判断是否接受贷款申请人的申请。此前的算法评估多是看精准率、误分类率等，而实际应用中可能更强调损失最小、收益最大。银行如果做出 FN 判断，即将贷款贷给一个不还款的申请人，所造成的损失无疑是要远大于其做出 FP 判断的（即未将贷款贷给符合条件的申请人）。假设现在有两个已训练好的模型 A 和 B，即便 A 的分类准确性要优于 B，但从损失最小的角度看，A 的可用性可能不如 B。

关于 cost-sensitive 算法的研究也有不少，比如 MetaCost。MetaCost 根据 cost 学习训练后，对数据集的实例重新标记，如图 5.24 所示。这种方法还是很麻烦的，需要在训练集中多次采样，训练多个模型，得到样本属于每个类别的概率，然后计算错误分类的代价，并根据最小代价得到相应的类标记。然后再在重标记的训练集上重新训练分类模型，得到最终结果，不过效果有可能会变差，比如正常样本误分类概率增加。

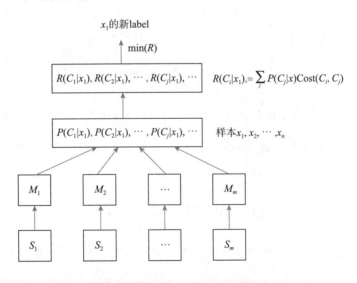

图 5.24 MetaCost 的 bagging 实现过程

这里重点介绍一种称为 Example-Dependent 的 Cost-Sensitive 算法，该算法体系的 Python 实现版本为 costcla（下面以 costcla 来简称此算法），可以通过 pip 安装。该算法主要由论文 "Example-Dependent Cost-Sensitive Logistic Regression for Credit Scoring 和 Example-Dependent Cost-Sensitive Decision Trees" 提出。论文同样也采用了 Kaggle 2011 年比赛 Give Me Some Credit 的数据集，与前面章节的例子不谋而合。

costcla 算法之所以称为 Example-Dependent，是因为它认为除了好人坏人的误分类代价不同，不同实例的代价也是不同的。以信贷为例，每个人贷款的额度、期限和利率都是不同的，对于银行来说，误分类的损失自然是不同的。基于此，每个实例都构建一个代价矩阵如表 5-10 所示，其中 c_i 为预测标签，y_i 为真实标签，矩阵结构与混淆矩阵类似，只是每一项变成了对应的代价。C_{FN_i} 定义为把一个坏人误判为好人的损失，按照客户 i 违约时信贷额度 Cl_i 的一定比例 L_{gd} 计算，C_{FP_i} 定义为把一个好人误判为坏人的损失，为 r_i 与 C_{FP}^{α} 两项之和，r_i 为拒绝一个好客户而导致的利润损失，C_{FP}^{α} 则与金融机构拒绝了一个好客户之后资金的闲置与否有关。

表 5-10 基于实例的信用分代价矩阵

	真实为正 $y_i = 1$	真实为负 $y_i = 0$
预测为正 $c_i = 1$	$C_{TP_i} = 0$	$C_{FP_i} = r_i + C_{FP}^{\alpha}$
预测为负 $c_i = 0$	$C_{FN_i} = Cl_i \cdot L_{gd}$	$C_{TN_i} = 0$

这里面的每个参数的含义和计算公式参考其 tutorial，此处不再详细列出。有了这个代价矩阵之后，便可以来量化衡量模型的代价和节省的损失，这相当于模型的效果有了新的评估指标，类比 AUC、KS、F1 值等指标。每一个样本的特征表示也由原来的 x_i 变成了 $x_i^* = [x_i, C_{TP_i}, C_{FP_i}, C_{FN_i}, C_{TN_i}]$，那么模型 f 在整个数据集 S 上的代价表示为：

$$\text{Cost}(f(S)) = \sum_{i=1}^{N} \text{Cost}(f(x_i^*))$$

$$\text{Cost}(f(x_i^*)) = y_i(c_i C_{TP_i} + (1-c_i)C_{FN_i}) + (1-y_i)(c_i C_{FP_i} + (1-c_i)C_{TN_i})$$

而节省的损失就定义为不使用 cost-sensitive 与使用 cost-sensitive 的代价之差。

$$\text{Cost}_l(S) = \min\{\text{Cost}(f_0(S)), \text{Cost}(f_1(S))\}$$

$$\text{Savings}(f(S)) = \frac{\text{Cost}_l(S) - \text{Cost}(f(S))}{\text{Cost}_l(S)}$$

其中 f_0 是指 f 把数据集 S 中的所有样本都预测为负类，f_1 是指预测为正类。

costcla 方法在论文中提出了 BMR（Bayes Minimum Risk）模型，以期望风险损失最小化为构建目标。预测单个样本为负类和正类的风险损失分别为：

$$R(c_i = 0 | x_i) = C_{TN_i}(1 - p_i) + C_{FN_i} \cdot p_i$$

$$R(c_i = 1 | x_i) = C_{TP_i} \cdot p_i + C_{FP_i}(1 - p_i)$$

其中，$p_i = P(y_i = 1 | x_i)$，即原来的概率估计，表示违约概率。如果 $R(c_i = 0 | x_i) \leq R(c_i = 1 | x_i)$，就把样本 i 划分为负类，这也意味着作出"i 是一个好人的决策带来的风险"小于"认为他是一个坏人带来的风险"。以逻辑回归 LR 模型为例，我们看看如何把 BMR 的思想与 LR 结合起来。我们知道 LR 的概率估计表示为如下形式：

$$p_i = P(y_i = 1 | x_i) = h_\theta(x_i) = g\left(\sum_{j=1}^{k} \theta^j x_i^j\right)$$

其中，$g(\cdot)$ 为 sigmod 函数，$g(z) = 1/(1+e^{-z})$。而它的优化函数为：

$$J(\theta) = \frac{1}{N} \sum_{i=1}^{N} J_i(\theta)$$

其中，$J_i(\theta) = -y_i \log(h_\theta(x_i)) - (1-y_i)\log(1-h_\theta(x_i))$，那么引入 cost 矩阵后的优化函数则变成了：

$$J_i^c(\theta) = \begin{cases} C_{TP_i}, & y_i = 1 \text{ and } h_\theta(x_i) \approx 1 \\ C_{TN_i}, & y_i = 0 \text{ and } h_\theta(x_i) \approx 0 \\ C_{FP_i}, & y_i = 0 \text{ and } h_\theta(x_i) \approx 1 \\ C_{FN_i}, & y_i = 1 \text{ and } h_\theta(x_i) \approx 0 \end{cases}$$

合并后即为：

$$J_i^c(\theta) = y_i(h_\theta(x_i)C_{TP_i} + (1-h_\theta(x_i))C_{FN_i}) + (1-y_i)(h_\theta(x_i)C_{FP_i} + (1-h_\theta(x_i))C_{TN_i})$$

目标函数明确后，接下来便是迭代优化参数了。costcla 的 tutorial 上面给出了 LR、RF、DT 三种算法，如下面代码所示，分别结合 BMR 后与原始算法在数据集 Give Me Some Credit 上的效果对比如图 5.25 所示。

```
from costcla.models import BayesMinimumRiskClassifier
ci_models = classifiers.keys()


for model in ci_models:
    classifiers[model+"-BMR"] = {"f": BayesMinimumRiskClassifier()}
    # Fit
    classifiers[model+"-BMR"]["f"].fit(y_test, classifiers[model]["p"])
    # Calibration must be made in a validation set
    # Predict
    classifiers[model+"-BMR"]["c"] = \
```

```
    classifiers[model+"-BMR"]["f"].predict(classifiers[model]["p"],
cost_mat_test)
        # Evaluate
        results.loc[model+"-BMR"] = 0
        results.loc[model+"-BMR", measures.keys()] = \
          [measures[measure](y_test, classifiers[model+"-BMR"]["c"])
for measure in measures.keys()]
        results["sav"].loc[model+"-BMR"] = \
          savings_score(y_test, classifiers[model+"-BMR"]["c"], cost_
mat_test)


    print results
```

```
              pre       f1        acc       rec       sav
    RF        0.492091  0.232172  0.934394  0.151926  0.122358
    LR        0.529412  0.037677  0.934854  0.019533  0.010948
    DT        0.251239  0.262626  0.899146  0.275095  0.191770
    RF-BMR    0.179759  0.282039  0.782493  0.654368  0.432752
    LR-BMR    0.115987  0.188429  0.717737  0.501899  0.228092
    DT-BMR    0.251639  0.260847  0.899819  0.270754  0.192115
```

图 5.25 三种算法模型引入 BMR 后的效果对比

从图 5.25 中可以看出，除决策树之外，RF 和 LR 引入 BMR 后均取得良好效果。此外，论文作者还针对决策树模型以及 Ensemble 方法都引入了 BMR，更多优化细节留给有兴趣的读者继续研究相关论文和代码。

costcla 提供的代价矩阵虽不可照搬使用，但是其方法理念值得学习，不过在实际中实现代价矩阵需要的设置参数受很多因素影响，难以精确量化，需要借助大量的行业先验知识，使用不当或许还不如其他的均衡策略奏效。

3. 集成策略

集成策略是与欠采样方法同样广泛使用的方法，主要通过 Bagging 或 Boosting 技术结合欠采样进行不平衡处理，如 EasyEnsemble、BalanceCascade、CUSBoost、SMOTEBoost、AdaCost Boosting 等。

EasyEnsemble 想法非常简单，多次随机欠采样，尽量覆盖更多信息。具体来说，多次从数量多的那类样本中随机抽取与少数类样本一样大小的样本集合，每个样本集合都与少数类样本联合起来训练，这样就生成多个弱分类器模型，然后集合多个模型的结果进行判断。在 imblearn.ensemble.EasyEnsemble 中可以通过参数 replacement 决定是否有放回抽样。

BalanceCascade 与 EasyEnsemble 不同的是，每次训练完 AdaBoost 分类器后，利用得到的分类器对多数类样本进行预测，分类正确的都舍弃掉，然后再次从多数类样本中随机采样，训练新的分类器，同样把分类正确的样本舍弃不放回。以此类推，直到剩余的样本数小于少数类样本数。

CUSBoost（Cluster-based Under-sampling with Boosting）是一种比较新的方法，由 Rayhan F 等人在 2017 年提出，它所做的是在抽样之前进行 clustering 操作，利用 k-means 将多数类分成 k 个簇，在每一簇中随机欠采样，与少数类样本联合起来组成平衡数据，然后训练决策树模型。对每一个样本赋予初始权重，$1/d$，其中 d 是样本的数量。如果样本分类正确，那么其权重就会下降，否则就会增加。每棵树模型 M_i 的错误率为：

$$\text{error}(M_i) = \sum_{i=1}^{d} w_i * \text{err}(x_i)$$

如果样本 x_i 分类错误的话，$\text{err}(x_i)$ 为 1，否则为 0，最后对每个样本的权重进行归一化处理。其实 CUSBoost 的思想很简单，主要就是对多数类进行聚类，这样在采样的时候能够兼顾多种类型数据，尽量覆盖全面，虽然是一个不太起眼的技巧，但 AUC 却有所提升。

此外，imblearn 库中还包括 BalancedBaggingClassifier、RUSBoostClassifier 等方法，可以参考相关 API。

4. 其他处理技巧

关于不平衡样本的处理，除了上述三类策略，还有一些其他的小技巧。

1）阈值调整

一般来说，对于二分类问题，经常将 0.5 作为预测结果的分类阈值，概率大于 0.5 为一类，小于 0.5 为另一类，这是在样本均衡的大前提下进行的。在介绍 LR 推导过程的书中一般都会提到一个词叫几率（odds）。以二分类为例，假如一个样本为正类的概率为 p，那么它为负类的概率为 $1-p$，那么 $p/(1-p)$ 表示两类可能性的比，称为**预测几率**。如果 $p/(1-p)>1$，我们认为该样本是正类的概率大于其为负类的概率。但如果数据集中正负样本比例不均衡，我们看到的正负类数量分别为 m 和 n，此时 m 可能远大于 n，m/n 则远大于 1。我们称 m/n 为**观测几率**。

所以在用分类器分类时，如果预测几率 $p/(1-p)$ 大于实际的观测几率 m/n，此时才把样本归为正类，而不是直接以 0.5 作为分类阈值。转换一下 $p/(1-p)>m/n$ 即可得到 $p>m/(m+n)$，因此，这里的 $m/(m+n)$ 取代 0.5 成为新的分类阈值。在计算混淆矩阵、精准率召回率、ROC、PR 等指标时，同样也采用新的阈值标准。

如此，我们在解决不平衡数据样本分类时，便无须进行过采样或者欠采样，而是采用集成模型（如 RF 和 GBDT 等）训练建模，得到预测结果后，依据新的分类阈值进行分类。这种方法不需要太多技巧就可以得到一个 baseline 模型。

2）采用合适的评估指标

阈值调整必然影响评估指标的计算。ROC 曲线和 PR 曲线是类别不平衡问题中常用的评估方法。先介绍几个概念。

- TPR=TP/(TP+FN) 表示真正率，也称为召回率（Recall，Recall=TPR）和灵敏性（Sensitivity），是指所有正类中有多少预测对了。如果 TPR 高，FN 就会低，意味着误分类为负类的正类就很少。
- TNR=TN/(TN+FP) 表示真负率，也称之为特异性（Specificity），是指所有负类中有多少预测对了。如果 TNR 高，FP 就会低，意味着误分类为正类的负类就很少。TPR 和 TNR 这两个指标不受样本集合不平衡因素的影响。
- FPR=1-TNR=FP/(TN+FP) 表示假正率，是指所有负类中有多少预测错了。
- Precision=TP/(TP+FP) 表示精准率，是指所有预测为正类的样本中有多少是真正的正类。

ROC 曲线便是以 TPR 和 FPR 为纵横轴，根据不同的分类阈值绘制的。根据 TPR 和 FPR 的含义，越靠近左上角越好，因为左上角 TPR 为 1，FPR 为 0，此时不存在 FN 和 FP。而最好的阈值便是曲线离左上角最近时的位置。

PR 曲线是以 Precision 和 Recall 为纵横轴，根据不同的分类阈值绘制的。根据 Precision 和 Recall 的含义，越靠近右上角越好，因为右上角 Precision 为 1，TPR 也为 1，此时不存在 FP 和 FN。而最好的阈值便是曲线离右上角最近时的位置。

PR 曲线的两个轴的指标定义都是聚焦于正类的，而类别不平衡问题中少数类往往就被定义为正类，所以 PR 曲线更适合不平衡场景。而 ROC 曲线兼顾正类和负类，并且 TPR 的分子分母都属于正类，FPR 的分子分母都属于负类，所以即便正负类的数量发生了变化，也不会影响另一个，因此 ROC 曲线对数据分布来说更稳定，相比之下，PR 曲线对样本比例更灵敏。此外，FPR 会因为 TN 的量级较大而导致变化不明显，所以会出现假正（即表 5-8 中的 FP）增加了也不易于从 ROC 上看出的现象。

除了 ROC 和 PR 两种曲线，这里再介绍一下分类报告（classification_report）这个评估工具，它不是指标，而是基于混淆矩阵且包括了精准率、召回率等指标的工具。前面在介绍样本均衡策略的实验中就给出了 classification_report 的输出形式。在输出结果中，可以看到每个类别的精准率、召回率和 F1 值，以及微平均（micro avg）和宏平均（macro avg），这样更容易关注模型对少数类的效果。微平均是对数据集中的每一个样本不分类别地进行统计，建立全局混淆矩阵，然后计算相应指标；宏平均是先对每一种类别统计指标值，然后再对所有类别求算术平均值。尤其是当类别间的样本比例悬殊时，微平均和宏平均就会表现出差异。一般来说，想要更关注样本少的少数类，就要注意宏平均。

3）采用集成模型与交叉验证

常见的搭配组合是采用 RF+KFold+GridSearchCV，把预测结果在交叉验证集上取平均。这是最为普通的一种的做法，但效果还不错。

4）简版 cost-sensitive，设置 class_weight 参数

参数 class_weight 有两种类型，可以为 'balanced'，也可以为一个 dict 形式（{class_label: weight}），来设置每个类别的比例。

5）补充数据

补充数据不局限于任何途径，可以购买外部数据，可以做数据延伸。例如，有些图像识别的项目可以通过对图片进行裁剪、拉伸、调整尺寸、模糊、分 RGB 通道等手段，在有限的样本上尽量"折腾"，以扩大量级。这其实就是做数据扰动。

总之，面对数据不平衡问题，没有一步到位的完美解决办法，这就像风控这件事情，同样没有一步到位的完美之策，需要我们尝试多种策略，孜孜不倦地寻找最适合自身场景的方法。

5.3.4　PU Learning

在样本不均衡问题中，还存在一种称为 PUlearning 的解决思路，即 Postive and Unlabelled Learning，只确切知道正样本，但负样本不确定，数据构成只有正样本 P 和未打标签的样本 U。研究人员已经提出了许多方法来解决这种问题，比如 biased-SVM、两阶段（two-stage）策略、直推式学习以及前面提到的 cost-sensitive；此外，还可以通过给正样本和未标记样本赋予不同权重，给出样本属于正类的条件概率估计。

biased-SVM 方法将未标记数据看作噪音数据，所以软间隔的 SVM 是一种较好的处理方式。

两阶段策略的第一阶段试图通过一些方法挖掘出一些可靠的负例，第二阶段利用挖掘出的负例与正例训练传统的监督模型，预测样本类别。它实际上将问题转化为一个传统的监督和半监督学习问题。其中第一阶段的方法主要有 Rocchio、Naive Bayesian 分类器、间谍技术（Spytechnique，也叫 Spy 方法）以及 1-DNF 方法。这里简单介绍一下 Spy 方法获取可靠负样本的步骤，如下所示，其中输入为正样本集合 P、未打标签的集合 U、抽样比例 s，输出为可靠负样本集合 RN。

（1）RN= 空。

（2）按比例 s 从 P 中抽取样本集合 S。

（3）$P_s = P\text{-}S$，$U_s = U \cup S$，分别为正负样本集。

（4）以 P_s 和 U_s 训练模型 g。

（5）g 在 S 集合上预测，确定阈值 h。

（6）g 在 U 上预测，对于概率小于 h 的样本 d，RN = RN $\cup$ d。

（7）OutputRN。

从算法步骤可以看到，过程还是比较清晰的，先随机从正例 P 中选择一组样本 S，把 P-S 和 $U$$\cup$$S$ 作为正负样本给分类器 g（比如 NB 分类器，采用 EM 方法训练至参数稳定；或者 SVM、LR 等）；然后在 S 集合上执行预测，确定一个分类阈值 h，h 以下的为负样本，h 以上的为正样本；以阈值 h 在 U 集合上执行预测得到负样本集合。

前面已经介绍了 cost-sensitive 方法的原理，用在 PU 学习上，可以把所有的未标记数据作为负类，以不同的惩罚因子约束损失函数，比如正类误分类的惩罚因子要大于负类误分类的惩罚因子。

关于使用两阶段策略和 cost-sensitive 方法的应用，论文"POSTER: A PU Learning based System for Potential Malicious URL Detection"进行了详细介绍，该论文描述了基于两种策略建模，进行潜在恶意 URL 检测的过程，有兴趣的读者请自行参考。

"A bagging SVM to learn from positive and unlabeled examples"论文中提出了直推式 PU 学习，它假设未标记的数据就是测试数据，学习的目的就是在未标记数据上取得最佳泛化效果。既把未标记数据作为负类用于训练，又以预测的概率分数给它们打标记。采用 bootstrap 迭代 T 次，每次都随机地从 U 中选取和 P 等量的样本 Ut 作为负样本，与 P 联合训练，预测 U-Ut 中的样本概率，并使用 T 次迭代的平均值作为最终概率得分。

我们以 Give Me Some Credit 的数据集来观察直推式方法的效果。样本集中有 7616 个正样本，抽取其中 761 个作为 P 部分，其余加上所有的负样本作为 U 部分。以 RF（默认参数未调参，也可以尝试决策树或 SVM）作为中间环节的分类器（核心过程如下）。

```
for i in range(T):
    # 从U中采样与P等量的样本，与P一起联合训练
    sample = np.random.choice(np.arange(NU), replace = True, size = NP)
    train_data = np.concatenate((data_P, data_U[sample, :]), axis = 0)
    #train
    rf = RandomForestClassifier()
    rf.fit(train_data, train_label)
```

```
        idx = sorted(set(range(NU)) - set(np.unique(sample)))
        fx[idx] += rf.predict_proba(data_U[idx])
        nx[idx] += 1
predict_proba = f_oob[:, 1]/n_oob
...
```

迭代 1000 次后，我们可以得到图 5.26 所示的结果：

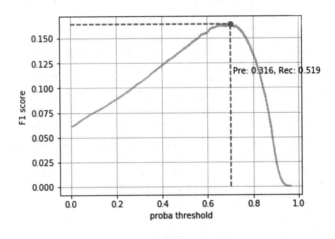

图 5.26　直推式 PU 实验

其中横轴表示阈值，纵轴表示 F1 值，图中曲线最高点时，概率阈值为 0.71，召回 52% 的正样本，预测的 98081+3410 个负样本中存在 4% 的误判。这个效果应该算是比较好的了，实际应用中还会结合其他的不均衡策略和调优技巧，综合效果会更好。但是实际中情况有可能是相反的，即已知标签的可能是大量正常类的样本，未打标签的是少数坏样本和大量的正常类样本。

关于 PU 学习，2017 年 NIPS 上出现了一篇 "Positive-Unlabeled Learning with Non-Negative Risk Estimator" 论文，针对 PU 学习的过拟合问题提出了 nnPU，感兴趣的读者请参阅论文和相关代码。

5.3.5　主动学习和迁移学习

1. 主动学习

主动学习是指先用有限的已标注数据训练一个模型，然后主动选择一些样本让专家去标注，拿到标注后再来改善模型，循环往复，它的目标是使用尽量少的查询请求来获得尽量好的性能。主动学习的关键有两点，一是选择哪些样本让专家标注，二是专家的人工标注。前者是可以技术解决的，后者却不能，这是阻止该技术落地的难点。

1）挑选样本

成本或资源有限的条件下，选择哪些样本去做标注呢？有以下几种方法。

- 选择那些信息量大、对分类效果好的样本，如何在不知道标签的情况下描述一个样本的好坏？一个很直观的方法就是用熵来刻画不确定性，即挑出那些模棱两可的样本，对于二分类的风控模型来说，就是找出预测值在 0.5 附近的样本。
- 根据多样性选择，计算已标注数据和未标注数据之间的相似度，把和已标注数据相似的样本作为简单样本，不相似的样本作为难样本，每次主动请求标注的都是难样本。
- 把不同的同构模型预测值的方差作为样本的不确定性度量，MICCAI 2017 论文 "Suggestive Annotation: A Deep Active Learning Framework forBiomedical Image Segmentation" 中提到了通过不确定性和代表性挑选样本的方法。

前两种方法在 2015 年的论文 "Active batch selection via convex relaxations with guaranteed solution bounds" 中都有提到，2017 年国内上榜 CVPR 的一篇论文 "Fine-tuning Convolutional Neural Networks for Biomedical Image Analysis: Actively and Incrementally" 也都有相关应用，并针对多样性进行了改进。

2）样本标注

对于很多其他领域来说，专家的领域经验是有很大公信力的，比如医学、工业制造等领域，但对于风控领域来说，很难存在所谓的专家，可以有风控技术专家、风控策略专家，但很少存在一眼就能识别一个样本是否有问题的标注专家，大部分标注可能就是由公司里的几个运营人员来执行的，甚至是研发来做标注。

然而风控的很多问题并不仅仅是线上风险，还有很多是来自线下环节的，需要实地考察、走访，甚至暗访、调查，而且线下走访也不会像主动学习定义的那样每次只看一个样本，而是只有某个城市出现了数量较多的情况时才会去看，他们所希望拿到的数据也并不是模棱两可、信息量大的数据，而是去走访一趟最好能有所收获的数据。

正因为如此，涉及线下环节的标注，难以落实主动学习的闭环。好在还有很多线上场景，不涉及线下环节，主动学习尚有可用空间。虽然落地困难，但是这种交互式的思路还是有很大作用的，线下反馈是必不可少的。只是执行的过程未必如学术定义那般理想化，比如真实的情况可能是图 5.27 这样的，实际的主动学习过程与学术过程区别的关键在于，挑选样本和如何监督落地方面，读者可以仔细体会一下。

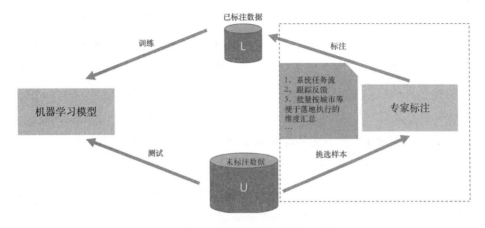

图 5.27　实际的主动学习过程

2. 迁移学习

于人来说，迁移学习就是举一反三的能力，用源域上已有的特征和模型，来解决目标领域中仅有少量有标签样本数据甚至没有数据的学习问题。它的一般化定义是给定一个源域 Ds 和源域上的学习任务 Ts、目标域 Dt 和目标域上的学习任务 Tt，用 Ds 和 Ts 学习目标域上的预测函数 f，其中源域与目标域不相等，或源任务与目标任务不相同。不同指的是特征空间或者数据分布不同。迁移的方法主要有样本迁移、特征迁移、模型迁移（即参数）和关系迁移。

但迁移学习在主流的风控模型应用中还不算多，原因就在于迁移需要满足源域与目标域非常相近的要求，或者可以通过某种关系映射进行转换，不然就无法迁移。而企业与企业之间的业务差别往往是很大的，风控模型的特征往往又紧贴业务，虽然可以通过转换进行一定程度的迁移，但是消耗成本太高，还不如单独训练来得省事，更何况企业的模型和特征往往是不公开的。所以迁移学习更多应用在企业内部相似的业务场景中，比如某电商平台中的团购业务和外卖业务上的团伙欺诈识别，特征的字段命名都是一样的，欺诈模式也有共通性，就可以迁移新兴业务上的反欺诈模型。

虽然业务类型的风控模型无法大面积使用迁移学习，但文本和图像视觉类的风控模型是可以应用迁移学习能力，比如检测图片中的目标（竞对 Logo、某个物体）、是否涉及敏感信息（黄恐暴力图片）等，是可以迁移成熟的深度模型的；再比如针对评论文本的舆情分析模型，无论是针对 3C 电子产品的还是针对服装食品的评论，都是可以实现模型迁移的。

主动学习更多是个思想，不是具体的方法；迁移学习更多是个方向，未来或许能在风控有更多的应用。

到这里，关于监督学习中不平衡样本的处理策略就介绍完了。最后想要讲的一点是，监督学习能够较好地拟合历史好坏样本的差异，能够对那些与历史作弊在某一方面相像的情况准确识别出来，这是比规则有优势的地方，毕竟任何场景的黑产都会把所有手段试一遍；不过它也面临着新手段应变效率差、可接受与可解释度低的问题。

时至今日，依然有许多从事传统风控的人员以及风控对接的周边业务人员不接受用概率思维思考风险问题，对于风险的认识还是非黑即白的思维方式，导致概率思维还不如硬性规则的接受度高；再者在复杂模型的个体解释上存在很大挑战。因此，想要发挥监督学习的优势，需要遵循以下两个原则：

- 看场景，预测类的问题，尤其是需要量化概率大小、严重程度的问题，并且对可解释性并没有很高时，选择监督学习方法。
- 在有标签数据的情况下，而且异常样本数量视具体情况还不算过少时，尽量使用监督学习方法，但同时无监督学习方法也要配合使用。

我们简单看几种场景。

- 场景一：假如要解决的问题只是简单地把用户中的异常群体找出来，而无须区分这些异常群体带来的损失差异，那么无监督学习方法甚至规则方法，可能比监督学习方法更容易被接受。
- 场景二：假如要识别电商中的商家是否存在刷单现象，监督学习方法更适合一些，因为相较于用户来说，商家的标签更容易获得。
- 场景三：假如要量化每个用户的风险等级（信用评分），监督学习更擅长一些，但一般也会通过无监督学习的各种技术手段辅助。
- 场景四：前面也提到过，风控解决的问题不局限于反欺诈和信用评估，还有其他大量业务场景涉及预测和分类，监督学习乃至深度学习都起到了主导作用，诸如文本的情感分类、图像识别、舆情分析等。

我们花了较大篇幅介绍样本不平衡问题，当然风控场景中的监督学习模型不仅有样本不平衡问题，特征工程也是一个值得深究的话题。第 4 章中介绍了特征的加工处理，实际上，除了结合业务场景可以做一些自动化特征工程之外，选择不同的模型在特征工程上的投入差别很大，有些模型如 GBDT+LR、FM 系列，可以在特征组合上实现很好的效果。

5.3.6 社区发现

在 2.3 节里曾指出，无监督学习方法在风控应用中具有很多优势，比如有预警能力、覆盖面广、可解释性强等好处，并介绍了主要的聚类算法如 K-means、GMM、层次聚类和谱聚类。实际上，在风控中常用的无监督学习除了常规的聚类算法，社区发现算法也备受欢迎，多用于发现群控云控等作弊团伙。社区发现算法也可以看作一种广义的聚类算法，是一种在由边和节点组成的网络上的图聚类算法。常规聚类算法的核心是计算样本距离、找到最相似的簇，社区发现强调找出紧密关系，但两者并不是完全割裂独立的，距离远近在一定程度上代表了关系远近。

1. 社区发现算法

社区发现早期的方法大都是启发式的（比如标签传播），社区的概念和评价方式都不明确，直到 2002 年 Girvan 和 Newman 在论文"Community Structure in Social and Biological Networks"中基于启发式规则提出了著名的 **GN 算法**，以及 2004 年 Newman 和 Girvan 在论文"Finding and Evaluating Community Structure in Networks"中提出了 modularity 的概念，即模块度，这才有了重大突破。随后的一系列研究以模块度为评价方式，modularity 越大，网络划分的社区结构越好。但是实际中很多节点同时属于多个社区，存在重叠情况，于是引发了一些关于重叠社区的研究，而评价方式也从 modularity 到了 benchmark 的研究。

社区由一组连接紧密的节点和边组成，这些节点与社区外部的节点连接稀疏，如图 5.28 所示，图中的网络被划分为 3 个社区。

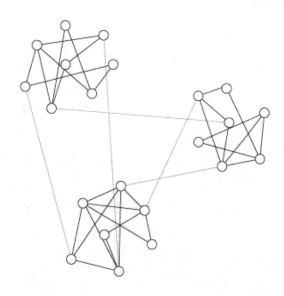

图 5.28　社区结构

2. GN 算法

GN 算法将一条边的介数（betweeness）定义为，网络中所有节点之间的最短路径中通过这条边的数量。介数高的边要比介数低的边更可能是社区之间的边，因为两个社区中的节点之间的最短路径都要经过社区之间的边，所以它们的介数会很高。GN 算法根据这一个规则，每次移除边介数最大的边，然后再反复计算边介数，直到所有边都被删除为止，以此自顶向下地建立一颗层次聚类树，在层次聚类树中选择一个合适的层次分割来划分社区。如图 5.29 所示，左图为一个网络，右图为 GN 算法在该网络上的划分，其中 bt 为对应边的介数。图 5.30 为 GN 算法生成的层次聚类树。

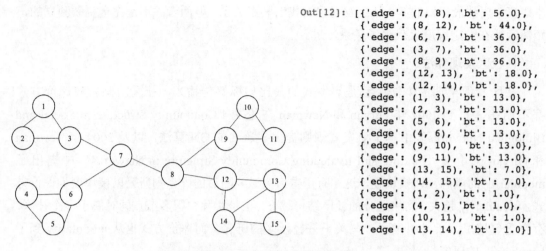

图 5.29　GN 算法计算边介数

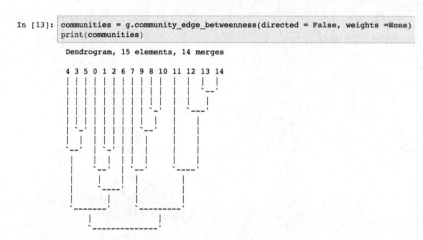

图 5.30　GN 算法生成的层次聚类树

3. FN 算法

该算法提出后有两个问题，一个是无法有效衡量社区划分的好坏，所以 Newman 和 Girvan 提出了 modularity（模块度）的概念，2006 年又重新定义了 modularity（由论文 "Modularity and Community Structure in Networks" 提出）；另一个是计算速度慢，所以 Newman 又提出了 Fast 算法（也称 FN 算法，由论文 "Fast Algorithm for Detecting Community Structure in Networks" 提出）。先来看看第一版的模块度是怎么定义的：

$$Q = \sum_i (e_{ii} - a_i^2) = \text{Tre} - \| e^2 \|$$

其中 $a_i = \sum_j e_{ij}$，$\| e^2 \|$ 为 e^2 所有元素的和。假设把一个网络划分为 k 个社区，定一个 $k \times k$ 的对称矩阵 e，e_{ij} 是社区 i 连接到社区 j 的边数占整个网络的边数比例，e_{ii} 是社区 i 内部的边数比例，矩阵 e 的迹为 $\text{Tre} = \sum_i e_{ii}$，显然这个数越大越好，表示社区内的关联

紧密，但又不够，因为把整个网络看作一个社区，这样最大但无意义。所以后面又减去了一项，a_i 表示连接到社区 i 中节点的边数比例，准确地说，应该是包括社区 i 内部节点在内的所有其他节点到社区 i 内任一个节点的连接边数，占两倍于网络总边数的比例。可以把后半部分看作同等数量节点和边数以及同等数量的划分情况下，节点间随机连边的期望。Q 值最小为 0，最大为 1，一般网络划分处在 0.3 到 0.7 的区间内。

再来看一下第二版的模块度定义：

$$Q = \frac{1}{2m} \sum_{v,w} \left(A_{vw} - \frac{k_v k_w}{2m} \right) \frac{(s_v s_w + 1)}{2}$$

$$= \frac{1}{2m} \sum_{v,w} \left(A_{vw} - \frac{k_v k_w}{2m} \right) \delta(c_v, c_w)$$

这个公式是把网络划分为两个社区，然后利用层次划分继续划分为两个较小的社区，从而最大化 Q（不能理解为一次划分后把社区的边删掉，单独再去划分每个社区，而是计算再次划分后 Q 值是否有增益）。假设网络有 n 个节点、m 条边，其中 A 为网络的邻接矩阵。假设划分为两个社区，节点 v 属于社区 1，那么 $s_v = 1$；否则属于社区 2，那么 $s_v = -1$，所以 $\frac{(s_v s_w + 1)}{2}$ 表示节点 v 和 w 是否属于同一个社区。我们把它重新记为 $\delta(c_v, c_w)$，c_v 表示节点 v 所属的社区，$c_v = c_w$ 时 δ 为 1，否则为 0；$A_{vw} = 1$ 表示节点 v 和 w 之间的权重（无向图就用 1 表示），否则 $A_{vw} = 0$ 表示无边，k_v 表示节点 v 的度。$\sum_{vw} A_{vw} \delta(c_v, c_w) / 2m$ 表示同一个社区内的边数占所有边数的比例，乘以 1/2 是因为按节点计算时每条边计算了两次。

模块度的定义是一个边数占比，边数计算方法为，同一个社区内的边数减去具有相同节点度分布的随机图的期望连边数。这个期望值的计算比较不好理解，假想对每条边切断，切断后每个节点还是保留原度数的短边，如图 5.31 所示，这样 m 条边变成了 $2m$ 条短边，或称之为末梢，$2m = \sum_v k_v$，随机地将这些末梢重新连接，包括与之同节点的末梢进行连接，如图 5.32 所示。

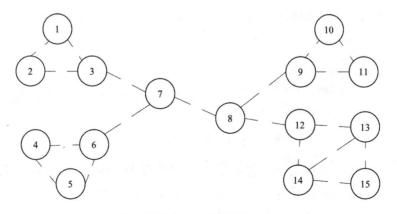

图 5.31 切断每条边

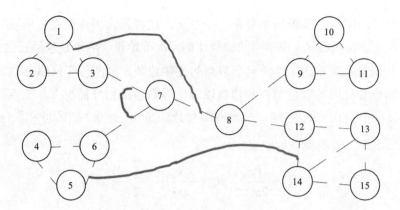

图 5.32 随机网络连边示意

选择两个节点 v 和 w，节点的度分别为 k_v 和 k_w，那么在随机网络里，这两个节点之间的边数占比期望是多少呢？选定 v 的一个末梢后（有 k_v 种选择），再选择另一个末梢时，共有 $2m-1$ 种选择，而 v 能和 w 连接的选择只有 k_w 种，因为受制于 w 的末梢数。因此，节点 v 和 w 连边的概率是 $\frac{k_v k_w}{2m-1}$，当 m 很大时，$2m-1 \approx 2m$。$\sum_{vw} \frac{k_v k_w}{2m} \delta(c_v, c_w)$ 即为期望的同社区连边数量。

两版模块度的定义虽不相同，但经过推导具有一致的表现形式。不过第二版 Q 取值范围在 -0.5 到 1 之间。那为什么还要修改模块度的定义呢？在第二版的论文中作者给出了矩阵形式的计算公式：$Q = \frac{1}{4m} s^T B s$，目的就是用于谱优化算法中提高计算性能。其中 B 为模块度矩阵，类似于拉普拉斯矩阵，论文也提到，基于拉普拉斯矩阵的谱方法进行初始网络划分，再通过 Kernighan–Lin 算法进行优化划分是一种常用方法。同一个社区内的节点，对应在拉普拉斯矩阵中的特征向量是相近的。论文也采用类似的操作，不过谱方法基于模块度矩阵的特征向量进行划分，再通过类似 Kernighan–Lin 的节点移动方法进行优化，能够使得 Q 达到最大可能值。但也涉及计算特征值和特征向量，开销较大。

再来看看 FN 算法。FN 算法基于贪心思想来最大化模块度 Q，初始把每个节点看作一个社区，选择使得 Q 值增加最多或者减少最少的、且有边相连的社区进行合并，重复执行这个过程，直至没有可合并的社区，选择 Q 值最大时的社区划分作为最终的近似最优划分。

初始时，$e_{ij} = \begin{cases} 1/2m, \text{节点} i \text{和} j \text{之间有边} \\ 0, \text{节点} i \text{和} j \text{之间无边} \end{cases}$，两个社区合并后 Q 值的变化为：

$$\Delta Q = e_{ij} + e_{ji} - 2a_i a_j = 2(e_{ij} - a_i a_j)$$

合并后需要更新对称矩阵 e 的 e_{ij} 值。每次迭代是 $O(m+n)$ 的时间复杂度，总体是 $O(n(m+n))$ 或 $O(n^2)$ 时间复杂度，相较于 GN 算法已有很大改善。后来 Clauster 和 Newman 利用堆数据结构又提出了接近线性的贪心算法 CNM。

3. Fast unfolding 算法

2008 年 Vincent D.Blondel 等人在论文 "Fast Unfolding of Communities in Large Networks" 中提出了支持大型网络社区划分的 Fast unfolding 算法（亦称 Louvain 算法），一种基于模块度优化的启发式迭代方法，从计算时间来看更高效。前面介绍的模块度公式可以简化为如下表现形式：

$$Q = \sum_c \left(\frac{\sum \text{in}}{2m} - \left(\frac{\sum \text{tot}}{2m} \right)^2 \right)$$

其中，$\sum \text{in}$ 表示社区 c 内部边的权重，对无向图来说就是边数之和；$\sum \text{tot}$ 表示与社区 c 内的节点相连的边的权重，包括 c 内部的边在内。Fast unfolding 算法包括两个阶段，**第一阶段**过程如下。

（1）初始化，把每个节点都看作一个社区，计算 Q 值。

（2）对每个节点，尝试将其划分到与之相邻的节点所属社区 c 中，计算此时的 Q 值和前后的 Q 值之差 ΔQ；选择 ΔQ 为正且所有相邻的选择中最大的一个，然后更新社区的节点集合和每个节点所属的社区信息；如果都为负，则保留在原社区不动。这里迭代的节点顺序对最终模块度的结果影响不大，但是会影响计算时间。ΔQ 的计算逻辑如下：

$$\Delta Q = \left(\frac{\sum \text{in} + k_{v,\text{in}}}{2m} - \left(\frac{\sum \text{tot} + k_v}{2m} \right)^2 \right) - \left(\frac{\sum \text{in}}{2m} - \left(\frac{\sum \text{tot}}{2m} \right)^2 + \frac{0}{2m} - \left(\frac{k_v}{2m} \right)^2 \right)$$

$$= \frac{1}{2m} \left(k_{v,\text{in}} - \frac{k_v \sum \text{tot}}{m} \right)$$

前半部分是节点 v 移动到社区 c 之后的模块度，后半部分是移动之前被看作两个社区时的模块度，在实际使用中只需计算 $k_{v,\text{in}} - \frac{k_v \sum \text{tot}}{m}$ 部分即可，$k_{v,\text{in}}$ 表示节点 v 到 c 社区中节点的连边权重和。k_v 与前面含义相同，表示连接到节点 v 的边权重和，对无向图就是度数。

（3）重复此过程，直至 Q 不再增大。

第二阶段则是把第一阶段划分出来的社区聚合成点，重新构造网络。两个点之间的边权重为原来两个社区之间的连边权重之和，社区内边权重则保留为新节点的自身权重。

两个阶段组合称为一个 **pass**，迭代执行直至网络结构不再变化。整个算法的主要工作量在第一阶段，而计算 ΔQ 时只需要节点和目标社区的信息，并且第二阶段会把社区变成点，大幅减少了社区数量，所以计算起来非常快。

关于基于模块度的社区发现算法，就介绍这么多，在风控中运用最广的当属 Fast unfolding 算法。接下来再来介绍另外一类应用广泛的标签传播算法（Label Propagation，简称 LPA）。

4. 标签传播算法

标签传播算法最初是由 Xiaojin Zhu 等于 2002 年在论文"Learning From Labeled and Unlabeled Data with Label Propagation"中提出的，主要为了给未标注的样本打标签；2007 年由 U.N.Raghava 等提出应用到社区发现中（参考论文"Near Linear Time Algorithm to Detect Community Structures in Large-Scale Networks"，以作者名字简称为 RAK 算法）。

先来看看最初的标签传播算法。首先需要说明的是对于已有标签的节点，无须再改变其标签，然后构造节点间的连通图。把包括未标注数据在内的所有数据点作为图的节点，根据节点间的距离传播标签，节点之间距离远近不同，对彼此的影响也就不同，这种距离的远近就定义为边的权重，比如使用高斯加权的欧式距离计算权重：

$$w_{ij} = \exp\left(-\frac{\|x_i - x_j\|^2}{\sigma^2}\right)$$

其中，σ 为高斯核参数，借助最小生成树设置 σ 初始值，也可以通过熵最小化方法学习参数值；权重公式也可以根据业务具体情况自定义。假定一个节点的标签可以传播给所有其他节点，那么可以设置一个传播的概率转换矩阵 T，于是从节点 j 传播到节点 i 的概率记为 T 中的项 T_{ij}：

$$T_{ij} = P(j \to i) = \frac{w_{ij}}{\sum_{k=1}^{l+u} w_{kj}}$$

其中 l 为已打标签的数量，u 为未打标签的数量。同时构造一个 $(l+u) \times C$ 的标签矩阵 Y，第 i 行表示节点打每个标签的概率，C 为标签数量。每个节点按传播概率把它邻居节点传播的标签按权重累加，更新自己的标签概率，即执行 $Y \leftarrow TY$，然后对 Y 的每行再作归一化，$T_{ij} \leftarrow T_{ij} / \sum_k T_{ik}$，重复执行直至 Y 收敛。因为已标注数据不需要更新标签，所以实现时把 T 和 Y 分块计算，只更新未标注部分。算法最后 Y 中每行概率最高的标签即为每个节点的标签。

标签传播算法认为相近的数据具有相同的标签，不论数据分布如何，都可以通过标签传播把它们分到同一个类中。2007 年 U.N.Raghava 等人首次将标签传播算法应用于社区发现，不同的是，不再考虑数据是否已标注，标签的含义也从原来的 y 值变为社区的代号。算法的思想是类似的，每个节点都有一个自己的标签，并向其邻居节点传播，根据邻居节点中的大多数标签来更新自己的标签，最后标签相同的即为同一个社区。它的逻辑非常简单，不需要事先指定社区数量，无模块度优化问题，仅利用网络结构自行传播标签，所以简单易用可扩展。

标签的传播方式有同步更新和异步更新两种。同步更新是指节点在第 t 次迭代时，

以第 $t-1$ 次的邻居标签更新自身标签，即，

$$C_x(t) = f(C_{x_1}(t-1), C_{x_2}(t-1), \ldots, C_{x_k}(t-1))$$

$C_x(t)$ 是节点 x 在第 t 次迭代时的标签，f 表示取参数中标签数最多的标签。但是这种更新方式针对二部图容易出现标签振荡，过程不收敛的现象。异步更新是指在第 t 次迭代时，同时结合已经在第 t 次完成迭代和未完成迭代的，按第 $t-1$ 次的邻居标签来更新自身标签，即，

$$C_x(t) = f(C_{x_{i1}}(t), C_{x_{i2}}(t), \ldots, C_{x_{im}}(t), C_{x_{i(m+1)}}(t-1), \ldots C_{x_{ik}}(t-1))$$

异步更新每次迭代时，网络中的节点更新顺序是可以随机选择的，这会导致结果不稳定。一般来说，同步更新需要更多的迭代次数，但结果更稳定些。

迭代的终止条件是网络中每个节点的标签不再变化，假设 $C_1, C_2, \ldots, C_p$ 表示社区标签，$d_i^{C_j}$ 表示节点 i 的所有邻居中社区标签为 C_j 的个数，算法终止的形式化表述为：对每个节点 i，如果所属社区为 C_m，则 $d_i^{C_m} \geq d_i^{C_j}$，$\forall j$，即每个节点在其所属社区内的邻居数量大于等于隶属于其他社区的邻居数量。迭代停止后，如果存在有相同标签的两组节点，但无边直接相连，就把它们拆分为两个社区。

实际应用中，可以把社区发现的标签传播算法与原始标签传播算法相结合，不单纯地以邻居节点中标签数量的多少来更新标签，而是把节点权重、边权重以及节点的出度倒数（三者可根据需要选择）连乘作为标签的权重，按权重累加标签，最后选择权重最大的标签。

这种算法的好处是简单高效，但是迭代结果不稳定，因为节点的社区标签取决于邻居中数量最多的标签，而最多的可能不止一个，算法只是随机选择一个。由于一个节点只属于一个社区，所以也不支持重叠社区发现。后来又有人提出了 COPRA 和 SLPA 算法来改善 LPA 的不足。

5. 改进的标签传播算法

COPRA（Community Overlap PRopagation Algorithm）不同于 LPA 的是，为每个节点维护一个标签列表，列表的长度为 v，是算法的一个超参数，表示一个节点最多可以属于几个社区，列表的元素项为 (c,b)，其中 c 为社区标识，b 为社区从属系数，可以理解为节点 x 属于社区 c 的权重，一个节点的所有从属系数之和为 1。每次传播标签迭代时同样也根据邻居节点来更新节点的标签列表，把邻居节点中的社区归属系数加和，然后再做归一化；不同的是，采用同步更新，第 t 次迭代采用第 $t-1$ 次的标签，形式化表述为：

$$b_t(c,x) = \frac{\sum_{y \in N(x)} b_{t-1}(c,y)}{|N(x)|}$$

$b_t(c,x)$ 为节点 x 从属于社区 c 的系数，$N(x)$ 为 x 的邻居节点集合。并以 $1/v$ 作为阈

值，删掉列表中 $b<1/v$ 的元素项，如果还存在多个相等的，则随机选择保留一个，对剩余的列表进行重新归一化操作。重复迭代这个过程，直至满足停止条件。而停止条件也与 LPA 不同，COPRA 的迭代停止条件是连续两次迭代网络中的社区数量相同，或者各个社区内的节点数目和标签连续两次迭代不发生变化。

COPRA 的参数 v 是一把双刃剑，设置不当可能效果很差，尤其是针对网络中有的节点属于多个社区，有的节点属于一个社区的情况；另外因为算法过程中依然存在随机选择操作，结果仍会存在不稳定现象。

SLPA（Speaker-listener Label Propagation Algorithm）由 Jierui Xie 等人在 2011 年提出，在 LPA 的基础上引入了 Speaker（标签传播节点）和 Listener（标签接收节点）的概念，每个节点既是 Speaker 又是 Listener，Speaker 以出现概率发送自身标签存储器中的标签，Listener 接收所有发过来的标签中最多的那个标签，最后根据每个节点各类标签的出现概率进行取舍，有相同标签的节点为同一社区。每个节点会通过一个存储器积累重复观察到的标签信息，观察到的次数越多，越可能传播这个标签。这个过程就好比人的传播行为，某个事情听到得越多，越可能讲给其他人听。具体的算法过程分为下面三个阶段。

（1）初始化阶段：每个节点的存储器中初始化一个唯一的标签，即节点的 ID。

（2）迭代进化阶段：重复执行以下操作，直至满足停止条件。

① 每次迭代随机选择一个节点顺序的序列，按序把每个节点作为 Listener，其邻居节点作为 Speaker。

② Speaker 按照某种规则（比如从它的存储器中以出现概率选择一个标签）选择一个标签发送给 Listener。

③ Listener 按照某种规则（比如从收到的标签中选择出现次数最多的那个标签）从所有接收的标签中选择一个，添加至其存储器中。

（3）后处理阶段：删除节点标签存储器中出现概率低于阈值 r（大于 0.04）的标签，如果一个节点仍有多个标签，那么存在社区重叠，该节点为重叠节点。遍历所有节点的标签，有相同标签的即为同一个社区。算法最后还会去除社区嵌套。

SLPA 采用异步更新，第 t 次迭代时，Listener 的一部分邻居 Speaker 已经完成了第 t 次迭代，另一部分还是 $t-1$ 次的迭代结果。迭代结束条件不同于 LPA 的是，可以设置一个迭代次数 T，一般 T 大于 20 时，划分结果就趋于稳定了。

后来论文作者在 SLPA 算法的基础上又提出了基于标签概率矩阵传播的 LabelRank 算法，以及支持动态网络划分的 LabelRankT 算法，有兴趣的读者可以参考论文"LabelRank: A Stabilized Label Propagation Algorithm for Community Detection in Networks"和"LabelRankT: Incremental Community Detection in Dynamic Networks via Label Propagation"。

此外，标签传播相关的社区发现算法还有 BMLPA（Balanced Multi-Label Propagation Algorithm）、HANP（Hop Attenuation&Node Preference）、NIBLPA 等。

介绍了模块度相关的社区发现算法和标签传播的算法，我们再来看看流分析的两个社区发现算法，一个是随机游走算法 Walktrap，另一个是流编码算法 InfoMap。

6. 流分析算法

所谓流分析是指以网络上信息的流动或者随机游走的轨迹为视角，研究社区的划分问题。而随机游走的"随机"是指以相同的概率从一个节点移动到另一个节点，或者以定义好的转移概率来移动。Walktrap 算法中定义了节点之间的距离和社区之间的距离，以及节点和社区之间的距离，然后使用层次聚类算法迭代合并社区，具体地的步骤如下。

（1）将每个节点视为一个社区，计算所有邻接节点之间的距离。

（2）选择两个社区合并为一个新的社区。

（3）更新计算邻接社区之间的距离。

不断迭代后两步，直至所有节点都被并入同一个社区，过程中的每一步都对应了一个划分，以此构成一个类似于图 5.30 的树状图。至于选择哪一步的划分作为最后的输出，可以根据模块度来评估，选择使得模块度 Q 值最大的划分，也可以根据论文 "Computing Communities in Large Networks Using Random Walks" 中新提到的一个增长率指标来选择合适的划分。

至于其中的几个距离变量如何计算，我们需要先明确几个形式化参数。从节点 i 到节点 j 的直接转移概率 $P_{ij} = \dfrac{A_{ij}}{d(i)}$，其中 A_{ij} 为邻接矩阵，$d(i) = \sum_j A_{ij}$ 表示节点 i 包括自身在内的邻居数，P 矩阵可以通过 $P = D^{-1}A$ 计算得到，D 为对角矩阵，对角线元素为 $d(i)$。从节点 i 到 j 随机游走长度为 t 步的转移概率记为 P_{ij}^t，注意这里表示矩阵 P 的 t 次方后，得到的矩阵的第 i 行第 j 列。基于此，节点之间距离的计算方式为：

$$r_{ij} = \sqrt{\sum_{k=1}^n \frac{(P_{ik}^t - P_{jk}^t)^2}{d(k)}} = \|D^{-\frac{1}{2}}P_{i\cdot}^t - D^{-\frac{1}{2}}P_{j\cdot}^t\|$$

表示经过 t 步随机游走，节点 i 和 j 到节点 k 的平均转移概率之差，所以可以认为距离是用概率来表示的，两者到另一个目标的概率差别越小，说明两者位于相似位置的可能性越大，距离就越近，但如果只考察个别目标节点的话，i 和 j 也可能处在对称位上相距甚远，所以通过遍历所有除了 i 和 j 之外的节点来计算这个距离，如果到其他节点的距离都差不多，那么只能是位置相近了。

社区之间的距离计算方式与节点之间的距离计算方式是类似的，如下：

$$r_{C_1 C_2} = \left\|D^{-\frac{1}{2}}P_{C_1\cdot}^t - D^{-\frac{1}{2}}P_{C_2\cdot}^t\right\| = \sqrt{\sum_{k=1}^n \frac{(P_{C_1 k}^t - P_{C_2 k}^t)^2}{d(k)}}$$

其中，社区到节点的转移概率表示为：$P_{Cj}^t = \frac{1}{|C|}\sum_{i \in C} P_{ij}^t$。

有了距离之后，选择哪些社区进行合并呢？Walktrap 方法是选择 $\Delta \sigma$ 最小的两个社区进行合并，$\Delta \sigma$ 表示合并两个社区能够减少的平均社区内距离，直观地理解，这个距离越小，合并后社区内的节点越紧密。

$$\Delta \sigma(C_1, C_2) = \frac{1}{n}\left(\sum_{i \in C_3} r_{iC_3}^2 - \sum_{i \in C_1} r_{iC_1}^2 - \sum_{i \in C_2} r_{iC_2}^2\right)$$

其中，$C_3 = C_1 \cup C_2$，表示合并后的社区。

InfoMap 算法是 M.Rosvall 等人基于信息论提出的一种思路比较奇特的社区发现算法。算法依然使用随机游走，随机游走产生的信息流使用平均每步的编码长度衡量，而一个好的社区划分则要网络上信息流的平均编码长度最短，这里的长度包括两部分，一部分是随机游走在社区内部时的编码长度，一部分是跨社区游走时的编码长度。好的划分要求信息在社区内流动得多，在社区间流动得少。InfoMap 的名字可以形象地翻译为**信息地图**，其思路就好比城市的道路，每个城市有自己的名字，城市内的道路也有自己的名字，但是不同城市的道路名字是可以相同的，比如多个城市都有"中山路"。

InfoMap 算法采用两层编码体系：对于节点采用 Huffman 编码，每个节点的编码长度与其被访问的频率负相关，即对访问频率比较高的采用较短编码，反之采用较长编码；对社区也进行 Huffman 编码，这样不同社区内部的节点编码是可以重复的。此外，两层编码体系还需要对每个社区的边界进行编码，或者理解为对社区的出口连边进行编码，抑或是对离开社区的动作进行编码，这样每次随机游走跨越不同的社区时，用出口连边编码和下一个社区的编码表示社区发生了变化。这三种编码分别形成了三类码表：主码表，对每个社区编码；节点码表，对社区内的节点编码；传送门码表，对每个社区的出口连边编码，即离开社区编码。所以社区划分就意味着最小化所有码表的编码总长。那么如何量化编码长度呢？

考虑一个划分 M，它将 n 个节点的网络分成 m 个社区，用 $L(M)$ 描述随机游走的平均每步编码长度，以下公式被称为 the map equation：

$$L(M) = q_{\curvearrowright} H(Q) + \sum_{i=1}^{m} p_{\circlearrowright}^i H(P^i)$$

这里面用到了一个最重要的概念，就是**信息熵**，当使用 n 个编码来描述随机变量 X 以概率 p_i 出现的 n 个状态时，编码的平均长度不低于 X 的熵，$H(X) = -\sum_1^n p_i \log(p_i)$。换句话说，熵表示了编码每个状态所需的平均编码长度。公式包含两部分，前半部分表示编码社区需要的平均长度，即描述社区间的流，后半部分表示编码社区内的节点需要的平均长度，即描述社区内的流。下面看看每个变量表示的具体含义，需要注意的是，为了与论文中保持一致，这里的 i 和 j 变量变成了社区的表示，α 和 β 则是节点的形式化表述，读者注意与前文的区别。

用 $q_{i\frown}$ 表示离开一个社区 i 的概率，$q_{\frown}=\sum\limits_{i=1}^{m}q_{i\frown}$ 则表示随机游走任一步跨越社区的概率。$H(Q)$ 表示对社区编码的平均长度，$\dfrac{q_{i\frown}}{\sum\limits_{j=1}^{m}q_{j\frown}}$ 表示随机游走路径中出现社区 i 概率，$H(Q)$ 计算如下：

$$H(Q)=-\sum_{i=1}^{m}\dfrac{q_{i\frown}}{\sum\limits_{j=1}^{m}q_{j\frown}}\log\left(\dfrac{q_{i\frown}}{\sum\limits_{j=1}^{m}q_{j\frown}}\right)$$

$H(P^i)$ 表示对社区内节点编码的平均长度，并且包括了离开社区编码：

$$H(P^i)=-\dfrac{q_{i\frown}}{q_{i\frown}+\sum_{\beta\in i}p_{\beta}}\log\left(\dfrac{q_{i\frown}}{q_{i\frown}+\sum_{\beta\in i}p_{\beta}}\right)-\sum_{\alpha\in i}\dfrac{p_{\alpha}}{q_{i\frown}+\sum_{\beta\in i}p_{\beta}}\log\left(\dfrac{p_{\alpha}}{q_{i\frown}+\sum_{\beta\in i}p_{\beta}}\right)$$

$p_{\circlearrowleft}^{i}$ 表示社区 i 的所有节点以及跳出社区 i 的概率和：

$$p_{\circlearrowleft}^{i}=\sum_{\alpha\in i}p_{\alpha}+q_{i\frown}$$

以上这些变量的计算，只需依赖**每个节点的访问概率**和**每个社区的离开概率**，而这两个概率的计算区分无向图和有向图。针对无向图来说：

- 节点访问概率表示为连接到一个顶点的所有边的相对权重，或者叫权重比例。权重比例的计算方式是连接到该顶点的所有边的权重之和，除以两倍的网络中所有边权重之和，如果边无权重，则默认都为 1，这很类似于前面提到的 Q 模块度计算公式中 $\sum_{vw}A_{vw}\delta(c_v,c_w)/2m$ 部分。
- 每个社区的权重比例则表示为社区内所有节点的权重比例之和。节点的权重比例和社区的权重比例即对应 p_{α} 和 $\sum_{\alpha\in i}p_{\alpha}$。离开社区 i 的边（即与其他社区相连的边）权重比例对应了 $q_{i\frown}$，即社区的离开概率，所有社区间连边的权重比例对应 $q_{\frown}$。

针对有向图来说，每个节点的访问概率是通过借鉴 PageRank 算法迭代计算的，步骤如下。

（1）初始每个节点的访问概率 $p_{\alpha}=1/n$。

（2）每次迭代，对每个节点，以 $1-\tau$ 的概率从节点 α 的出度连边中选择一条边游走，选哪条边呢？以正比于边权重的概率选择一条边（假设从节点 α 到其他节点的连边有 3 条，每条边的权重分别为 2、3、5，那么分别以 0.2、0.3、0.5 概率选择每条边）；以概

率 τ 从节点 α 随机游走到网络中任一其他节点；其中，$\tau = 0.15$。

（3）重复迭代步骤（2），直至连续两次的 p_α 差在 10^{-15} 之内。

给定每个节点的访问概率和网络的一个划分，很容易计算每个社区的访问频率 $\sum_{\alpha \in i} p_\alpha$，而社区的离开概率则为：

$$q_{i \curvearrowright} = \tau \frac{n - n_i}{n} \sum_{\alpha \in i} p_\alpha + (1 - \tau) \sum_{\alpha \in i} \sum_{\beta \notin i} p_\alpha w_{\alpha\beta}$$

n_i 为社区 i 内的节点数，$w_{\alpha\beta}$ 为归一化的从节点 α 到 β 的权重。

了解完这些参数和变量的计算含义后，让我们再回到 the map equation。既然已经能够量化计算编码长度，剩下的便是如何利用它进行社区划分了，InfoMap 采用先贪婪搜索再模拟退火的优化方法。贪婪搜索的过程大体如下。

（1）初始每个节点都单独为一个社区。

（2）对网络随机游走出的一个序列，每个节点合并到能够使合并前后 the map equation 减少最多的邻居社区中，如果合并到任何一个邻居社区都不能使得 the map equation 减少，则该节点继续保留在当前社区不变。

（3）重复执行步骤（2），直到 the map equation 再无优化空间。

然后再使用模拟退火方法在此基础上继续优化。

InfoMap 官网上详细给出了算法的优化改进路径以及应用方法，支持两级和多级。不过 InfoMap 是用 C++ 实现的，通过 SWIG 支持 Python，安装包内有关于 Python 的一些实例，有兴趣的读者可以参考。

关于社区发现的算法非常多，分类也是五花八门，可以按切和聚来分，也可以按支持重叠社区与否区分，还可以按支持有向图还是无向图来分，甚至局部与全局、静态与动态，等等。本节不一一介绍，仅以这几个常用模型从模块度、标签传播和随机游走的流分析角度，简要介绍其大致的原理和优劣势。纵然论文中给出了不同算法在同一个数据集上的效果对比，但在实际应用中，每个都不是最完美的，需结合具体的业务场景，择取适合的算法模型。

5.3.7 异构网络的密集子图挖掘

社区发现算法处理的网络更多是同构的（LPA 类的算法也可以处理异构网络），即网络中的节点类型是单一的，要么是用户，要么是商户、商品等。而实际场景中，还存在另一类异构网络，其中节点类型不是单一的，同类型节点之间一般没有边，比如用户评论商品，用户在商户下单，节点是用户、商品、商户。针对异构网络的检测，也称为社区发现，但更为关注其中高密度的子图，这种检测方式可以直接识别作弊团伙，同时给出作弊的载体，例如大量水军同时为某个网红刷量，这种异常行为模式被称为"齐步走"，也叫 Lockstep。

但异构网络节点类型不单一，不能较为方便地应用社区发现算法，因此一般需要做一些变换，降维处理成同构网络或二部图，也可以直接建立为二部图，然后再进行社区划分。这里重点关注的是二部图以及更多维度的密集子图挖掘挖掘算法，已知的方法不乏 NetProbe、CatchSync、COPYCATCH、fBox、FRAUDAR、Stree/S-forest、M-Zoom、D-Cube、SynchroTrap 等。

1. NetProbe 算法

NetProbe 算法中的图本质是同构图，均为用户节点，但区分了欺诈用户、同盟（从犯）用户和正常用户。它的提出者 D.H.Chau 等人早在 2005 年的时候就从在线交易用户和记录中抽取特征，采用决策树建模挖掘欺诈用户。当时也提出了同盟用户的概念，但并未识别，2006 年提出了 2LFS 方法，把决策树模型的结果作为图模型的初始启动状态，利用马尔可夫随机场和置信传播算法迭代计算，开始识别同盟者，并针对欺诈者和同盟者的联合行为提出了近似 bipartite cores 形式，2007 年系统化为 NetProbe，并对实际应用遇到的动态更新（引入新的节点和边）现象设计了增量 NetProbe 实现，以新边的顶点为起点进行广度搜索，局部更新传播过程，以此来保证系统的高性能，避免全局更新。

2. FRAUDAR 算法

针对僵尸粉、虚假评论等欺诈者，在图的邻接矩阵中往往存在异常大而密集的区块，有些欺诈者通过关注或评论热门对象来伪装自己，以表现得像一个正常用户。FRAUDAR 算法由 KDD2016 年最佳论文 "FRAUDAR: Bounding Graph Fraud in the Face of Camouflage" 提出，能够在有伪装行为的情况下发现欺诈用户，并在 Twitter 工业级数据上具有很好的适用性，同时时间复杂度较低。

考虑 m 个用户的集合 $U = \{u_1,...,u_m\}$ 和 n 个商品的集合 $W = \{w_1,...,w_n\}$ 构成的二部图 $G = (U \cup W, \mathcal{E})$。FRAUDAR 算法的关键定义了一个度量指标 $g(S)$ 来量化表示社区的可疑度，或者叫密度：

$$g(S) = \frac{f(S)}{|S|}$$

其中，节点子集 S 表示由用户子集和商品子集构成的集合，可以理解为一个社区，$f(S)$ 为总的可疑度，表示为集合 S 内节点的可疑度之和与边的可疑度之和，a_i 表示独立考虑第 i 个节点（用户和商品）的可疑度，c_{ij} 表示社区内节点 i 和 j 构成边的可疑度，形象地讲，就好比一个用户点评一个商品的评论的可疑度，也可以理解为节点和边的权重，$f(S)$ 表示为：

$$f(S) = f_\mathcal{V}(S) + f_\mathcal{E}(S) = \sum_{i \in S} a_i + \sum_{i,j \in S \wedge (i,j) \in \mathcal{E}} c_{ij}$$

根据这个度量指标定义，还引申出一些性质：

（1）其他条件固定时，节点的可疑度越高，社区的可疑度就越高。

$$|S|=|S'| \wedge f_{\mathcal{E}}(S)=f_{\mathcal{E}}(S') \wedge f_V(S)>f_V(S') \Rightarrow g(S)>g(S')$$

（2）其他条件固定时，增加边会增加可疑度。

$$e \notin \mathcal{E} \Rightarrow g(S(V, \mathcal{E} \cup \{e\}))>g(S(V, \mathcal{E}))$$

（3）相同节点和边可疑度的社区，社区规模越大越可疑。

$$|S|>|S'| \wedge S \supset S' \wedge \rho(S)>\rho(S') \Rightarrow g(S)>g(S')$$

（4）总可疑度一样，社区规模越小越可疑。

$$|S|<|S'| \wedge f(S)=f(S') \Rightarrow g(S)>g(S')$$

其中，$\rho(S)$ 表示边密度，即集合 S 内的实际边数除以集合 S 内可能存在的最大边数。

另外，FRAUDAR 算法还定义了什么是**抗伪装的密度度量**，即如果 S 中用户节点向其他正常商品节点故意添加伪装边的情况下 $g(S)$ 依然不会降低，那么 g 就是抗伪装的密度度量。

有了度量指标之后，FRAUDAR 算法贪心式优化这个值。具体来说，初始设置当前节点集合为整个图的节点集合 $X=U \cup W$，不断重复地选择删除某个节点，使得剩下节点构成的图可疑度指标最大，设 Δ_i 表示从当前节点集合 X 中删除节点 i 后的 f 变化，$\Delta_i=f(X \setminus \{i\})-f(X)$，每次迭代，选择使得 Δ_i 最大的 i 进行删除，直至 X 为空。算法最后比较每一步迭代得到的子图对应的 g，取该值最大的子图，即为最紧密的子图，也就是最可疑的团伙。

在迭代计算过程中，当删除节点 i 后，受影响的仅是与 i 相连的节点，需要重新计算，而度量指标本身又代表密度，所以每次只需要删除度数最小的节点，更新与之相连的节点的度数，而这些过程算法又通过优先树这种数据结构再次加快遍历，这是算法在性能上有很大优势的原因所在。

优先树的思想大体是这样的，优先树是一棵二叉树，图 G 中所有节点在树中均为叶节点，每个节点都有一个优先级，即图 G 中节点的度，而叶节点的父节点则是两个子节点中优先级较高的那个，以此往上建树。所以每次找优先级最高的节点就很方便，从根开始，选择子节点中较高优先级的那个。更新节点的优先级则是反向的，从节点逐层往上更新。但不管怎样，查询速度都是很快的。前面的迭代过程引入优先树后则变成了如下所示：

采用优先树结构的 FRAUDAR 算法

要求：二部图 $G = (U \cup W, \mathcal{E})$，$g(S) = \dfrac{f(S)}{|S|}$

1: **procedure** FRAUDAR (G , g)
2: 根据图结构创建优先树 T
3: $X_0 \leftarrow U \cup W$
4: **for** $t=1,\cdots,(m+n)$ **do**
5: $i^* \leftarrow argmax_{i \in X_{t-1}} g(X_{t-1} \setminus \{i\})$
6: 更新优先树 T 中 i^* 的所有邻居的优先级
7: $X_t \leftarrow X_{t-1} \setminus \{i^*\}$
8: **endfor**
9: **return** $argmax_{X_t \in \{X_0,\ldots,X_{m+n}\}} g(X_t)$
10: **endprocedure**

那算法是如何抗伪装的呢？这里提到了一种称为列权重下降法（column-weighting）的降权技术，区别对待每条边的嫌疑度，当商品节点度数高时，适当降低边的权重，因为高度数商品可能是热门商品，所以要更关注不正常的密度子图，而不仅仅是高度数的目标节点。

具体来说，假设以邻接矩阵来表示用户和商品的关系，行代表用户，列代表商品，列向和 d_j 表示商品节点 j 的度数，那么边的权重 c_{ij} 则表示为一个关于列向和的函数，即 $c_{ij} = h(d_j) = 1/\log(d_j + c)$，$c$ 为常数，论文中设置为 5。如图 5.33 所示，（a）图为带有随机伪装的欺诈分布，（b）图为有偏伪装的欺诈分布。（a）图中欺诈者（Fraudsters）在可信商品（Honestobjects）上进行随机伪装（Camouflage(random)），而（b）图中的欺诈者则在可信商品的热门部分进行有偏伪装（Camouflage(biased)）。

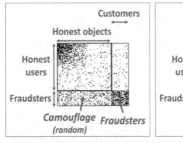
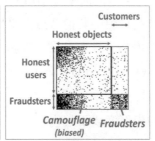

图 5.33　伪装欺诈（来源于 FRAUDAR）

根据可疑度公式，

$$g(S) = \dfrac{\sum_{i \in S} a_i + \sum_{i,j \in S \wedge (i,j) \in \mathcal{E}} \dfrac{1}{\log(d_j + c)}}{|S|}$$

存欺诈嫌疑的节点集合并不会因为降权而导致 $g(S)$ 变小，因为伪装的边是连接图中 Honestobjects 的，公式计算的是集合内的结果。如果只是侧重某些热门商品的伪装，假设 S 为（b）图左下角的密集块，那么相比伪装前，$g(S)$ 会降低，但对于右下角部分，依然没有变化；如果是分散的随机伪装，同样对右下角部分没有变化。反观两图左上角部分，引入降权后，$g(S)$ 会降低，这样避免正常用户与流行热门商品的高密度被识别为欺诈。

FRAUDAR 算法只给出一个最密集的子图，想要得到多个密度子图，还需要循环执行算法，另外，贪心计算不保证全局最优。

其实在 FRAUDAR 算法之前，2014 年提出的 fBox 算法也可以用来检测隐蔽性强的欺诈用户，算法的作者基本也是同一波人。该算法改善了谱分析方法中对邻接矩阵进行 SVD 分解的不足，借助 SVD 的范数保持特性重构节点的出度，具有较小重构值的节点即为欺诈可疑用户，类似的重构入度得到可疑的商品集合。可以结合 fBox 与 Eigenspokes，两者互补，后者善于发现较为明显的欺诈行为，前者补充隐蔽和小规模的欺诈行为。

3. CatchSync 算法

CatchSync 算法是 MengJiang 等人于 2014 年提出的，基于社交平台和电商平台中用户与用户以及用户与商品之间形成的巨大网络，算法指出并利用了虚假关注、虚假转发、虚假评论和虚假交易等行为的两个特点，**同步性**和**异常性**，即异常节点往往具有相似的行为模式，但又区别于大多数的正常行为。

在技术实现上，针对节点的特征刻画，CatchSync 使用了 HITS 算法（与 PageRank 同时期的算法）的 hubness 和 authoritativeness，以及节点的出度和入度指标，并提出了两个概念，**synchronicity** 和 **normality**，其中 synchronicity 表示节点 u 的同步程度，也就是源节点 u 的目标节点中两两的平均相似度；而 normality 表示节点 u 的正常程度，也就是源节点 u 的目标节点与图中其他节点的平均相似度。为了快速计算相似度，算法将特征空间划分成了 G 个网格并把有向图中的每个节点都映射到网格中。如果两个节点在同一个网格中，那么相似度为 1，否则为 0，很简单粗暴的相似度计算方式。

算法给出了同步程度与正常程度的二维关系图，同时理论证明了存在一个抛物线下限。计算完节点的同步程度和正常程度，便可以基于距离的方法找出可疑的源节点和目标节点，也就找出了密集的部分。此外，算法基于腾讯微博和 Twitter 数据集实验发现，CatchSync 算法与基于内容的 SPOT 方法（Suspicious Profiles On Twitter）互补，能够取得比二者独立使用更好的效果。

4. CopyCatch 算法

作为全球最大的社交媒体网站，Facebook 一直在积极研究和应对网站上的欺诈和作弊行为。2013 年 FaceBook 与卡内基梅隆大学合作在 WWW 会议上发表反作弊论文"CopyCatch: Stopping Group Attacks by Spotting Lockstep Behavior in Social Networks",论文中提出了 CopyCatch 算法,该算法主要针对的就是 Lockstep 欺诈行为,根据用户对页面的 Like(类似关注或点赞)行为构造用户 – 页面的二部图,用户节点和页面节点的连边标注行为发生的时间,之所以有时间因素是因为系统层面对用户的 Like 行为已经做了次数限制,作弊者只能通过一段时间内使用很多账号来关注同一个页面。基于此,算法作者给出了 Lockstep 的形式化定义,如图 5.34 所示。

DEFINITION 1. *We define an $[n, m, \Delta t]$-temporally coherent bipartite core (TBC) as a set of users $\mathcal{U}' \subseteq \mathcal{U}$ and a set of Pages $\mathcal{P}' \subseteq \mathcal{P}$ such that*

$$|\mathcal{U}'| \geq n \qquad Size \quad (1)$$

$$|\mathcal{P}'| \geq m \qquad \qquad (2)$$

$$(i,j) \in \mathcal{E} \; \forall i \in \mathcal{U}', j \in \mathcal{P}' \qquad Complete \quad (3)$$

$$\exists t_j \in \mathbb{R} \text{ s.t. } |t_j - \mathbf{L}_{i,j}| \leq \Delta t \; \forall i \in \mathcal{U}', j \in \mathcal{P}' \qquad Temporal \quad (4)$$

图 5.34 形式化定义 1(源于 CopyCatch 论文)

其中,U 和 P 分别表示用户和页面的集合,U' 表示大小至少为 n 的用户子集合,P' 表示大小至少为 m 的页面子集合,(i, j) 表示用户和页面分别属于 U' 和 P' 的一条边关系,L 矩阵记录的是用户点赞页面的时间($L_{i,j} = t_{i,j}$,$t_{i,j}$ 表示用户 i 点赞页面 j 的时间),那么 Lockstep 行为就定义为 $[n, m, \Delta t]$-TBC,即至少 n 个用户在 $2\Delta t$ 时间内都同样点赞了至少 m 个页面,它是一个与时间相关的二部图核心(TBC:temporally coherent bipartite core)。基于该形式化定义,寻找二部图核心的问题是个 NP 难问题,作者设计了近似算法来把它转化为一个最优化问题:寻找聚类中心和页面子空间,来最大化聚类中给定的时间窗口内用户和用户 Like 行为的数量。

为了便于优化求解,作者将定义放松了约束,如图 5.35 所示,引入了一个介于 0 到 1 之间的系数 ρ,用于限定二部图核心中的用户在时间窗口内,至少要点赞多少个页面才认为可疑,而不再要求 P' 所有页面。

DEFINITION 2. *A set of users $\mathcal{U}' \subseteq \mathcal{U}$ and a set of Pages $\mathcal{P}' \subseteq \mathcal{P}$ comprise an $[n, m, \Delta t, \rho]$-temporally coherent near bipartite core (TNBC) if there exists $\mathcal{P}'_i \subseteq \mathcal{P}'$ for all $i \in \mathcal{U}'$ such that:*

$$|\mathcal{U}'| \geq n \qquad Size \quad (5)$$

$$|\mathcal{P}'| \geq m \qquad \qquad (6)$$

$$|\mathcal{P}'_i| \geq \rho |\mathcal{P}'| \; \forall i \in \mathcal{U}' \qquad Near \quad (7)$$

$$(i,j) \in \mathcal{E} \; \forall i \in \mathcal{U}', j \in \mathcal{P}'_i \qquad Complete \quad (8)$$

$$\exists t_j \in \mathbb{R} \text{ s.t. } |t_j - \mathbf{L}_{i,j}| \leq \Delta t \; \forall i \in \mathcal{U}', j \in \mathcal{P}'_i \qquad Temporal \quad (9)$$

图 5.35 形式化定义 2(源于 CopyCatch 论文)

CopyCatch 采用固定一个变量来优化另一个变量的思路，迭代求解该问题，并且由于最终目标是找出更多可疑的欺诈用户，因此就设定 $|P'| = m$，最大化 U'，如图 5.36 所示。具体来说，先固定 P' 选定聚类中心 c（c 为聚类中心，表示欺诈用户发生欺诈行为的中心向量，$c_j = t_j$），再求出给定时间窗口内用户集合和点赞页面，计算出新的中心，然后根据新的中心来更新页面子空间 P'，不断迭代直至收敛。论文中给出了较为详细的伪代码实现，整体来说，算法实现比较简洁。另外，算法还给出了 MapReduce 版本，对于企业落地实践具有参考意义。

$$\max_{\mathbf{c}, \mathcal{P}' : |\mathcal{P}'| = m} \sum_i q(\mathbf{L}_{i,*} | \mathbf{c}, \mathcal{P}') \quad (10)$$

where

$$q(\mathbf{u} | \mathbf{c}, \mathcal{P}') = \begin{cases} \sigma & \text{if } \sigma = \sum_{j \in \mathcal{P}'} \mathbf{I}_{i,j} \phi(\mathbf{c}_j, \mathbf{u}_j) \geq \rho m \\ 0 & \text{otherwise} \end{cases} \quad (11)$$

$$\phi(t_c, t_u) = \begin{cases} 1 & \text{if } |t_c - t_u| \leq \Delta t \\ 0 & \text{otherwise} \end{cases} \quad (12)$$

图 5.36　最优化表述（源于 CopyCatch 论文）

5. SynchroTrap 算法

2014 年 FaceBook 的两位作者与杜克大学合作的另一篇论文"Uncovering Large Groups of Active Malicious Accounts in Online Social Networks"设计和实现了 SynchroTrap 系统，进行恶意账户检测。它对 CopyCatch 中的恶意动作（假的 Like 行为）进行了扩展，包括登录、安装应用、上传图片等行为，而不仅仅是 Like 行为。并且与 CopyCatch 不同的是，它强调检测松散的同步行为，并不限制用户的行为只有一次，也不限制用户的行为发生在近乎一个时间点的窗口内。

作者认为欺诈者不仅会因为任务要求而导致出现行为相似现象，还会因为资源约束和成本考虑出现使用相同 IP 等资源的现象。这种观点是符合黑产的特点的，尤其是现在流行群控 + 人工组合的刷单模式，毕竟刷单是为了省钱或者挣钱，需要大量的 IP、设备和账号，这都要花钱，不复用怎么节省成本？说到底道魔相抗还是成本之战。

SynchroTrap 系统的设计要比 CopyCatch 更具现实性，因为考虑了多种恶意行为，要想在日活 8 亿用户中寻找恶意行为的少量用户是很难的，再加上每天 TB 级的数据量等，所以系统设计上面临诸多挑战，也正因如此贴近企业实际生产环境，才值得我们剖析一下它的细节。

先说 Synchrotrap 的总体主要思想。它使用聚类分析来检测大规模恶意账户的松散同步操作，所以是无监督的。以 Jaccard 距离测量用户行为相似性，然后使用层次聚类算法将一段时间内具有相似行为的用户分组。接下来我们以问题形式来看它的设计思想。

（1）怎么解决用户体量大但恶意用户体量小导致信噪比低的问题？

按应用程序对用户行为进行划分，在每个应用程序上下文内单独进行检测，再通过用户关注的目标或使用的资源进一步划分用户行为，如上传垃圾图片还是页面点赞，或者按用户的 IP 地址。采用分而治之和并行的方法计算用户行为相似度，按时间维度划分为较小的作业，并行计算，然后将多个小规模计算的结果进行汇总，这样就可以获得长周期的用户相似性结果。

（2）不同的场景里欺诈者的行为是不同的，系统怎么做到通用？

把相似性度量标准和聚类算法分离开来，并对行为动作用元组抽象表示，使得系统设计独立于业务场景。

（3）怎么衡量用户行为的相似性？如何保证计算高效性？

用一个三元组 $\langle U,T,C \rangle$ 描述用户行为，U、T、C 分别表示用户 ID、行为发生的时间戳以及约束对象，约束对象可以是代表应用程序功能的标识符（记为 AppID，比如发布、加购物车等，往往在页面上对应一些功能按钮操作），可以是用户行为涉及的操作对象（记为 AssocID，比如图片、个人主页、评论、大 V 等），也可以是用户的 IP 地址、设备编码等，还可以是这些的组合。

这种三元组描述方式对可扩展性有较好的支持，只需要定义好 C 的部分，即可支持一种新型的欺诈检测。三元组对定义两个用户行为相似也变得简单，当两个用户的约束对象是相同的，且时间戳又都落在同一个时间窗口内时，认为两者相似，即：

$$\langle U_i,T_i,C_i \rangle \approx \langle U_j,T_j,C_j \rangle \text{ if } C_i = C_j \text{ and } |T_i - T_j| \leq T_{\text{sim}}$$

两个用户在单个约束上的相似度：

$$\text{Sim}(U_i,U_j,C_k) = \frac{|A_i^k \cap A_j^k|}{|A_i^k \cup A_j^k|}$$

其中 $A_i^k = \{\langle U,T,C \rangle | U = U_i, C = C_k\}$ 表示用户 U_i 关于约束对象 C_k 的行为集合。

在一些约束对象上，用户与之关联可能只出现一次，导致计算出来的相似度非 0 即 1，为了更好地表征用户间的相似度，综合所有约束对象上的行为，使用全局相似度：

$$\text{Sim}(U_i,U_j) = \frac{|A_i \cap A_j|}{|A_i \cup A_j|} = \frac{\sum_k |A_i^k \cap A_j^k|}{\sum_k |A_i^k \cup A_j^k|}$$

为了在大规模数据上高性能地计算两两用户相似度，工程上需要做一些技术处理。Synchrotrap 采用的是分治法和并行法，以 MapReduce 实现。按天比较用户的日相似度，然后再聚合一段时间内（比如一周）的日相似度。假设 $A_{i,t}^k$ 表示用户 U_i 在 t 天内关于约束对象 C_k 的行为集合，记作 $A_{i,t}^k = \{\langle U,T,C \rangle | U = U_i, C = C_k, T \text{ is within day } t\}$，于是两个用户在单个约束对象上的相似度公式变成如下所示：

$$\text{Sim}(U_i, U_j, C_k) = \frac{\left|A_i^k \cap A_j^k\right|}{\left|A_i^k \cup A_j^k\right|} = \frac{\left|A_i^k \cap A_j^k\right|}{\left|A_i^k\right| + \left|A_j^k\right| - \left|A_i^k \cap A_j^k\right|}$$

$$= \frac{\sum_t \left|A_{i,t}^k \cap A_{j,t}^k\right|}{\sum_t \left|A_{i,t}^k\right| + \sum_t \left|A_{j,t}^k\right| - \sum_t \left|A_{i,t}^k \cap A_{j,t}^k\right|}$$

最后一个等号实则为近似相等,因为跨天的用户相似度计算是极少的,时间窗口主要是分钟级或小时级。在具体实现上,Synchrotrap 还考虑了采用 MapReduce 实现时,因为数据倾斜导致 reduce 任务拖慢任务的情况,因为即便是天级别计算相似度,用户或行为在某个约束对象上也可能出现数据的严重倾斜,比如 IP 地址。

解决办法是把用户行为在时间维度上划分为重叠的滑动窗口,并行处理不同的滑动窗口。这种方法不仅使得执行 MapReduce 计算时每个 worker 的数据块变小,不再出现倾斜问题,而且提前过滤了不同滑动窗口中不匹配的用户行为,避免无效计算。如图 5.37 所示,滑动窗口大小设为 $2T_{\text{sim}}$,重叠区间设为 T_{sim}。原则上,如果滑动窗口大小 > T_{sim},重叠区间 $\geq T_{\text{sim}}$,可以保证用户行为匹配的全覆盖。这是因为滑动窗口大小 > T_{sim} 可确保任何时间跨度为 T_{sim} 的用户行为匹配都能被滑动窗口覆盖;重叠区间 $\geq T_{\text{sim}}$ 可确保滑动窗口的密度足以覆盖跨窗口的所有用户行为匹配。Synchrotrap 之所以采用 $2T_{\text{sim}}$ 的滑动窗口和 T_{sim} 的重叠区间,主要是权衡了切分数据块的有效性和消除重叠区间内重复行为的复杂性,这样去重就只需要扔掉重叠部分的用户行为匹配。

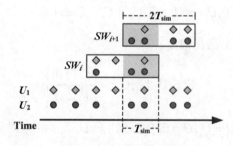

图 5.37 重叠滑动窗口

分治法的另一个体现是系统采用了增量计算的工作流方法,这也是企业常用的手段。天级计算的结果给到周级任务进行归并而后进行聚类,以 pipeline 任务组织数据流从大到小地拆分和聚合。

(4)如何基于相似度做用户聚类?

采用 single-linkage 层次聚类算法,初始每个用户视作一个类,自底而上合并高相似度的类簇(距离最小的两个类簇),直到所有用户都为同一类。single-linkage 指的是计算两个类簇之间距离时的策略,两个类簇的距离由它们最小的用户距离来决定。算法可生成一个树状图,在某一层次切一道线,即可得到类簇,具体在哪个层次上切,取决于相似度阈值和业务要求。

但是，single-linkage 层次聚类算法不利于计算的扩展性，Synchrotrap 采用的思路是借助图方法改良 single-linkage 聚类，使之支持并行和良性扩展，用户之间构成一个相似度图，用户为节点，相似度为边的权重，设置一组相似度阈值（包括基于单约束对象的阈值和基于全局约束的阈值），低于阈值的用户连边过滤掉，剩下的用户形成很多连通的子图，如图 5.38 所示（加粗的边表示相似度在阈值之上，权重大），借助 PEGASUS 算法来寻找连通子图，而这步操作是可以并行完成的。

图 5.38　改进的 single-linkage 聚类方法

（5）怎么保证系统准确率？

提供了一组参数，针对实际场景可调节实现假阳率（误伤问题）和假阴率（召回问题）的权衡：T_{sim} 来调节滑动窗口大小，Sim_{pc} 来调节单个约束对象上的相似度阈值，$Sim_{overall}$ 来调节全局相似度阈值。但是具体设置成多少，就需要结合自身的业务场景来调优了，论文里不会告诉我们这些。

此外，Synchrotrap 的作者们还提到了不同场景的约束对象如何设置、如何减少误伤等细节，比如一个类簇的大小在 200 以上会更加可疑，欺诈者常用的 IP 等变成实时规则，颇具实战参考价值。

6. M-Zoom 和 D-Cube

FRAUDAR、CopyCatch、SynchroTrap 等方法能够在二部图中挖掘高密子图，当数据维度更高时，比如用户 – 商品的评论场景中，如果引入评论的时间、IP、关键词、评论打分星级等，数据会因此而变成 4 阶张量（Tensor）。事实上，如果在高维数据中还能找到密集区域，那么可疑的程度也会大大增加，毕竟不同用户的行为属性相同部分越多，关系越密切，在现实中越可能是团伙作弊或者多账号的分身作弊。写到这里，笔者想起风控工作中经常被监察同事挑战的一个点：我们通过各种方法抓到了很多形迹可疑的商户，交给监察同事处理，希望向公安机关报案，监察同事总说，这些行为属性纵然完全一样，也不能成为证据，仅仅是线索。这也是实情，目前还无法从法律上被认作证据，这也是风控从业者不好做、黑产肆无忌惮的一方面原因。

维度变高后，密集子图挖掘升级为密集子 Tensor 的挖掘（Dense Subtensor Mining），而 M-Zoom 和 D-Cube 两种算法便是解决这类问题的代表，不过思路与 FRAUDAR 也是类似的，定义度量指标然后启发式迭代优化。M-Zoom 和 D-Cube 分别是由 2016 年的论文 "M-Zoom: Fast Dense-Block Detection in Tensors with Quality Guarantees" 和 2017 年的论文 "D-Cube: Dense-Block Detection in Terabyte-Scale Tensors" 提出的两种张量密集块检测

算法，它们的作者也是同一波人，并且都有 Christos Faloutsos 教授。为什么要单提这个人呢？查查 Fraudar 的作者、CatchSync 的作者、CopyCatch 的作者、Eigenspokes 的作者以及 fBox 的作者等，你就不会觉得奇怪了。

M-Zoom 定义了三种密度度量指标，分别是算术平均质量、几何平均质量和可疑度，并给出了一个密度公理：任何满足公理的密度度量方式都适用 M-Zoom 方法。算法的主流程以 k 次迭代贪心式寻找密集块，每找到一个密集块后，就从原始的关系集中删除相应的元组，避免重复查找。在实现细节上借助了最小堆贪婪选择属性维度，以及通过记录迭代过程中删除属性维度顺序的方法，来优化算法的时间和空间复杂度。

不同于此前的方法，M-Zoom 返回的是 k 个密集块，而不仅仅是最密集块。2018 年，作者们又提出了与 M-Zoom 互补并可与之结合使用的 M-Biz（Multidimensional Bi-directional Zoom）算法，以局部最优为目标，改变了 M-Zoom 寻找密集块的方法，每次迭代可以添加或删除属性维度和相关元组，这也是命名中 Bi-directional 的由来。作者指出，两者单独使用在不同数据集上的准确率各有千秋，但结合使用可以带来更高的准确率，这是什么原因呢？这个问题留给读者思考吧，欢迎来信探讨。①

比起 M-Zoom，D-Cude 支持的数据规模达到了 TB 级，之所以如此高性能，是因为它采用了基于磁盘驻留的技术，在数据计算期间，仅顺序读写，最小化磁盘 IO 操作，并借助 MapReduce 框架支持分布式计算。在密度度量和算法思路上，与 M-Zoom 是类似的，不同的是，算法会在保证准确率的前提下追求磁盘 IO 次数的最小化，通过将一些操作合并处理以及高频数据存放在内存中，来降低磁盘访问次数。

关于多维数据的问题，除了上升到 Tensor 的方案，在实际中也可以采用另外的方案，即以多维数据计算两两用户距离，把用户 – 商品的关系最终转化为用户 – 用户的关系，最后以社区划分或二部图的密集子图问题来解决。留两个问题给大家思考，一个是这两种方案的利弊各是什么？另一个是以上这些方法分别适用于什么场景？

5.3.8 图神经网络（GNN）

若要问风控当下最前沿的技术是什么，截至本章节写作时，要属图神经网络（GNN）了，GNN 甚至被誉为人工智能 2.0，要通过一节的内容把它描述清楚还真是相当困难，好在已经有很多学者为其做过总结，包括清华大学朱文武和孙茂松等人发表的两篇综述文章，以及 ZonghanWu 等人发表的图神经网络综述文章。但是，如果只是单纯地看这些文章，想要很好地理解图神经网络，依然还是很费劲的，因为它涉及了太多的概念。在介绍这些之前，我们先把前面章节多次提到又从未细讲的**谱聚类**讲一下，因为它也涉及

---

① 因论文有大量形式化描述，本书不再赘述，有兴趣的读者可以参考论文"Fast, Accurate and Flexible Algorithms for Dense Subtensor Mining"中的细节以及相应的代码实现。

了一个神奇的矩阵——拉普拉斯矩阵。

1. 谱聚类

什么是谱？我们后面再说这个概念。先来说谱聚类，它是一种聚类算法，要把一堆样本数据分成几份，怎么分呢？它借助了图论的知识。事物都是有联系的，物以类聚，人以群分，同一类人之间往往走动频繁、关系较近。类似地，样本之间也有这种远近关系，同类的样本具有类似的行为表现或属性，当以相似度或距离刻画这种关系时，样本与样本之间便形成了一张图：样本是图中的顶点，相似度是顶点之间边的权重，那么聚类这件事情由此变成了图上的划分问题，即如何把一张图切割成不同的子图，而且切割方式更为合理。怎么才叫合理呢？谱聚类的算法认为，连接不同子图的边的权重尽可能低，而同子图内的边权重尽可能高。目标虽然有了，但是具体的切割方式不定，常见的有三种切割方式，分别是 MinCut、Normalized Cut 和 RatioCut 方法。

1）图切割方式

MinCut 尝试把图划分为 k 个子图，目标是要子图之间的权重最小。思想很简单，只考虑子图之间的边权重。两个子图之间的权重（或者叫 cut）形式化定义为 $\text{cut}(A_i, A_j) = \sum_{u \in A_i,\ v \in A_j} w(u,v)$，其中两个顶点之间的权重 $w(u,v)$ 表示为二者的相似度（注意这里的 A 表示子图），一般通过高斯距离来量化：$s_{ij} = \exp\left(\dfrac{-\|x_i - x_j\|^2}{2\sigma^2}\right)$。只最小化子图间的权重会存在一个问题，因为只要把每个离群点或单点（度为 1）都分别视作一个子图，就可以满足要求，但显然这不是我们想要的结果。

Normalized Cut 就是要解决 MinCut 中容易出现单点子图的划分问题，它的切割衡量方法变成了这样：$\text{Ncut}(A_i, A_j) = \dfrac{\text{cut}(A_i, A_j)}{\text{assoc}(A_i, V)} + \dfrac{\text{cut}(A_i, A_j)}{\text{assoc}(A_j, V)}$，其中 $\text{assoc}(A_i, V) = \sum_{u \in A_i, t \in V} w(u,t)$ 表示子图 A_i 中每个点与整图顶点集 V 中顶点所有连边的权重和，分母有点归一化的意思，如果只切出一个点这种单点情况，那么 $\dfrac{\text{cut}(A_i, A_j)}{\text{assoc}(A_i, V)}$ 或者 $\dfrac{\text{cut}(A_i, A_j)}{\text{assoc}(A_j, V)}$ 会接近 1，所以不会是最小化的 Ncut 值。

RatioCut 同样也是为了解决单点划分问题，它的思路是要划分出来的子图节点数尽量大，即考虑子图的大小，目标依然是最小化子图间连边的权重和：

$$\text{RatioCut}(A_1, \ldots, A_k) = \frac{1}{2}\sum_{i=1}^{k} \frac{\text{cut}\left(A_i, \bar{A}_i\right)}{|A_i|}$$

而 Normalized Cut 如果也表示为这种形式则是：

$$\text{NCut}(A_1, \ldots, A_k) = \frac{1}{2}\sum_{i=1}^{k} \frac{\text{cut}\left(A_i, \bar{A}_i\right)}{\text{vol}(A_i)}$$

其中，$\mathrm{vol}(A_i) = \sum_{u \in A_i} w(u,v)$。由此可见，RatioCut 和 Normalized Cut 的区别仅仅在于分母的不同。到这为止，我们已经知道目标是要最小化 RatioCut$(A_1,\ldots,A_k)$ 和 NCut$(A_1,\ldots,A_k)$，但还没有看到拉普拉斯矩阵的影子，不要着急，它很快就要出场了。

2）构图方式

谱聚类有多种构图方式，如阈值法、k 近邻、全连接等。为什么会有多种方法？因为谱聚类的图并不是传统的物理连接图，而是一种逻辑关系图，所以要以相似度函数计算两个样本的距离（如前面提到的高斯距离），以形成样本的相似矩阵，然后根据采用的是阈值法还是 k 近邻法等，从相似矩阵转化为邻接矩阵。以 k 近邻方法为例，对每个顶点 x_i，找出它最近的 k 个近邻，构成其邻域 N_i，然后采用两种规则中的任何一种构建邻接矩阵 W（因为前面 A 表示了子图，所以这里用 W 表示邻接矩阵）：

$$W_{ij} = W_{ji} = \begin{cases} 0, & x_i \notin N_j \text{ and } x_j \notin N_i \\ \exp\left(\dfrac{-\|x_i - x_j\|^2}{2\sigma^2}\right), & x_i \in N_j \text{ or } x_j \in N_i \end{cases}$$

$$W_{ij} = W_{ji} = \begin{cases} 0, & x_i \notin N_j \text{ or } x_j \notin N_i \\ \exp\left(\dfrac{-\|x_i - x_j\|^2}{2\sigma^2}\right), & x_i \in N_j \text{ and } x_j \in N_i \end{cases}$$

其中 exp 项即为 s_{ij}。得到邻接矩阵后，每个顶点 x_i 邻接的所有边权重之和定义为顶点的度，所有顶点的度构成度矩阵 D：

$$D_{ij} = \begin{cases} 0, & i \neq j \\ \sum_{j'} W_{ij'}, & i = j \end{cases}$$

所以 D 是一个对角阵。拉普拉斯矩阵则是由 D 和 W 矩阵形成的，主要有三种常见形式：

第一种：$L = D - W$，称之为 Combinatorial Laplacian（组合拉普拉斯矩阵）。

第二种：$L^{\mathrm{sys}} = D^{-1/2} L D^{-1/2}$，称之为 Symmetric normalized Laplacian（对称归一化的拉普拉斯矩阵）。

第三种：$L^{\mathrm{rw}} = D^{-1} L$，称之为 Random walk normalized Laplacian（随机游走的归一化拉普拉斯矩阵）。

3）拉普拉斯矩阵求解

RatioCut$(A_1,\ldots,A_k)$ 的最优化与拉普拉斯矩阵是如何关联在一起的呢？这源于拉普拉斯矩阵的一个性质：对于任意实向量 $f \in R^n$，有 $f^{\mathrm{T}} L f = \dfrac{1}{2} \sum_{i,j=1}^{n} W_{ij}(f_i - f_j)^2$。这是因为：

$$f^T L f = f^T D f - f^T W f = \sum_{i=1}^{n} d_i f_i^2 - \sum_{i,j=1}^{n} W_{ij} f_i f_j = \frac{1}{2}\left(\sum_{i=1}^{n} d_i f_i^2 - 2\sum_{i,j=1}^{n} W_{ij} f_i f_j + \sum_{j=1}^{n} d_j f_j^2\right)$$

$$= \frac{1}{2}\sum_{i,j=1}^{n} W_{ij}(f_i - f_j)^2$$

当然除这个性质之外，它还具有很多其他的性质，比如 L 是半正定对称矩阵，最小特征值为 0，等等，但这个性质对谱聚类来说是最重要的，因为最小化 RatioCut$(A_1,...,A_k)$ 与最小化 $f^T L f$ 是等价的。为什么这么说呢？定义 k 个指示向量，$h_j = (h_{1j}, h_{2j},...,h_{nj})^T$，$j=1,2,...,k$，$h_j$ 表示第 j 个顶点集合的 n 维指示向量，即用于描述每个顶点是否属于第 j 个顶点集合：

$$h_{ij} = \begin{cases} 0, v_i \notin A_j \\ \frac{1}{\sqrt{|A_j|}}, v_i \in A_j \end{cases}$$

对于顶点集 A_j 的指示向量 h_j，有 $\|h_j\|_2 = 1$，且 $h_i^T h_j = 0$，即指示向量相互正交。

$$h_i^T L h_i = h_i^T (D - W) h_i = h_i^T D h_i - h_i^T W h_i$$

$$= \sum_{r=1}^{} h_{ri}^2 D_{rr} - \sum_{r=1}^{}\sum_{t=1}^{} h_{ri} W_{rt} h_{ti}$$

$$= \frac{1}{2}\left(\sum_{r=1}^{} h_{ri}^2 D_{rr} - 2\sum_{r=1}^{}\sum_{t=1}^{} h_{ri} W_{rt} h_{ti} + \sum_{t=1}^{} h_{ti}^2 D_{tt}\right)$$

$$= \frac{1}{2}\left(\sum_{r=1}^{}\sum_{t=1}^{} h_{ri}^2 D_{rt} - 2\sum_{r=1}^{}\sum_{t=1}^{} h_{ri} W_{rt} h_{ti} + \sum_{r=1}^{}\sum_{t=1}^{} h_{ti}^2 D_{rt}\right)$$

$$= \frac{1}{2}\sum_{r=1}^{}\sum_{t=1}^{} W_{rt}(h_{ri} - h_{ti})^2$$

$$= \frac{1}{2}\left(\sum_{r \in A_i, t \notin A_i} W_{rt}\left(\frac{1}{\sqrt{|A_i|}} - 0\right)^2 + \sum_{r \notin A_i, t \in A_i} W_{rt}\left(0 - \frac{1}{\sqrt{|A_i|}}\right)^2\right)$$

$$= \frac{1}{2}\left(\sum_{r \in A_i, t \notin A_i} W_{rt}\frac{1}{|A_i|} + \sum_{r \notin A_i, t \in A_i} W_{rt}\frac{1}{|A_i|}\right)$$

$$= \frac{1}{2}\left(\text{cut}\left(A_i, \bar{A}_i\right)\frac{1}{|A_i|} + \text{cut}\left(\bar{A}_i, A_i\right)\frac{1}{|A_i|}\right)$$

$$= \frac{\text{cut}\left(A_i, \bar{A}_i\right)}{|A_i|} = \text{RatioCut}\left(A_i, \bar{A}_i\right)$$

通过一系列推导，借助指示向量，将图切割问题与拉普拉斯矩阵的求解关联到了一起。所以，如果对图进行两部划分，即最小化 RatioCut$(A_i, \bar{A}_i)$，便可以转化成最小化拉普拉

斯矩阵的 $h_i^T L h_i$ 正定型。进一步推广到 k 个子图划分问题，构造 $A_1,\ldots,A_k$ 这 k 个顶点集指示向量矩阵 H，矩阵的每列对应相应顶点集的指示向量，则：

$$h_i^T L h_i = (H^T L H)_{ii}$$

$$\text{RatioCut}(A_1,\ldots,A_k) = \sum_{i=1}^{k} h_i^T L h_i = \sum_{i=1}^{k} (H^T L H)_{ii} = \text{tr}(H^T L H)$$

同时有 $H^T H = I$，问题变成有约束的最优化问题，但它是个 NP 难问题，H 的每个分量都是二值，放宽约束到任意实数，转为瑞利熵理论的一种形式：

$$\underset{H \in R^{n \times k}}{\arg\min} \text{tr}(H^T L H) \text{ s.t.} H^T H = I$$

对于任意一个给定的图，它的拉普拉斯矩阵 L 是固定的，因此想要最小化上述目标，需要找到 H，每个具体的 $H_{n \times k}$ 对应了图的一种 k 子图划分方法（虽然实际上此时还不能完全认为 H 直接对应一种划分，因为已经做了近似处理，分量不再是二值）。那如何求解 H 呢？$H^T L H$ 实际是一个对角阵，想要 tr 最小，每个分量 $h_i^T L h_i$ 都要尽可能小。考虑单独一个指示向量的求解问题：

$$\min h^T L h$$

$$\text{s.t.} \|h\|_2 = 1$$

使用拉格朗日方程求解：

$$\ell = h^T L h - \lambda(\|h\|_2 - 1) = h^T L h - \lambda(h^T h - 1)$$

令 $\ell = 0$，对 h 求导，

$$\nabla_h \ell = 2Lh - 2\lambda h = 0$$

$$Lh = \lambda h$$

它的最优解竟然是拉普拉斯矩阵的特征向量，目标函数最小值为特征向量对应的特征值。扩展到 k 个子图划分问题，H 矩阵最优解为 L 的前 k 个最小的特征值所对应的特征向量构成的矩阵。矩阵每个特征向量都对应了一种指示，即一种划分，但因为放松约束条件的原因，特征向量不是原来的二值分布，因此无法直接指示每行顶点的归属，一般要借助 k-means 对得到的 H 矩阵每一行进行聚类，把每行的 k 维向量看作每个顶点的 k 维特征表示。

对于 Normalized Cut，同样可以推导出求 NCut 最小化等价于求解拉普拉斯矩阵第二种形式 $D^{-1/2} L D^{-1/2}$ 的 k 个最小特征值对应的特征向量问题。

到这为止，我们终于弄明白了图切割与拉普拉斯矩阵的渊源。回到一开始的问题，何为谱？谱便是图所对应的拉普拉斯矩阵的特征值和特征向量。通过简单研究它的谱，可以简化拉普拉斯矩阵，这也是一部分降维思想的代表。把拉普拉斯矩阵进行谱分解，

可以得到：

$$L = U\Lambda U^{-1} = U\begin{pmatrix} \lambda_1 & & \\ & \ddots & \\ & & \lambda_n \end{pmatrix} U^{-1}$$

其中 Λ 是由特征值 λ_i 组成的对角阵，$U=(u_1,u_2,\ldots,u_n)$，u_i 是列向量，U 为正交矩阵，满足 $UU^T=E$，所以上式也可以表述为：

$$L = U\begin{pmatrix} \lambda_1 & & \\ & \ddots & \\ & & \lambda_n \end{pmatrix} U^T$$

2. 图卷积网络（GCN）

GNN 这两年的研究分支有很多，GCN 是其中一个，而 GCN 又分为 Spectral Method 和 Spatial Method（Non-spectral Method）两类。Spectral Method 使用谱分解的方法，应用图的拉普拉斯矩阵分解进行节点的信息采集；Spatial Method 直接使用图的拓扑结构，根据图的邻居信息进行信息采集。前文介绍了这么多谱聚类的方法，当然这里也要介绍谱方法了。

了解 GCN 之前还得看一下 CNN 中的卷积。其实 CNN 中的卷积利用了一个共享参数的核，计算中心像素点及其周围像素点的加权和，来进行空间特征提取。所以卷积实质上是一种加权求和，加权的权重系数就是卷积核的权重系数，随机初始化，然后通过损失函数、反向传播和梯度下降进行迭代优化确定。

因为图像的底层数据即像素点矩阵是很齐整的（学术上称为欧几里得数据），所以 CNN 可以很好地提取特征，但在图结构上，因为图的大小可变、节点无序以及每个节点都有不同数目的邻接节点，所以这种不规则数据想要借助卷积运算来提取特征，就变得不再可行。那么，基于谱方法的 GCN 是如何利用卷积来提取图上的特征的呢？

为了解决图上的卷积运算问题，基于谱的 GCN 选择了傅里叶变换。我们知道，傅里叶变换可以把时域变到频域，傅里叶逆变换可以再从频域变到时域，很多问题在时域内看起来毫无规律可循，到了频域却简单得很。如果不清楚傅里叶变换，建议读者看看知乎 IDHeinrich 介绍的一篇通俗易懂的文章。来看一下传统傅里叶变换及其逆变换的形式：

$$F(\omega) = \mathcal{F}[f(t)] = \int f(t)e^{-i\omega t}dt$$

$$\mathcal{F}^{-1}[F(\omega)] = \frac{1}{2\pi}\int F(\omega)e^{i\omega t}dt$$

这里的 $e^{-i\omega t}$ 被称作基函数，既然傅里叶变换这里需要一个基函数，那么要想在图上进行傅里叶变换，基函数又该是什么呢？$e^{-i\omega t}$ 其实是拉普拉斯算子的特征函数，即满足：

$$\Delta e^{-i\omega t} = \frac{\partial^2}{\partial x_i^2}e^{-i\omega t} = -\omega^2 e^{-i\omega t}$$

拉普拉斯算子是笛卡儿坐标系中所有非混合二阶偏导数之和，对 n 维笛卡儿坐标系，$\Delta = \sum_{i=1}^{n} \frac{\partial^2}{\partial x_i^2}$，$\omega$ 与特征值相关。而图上的傅里叶变换，则是拉普拉斯矩阵对应这里的拉普拉斯算子 Δ，拉普拉斯矩阵的特征向量对应这里的特征函数，仿照传统傅里叶变换的定义，可以得到图上傅里叶变换的形式：

$$\mathcal{F}(\lambda_l) = \hat{f}(\lambda_l) = \sum_{i=1}^{n} f(i) u_l^*(i)$$

$f(i)$ 与图上的顶点对应，$u_l(i)$ 表示第 l 个特征向量的第 i 个分量，$u_l^*(i)$ 为 $u_l(i)$ 的共轭，上式表示图上的傅里叶变换即 $f(i)$ 与特征值 λ_l 对应的特征向量的内积运算，推广到矩阵形式即为：

$$\begin{pmatrix} \hat{f}(\lambda_1) \\ \hat{f}(\lambda_2) \\ \vdots \\ \hat{f}(\lambda_n) \end{pmatrix} = \begin{pmatrix} u_1(1) u_1(2) \dots u_1(n) \\ u_2(1) u_2(2) \dots u_2(n) \\ \vdots \quad \vdots \quad \vdots \quad \vdots \\ u_n(1) u_n(2) \dots u_n(n) \end{pmatrix} \begin{pmatrix} f(1) \\ f(2) \\ \vdots \\ f(n) \end{pmatrix}$$

进一步缩写为如下矩阵形式：

$$\hat{f} = U^T f$$

为什么图的拉普拉斯算子要定义为拉普拉斯矩阵呢？这其实正是谱图理论的范畴，可以简单地这样理解：拉普拉斯算子其实是二阶导数，二阶导数在离散数据上就是二阶差分，推广到图上，则变成了节点与其邻居节点的差分，而差分的直接表示为两个节点的边权重，那么形式化最终变成了 $D-W$，即拉普拉斯矩阵的组合版，标准化为变为 $D^{-1/2} L D^{-1/2}$。至于为什么它的特征向量可以作为变换的基，这是由拉普拉斯矩阵的性质和傅里叶变换的性质决定的，拉普拉斯矩阵是半正定对称矩阵，而对称矩阵的特征向量相互正交，可以构成空间的一组正交基；傅里叶变换本质上可以把一个函数表示为若干正交函数的线性组合，而图上傅里叶变换自然也就把图上定义的任意向量表示成了拉普拉斯矩阵特征向量的线性组合。

前面介绍了图上傅里叶变换的矩阵形式为 $\hat{f} = U^T f$，类似地，根据传统傅里叶变换的逆变换形式，可以得到图上的逆变换为 $f(i) = \sum_{i=1}^{n} \hat{f}(\lambda_l) u_l(i)$，矩阵形式为 $f = U\hat{f}$。

了解了变换，那么传统傅里叶变换与卷积结合有哪些性质呢？卷积定理指出，函数卷积的傅里叶变换是函数傅里叶变换的乘积，或者说，函数卷积是其傅里叶变换乘积的逆变换，即：

$$\mathcal{F}(f * h) = \hat{f}(\omega)\hat{h}(\omega)$$

$$f * h = \mathcal{F}^{-1}(\hat{f}(\omega)\hat{h}(\omega)) = \frac{1}{2\pi} \int \hat{f}(\omega)\hat{h}(\omega) e^{i\omega t} d\omega$$

其中 * 表示卷积。推广到图上，函数卷积可以表示为：

$$(f * h)_G = U((U^T h) \cdot (U^T f))$$

如果把 h 的傅里叶变换 $\hat{h}(\lambda_l) = \sum_{i=1}^{n} h(i) u_l^*(i)$ 转成对角矩阵形式（转成对角矩阵形式和 $U^T f$ 的乘积，与保持 $U^T h$ 形式和 $U^T f$ 的乘积的结果是一致的），则为：

$$\begin{pmatrix} \hat{h}(\lambda_1) & & \\ & \ddots & \\ & & \hat{h}(\lambda_n) \end{pmatrix}$$

两者傅里叶变换的乘积为：

$$\begin{pmatrix} \hat{h}(\lambda_1) & & \\ & \ddots & \\ & & \hat{h}(\lambda_n) \end{pmatrix} U^T f$$

然后逆变换得出卷积：

$$(f * h)_G = U \begin{pmatrix} \hat{h}(\lambda_1) & & \\ & \ddots & \\ & & \hat{h}(\lambda_n) \end{pmatrix} U^T f$$

到这里，已经接近图卷积的 deeplearning 模式了，这里的 $diag(\hat{h}(\lambda_l))$ 可以看作图卷积中的卷积参数了。事实上，*Spectral Networks and Locally Connected Networks on Graphs* 一文中就把 $diag(\hat{h}(\lambda_l))$ 变成了 $diag(\theta_l)$，记 $g_\theta(\Lambda) = diag(\theta)$：

$$y_{\text{output}} = \sigma \left(U \begin{pmatrix} \theta_1 & & \\ & \ddots & \\ & & \theta_n \end{pmatrix} U^T x \right) = \sigma(U g_\theta(\Lambda) U^T x)$$

因为计算复杂度高的问题，*Convolutional Neural Networks on Graphs with Fast Localized Spectral Filtering* 又把 $g_\theta(\Lambda)$ 设计成了 $\sum_{k=0}^{K-1} \theta_k \Lambda^k$（其中，$K$ 为卷积核参数个数，一般远小于 n），于是，

$$y_{\text{output}} = \sigma \left(U \sum_{k=0}^{K-1} \theta_k \Lambda^k U^T x \right) = \sigma \left(\sum_{k=0}^{K-1} \theta_k U \Lambda^k U^T x \right)$$

$$= \sigma \left(\sum_{k=0}^{K-1} \theta_k L^k x \right)$$

这样的话，提前计算好 L^k，也不用做特征分解了，通过反向传播优化 θ，每一步只需要向量与矩阵相乘，大大降低了计算复杂度。特别地，当 $K=2$ 时，表示只考虑顶点的直接邻居。

除了谱方法的图卷积之外，还有直接在原空间做卷积的 Spatial Convolution（空间域

卷积）方法，如 DCNN、GAT、GraphSage 等。这些方法不像谱图方法具有一定的理论基础，虽然在选择邻域上有诸多挑战，但要比谱图方法灵活多变，如 GAT 方法可以动态计算节点关系，是一种 state-of-the-art 方法，在不少公开数据集上取得很好的效果；GraphSage 是目前 GCN 落地方面比较具有实用参考性的一种归纳学习式方法，利用节点的邻域信息便可学习出新增节点的嵌入表示，而无须重新学习网络结构的变化，工业界的 PinSage 就有它的影子。

3. 网络嵌入

网络嵌入不同于图神经网络，但又有密切联系，它通过网络拓扑结构和节点内容信息，将网络节点表示到低维向量空间中，以使任何后续的图分析任务（如分类、聚类和推荐）都可以通过使用经典机器学习算法轻松执行。这里有很多方法，比如随机游走 DeepWalk 方法、LINE、Node2vec、GraphSage。这里要简单介绍一下 GraphSage 方法，它也属于 GCN 方法。

GraphSage 方法的核心是通过一个节点的邻域信息聚合出节点的特征表示，技术实现上先假定所有参数（主要是指下方的 W 参数）已经学到，通过前向传播生成节点的 embedding 表示，然后通过随机梯度下降和反向传播学习模型参数。

前向传播生成节点 embedding 表示的过程如图 5.39 中所示的伪代码流程，先聚合节点 v 的邻居节点 $k\text{-}1$（K 的建议取值一般为 2~3，如果太大，计算时间成本就会增加）层的 embedding，然后与节点 v 的 $k\text{-}1$ 层的 embedding 合并，通过全连接层的非线性转换，得到节点 v 在 k 层的 embedding 表示。

Algorithm 1: GraphSAGE embedding generation (i.e., forward propagation) algorithm

Input : Graph $\mathcal{G}(\mathcal{V}, \mathcal{E})$; input features $\{\mathbf{x}_v, \forall v \in \mathcal{V}\}$; depth K; weight matrices $\mathbf{W}^k, \forall k \in \{1, ..., K\}$; non-linearity σ; differentiable aggregator functions $\text{AGGREGATE}_k, \forall k \in \{1, ..., K\}$; neighborhood function $\mathcal{N} : v \to 2^\mathcal{V}$

Output : Vector representations $\mathbf{z}_v$ for all $v \in \mathcal{V}$

1　$\mathbf{h}_v^0 \leftarrow \mathbf{x}_v, \forall v \in \mathcal{V}$;
2　**for** $k = 1...K$ **do**
3　　**for** $v \in \mathcal{V}$ **do**
4　　　$\mathbf{h}_{\mathcal{N}(v)}^k \leftarrow \text{AGGREGATE}_k(\{\mathbf{h}_u^{k-1}, \forall u \in \mathcal{N}(v)\})$;
5　　　$\mathbf{h}_v^k \leftarrow \sigma\left(\mathbf{W}^k \cdot \text{CONCAT}(\mathbf{h}_v^{k-1}, \mathbf{h}_{\mathcal{N}(v)}^k)\right)$
6　　**end**
7　　$\mathbf{h}_v^k \leftarrow \mathbf{h}_v^k / \|\mathbf{h}_v^k\|_2, \forall v \in \mathcal{V}$
8　**end**
9　$\mathbf{z}_v \leftarrow \mathbf{h}_v^K, \forall v \in \mathcal{V}$

图 5.39　GraphSage 前向传播生成 embedding 表示

聚合可以使用不同的聚合器，包括平均、LSTM、Pooling 聚合器。

（1）平均聚合器

$$h_{\mathcal{N}(v)}^k = \text{mean}\left(\left\{h_u^{k-1}, \forall u \in \mathcal{N}(v)\right\}\right)$$

$$h_v^k = \sigma(W^k \cdot \text{CONCAT}(h_v^{k-1}, h_{\mathcal{N}(v)}^k))$$

与平均聚合器相近的还有 GCN 归纳式方法，对节点 v 及其邻居节点 k-1 层的 embedding 每个维度取平均，然后通过激活函数进行非线性转型，不同的是它没有连接合并操作。

$$h_v^k = \sigma(W^k \cdot \text{mean}(\{h_v^{k-1}\} \cup \{h_u^{k-1}, \forall u \in \mathcal{N}(v)\}))$$

（2）LSTM 聚合器

因为一个节点的邻居节点没有顺序的概念，所以对聚合器的要求便是能够对不同顺序的节点输入产生一样的结果，而 LSTM 处理输入时是有顺序的概念的，故需要做一些改变，对节点的邻居随机排序，然后将随机的序列 embedding 作为 LSTM 的输入。不过虽然使用 LSTM 聚合器的效果还不错，但是训练速度慢是肯定的。

（3）Pooling 聚合器

$$h_{\mathcal{N}(v)}^k = \max(\{\sigma(W_{\text{pool}} h_{ui}^k + b), \forall ui \in \mathcal{N}(v)\})$$

每个邻居节点的 embedding 向量进行非线性转换，再应用 max/mean pooling 取各个维度最大值或者平均值，这种方法能够较为有效地捕获邻居节点的不同表现，比 LSTM 效果还要好一些。

在算法的每次外层循环时，都会使用对应的 W 参数，那么参数 W 是如何确定的呢？这就涉及了损失函数的设定问题。GraphSage 框架中给出了损失函数的定义：

$$J_{\mathcal{G}}(z_u) = -\log(\sigma(z_u^T z_v)) - Q \cdot E_{v_n P_n(v)} \log(\sigma(-z_u^T z_{v_n}))$$

该损失函数期望约束节点与其邻居的 embedding 表示是相似的，与不相同节点的 embedding 表示是高度区别的。式中第一部分的节点 v 是节点 u 附近进行固定长度的随机游走到达的节点，第二部分的 v_n 是节点 u 负采样分布中的节点（共 Q 个），表示与 u 存在较大不同。

从 GraphSage 的算法框架上，我们可以看到，算法包含关键的两步：聚合所有节点的邻域信息和更新当前节点的状态，这也是不同变种 GNN 的区别所在。在综述论文 "Graph Neural Networks: A Review of Methods and Applications" 中，作者汇总了不同变种 GNN 的聚合方法和状态更新方法。其实 GraphSage 隐藏了采样这步操作，蚂蚁金服团队提出的 GeniePath 方法在 GraphSage 基础上重点关注聚合之前的采样操作，对于选取哪些重要的邻居、过滤哪些不重要的节点，提出了自适应的广度和深度搜索方法。阿里达摩院提出的 AliGraph（参考 "AliGraph: A Comprehensive Graph Neural Network Platform"）将 GNN 算法框架拆成了三步：采样、聚合和组合。

```
Algorithm 1: GNN Framework
Input: network G, embedding dimension d ∈ N, a vertex feature x_v for each
       vertex v ∈ V and the maximum hops of neighbors k_max ∈ N.
Output: embedding result h_v of each vertex v ∈ V
1  h_v^(0) ← x_v
2  for k ← 1 to k_max do
3      for each vertex v ∈ V do
4          S_v ← Sample(Nb(v))
5          h'_v ← Aggregate(h_u^(k-1), ∀u ∈ S)
6          h_v^(k) ← Combine(h_v^(k-1), h'_v)
7      normalize all embedding vectors h_v^(k) for all v ∈ V
8  h_v ← h_v^(k_max) for all v ∈ V return h_v as the embedding result for all
   v ∈ V
```

图 5.40 AliGraph GNN 框架

AliGraph 最大的亮点在于支持大规模异构图，这也是来自企业实践的结果，因为在商业应用中，顶点和边往往具有各种类型和属性，并且网络结构也会不断变化。AliGraph 从底层架构和存储层面都进行了巧妙和高效的设计，并且可以支持很多 GNN 算法，是一个通用的解决方案。

GNN 在风控中有哪些应用场景呢？当需要考虑节点的特征、图的拓扑信息时可以使用 GNN，多用于扩散因设备等受限资源而关联，或者因有相似异常行为而关联的欺诈用户群体。蚂蚁金服的团队曾在论文"Who-Stole-the-Postage？Fraud Detection in Return-Freight Insurance Claims"中详细介绍了如何使用 GNN 技术辅助识别运费险的骗保团伙，感兴趣的读者可以参考。

5.3.9 知识图谱

前面介绍了很多关于图的内容，图是由很多**节点**和**边**构成的。在知识图谱领域，节点对应的就是**实体**，边对应的是**关系**，因此可以说知识图谱是用来构图的。实体可以是现实中的事物，比如人、地名、物体、公司、地址等；关系的种类就很多了，两个实体之间可以有多种关系，比如朋友关系、任职于关系等。风控中知识图谱的实体一般多为账号、设备、手机号、公司、地址等。除了实体和关系，还有实体的属性信息，比如账号的注册时间、设备的绑定时间、手机号的持有时间等。

知识图谱中比较多的内容在于如何抽取实体和关系，这里面可能还会涉及知识推理。对于风控领域来说，一般涉及实体和关系的获取时，存在两种主要渠道的数据：

- 一是来自业务本身的**结构化数据**，这个对某些行业来说可能占到了大部分，部分行业也会合作外采结构化数据，这部分数据往往以关系数据库表存储。
- 二是网络公开数据或者通过技术手段爬取的**非结构化数据**。除此之外，可能还会存在业务中允许用户自行输入的非严格限制性文本数据。这些非结构化的数据通常以文本式存在，因此需要使用 NLP 技术来挖掘，比如实体识别、关系抽取、实体统一、指代消解等。

所以在讲知识图谱的能力时，其背后的 NLP 技术是基础，识别出的实体可以用于很多场景的检测，比如信息合规审查。无论电商、O2O 业务还是以内容为主导的抖音、知乎等社交社区类业务，都会涉及合规审查，包括政治敏感词、违禁物品、非正当评论等；检测平台上架的商品图文是否一致，首先要准确识别出商品名称；还有标题的规范化、类目自动识别、用户评论信息的抽取等。

实体识别又叫命名实体识别（Named Entity Recognition，NER），是 NLP 里的一项很基础的任务，就是指从文本中识别出命名性指称项，为关系抽取等任务做铺垫。命名实体一般包括人名、地名、组织机构名、商品名等专有名词，还包括时间、日期、货币等，在特定领域中，会相应地定义领域内的各种实体类型。实体识别的技术发展从早期的基于规则和字典的方法，到基于统计机器学习的方法（如 HMM、CRF），再到深度神经网络（如 BiLSTM-CRF），又到最近的注意力模型（如 Bert），先后经历了四个阶段，现在不少人开始采用 Bert-BiLSTM-CRF 的组合方法。不过，在很多场景里，采用成本较低的规则匹配方法也能带来很好的效果。

实体关系抽取（RelationExtraction，RE）也是 NLP 中的一项基础任务，同时也是构建知识图谱的关键环节，指从含有实体对的句子中，抽取出实体间的对应关系。比如"马化腾在 1998 年创建了腾讯"，抽取的关系是 < 马化腾 / 人名，创建 / 关系，腾讯 / 公司 >。关系抽取的关键技术在学术上一般会按监督学习、无监督学习、半监督学习的方式去分类，不过这几年在实际工业落地应用时主要还是以依存句法分析和深度模型（从使用 TextCNN 到双向 RNN 加入 Attention，再到 Bert 等）为解决方案，越来越倾向于端到端的方法，尤其是两阶段训练流行以后。

知识图谱的存储一般有两种方式，一种是基于 **RDF** 的存储，另一种是基于**图数据库**的存储。当然实际操作中未必限定于这两种方式，原则是只要易于数据更新和查询即可，比如笔者的团队曾经用 Redis+Hbase 组合实现了存储、更新和查询。至于为什么不推荐使用关系型数据库来存储，这个道理非常简单，关系型数据库提倡范式设计，对于诸如用户、商品、订单这种数据一般都是单独存储，如果要查询一个商品被哪些用户购买了类似的操作，往往需要联合查询，还可能涉及跨库、跨集群的问题，效率非常低下。

RDF（Resource Description Framework，资源描述框架）最初是在语义网背景下设计出来，以三元组形式描述资源的一种数据模型。简单地，可以把 RDF 数据模型与关系数据库中的 Entity-Relationship 模型，或者面向对象语言中的类图等概念进行类比，都是对数据的一种抽象描述。

RDF 对于资源的描述方式是 IRI，我们熟悉的 URL 就是 IRI 的一种，这种方式可以解决歧义问题，比如如果已经存在一个三元组（苹果，是，公司），如果再出现一个（苹果,是,水果)的三元组,就会出现歧义,借助 IRI 的方式表示可以规避这种歧义问题。整体描述的形式通过三元组 Subject-Predicate-Object(SPO,主谓宾)来表示,所有三元组的集合构成图,成为 RDFGraph。

RDF 有多种具体的**序列化形式**,RDF/XML、RDFS/OWL、Turtle、N-Triples、N-Quads、JSON-LD 等。RDF 有自己的**查询语言**,SPARQL,专用于访问和操作 RDF 数据,比如子查询、聚合等。它是针对 RDF 数据进行结构化查询的语言,类似于关系数据模型上的 SQL 语句,不同的是,SPARQL 查询以 Triple Pattern 为基础构造查询条件,而不是针对行列的限制。2008 年,SPARQL 1.0 成为 W3C 推荐的标准。可以说,SPARQL 的产生简化了 RDF 数据的访问,也为 RDF 的管理提供了一个统一的入口。RDF 比较热门的**存储系统**有 MarkLogic、Jena、Virtuoso 等。

下面通过 W3C 上的一个例子来直观看一下 RDF 与 SPARQL,读者就能大概理解为什么工业界更多偏向于使用图数据库而不是 RDF 了。这里是使用 Turtle 语法描述的某个 RDF 图,包含 Alice、Bob、Charlie 和他们的联系人信息。

```
Graph: http://example.org/alice
  @prefix foaf: <http://xmlns.com/foaf/0.1/> .
  @prefix rdfs: <http://www.w3.org/2000/01/rdf-schema#> .

  <http://example.org/alice#me> a foaf:Person .
  <http://example.org/alice#me> foaf:name "Alice" .
  <http://example.org/alice#me> foaf:mbox <mailto:alice@example.org> .
  <http://example.org/alice#me> foaf:knows <http://example.org/bob#me> .
  <http://example.org/bob#me> foaf:knows <http://example.org/alice#me> .
  <http://example.org/bob#me> foaf:name "Bob" .
  <http://example.org/alice#me> foaf:knows <http://example.org/charlie#me> .
  <http://example.org/charlie#me> foaf:knows <http://example.org/alice#me> .
  <http://example.org/charlie#me> foaf:name "Charlie" .
```

```
    <http://example.org/alice#me> foaf:knows <http://example.
org/snoopy> .
    <http://example.org/snoopy> foaf:name "Snoopy"@en .
```

通过 SPARQL 可以对这个 RDF 图进行查询，比如通过 SPARQL 的 SELECT 来查询所有的人名及其联系人的个数：

```
PREFIX foaf: <http://xmlns.com/foaf/0.1/>
SELECT ?name (COUNT(?friend) AS ?count)
WHERE {
    ?person foaf:name ?name .
    ?person foaf:knows ?friend .
} GROUP BY ?person ?name
```

SPAQL 中查询的变量以 "?字符串" 的形式表示，其实查询语句总体看还算直观，只是构图语句中 IRI 的形式因为字符串较长导致可读性较差。

图数据库是 2014 年以来，受欢迎程度一直保持快速增长的存储系统，如图 5.41 所示，最上方的曲线表示 GraphDBMS 的受欢迎度（Popularity）。根据 2021 年 3 月 DB-Engines 发布的图数据库排名（如图 5.42 所示），Neo4j 依然大幅领先排名第一，并拥有活跃的社区，系统本身查询效率高；OrientDB 和 JanusGraph（原 TitanDB）也在追赶，相对较新，支持分布式，社区开始逐步活跃。

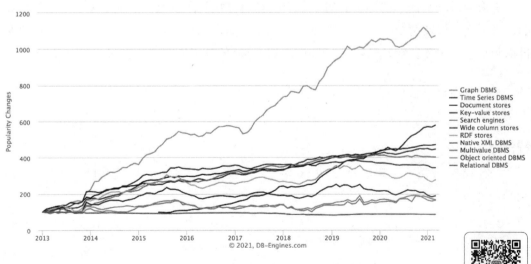

图 5.41　不同类型数据库受欢迎程度的增长趋势

Rank Mar 2021	Rank Feb 2021	Rank Mar 2020	DBMS	Database Model	Score Mar 2021	Score Feb 2021	Score Mar 2020
1.	1.	1.	Neo4j	Graph, Multi-model	52.32	+0.16	+0.54
2.	2.	2.	Microsoft Azure Cosmos DB	Multi-model	32.41	+0.75	+0.78
3.	↑4.	3.	ArangoDB	Multi-model	5.05	-0.02	+0.11
4.	↓3.	4.	OrientDB	Multi-model	4.71	-0.42	-0.16
5.	↑6.	5.	Virtuoso	Multi-model	2.88	+0.51	+0.01
6.	↓5.	↑7.	JanusGraph	Graph	2.43	-0.10	+0.64
7.	7.	↑8.	GraphDB	Multi-model	2.27	+0.13	+1.10
8.	8.	↓6.	Amazon Neptune	Multi-model	1.86	+0.21	+1.04
9.	9.	↑11.	Fauna	Multi-model	1.83	-0.07	+0.89
10.	10.	↑14.	Stardog	Multi-model	1.50	+0.04	+0.72
11.	↑12.	↑12.	TigerGraph	Graph	1.50	+0.17	+0.60
12.	↑13.	↑13.	AllegroGraph	Multi-model	1.31	+0.04	+0.49
13.	↓11.	↓9.	Dgraph	Graph	1.24	-0.17	+0.15
14.	14.	↓10.	Giraph	Graph	1.13	+0.00	+0.17
15.	15.	↑21.	Nebula Graph	Graph	0.97	-0.01	+0.77
16.	16.	↓15.	Blazegraph	Multi-model	0.83	-0.04	+0.19
17.	↑18.	17.	Grakn	Multi-model	0.72	+0.05	+0.24
18.	↓17.	↓16.	Graph Engine	Multi-model	0.70	+0.01	+0.16
19.	19.	↓18.	InfiniteGraph	Graph	0.49	-0.01	+0.11
20.	20.	↓19.	FlockDB	Graph	0.32	+0.00	+0.06

图 5.42 图数据库排名

Neo4j 区分社区版和企业版，社区版只支持单机部署，功能受限，企业版支持可视化管理工具。Neo4j 使用数据结构中图的概念进行建模，节点表示实体，边表示关系，节点和边都可以有属性，不同的实体通过不同的边关联起来，形成复杂的有向图。Neo4j 提供了查询和遍历功能，并通过查询语言 cypher 来操作。此外，Neo4j 还支持事务操作，具有高可用性和高性能。不过，对于生产线的上亿级别的大数据，TigerGraph 是一个不错的选择。值得一提的是，DB-Engines 的统计范围可能不包括国内的使用情况，诸如百度的 HugeGraph、阿里的 GDB 都具有较好的性能。

下面通过一个简单的例子介绍一下 Neo4j 的一些入门概念。数据是关于信用卡盗刷的，每个交易涉及两个实体，消费者 customer 和商户 merchant，每个交易都有一个交易日期和状态，状态表示该交易是否存在争议，盗刷的信用卡交易状态都是有争议的。

```
// Create customers
CREATE (Paul:Person {id:'1', name:'Paul', gender:'man', age:'50'})
CREATE (Jean:Person {id:'2', name:'Jean', gender:'man', age:'48'})
CREATE (Dan:Person {id:'3', name:'Dan', gender:'man', age:'23'})
CREATE (Marc:Person {id:'4', name:'Marc', gender:'man', age:'30'})
```

```
    CREATE (John:Person {id:'5', name:'John', gender:'man', age:'31'})
    CREATE (Zoey:Person {id:'6', name:'Zoey', gender:'woman', age:'52'})
    CREATE (Ava:Person {id:'7', name:'Ava', gender:'woman', age:'23'})
    ...
```

我们通过 CREATE 语句来创建 customer 节点，节点有标签和属性，标签就类似于 MySQL 的表名，属性就好比表中的列，相同标签的节点可以具有不同的属性。这里创建了一些标签为 Person 的节点，属性有 id、name、gender 和 age，属性信息放在花括号内，节点采用圆括号来表示。类似地，还有 merchant 节点：

```
    // Create merchants
    CREATE (Wallmart:Merchant {id:'13', name:'Wallmart', street:'2092 Larry Street', age:'San Bernardino, CA 92410'})
    CREATE (MacDonalds:Merchant {id:'14', name:'MacDonalds', street:'1870 Caynor Circle', age:'San Bernardino, CA 92410'})
    CREATE (American_Apparel:Merchant {id:'15', name:'American Apparel', street:'1381 Spruce Drive', age:'San Bernardino, CA 92410'})
    CREATE (Just_Brew_It:Merchant {id:'16', name:'Just Brew It', street:'826 Anmoore Road', age:'San Bernardino, CA 92410'})
    CREATE (Justice:Merchant {id:'17', name:'Justice', street:'1925 Spring Street', age:'San Bernardino, CA 92410'})
    CREATE (Sears:Merchant {id:'18', name:'Sears', street:'4209 Elsie Drive', age:'San Bernardino, CA 92410'})
    ...
```

关系也通过 CREATE 语句创建，关系有类型和属性，类型表示两个实体之间是什么关系，属性表示关系的额外信息。关系有方向的区别，表示时带箭头的是指有方向性，用方括号来表示关系：

```
    // Create transaction history
```

```
    CREATE (Paul)-[:HAS_BOUGHT_AT {amount:'986', time:'4/17/2014',
status:'Undisputed'}]->(Just_Brew_It)
    CREATE (Paul)-[:HAS_BOUGHT_AT {amount:'239', time:'5/15/2014',
status:'Undisputed'}]->(Starbucks)
    CREATE (Paul)-[:HAS_BOUGHT_AT {amount:'475', time:'3/28/2014',
status:'Undisputed'}]->(Sears)
    CREATE (Paul)-[:HAS_BOUGHT_AT {amount:'654', time:'3/20/2014',
status:'Undisputed'}]->(Wallmart)
    CREATE (Jean)-[:HAS_BOUGHT_AT {amount:'196', time:'7/24/2014',
status:'Undisputed'}]->(Soccer_for_the_City)
    CREATE (Jean)-[:HAS_BOUGHT_AT {amount:'502', time:'4/9/2014',
status:'Undisputed'}]->(Abercrombie)
    CREATE (Jean)-[:HAS_BOUGHT_AT {amount:'848', time:'5/29/2014',
status:'Undisputed'}]->(Wallmart)
    CREATE (Jean)-[:HAS_BOUGHT_AT {amount:'802', time:'3/11/2014',
status:'Undisputed'}]->(Amazon)
    CREATE (Jean)-[:HAS_BOUGHT_AT {amount:'203', time:'3/27/2014',
status:'Undisputed'}]->(Subway)
    CREATE (Dan)-[:HAS_BOUGHT_AT {amount:'35', time:'1/23/2014',
status:'Undisputed'}]->(MacDonalds)
    CREATE (Dan)-[:HAS_BOUGHT_AT {amount:'605', time:'1/27/2014',
status:'Undisputed'}]->(MacDonalds)
    ...
```

关系中 ()-[relation]->() 表示左侧实体与右侧实体存在某种关系，具有方向性，比如在本例中，Paul 在 Wallmart 有购买记录，时间是 3/20/2014，消费 654。

查询操作通过 MATCH 语句实现，结合 WHERE 和 WITH 等可一同使用，由 RETURN 返回查询结果，这里我们找出所有交易状态有争议的集合，进一步还可以根据盗卡前后交易状态的区别，来观察商户的聚集情况：

```
    MATCH (victim:Person)-[r:HAS_BOUGHT_AT]->(merchant)
    WHERE r.status = "Disputed"
    MATCH (victim:Person)-[t:HAS_BOUGHT_AT]->(othermerchants)
```

```
WHERE t.status = "Undisputed" AND t.time < r.time
WITH victim, othermerchants, t ORDER BY t.time DESC
RETURN DISTINCT othermerchants.name AS 'Suspicious Store',
count(DISTINCT t) AS Count, collect(DISTINCT victim.name) AS
Victims
ORDER BY Count DESC
```

更大数量级的数据集可以参考 Stack Overflow 社区的归档文件，这些文件有 11GB 之多，建议感兴趣的朋友使用企业版进行研究实践。适合本地小规模实验的反欺诈和风控的公开数据集较少，大家可以参考豆瓣电影的数据集来练手，社区版上可以支持可视化的效果，如图 5.43 和图 5.44 所示，分别表示黄渤演过的电影，以及黄渤与成龙的最短路径。

```
MATCH (ee:Person)-[:actor]-(movie)
WHERE ee.name = "黄渤" RETURN ee, movie
```

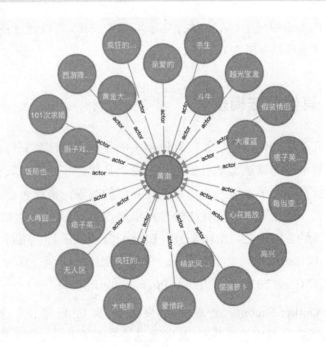

图 5.43　Neo4jdesktop 可视化效果

```
MATCH (one:Person {name: "黄渤"}), (two:Person {name: "成龙"})
MATCH p=shortestPath((one)-[INTERACTS*]-(two))
RETURN p
```

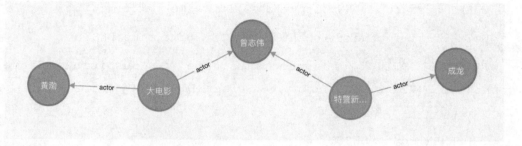

图 5.44　Neo4jdesktop 可视化最短路径效果

提到 Neo4j 就不能不说 APOC 这个插件。它补充了 Cypher 不能支持的复杂图算法和数据操作，是一个兼具灵活性和高性能的存储过程包。前面几节内容里提到的社区发现算法和标签传播算法、介数、节点中心性等，APOC 都能很好地支持，同时还提供了路径扩展算法、图遍历、PageRank 以及各种距离算法等。数据层面能够支持加载 Json 数据、关系数据库表以及流式数据等，也可以与 ElasticSearch 对接集成，更主要的是能与 Cypher 无缝对接，借助 Neo4j 进行可视化。但很可惜的是，这个强大的工具资料较少，目前图算法部分也废弃不再更新维护了，已迁移到 algo 包（见 GitHub 上的 neo4j-graph-algorithms 项目）。

如果想要在 Python 中使用 Cypher 操作 Neo4j 图数据库，可以通过 py2neo 软件包实现，具体安装和使用方法可以参考官方手册。

5.3.10　其他算法模型

仔细深入研究下去，你会发现，反欺诈相关的算法简直汗牛充栋，单说图划分社区发现这块，就有数不尽的算法文献可参考。但是近几年，伴随着大数据的热潮，传统的异常检测算法反倒被埋没了，因为这些算法被提出的时候，黑产可能还没那么夸张，数据量级也没那么大。不过很多传统算法的思路依然值得借鉴学习，实际工作中可能总有一些不大不小的场景会用到它，比如 LOF、EllipticEnvelope 等。还有一些是大家熟知的新颖算法，比如 iForest 也将简单介绍一下。关于异常检测的一些算法，更详细的介绍可以参考 Aggarwal, C.C. 在 2016 年出版的 *Outlier Analysis* 一书。

LOF（Local Outlier Factor）是基于密度的异常检测算法，发表于 2000 年的 SIGMOD，它不对数据分布做过多要求，又能通过异常因子来量化每个数据点的异常程度。但它的性能是一个大问题，因为它要计算每个点距离其他所有点的距离，然后再找每个点的 k 近邻计算 LOF 得分，当然后来有改进版 FastLOF，来缩小问题集合、提升性能。这种算法在反欺诈工作起步的初期或者小规模数据集上可以尝试使用。

iForest（Isolation Forest）是基于 ensemble 的异常检测算法，发表于 2008 年的 ICDM 上，是刘飞博士（Fei Tony Liu）在莫纳什大学就读期间发表的，由陈开明（Kai-Ming Ting）

教授和周志华教授指导。因为具有线性时间复杂度和较高精度，所以在大数据环境下依然可以使用，因而成为圈内家喻户晓的算法。在 iForest 提出之时，学术上定义的异常为"容易被孤立的离群点（more likely to be separated）"，直观理解为分布稀疏且离高密度区域较远的点，所以它更适用于连续数据。

它怎么判断异常点呢？对于一个数据点，遍历每棵树 iTree（Isolation Tree），计算数据点落在每棵树的第几层，然后计算出它在 iForest 中的平均层数，作为其高度。设置一个阈值，低于此阈值的即为异常点。iForest 方法对高度做了归一化，使得最后可以通过一个 0 到 1 之间的异常分数来量化，越接近于 1 越异常。方法的重点便是如何构造这些 iTree，iForest 就是由这些 iTree 组成的，每个 iTree 是一个二叉树结构，构建之前需要设置树的个数 t 和每次抽样的大小 ψ，构建过程大体如下：

（1）每次从训练数据中随机选择 ψ 个样本点作为子样本（subsample），加入树的根节点。

（2）随机从所有维度中选择一个维度 q。

（3）再从 subsample 数据集中指定维度 q 上的最大值和最小值之间，随机产生一个切割点 p。

（4）根节点中 q 维度上小于 p 的数据划入左子节点，否则划入右子节点。

（5）重复第（2）~（4）步，直至节点只有一个样本数据，或者树的高度达到限制 $log_2\psi$。

每棵树建好之后加入 iForest 中，直至达到 t 棵树。算法还有一些细节，比如当数据点遍历至树的叶节点上依然含有多个样本时如何计算高度，如何归一化高度，等等，可以参考论文和 scikit-learn 中的代码实现（ensemble.IsolationForest 模块）。

iForest 的原理不需要数学定义，相对简单，从它的建树过程可以看到，有**三个随机**——随机选择子样本、随机选择维度、随机选择切割点，所以从理论上来讲建完树之后会有大量的样本和维度没有被使用，这类似于随机森林。这不说明 iForest 在高维情况下效果不好，相反 iForest 是适合处理高维情况的，因为在高维情况下，两两样本之间的距离往往是相近的，异常更多是在子空间内才好区别，所以 iForest 在高维数据上有使用场景，本质上来说，iForest 就是要通过随机把高维中不好识别的异常划分到低维子空间中解决。另外，如果异常样本和其他正常样本相似度很高，或者其在空间里分布稠密，那么 iForest 效果可能不太好。是否存在这种场景呢？答案是肯定的，团伙行为、人肉刷单，单看异常个体与正常用户的差异是比较小的。

除了 iForest，周志华团队还提出了其他的深度树模型，如 gcForest、eForest、多层 GBDT、SENCForest 等，其中 SENCForest 还是一个比较有意思的想法，它支持发现新的异常模式，感兴趣的读者可以跟进论文了解。

在异常检测中，针对时序数据的检测是广受关注的一个细分领域，虽然现在的解决手段大部分都是通过 RNN 类的算法以及 AE/VAE（AutoEncoder、Variational AutoEncoder）搞定，但传统的方法也是相当之多的。比如 MA 移动平均法及其各种变形、ARIMA、指数平滑、ESD 系列（S-ESD、S-H-ESD）、STL 分解、VAR（VectorAuto Regression）模型，等等。当然也会用到前面提到过的如 LOF、PCA、聚类和经典的机器学习分类算法等各种方法。

GrubbsTest 是一种假设检验的方法，可以用来检测服从正态分布的单变量数据集中的单个异常值——最大值或者最小值，但是异常值往往是很多个，所以出现了 GrubbsTest 的泛化版本 ESD（Extreme Studentized Deviate）Test，每次计算均值时都排除掉上一轮的最大残差样本数据再去计算。

因为时间序列的数据往往具有周期性、趋势性，异常检测不能单看一个孤立的样本点，后来 Twitter 提出了 S-ESD（Seasonal ESD）和 S-H-ESD（Seasonal Hybrid ESD）算法来处理周期性时序数据异常的检测。而 STL（Seasonal-Trend decomposition procedure based on Loess）正是时序分解的一种常见算法，它将某时刻的数据分解为趋势分量、周期分量和余项，S-ESD 算法则用中位数替换了趋势分量，S-H-ESD 用中位数和 MAD（Median Absolute Deviation）替换了 ESD 的均值和标准差，使之更具鲁棒性。

ARIMA（Auto Regressive Integrated Moving Average）也是对时间序列数据进行预测的一种模型方法，也称为 Box-Jenkins 方法，并简记为 ARIMA(p,d,q) 形式，称为**差分自回归移动平均模型**，其中 AR 是自回归，p 是自回归项数，d 是需要对数据进行差分的阶数，用来得到平稳序列，MA 为移动平均，q 为移动平均项数。**自回归模型**描述当前值与历史值之间的关系，用变量的历史时间数据对自身进行预测，不依赖其他变量，因此称为自回归。**移动平均模型**关注的是自回归模型中的误差项的累加，消除预测中的随机波动。将自回归模型、移动平均模型和差分法结合，就得到了差分自回归移动平均模型 ARIMA(p,d,q)。关于 ARIMA 更详细的建模过程和使用方法，可以参考相关文献资料。

5.4 监控 <<<

在风控涉及的所有技术手段中，监控是全面把关的一环，也是查杀思想中的"查"的重要组成部分，从宏观指标到微观细节，洞察整个体系的运转和业务模式的健康状况。对于做技术的人员来说应该非常熟悉例行的运维监控，它是整个系统的稳定性保障，而风控领域的监控重要性就好比技术线的运维监控。退一万步讲，可以没有管制手段，但是不允许不知道发生了什么。主要的监控包括大盘指标监控、规则监控、模型稳定性监控、变量级监控和其他监控（如情报和舆情监控），其中模型稳定性监控和变量级监控主要为技术指标的监控，其余主要为业务指标的监控。

5.4.1 大盘指标监控

大盘指标监控是体现业务总体风险的指南针，是展现风控总体能力的一个窗口，更是向上呈现的出口。对外行来说，风控做得好不好，看看大盘指标监控就知道了。

大盘指标具体有哪些完全取决于业务，不同业务间的指标差别可谓是天壤之别，所以说这一块的内容是很难用统一口径来描述。不过，这里面还是有方法论的。从层次上来讲，风控监控的大盘指标区分**总分层次**。总的大盘指标与业务宏观指标是一致的，业务上关注哪些指标，风控也一样关注哪些指标，但更主要的是量化其中的风险。然后是**细分**指标，一般结合业务模式进行拆解。总的指标看的是业务整体健康度，细分的指标看的是各个业务团队动作的健康度。

以**电商**的数据分析指标为例，简单看一下风控的大盘指标。电商总的业务指标一般会关注成交额 GMV、订单量、毛利率、总用户数、活跃用户数（DAU、MAU）、独立访客数 UV、页面访问次数 PV、复购率、投资回报率 ROI 以及各环节的漏斗转化率等指标。这些指标从大的方面可以分为流量类指标、流水类指标、市场类指标、转化类指标等。每类指标中的每个指标又可以继续拆解，比如用户量又分总用户量、新增新用户量，复购率指标又分三日、七日、十五日、三十日复购率。

你会发现，这里面的指标太多了，风控都要监控吗？当然不是，从指标涉及的对象来看，这些指标主要是围绕用户、商品、订单和商户的。因此风控在监控大盘指标时，本质上还是在做用户、商品、订单和商户的健康度监控，量化出这些根本标的的风险后，将风险核算到对应的业务指标上去，比如 GMV 每天 1000 万元，风险比例有万分之一；UV 有 20 万，虚假用户有多少比例；付费推广激活有 100 万元，作弊有多少比例；等等。

而到了**互联网金融**场景，这些指标就完全不适用了，因为互联网金融的整个业务模式，决定了它所有的内容都是在做风险与收益的权衡。比如常见的贷款流程包括这几个环节：申请贷款、贷款审批、签订合同、放款和贷后管理，每个环节都需要去监控相应的风险情况。比如：

- 申请环节要看进件数、进件金额、欺诈率等。
- 审批环节看审核金额、审核件数、拒绝率等。
- 签合同环节看核准金额、核准件数、核准率等。
- 放款环节看放款件数、放款金额、放款率等。
- 贷后环节看负债比、逾期率、迁徙率、不良率、坏账率、催收率等。

从这些指标上看，它与电商模式最大的不同在于，这些指标本身既属于业务指标，又属于风控指标。这也是金融场景里往往区分反欺诈和风控的原因：风控更多是互联网金融公司的业务，反欺诈则对应了电商等互联网场景中的风控环节。反欺诈主要体现在申请环节和贷后环节，提前识别出黑名单用户、欺诈用户，以及从贷后的逾期、坏账数据上分析欺诈概率，进而辅助衡量业务的风险。

除了与业务紧密相关的大盘指标，风控在大盘指标方面还会体现风控的发现和管控能力，从总体用户风险比例、召回率、准确率、漏出情况、资损情况、风险地域分布，到实际处罚如拦截次数、追赃数据等，往往都会以大屏展示的形式呈现出来。

除了这些宏观的指标监控，大盘监控还存在一类**极值监控**，即每个监控维度下的前 X 名数据。这是探查异常的一种非常直接的手段，通过观察头部的数据是否符合逻辑来识别异常。举例来说，假设监控每个渠道拉新的次日留存率，如果按照次留倒排，头部的前 5 个渠道次留率为 100%；或者按照次留正排，前 5 个渠道次留均为 0%，那么毫无疑问，这些都有问题。

5.4.2 规则监控

前面介绍了规则引擎，它能够灵活配置规则并实时生效，规则监控同样以规则引擎为框架，提供侦查能力。从一条规则的上线过程来看，规则配置后首先需要监控（标记可疑状态但不处理），效果达标之后才能拦截、预警。规则监控一般独立于执行线上拦截功能的规则引擎（"杀"系统），以实时、近线或离线方式实施监控能力（"查"系统），也可以用于规则投入生产前的效果评估。

如图 5.45 所示，一个实时规则监控框架的主要核心部分包括两部分：

- 一是规则系统部分，前面已经详细介绍，这里不再赘述。
- 二是实时的流式计算部分，通过从 Kafka 等消息队列中消费实时数据，以及从 Hive 或 HDFS 上获取离线计算好的数据，借助 Flink 或 Spark 的高性能实时计算框架，算出规则管理中心配置的原子变量及各种统计量，将计算结果交给下游，供规则系统和预警使用，或呈现于 Dashboard 中。

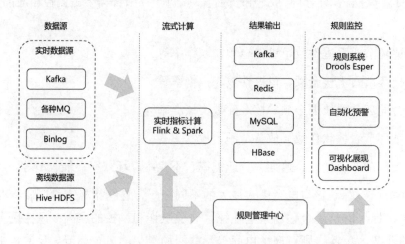

图 5.45　实时规则监控框架

值得注意的是，流式计算的环节也未必都是采用高性能实时计算框架完成的，简单的计数操作借助计数器即可实现。说起实时计算，几年前还是以 Storm 为主，很快就成了 Spark 的天下，眼下又变成了 Flink 为主流，技术演进实在太快了。

规则系统已经是很成熟的体系，并且有很多开源工具了，那么实时监控的技术核心更主要的是解决实时流处理框架与规则系统的集成问题。实时框架承担的是具体原子性变量的计算，即承担数据的生产，因此，规则的拆解和组合部分依然是规则系统的范畴，变量的计算则由实时框架来做。

在实时框架计算中，有一点需要专门说一下，那便是时间窗口的计算问题。比如我们有很多类似这样的指标需要计算——"10 分钟内一个用户的下单量"，这里的"10 分钟内"是指任何时候看都能往前计算 10 分钟，即最近 10 分钟。像这种只涉及业务逻辑的数据不涉及日志，一般借助消息队列和 Redis 也可以实现。而日志这种数据，如果使用 SparkStreaming（或 Flink），那么就需要注意这里面有一个需要澄清的概念——窗口，因为这是做聚合操作必须了解的。

在 Spark Streaming 中，数据处理是按批进行的，但数据采集是逐条进行的，因此它会先设置好批处理间隔（batch duration），当超过批处理间隔时，就把采集到的数据汇总成一批数据，交给系统去处理。如果批处理的时间超过了 batch duration，那意味着数据处理的速率跟不上数据接收的速率，就会导致后面正常的 batch 提交的作业无法按时执行，随着时间的推移，越来越多的作业将被延迟执行，最后导致整个 Streaming 作业被阻塞。所以需要设置一个合理的批处理间隔，以确保作业能够在这个批处理间隔内执行完成。

对于窗口操作而言，在其窗口内部会有 N 个批处理数据，批处理数据的大小由窗口间隔（window duration，也叫窗口长度）决定，而窗口间隔指的就是窗口的持续时间，在窗口操作中，只有满足了窗口的长度，才会触发批数据的处理。除了窗口的长度，窗口操作还有另一个重要的参数，就是滑动间隔（slide duration），它指的是经过多长时间窗口滑动一次，形成新的窗口。滑动窗口默认情况下和批次间隔的相同，而窗口间隔一般会设置的比它们两个大。在这里必须注意的一点是，滑动间隔和窗口间隔的大小一定得设置为批处理间隔的整数倍。

如图 5.46 所示，批处理间隔是 1 个时间单位，窗口间隔是 3 个时间单位，滑动间隔是 2 个时间单位。对于初始的窗口 time1~time3，只有满足了窗口间隔，才触发数据的处理。如果初始的窗口流入的数据没有打满，但是随着时间的推进，最终会被打满。每 2 个时间单位窗口滑动一次后，会有新的数据流入窗口，这时窗口会移去最早的两个时间单位的数据，而与最新的两个时间单位的数据进行汇总形成新的窗口（time3~time5）。

了解了这几个窗口的概念，滑动窗口也就很好理解了，即窗口随着滑动间隔往前滑动，窗口之间是会出现重叠的。如果你使用的是 SparkStreamingSQL，它除了支持滑动窗口

（HOPPING），还支持滚动窗口（TUMBLING）。滚动窗口之间不会重叠，它根据每条数据的时间字段将数据分配到一个指定大小的窗口中进行操作，窗口以窗口大小为步长进行滑动，所以不会出现重叠。例如，如果指定了一个 10 分钟大小的滚动窗口，数据会根据时间划分到 [0:00, 0:10)、[0:10, 0:20)、[0:20, 0:30) 等窗口。

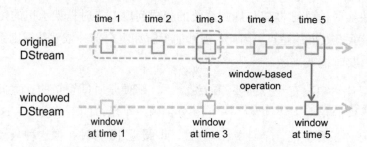

图 5.46　批处理间隔示意图（来自 streaming-programming-guide）

除了 SparkStreaming，当下最热门的实时流处理框架当属 Flink，它是一个纯流式系统，不再基于 batch 的模式，吞吐量据说可达 400KB eps（events per second）。它在窗口机制上实现了更强大的支撑，包括翻转窗口（即滚动窗口）、滑动窗口、session 窗口、基于 Count 计数的窗口以及用户自定义的窗口，这是它最大的亮点之一。session 窗口是 Flink 的特色，session 理解为用户持续活跃的一段时间，在事件流数据中，把事件聚合到一个会话窗口内，以非活跃的会话间隔隔开。

还是以计算用户 10 分钟内的下单量为例，如果用户 1 分钟没有行为活动就视为会话断开，那么在 Flink 中通过相关 API 就把会话间隔设置为 1 分钟。Flink 更强大的地方是支持用户自定义窗口，主要通过 Window Assigner、Trigger 和 Evictor 组件实现的，具体可以参阅相关资料。

规则监控与在线规则引擎一样，也是一个系统的框架，它把监督模型和无监督模型融合到整个监控中去。可以对命中规则监控的数据进行一种染色标记，用于评估在线杀系统的召回能力，也可以据此配置报警。

5.4.3　模型稳定性监控

模型方面的监控主要介绍稳定性监控，因为识别效果的监控都可以在前面的监控中实现。模型自从上线的那一刻起，性能就开始衰退，这是由于模型都是基于历史样本数据训练出来的，本身的泛化能力和生产环境的多样性需要验证和监控。何况黑产始终在不断变化，所呈现出的特征和样本分布也会随之变化，因此对模型的稳定性监控就显得十分重要。

1）PSI

模型稳定性指标（Population Stability Index，**PSI**）可用来衡量模型上线后真实数据分布和建模时训练数据分布的差异，是最常见的模型稳定性评估指标。PSI 如何计算？

首先对样本 A 和样本 B 的模型得分按照同一标准分为几个区间，如果是类别型变量就按类别分，然后计算样本在每个区间上的占比。在每个区间上，将两个样本各自占比相除再取对数，然后乘以各自占比之差，最后将各个区间的计算值相加，最终得到 PSI，公式如下：

$$\text{PSI} = \sum_i \left(\frac{A_i}{A_T} - \frac{B_i}{B_T} \right) \ln \left(\frac{A_i / A_T}{B_i / B_T} \right)$$

其中 A_T 和 B_T 分别是样本 A 和样本 B 的容量，$\sum_i A_i = A_T$，$\sum_i B_i = B_T$。根据公式，如果来衡量模型上线后的稳定性，那么，

$$\text{PSI} = \sum ((\text{Actual\%} - \text{Expepted\%}) \times (\ln(\text{Actual\%} / \text{Expepted\%})))$$

Actual 表示真实数据的分布占比，Expepted 表示训练数据的分布占比，那么这里 PSI 表达的是真实数据的分布与训练测试集的差异。我们简单看一个例子，如表 5-11 所示。

表 5-11　PSI 计算示例（例子来源于网络）

分数区间	Actual %	Expected %	Ac-Ex	ln(Ac/Ex)	Index
<251	5%	8%	-3%	-0.47	0.014
251~290	6%	9%	-3%	-0.41	0.012
291~320	6%	10%	-4%	-0.51	0.020
321~350	8%	13%	-5%	-0.49	0.024
351~380	10%	12%	-2%	-0.18	0.004
381~410	12%	11%	1%	0.09	0.001
411~440	14%	10%	4%	0.34	0.013
441~470	14%	9%	5%	0.44	0.022
471~520	13%	9%	4%	0.37	0.015
520<	9%	8%	1%	0.12	0.001
Population Stability Index（PSI）=					0.1269

表 5-11 的最后一列是每个区间的 PSI 值，以 251~290 区间为例，真实数据里面有 6% 的样本落入该区间，而在训练数据中，有 9% 的样本落入该区间，那么按照公式，计算结果为 Index = $(6\% - 9\%) \times \left(\ln \frac{6\%}{9\%} \right) = 0.012$。最后一行的 0.1269 则是把所有区间的 Index 叠加起来的结果。在一些网站以及一些公众号的文章介绍中，你或许看到过关于 PSI 取值的经验法则：

- 如果小于 0.1，则不需要做什么。

- 如果在 [0.1,0.25] 之间，样本分布已经有了一些变化，需要结合其他监控维度关注它。

- 如果大于 0.25，表示已经出现了漂移现象，需要研究问题出在哪，重新训练模型。

这个经验靠谱吗？其实从公式上也能看出，PSI 的值取决于你的样本量和分数区间划分，极端情况下，假设只有一个区间，那么结果为 0。

所以，在根据 PSI 的结果判断模型是否需要重新训练的时候，需要清楚的是分数区间的划分问题，要结合自身的业务场景判断，因为不同业务场景的分数区间划分不同，当然你也可以始终按照 10 分一个区间来划分。此外，在日常的监控中，一般也会持续监控 PSI 的变化情况，一开始上线时会有一个基线版本作为参考，甚至一开始线上和线下就会表现出较大的差异（比如超过 0.1），这也是很正常的现象。

2）K-L 散度

除了 PSI，K-L 散度（Kullback-Liebler divergence）也是用来衡量两种分布差异的一项指标，不过它较少用到模型监控中，更多用于模型对比决策、损失函数以及变分推断等方面。K-L 散度的数学定义形式是：

$$D_{KL}(p(x) \| q(x)) = \sum_i p(x_i) \ln \frac{p(x_i)}{q(x_i)}$$

其中 $p(x)$ 表示真实分布，$q(x)$ 表示建模的分布。可以看出，K-L 散度的定义与熵的定义是很相似的，所以也叫相对熵，可以理解为用模型 $q(x)$ 来表示真实分布 $p(x)$ 的信息损失量。当然，转换一下角度，可以认为是两个分布的差异，但它并不是二者的距离，因为用 $p(x)$ 来表示 $q(x)$ 的损失不等于用 $q(x)$ 来表示 $p(x)$ 的损失，即 K-L 不满足对称性，也即 $D_{KL}(p(x) \| q(x)) \neq D_{KL}(q(x) \| p(x))$。那么 K-L 散度与 PSI 之间是什么关系呢？我们看一下公式推导：

$$D_{KL}(p(x) \| q(x)) + D_{KL}(q(x) \| p(x)) = \sum_i p(x_i) \ln \frac{p(x_i)}{q(x_i)} + \sum_i q(x_i) \ln \frac{q(x_i)}{p(x_i)}$$

$$= \sum_i p(x_i) \ln \frac{p(x_i)}{q(x_i)} - \sum_i q(x_i) \ln \frac{p(x_i)}{q(x_i)}$$

$$= \sum_i (p(x_i) - q(x_i)) \ln \frac{p(x_i)}{q(x_i)} = PSI$$

可以看出，$PSI = D_{KL}(p(x) \| q(x)) + D_{KL}(q(x) \| p(x))$，这其实也说明了 PSI 是具备对称性的，当然这是在固定了划分区间的前提下。

3）J-S 散度

还有一种度量指标称为 J-S 散度（Jensen-Shannon divergence），它也是一种满足对称性的方法：

$$D_{JS}(p(x) \| q(x)) = \frac{1}{2} D_{KL}\left(p(x) \| \frac{p(x)+q(x)}{2}\right) + \frac{1}{2} D_{KL}\left(q(x) \| \frac{p(x)+q(x)}{2}\right)$$

它的值域范围是 [0,1]，相同为 0，相反为 1，这也是比 K-L 散度有所改进的地方（K-L 的值域是 [0,∞)）。从公式定义上也能看出，本质上它也是 K-L 散度的变体。

4）Wasserstein 距离

Wasserstein 距离是度量两个分布之间距离的方法，它的直观理解是，把数据从一个分布移动成另一个分布需要的最小平均距离，就好比推土机把一个形状的土堆移动成另一个形状的土堆，需要做功的最小值。因此它也叫地球移动距离。它的定义是：

$$W(P_1,P_2) = \inf_{\gamma \sim \Pi(P_1,P_2)} \mathbb{E}_{(x,y) \sim \gamma}[\|x-y\|]$$

其中 $\Pi(P_1,P_2)$ 是分布 P_1 和 P_2 的联合概率分布，对于每个可能的联合分布 γ，从中采样 (x,y)，计算它们的距离，以此计算出联合分布 γ 下样本对距离的期望值，然后在所有可能的联合分布中找到期望值的下限，记为 Wasserstein 距离。它比 K-L 散度和 J-S 散度的优势在于，两个分布没有重叠或者重叠非常少时，也能反映出远近，但此时 J-S 和 K-L 的情况就会比较糟糕。

5）KS 指标

上面所讲的指标主要从分数分布的差异角度，来监控上线后的真实分布和建模时的分布区别。KS（Kolmogorov-Smirnov）指标则常用于衡量**分数区分能力**。KS 指标主要用来衡量好坏样本的累计分布之间的差值，以评估模型的风险区分能力。KS 曲线有多种绘制形式，但 KS 值的定义是一致的，按分数段累计好坏样本，计算它们占总的好坏样本的比例，取差值的最大值作 KS：

$$KS = \max\left\{\frac{Bad_k}{Bad_{total}} - \frac{Good_k}{Good_{total}}\right\}$$

也有类似 PSI 的经验法则，用来参考 KS 的取值范围，以判断模型的区分能力：

- 如果小于 0.2，则基本没有区分能力。
- 如果在 [0.2,0.4) 之间，则有弱区分能力。
- 如果在 [0.4,0.75) 之间，则有较好区分能力，在此范围内越大越好。
- 如果大于 0.75，则模型可能有问题。

这个经验法则是作为模型训练阶段的验证指标。但如果用来监控模型上线后的效果，一般需要训练好的模型在 KS 满足要求（比如 0.3 以上）的情况下进行线上部署后，以日、周和月维度监控 KS，跟踪模型对好坏样本的区分能力是否发生变化。如果持续下降，需要分析多方面原因，可能是模型稳定性不好、欺诈群体转移，或者变量特征出现 bug 等；若下降超过阈值，需要重新训练或者考虑新的特征、新的模型来替代。

6) Gini 系数

Gini 系数是除 KS 指标之外的另一种衡量模型区分能力的手段。它的计算过程类似于 KS，统计每个分数区间的好坏样本数，累计每个分数区间内坏样本数占总的坏样本数的比例，并累计样本占比，然后绘制出洛伦兹曲线，如图 5.47 所示，其中横轴为累计样本占比，纵轴为累计坏样本占比。

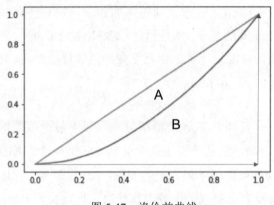

图 5.47　洛伦兹曲线

图中曲线与斜线构成的面积（**A 部分面积**）与三角形面积（**A+B 总面积**）的比值记为 **Gini 值**。Gini 系数来源于经济学，通过结合洛伦兹曲线表现为一个总结收入和财富分配信息的便利图形方法，从而得到广泛应用，能够直观地看到一个国家收入分配平等或不平等的状况。将一个国家所有人口按最贫穷到最富有进行升序排列，随着人数的累计，这些人口所拥有的财富的比例也逐渐增加到 100%，按这个方法得到洛伦兹曲线，而图中那条对角斜线则代表了收入分配完全平等的一种情况。假如这个国家最富有的那群人占据了的财富越多，贫富差距就越大，那么洛伦茨曲线就会越弯曲，Gini 系数就越大。

类似地，假设把所有样本的得分按照从低到高的顺序排序，以横轴为累计样本占比，纵轴作为累计坏样本占比，随着累计样本占比的上升，累计坏样本占比也在上升。如果这个模型的区分能力比较好，那么越大比例的坏样本会集中在越高的分数区间，整个图像形成一个凹下去的形状。所以洛伦兹曲线的弧度越大，Gini 系数越大，这个模型区分好坏样本的能力就越强。再进一步，在模型上线后，以日、周和月维度监控 Gini 指标变化情况，跟踪模型对好坏样本的区分能力是否发生变化，如果有变化，则需要采取相应手段进行调整。

从上面这些方法可以看出，除常用的 PSI 是稳定性指标外，其他都属于评估模型能力的指标，但是把它们拿来做监控指标使用，依然是可行的。

5.4.4　变量级监控

我们通过模型监控的手段发现模型效果有下降或者抖动后，往往并不能直接定位出是什么原因，其中可能就存在因为变量异常导致的问题。当然，变量级监控也并非只是为了监控变量取值是否存在bug层面的问题，还能监控用户行为在细分到变量层面上的表现趋势，也就是说，变量级监控是可以直接用来监控异常行为的。

首先需要说明的是，前面讲的PSI等指标也可以拿来做变量级监控。以某个变量为例，将其取值范围分段，统计每段内的好坏样本比例，结合相应指标建立监控报警。既然要分段，这里就存在一个东西，叫累积分布函数（Cumulative Distribution Function，CDF），用来描述一个变量（指连续变量）的概率分布。对变量进行分段后，统计每段内累积的样本比例，即取值小于分段区间右端点的样本数占总样本数的比例，然后绘制累计分段图，两次曲线的最大差值简称D值，以此来衡量该变量在两次取样时的差异，这种方法与前述KS值计算也有相似之处。如图5.48所示，为某个变量在两次取样时的累积分布对比，横轴为变量的取值范围，纵轴为样本数（一般纵轴为样本比例，但为了直观可以调整为样本数量），两条曲线的最大差值即D值为100，在变量值大于0后，分布开始发生变化，变量取值为2时，接近D值。

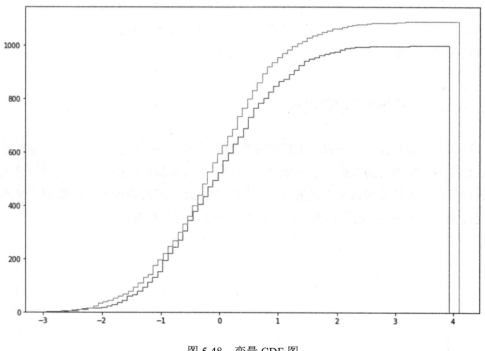

图 5.48　变量 CDF 图

对于离散变量或类别型变量来说，监控相对比较简单，枚举统计每种取值下的样本比例即可，一般采用表格式或者柱状图方式呈现，比如用户所属地域，根据监控，一般能够知道哪些地域的逾期比较多，哪些地域的风险比较大，如图5.49所示。其实这里应该能够看出来，变量级监控一定是结合模型结果的，包括CDF也是一样，要区分正负样本（或者说按模型给出的结果划分好坏样本）。变量监控不是总量上的监控，而是与目标变量强绑定的。

变量级监控的周期窗口一般要比模型监控高频，与规则监控是一致的，一般在小时级别，甚至更短。高频监控的优点是可以快速发现异常，缺点是对线上的实时架构和计算流程有要求，尤其是像打车、外卖这种存在明显高峰和低峰的业务。但是并不会放弃低频监控，低频一般是日、周和月级别，从长线观察变量变化趋势。

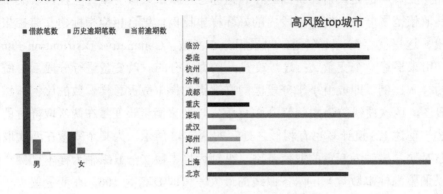

图 5.49 变量级监控的部分展示效果

在监控系统的设计上，和普通 BI 系统以及运维的监控系统区别不大。在展示内容上，往往借助柱状图、曲线等多种方式结合时间段选择进行效果对比，第 8 章还会展开介绍如何做可视化呈现。

5.4.5 情报和舆情监控

除了以上各种监控，还有一类监控是情报和舆情监控。情报监控是指收集论坛、社交软件中与业务相关的数据，了解黑产的动向、手段和特征，便于研究其行为模式，帮助评估风控工作的效果以及改进方向。舆情监控则是收集与企业相关的新闻、热点或者负面评价。这两类监控的核心在于爬虫和非结构化数据的处理。

第 6 章
场景：反制手段的应用

第 5 章介绍了智能风控中经常用到的技术手段，读者读起来可能会觉得比较枯燥，也不易理解，难免会问在面对具体的场景时又该如何使用这些技术呢？本章将结合第 5 章中的部分技术手段，以互联网平台中的一些作弊场景为例，来介绍一下反制手段如何对抗黑灰产。在介绍这些内容时，最难处理的问题就是数据集和代码，因为数据集确实很难搜集到，也不便使用笔者所在公司的业务数据，最终选择了一些开源的数据集，以及网上可以找到的尽量贴近相关内容的数据集，以简单代码配合解读。

关于场景，本章选择了刷量、刷红包优惠券、商家用户团伙案、虚假商户、广告和渠道推广作弊、销售刷业绩、内容风险和物流作弊八个场景，为什么选择这几个场景呢？因为互联网行业虽然众多，但基本上离不开拉新和留存：

- **拉新**是为了增长，一方面拉新用户进入到平台，另一方面拉新合作伙伴进入到平台，为了吸引用户，线上会涉及广告营销推广，线下会涉及地面推广和"商户"覆盖。
- **留存**则要黏住用户，发挥其长期生命价值，这就要涉及内容生产、优惠活动吸引等措施。

这八个场景，除物流场景之外，其他几个场景主要基于互联网平台在拉新和留存中存在的风险问题。而选择物流场景，是因为它是一个较好的时空结合的例子，时空结合在作弊与反作弊中都是非常典型的。

在介绍每一种场景时，都会按照背景、技术手段和案例的顺序来描述问题、解决问题，其中每一节的技术手段都会从宏观与微观相结合的角度来讲。读者会发现，八种场景的技术手段具有一致性，即策略规则+算法模型（无监督+有监督）+监控，甚至还包括产品和运营手段。这就是风控工作的特点，针对任何作弊的最好防御武器永远都不是讲方法论，而是用十八般武艺全上的综合性手段。单靠一项技能解决一类作弊问题是不现实的，因此我们提倡系统性防御。

在本章的最后会再次强调系统性防御的重要性，并从分角色治理这个角度阐述系统性防御实践方法。

6.1 系统性防御 <<<

很多人都会有同感,风控的防御很容易由黑产牵着鼻子走,做什么往往是黑产决定的,而且还总有堵不尽的口子、填不完的坑。在团队建设的初期,存在这种现象是有可能的,但长期存在这种现象是不合适的。这几年的经验和思考告诉笔者,之所有会存在此类现象,主要存在以下几个原因:

- 对黑产不够熟悉,没有情报来源,无法掌握黑产动向,这也可以解释为何战争年代重视情报工作。
- 产品业务流程中风控机制不健全,产品经理无风险意识,评审无风控团队参与,事发后再去做风控。
- 完全寄希望于技术手段,而技术手段又单一不成体系,未能联动产品、运营和法务来形成系统性防御。

这里主要谈一下系统性防御。我们在介绍智能风控的定义时强调过,智能风控是一个系统化的风控体系,这里的系统性防御亦即内部联防联控,至少包含两点,一是要将风控动作落实到业务的各个角落,渗透到产品流程之中,这是指处罚管控能力;二是在技术上通过监控、实时规则策略、实时算法和离线算法等多手段,覆盖业务的事前、事中和事后全链路,这是指预警能力和发现识别能力。

这两点也是智能风控区别于传统风控的地方:传统的风险控制在单点上通过明确的配套运行规则来规避风险,风险的审核甚至需要人力来评估,而且在一个环节上的风险未必会影响另一个环节的判断,不易形成数据联动;智能风控的多手段全链路能力与大数据和人工智能技术的使用有很大关系,也与互联网敏捷迭代开发有关。当然,从公司角度看,系统性防御还希望能够覆盖业务的所有场景,从渠道推广买量拉新到注册、内容生产、业务消费等方方面面,并能在数据上打通共享,给出一个用户的完整风险刻画和完善的防御方案。

系统性防御在很多企业的落地做法中体现为事前、事中和事后**三阶段策略**。这里的"事"和具体业务有关,例如在快手上发布一个视频、在拼多多上买一个东西、在滴滴上打一次车、在爱钱进上借一次款。以电商为例,事前主要包括注册、登录、浏览、加购等行为,事中包括下单、支付、物流等,事后包括评论、退换货等行为。也可指某个活动或事件,比如在某个活动上线之前、运营过程中和下线后。

在三阶段策略中,追求把控事情的前前后后每个环节,以形成全面的防御效果,防御手段基本上都可以再分为监控预警 + 识别 + 管控三部分。如图 6.1 所示为某电商平台的风控流程图,为解决商户刷单问题的方案,从新用户进入平台开始,就不断采集用户属性信息和行为信息,进行风险判断;在下单行为上更是花大力气识别风险,并根据风险情况进行差异化的处理。可能有些读者更加关注如何识别作弊和风险的算法技术,但实际上，如何管控也很有学问，缺失了管控能力的风控不叫风控，管控不当也无法有效威慑黑产。

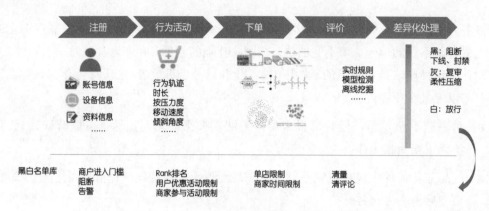

图 6.1 某电商平台风控流程

一般意义上的系统性防御是站在用户视角来说的，在了解了本章 8 个场景的案例后，我们在最后一节（6.10 节）还会讨论通过分角色治理实现系统性防御的内容。

以上所讲的系统防御都是企业内部的防御，然而面对庞大的黑产，一家企业还不足以抵御，这就需要企业之间联合，甚至需要公安机关的介入，即所谓外部的联防联控。但由于数据价值和安全问题，外部联防联控还不够完善，与公安机关的合作虽然威慑效果显著，但立案打击的时间周期一般较长。购买外部数据和第三方服务是目前常见的做法。从这个角度来看，专门提供风控服务的企业在这块儿有很大优势。

6.2 刷销量、好评、排名、榜单 <<<

刷销量、好评、排名、榜单都属于刷量，这是所有作弊形式中最普遍的一类，大概起源于淘宝店铺为了吸引买家和提升搜索排名而采取的一种非正当竞争行为，如今已经渗透到互联网的各行各业。网店单品月度成交量、App 下载量和评论数、粉丝数、点赞数、文章阅读量……只要能量化的展示出来的指标数字，都可以刷。国内从事刷量工作的平台超过 1000 家，从事刷量产业的人员累计近一千万。

为什么会如此严重呢？在笔者看来，这已不是单方面的问题了，产品快速迭代中暴露的不完善机制、从业者的心态和资本的孕育共同催生了这个市场。没有量，对自己、对老板、对客户、对投资人如何交代？在 2012 年至 2014 年间，风投可谓盛极一时，几乎很少有新生移动应用不刷榜，刷榜可以拿到融资，可以讲出增长的故事，甚至可以 IPO，刷量成了一件多方受益的事情，何乐而不为呢？处在这个泡沫圈子的上下链条早已形成了稳固的流量依赖，刷量产业的各个环节都从中获利，然而最终掏钱买单的还是受到欺骗的用户。

刷量造成的直接损失也许并没有多少，但带来的间接影响是巨大的，它除了会影响平台信誉、欺骗顾客，还会带来更大的风险，因为刷量普及了钻空子的"教育"，从事刷量工作的平台和人群也会刷其他的漏洞。

6.2.1 背景

之所以说刷量普及了钻空子的"教育"，是因为刷量的方法及其技术演变适用于刷其他东西。我们简单看一下刷量规模由少到多的技术手段演进。

1. 初级刷量

最简单的刷量，比如写了一篇文章发到自己的公众号上，转给朋友圈的好友，求转发、求阅读、求点赞；开了一家外卖店铺，菜品没有销量，发个红包给熟人、朋友，让他们点几单，这就是最基本的刷量，只是不成规模而已。这两个例子分别代表无交易过程、有交易过程的业务，文章转发、阅读和点赞与微博、抖音、快手等社交加粉丝类似，无须交易；外卖单品刷量与电商、打车等其他本地生活服务类似，涉及交易。两种业务模式不同，刷量操作上略有区别，而有交易的业务在支付之前的环节也是可以刷的，比如浏览量。

2. 中级刷量

无交易流程的刷量想要扩大规模，很容易就想到去某些网站上买僵尸粉，寻找专门的工作室来刷，这个档次的刷量价钱很便宜，无论承包刷量的工作室如何承诺采用真人手工刷，只要价格偏低，基本都是机器刷（机器刷的装备在前面章节已多次提到），毕竟他们也要盈利的。有交易的业务要扩大刷量就稍微麻烦点，"商户"自己也要参与其中，因为需要"返现"，还要处置"物流"环节，一般也会寻求专门刷量的工作室来刷。

刷量目前基本做到了明码标价（图 6.2 为某刷量工作室给出的刷量套餐），可以像网上购物一样自行下单，无须谈价，支持在线支付，还有售后客服，如图 6.3 所示的下单页面。更为厉害的是，这些支持刷量的平台还提供了代理功能，让那些有意从事兼职的人快速建立分站，发展下级，不断壮大组织，颇有当年电商 B2C、C2C 的意思。

流量的优势：
(1) 关键词搜索进店浏览商品，支持后台实时数据查看。
(2) 24 小时均衡进入。
(3) 24 小时均衡流量，白天多夜里少，流量的多少是根据淘宝规则流量曲线分配的。
(4) 每个真实 IP 除访问指定商品外，还会随机访问店内其他商品，有访问深度。
(5) 能够快速提升商品的人气和排名。

一、淘宝天猫手机 App 流量：人工搜索宝贝关键词+宝贝收藏+宝贝分享套餐
(1) 手机：每天 20 个搜索访客+4 个宝贝收藏+4 分享，包月 120 元（代理更优惠）
(2) 手机：每天 30 个搜索访客+5 个宝贝收藏+5 分享，包月 160 元（代理更优惠）
(3) 手机：每天 50 个搜索访客+8 个宝贝收藏+8 分享，包月 220 元（代理更优惠）
(4) 手机：每天 100 个搜索访客+15 个宝贝收藏+15 分享，包月 400 元（代理更优惠）
(5) 手机：每天 150 个搜索访客+20 个宝贝收藏+20 分享，包月 580 元（代理更优惠）

图 6.2 某刷量工作室提供刷淘宝天猫浏览量服务

图 6.3 刷量下单

3. 高级刷量

规模再大些，更稳妥的刷量就需要配合内容和活动来进行较长时间周期的运作了，这甚至与专门的营销运营并无区别。比如配合热点事件、制造反转剧情、讲悲情或励志故事是自媒体号刷量常用的手段，刷量采用机器和真人混合模式；而像本地生活服务类的刷量则往往配合营销活动，通过高补贴、低价、拉新等方式，多采用真人众包模式。

再来看看刷量过程中留下了哪些痕迹，以便制订反制措施。最简单的刷量是无须重点关注的，因为量小不成规模，而且一定程度上属于正常推广，不过在这里面有一个特征是需要留意的：想要刷量的主体（指公众号、商户等）一般都会自己先尝试能否多刷几次，如果无限制就无节制刷下去，具体表现为相同设备上出现多次刷量行为，而设备正是经常登录刷量主体的设备。

需要重点关注的是第二阶段扩大规模的刷量行为，这里讲一下机器刷。机器刷的特点有很多，但可能会在不同业务场景下差异较大。最大的特点在于机器刷由程序控制，动作或资源属性一致，这种动作一致性在有的业务场景里可以具体到几秒的时间窗口内；资源属性一致，比如机型品牌、电池电量、手机倾斜角度、定位地址、IP 地址前三段。其次是有的会使用抹机工具或模拟器。这些特点产生的根本原因在于资源的有限和复用。此外，机器刷量大时会导致很多数据的分布偏离正常分布，比如支付方式、单品分布、机型分布、地域分布等，目前动态 VPN 采用全国混拨 IP 也可以形成正常地域分布，很多平台都很头疼。

配合内容和活动的刷量是最难识别的，因为多是真人行为，并且是有组织、有纪律、分工明确的刷量。当然，也有一种观点，这种情况适当管控一下就可以了。这种大规模人工刷量的特点也有很多，例如如下几种。

- 数量增长迅猛，但关联操作的比例可能失衡，如文章阅读数突增但是点赞和评论可能非常少。
- 增长不持久、过程太线性，衰减突然到 0 是一个显著特点，这一般是刷量完成任务的信号。
- 次留和 7 日留存比例与大盘悬殊等。
- 进入行为分布异常，这是指为了刷某个主体，需要从平台产品的某个入口到达该主体页面，而人工刷量正是因为有组织、有人工，往往有教程指导，导致进入路径可能是一致的（这一点在机器刷中也存在）。

从上述技术演进和特征上看，有无涉及交易的刷量还是有一些区别的，无交易刷量更容易暴增锐减，有交易刷量因为流程上复杂了些，人工参与成分大，量的变化略温和一些，但容易与补贴和优惠搅在一起，不过此时可按照刷补贴和优惠对待，而这里的刷量更关注单纯的数量。

6.2.2 技术手段

刷量用什么手段呢？答案是无所不用，机器刷、人工刷都会有。那反制自然也要如此，不存在一招制胜的武林大招。风险控制是一个大的系统工程，反制务必环环相扣，全方位渗透。反制不仅限于识别刷量，还有处罚管制手段。常见的针对刷量主体的管制手段有警告、降权、清零、不参加活动、封号、封店、下架等，针对参与刷量用户的管制有警告、中断流程、不参加活动、封号等。在刷量的防御上，一般不追求一城一池的得失，即不追求单点上的绝对拦截和打击，多采用放长线钓大鱼的做法，重视识别检测和监控能力，在关键节点上予以致命打击，压缩黑产的利益空间。接下来结合刷量的特点看看主流的识别方法。

1. 基础策略规则

规则必然是第一法器。规则强调完善，并结合业务细节，进行面面俱到的覆盖。规则一般是实时的，针对的是流量（PV）或用户（UV），如果是对商户层面的，可以准实时或离线。规则可以简单，也可以复杂，但不同规则之间尽量正交，避免过多重复性规则增加维护成本。

如何做到规则策略的完善？笔者建议按照图 6.4 所示的构建方法来做，这对于后面的其他场景也是通用的。从个体和群体的角度分别去看设备环境问题、设备行为和设备关系方面的异常，从设备环境角度考虑设备的参数合法性、匹配与否、篡改伪装，从行为角度去看时序、频率和分布是否符合正常的逻辑，从关系角度考察一对多现象和团伙现象。

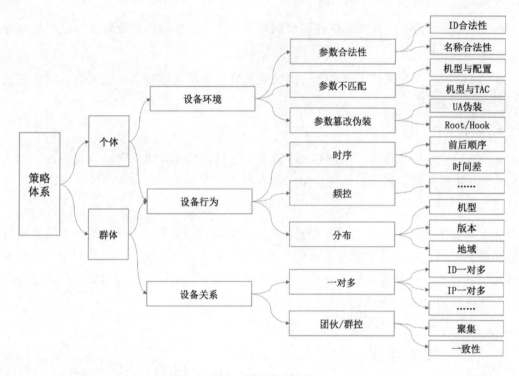

图 6.4　策略规则体系

以 OAID 为例，假设要利用 OAID 做策略，首先要看 **OAID 本身的格式是否合法**，不同厂商的 OAID 格式有很大区别，如华为手机的 OAID 格式为 xxxxxxxx-xxxx-xxxx-xxxx-xxxxxxxxxxxx，x 为十六进制数字；小米手机的 OAID 格式为 xxxxxxxxxxxxxxxx；而 VIVO 和 OPPO 的 OAID 又是长度为 64 位的十六进制数字串。

然后再简单来**看 OAID 是否伪装**，例如手机系统的低版本和高版本上出现 OAID 的可能性是不一样的，华为 OAID 不是完全随机生成的，每段首位存在着特殊分布规律，而其他厂家的 OAID 则是随机数；频率方面如一段时间内单个 OAID 上出现某行为的次数高于阈值；单个 OAID 关联了大量设备等。只有这样从多个角度把一个维度上的信息尽可能多地利用起来，才有可能避免漏洞，才能把策略建设完备。

以上规则策略的构建尚未涉及规则的组合问题，也未结合业务细节。规则组合可以通过程序化方式进行，也可以借助人工经验来做。而与业务相结合的策略构建无捷径可寻，只有去熟悉业务细节和具体逻辑，例如限制自下单，即不允许商户的设备或手机号对自己的产品产生高于一定次数的行为；限制频繁下单，即对在一段时间内超过一定行为次数的设备或账号进行短时或长时的限制措施。

2. 监控

监控看似是一道"乱炖",什么都可以往里放,没有章法,但实际上也有一些技巧,而且监控不可或缺。这里的监控主要是指大盘指标监控和规则监控:

- 大盘指标监控里首要关注极值监控,可以这么说,极值监控的头部数据中不存在异常数据时,就说明风控做得还可以,否则就需要排查解决。
- 规则监控则是类似策略体系构建的思路,但它追求的是高召回率、高覆盖率。高召回率、高覆盖率要么牺牲准确性,要么牺牲时效性。所以,一般来说,聚合较长时间窗口的数据能够发现更多问题,但不具备实时性,可以放在离线监控中做;可以实时但无法针对流量或用户准确判断的规则,可以放在实时监控中做。

算法挖掘分析的结果聚集到商户和用户维度也可以放在监控中做。根据前面介绍的刷量特点,我们可以得到这样的监控项目:商户一天内机型品牌的分布情况、支付方式的分布情况;商户一天内每个 IP 地址前三段的订单比例;商户一小时内电池电量都是满格的用户比例;商户 10 分钟内下单大于 1 单的用户比例。实际中,有的监控只是用来报警的,人工再来复核报警有没有问题;有的监控可以直接触发跟进动作,如下架商户单品,或者把报警涉及的数据打入审核系统。

3. 监督模型识别

虽然监控可以把针对流量而准确率不高的规则聚集到商户或者用户层面,增加系统整体的召回率,但为保准确率,规则阈值的确定始终影响召回率,再加上规则数量一旦上百,维护成本就开始大幅增加。这时候选择监督模型(包括深度的算法模型)可以很大程度上弥补规则的一些缺陷,只是在可解释性上差了一些。

所以,从这个意义上来说,可以选择一些在特征处理上效果好的模型,比如 XGBoost、GBDT+LR、FM、FFM、DeepFM、Wide & Deep、DCN 等。如果模型预测的对象是每次请求、每条订单这种 PV 层面的,那么在准确率上可能效果不佳,而如果性能允许,可以作为实时规则配合其他规则策略一起使用。

一般建议模型的预测对象是实体,比如一篇文章、一个用户、一个商户等,这样会把很多数据聚集在一起考虑,准确率较之单个流量会有大的提升,可以同时支持分钟级、小时级、天级多种时效。监督模型需要有标签的样本,刷量的样本相对来说还是比较容易人工识别的,因为可以通过监控 + 人工审核标注的方式获得大量样本。

4. 无监督模型识别

针对前文提到的一致性行为,可以通过聚类、图划分的方式发现团伙刷量。这种方式的结果虽然无法直接像监督模型的结果一样拿来预测,但可以稍作加工输入到下游任务,增加系统的整体召回能力,这在前面章节已有详细介绍。

淘宝反作弊体系中就使用了四种大规模图搜索算法：标签图模型、概率图模型、数据流图模型和图链接模型，后来阿里又演进到3.0版本，形成了DeepFraud、DeepSeq、DeepGraph三大算法模型，细分到场景有129套模型，其他公司基本上都或多或少引入了图模型。这种图挖掘技术与监督模型不同的是，因为要建立网络结构，所以更强调全局信息，能够发现刷量参与者在属性和行为上的紧密关系。比如在2019年12月武汉出现了新型冠状病毒肺炎，为了找出与感染者有过接触的人群，国家卫健委就借助了关系图谱技术，根据每个人的出行记录，建立出行同乘关系图，就可以找出与确诊患者同乘一节火车车厢、同一航班、同一大巴的人群。

以上每种思路下都会产生很多黑名单，如IP地址、设备、账号ID、手机号等，另一大不可忽视的数据来源是各种渠道拿到的案例，这些都可以做到不断积累、动态更新，发挥越来越大的作用。

6.2.3 案例

本节将结合外卖业务中的刷量来介绍一下其中的一些具体反制措施。在外卖App中，用户一般通过首页的排序浏览、分类导航的浏览、顶部商户或菜品搜索、我的收藏、订单导航中的"再来一单"功能，进入商户页挑选喜爱的外卖。还可以从顶部的定位地址处重新定位或者自行输入地址，再召回商户列表。除了新店保护政策之外，一般在首页列表中，一家销量不好的店铺可能得翻上几页才能找到，并且因为个性化推荐的原因，每个人看到的排序结果也是有差别的，这样锁定商户的攻略就没法写了。为此，刷量的人为了简单直接，一般直接建议搜索某某关键词找到商户，不在3km范围内的，还要修改定位地址，如图6.5所示。这与在电商平台上刷量类似，都要规定明确的流程，为躲避平台风控，还要求刷手浏览一定数量的商品、每个操作停留一段时间。

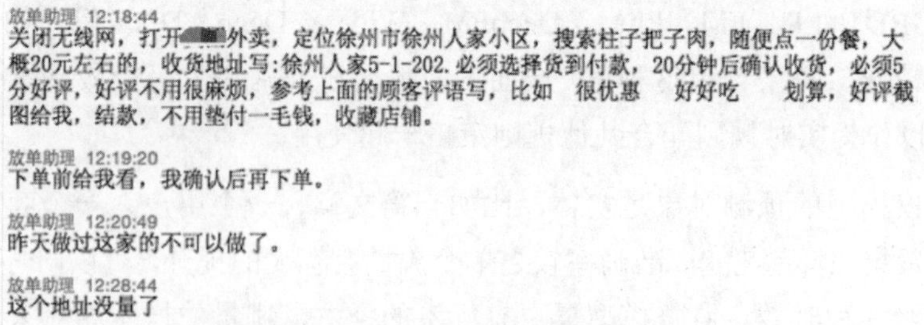

图 6.5 某刷单群教程

虽然上图是比较早期的刷量模式，但大部分要点并不落伍，关闭无线网、修改定位地址、搜索、不限定菜品、统一的收货地址、好评，等等。接下来我们看看该如何应对刷量。

1. 线上实时规则与监控

- 限制每个设备/账号每天最多 N 单，最多有 M 单享受优惠

- 检查IP地址、设备、账号在各种黑名单库的命中情况,是否在下面"2.基于用户行为的风险识别"打分的高风险名单中,命中者单独限制。
- 逐步取消货到付款,这个不能当作反作弊举措,但有反作弊功效,这在移动支付普及之前并不能轻易做到,不过如今抖音和快手直播电商里的带货也是货到付款,从心理和体验的角度看是合理的,但是刷单门槛也是很低的。
- 设置监控项,每小时内收货地址相同的订单比例超过阈值x,超过阈值后可以关闭该商户的平台优惠。

2. 基于用户行为的风险识别

- 考虑用户一个月内的历史行为,包括订单量、商户数、订单在商户的分布、使用设备数、地址数、平均每次操作时长、平均每次操作路径长度、好评比例、下单时的网络类型分布、下单时间精确到小时的分布、是否在社群抱团等。
- 当下行为包括设备风险指数(模拟器检测、抹机工具检测、参数缺失程度等)、今日订单数、是否超出范围下单等。
- 综合历史和当前行为,给用户打分,量化评估用户风险,打分模型选用LR和XGBoost都可以,这里依然是从用户和交易角度求解的。

3. 基于商户数据的风险识别

刷量的需求方和受益者是商户,从交易和用户行为角度可以识别部分可疑交易,惩罚刷单的用户,但是刷单的用户是罚不尽的,因此有必要针对商户建模识别,因为商户可追责、资金有结算延迟,实时性可以不高,可以按天维度统计分析商户的各项指标,再看一个月内商户各指标的变化情况。

天级维度包括,每天的订单量、用户量、不同地址的订单分布、不同机型的订单分布、不同支付方式的订单分布、不同菜品的订单分布、不同进入商户页面方式的订单分布、低客户端版本的订单分布等。这些分布类型的指标可以变成最大占比项的比例,或者占比超过一定阈值的占比项总和的比例。打分模型同样不需要太复杂,对于打分结果进行分级处罚,实践证明,准确率可以做到95%以上。

4. 图模型

应用图模型,可以从很多角度建立用户节点之间的关系,也可以把所有关系都建立在一张图中,异构图也可以,取决于掌握的算法熟练度和计算性能。比如这里可以像下面这样构建用户关系。

1)搜索行为相似性

经过统计分析发现,通过搜索关键词和再来一单入口进入商户下单的方式在所有到达方式中是占比最低的。因此可以单独分析这两种行为的用户。假设我们得到的用户行为序列的日志类似以下这种。

```
timestamp,query,word
timestamp,click,shop_id
timestamp,addtocart,shop_id
timestamp,click,shop_id
timestamp,addtocart,shop_id
timestamp,order,shop_id
```

这种情况表示该用户搜索后点击了一个商户，进去后选择一些商品添加到购物车，但并未下单，返回后又点了一个商户然后添加购物车并下单。为了简便计算用户之间的行为相似性，可以把这个序列简单拆分，关键词、点击、加购和下单都单独计算，再合在一起。比如计算两个用户的点击序列相似度，用户 i 的点击商户序列为 $S_1=\{S_{i1},S_{i2},\ldots,S_{in}\}$，用户 j 的点击商户序列为 $S_2=\{S_{j1},S_{j2},\ldots,S_{jm}\}$，则它们总的点击商户序列为 XS$=\{S_1,S_2,\ldots,S_k\}$，然后依据用户 i 的点击商户序列给 XS 向量化赋值，即如果 XS 当前项在 i 的点击序列中，则为 1，否则为 0，得到一个类似 $[0,1,\cdots,0,1]$ 的向量，然后再依据用户 j 的序列给 XS 向量化赋值，得到另一个类似 $[1,0,\cdots,1,1]$ 的向量，最后通过余弦相似度计算两者的距离。分别计算完关键词、点击、加购、下单序列的相似度后，加权求和得到两个用户最终的行为相似度结果。

这种计算方法没有把停留时间和次数考虑进去，读者朋友可以思考一下更优的解决方案。得到用户的相似度之后，可以采用前面介绍的 K-means 聚类算法、层次聚类算法以及社区发现等方法进行划分了。

2）同商户下单行为共现性

我们也可以把用户行为的相似性考虑到同一个商户下，这样更容易聚焦针对同一个商户刷单的团伙。假设用户 i 和 j 之间的关系用两个节点间边的权重 w_{ij} 来表示，如果满足在一小时窗口内出现在同一商户下单的前提条件，w_{ij} 为 1，然后再根据其他共同特征加权，$I(i,j,k)$ 表示用户 i 和 j 在第 k 个特征上表现一致时取值为 1，∂_k 表示第 k 个特征的权重，默认为 1 可调整。如果在多个时间窗口内都有共同行为，则累加所有窗口内的结果。

$$w_{ij}=\begin{cases}0, & i,j\text{不满足一小时内在同一商户下单}\\ \sum_d\left(1+\sum_k\partial_k I(i,j,k)\right), & i,j\text{在条件}k\text{上表现一致}\end{cases}$$

这些特征可以是，相同或高度相似的收货地址、均是搜索进入的商户、相同的菜品、相同的支付方式、均修改定位，等等。此方法可以更简单直接地构建网络结构，然后交给社区划分等算法进行识别了。

3）异构图表示

上述两种方法都是把关系限定到用户层面，因此构建的网络结构都是**同构图**，即只有用户节点。也可以把商户一起构建到图中，形成**二部图**；再进一步，不仅可以包含异构的节点，还可以包含异构的边，形成广义上的**异构图**，这样可以进行更好地嵌入表示，国内在这方面阿里的 AliGraph 已经走在了前沿。

常规的二部图存在一个问题，即用户与用户之间无关系，商户与商户之间也有无关系，而用户与商户节点之间建立关系时往往只存在一种行为，比如下单，这样聚类出来的结果往往会包含大量的正常用户，为了让结果更符合预期，我们可以把用户-商户关系约束一下，将多种行为叠加在一起，比如通过搜索下单、下单时修改定位、下单时间集中在 1 分钟内等，定义这样一个问题集合，以出现在集合中的现象数量来作为关系权重。

至于二部图上的聚类问题，可以采用谱聚类的一种扩展方法——协同谱聚类算法（Spectral Coclustering），又叫联合谱聚类，这是比较早期的算法了，借助 Spark 实现起来也比较简单。比常规二部图更复杂的处理方法可以参考 Facebook 的 SynchroTrap，它采用了抽象三元组描述用户行为，两个用户的相似性可以综合多个三元组计算出一种全局相似度，并且丰富了时间窗口，可以是分钟级、小时级、天级。

6.3 刷红包、优惠券 <<<

红包、优惠券、限时折扣、秒杀等营销活动，从来都是职业刷手的关注点。相关的事件太多了，比如东鹏特饮开盖扫码赢红包活动、外卖首单立减活动、网上打车乘客端优惠券+司机端补贴活动、OFO 红包车活动、支付宝瓜分 15 亿元红包活动、每日优鲜大额优惠券、拼多多优惠券活动，以及 "6·18" "双 11" 期间的各种活动等都会被刷。2019 年 1 月 20 日凌晨，用户可以在某电商平台上随意领取无门槛 100 元优惠券，随后平台发布了一个关于黑灰产通过平台优惠券漏洞不正当牟利的声明，声明称黑灰产盗取数千万元平台优惠券。2019 年 9 月 20 日，苹果手机 iPhone 11 上市当天，某电商平台对苹果新品手机推出降价 500~900 元的活动，据称，职业黄牛党都会在第一时间参与这些优惠活动。

6.3.1 背景

各个平台的红包、优惠券表面上看是差不多的形式，无非是新用户的大额满减券、通用券、普通满减券、下单返红包、扫码领红包等，但是通过红包和优惠券获利的途径可能有很大区别，举例如下。

- 东鹏特饮的红包、OFO 的红包、支付宝的红包都是现金红包，获利过程不需要中间商。

- 外卖优惠券、打车优惠券这种涉及用户端和B端的补贴活动，可以双方获利，用户端通过使用减免券并联合B端，可以获得差价的收入，B端可以获得平台的补贴收入；最次的情况是用户单纯薅羊毛享受低成本的服务，瑞幸咖啡和每日优鲜拉新优惠券就属于这种情况，当然如果操作到位，就可以把量做大。
- 拼多多高补贴苹果手机的活动想要获利，需要先买再卖，类似的还有茅台酒，获利途径是倒卖，需要本身作为黄牛党的"肉牛"先下单，由"牛头"付给"肉牛"佣金，当然黄牛也有专门的经销渠道。而只想小打小闹的普通用户羊毛党，可能会选择诸如闲鱼之类的二手市场卖出，但是这类商品的买家一般也是"黄牛"。

这里面最难反制的就是黄牛倒卖。这类商品的最大特点是贵，贵的好处是利润空间大。这些黄牛党的"牛头"一般深知各个平台的反作弊策略，所以为了逃过审核，采用众包模式，找到"肉牛"来负责具体的下单任务，而"肉牛"就是普通的用户、羊毛党。他们使用的都是自己的真实账号，正常浏览、结算、下单，收货地址可以填写"牛头"的收货地址（这一步是识别的关键），也可以填写自己的收货地址，到货后再邮寄，但是这样会增加成本（真这样做的话，基本就无解了）。

"牛头"们一般很谨慎，会在地址的街道、门牌号部分做多种选择，或者不填写那么详细，最后一公里打通快递环节即可；收货人姓名一般也会有规律，以便能够正常收到货物。一单完成后，"肉牛"得到的是"牛头"给付的佣金，一般几十元到两百元不等。除此之外，"肉牛"还可以享受各个电商平台提供的使用自身钱包支付的优惠，比如使用京东白条可以再减二十元、各信用卡刷卡的优惠等，而"牛头"一般都有自己的出货渠道，据说这类商品的"牛头"一单可以赚到一夜暴富。

之所以难反制，是因为整个操作链条对于电商平台来说，掌握到的只有"肉牛"的购物信息，而"肉牛"又是真实的平台用户，甚至还是平台的深度用户、VIP用户，在他的购物记录中，十几单里可能才有这样一单，而正常用户偶尔给亲朋好友买个东西直接填写亲友地址的情况也是很常见的，因此，单独分析这一个用户的情况是难以判定的。有的平台在用户的单次消费金额发生较大比例波动时，会介入人工客服，以确认交易是否属实，但对于羊毛党的"肉牛"来说，这都不是事儿。

红包优惠券类活动除了获利途径上的区别，一般也会在用户性质上分为新用户和老用户活动，在一个电商平台上消费第一单是新用户，之后便是老用户。平台为了拉新引流，一般新用户的优惠力度大，老用户的相对小一些。在薅新用户羊毛问题上，有一种散户现象，即一个人发现优惠力度挺大之后，使用家人的手机和手机号挨个注册下单，这种现象一般认为不需要反制，姑且认为是正常的用户裂变，亲属的手机和号码毕竟有限。真正的羊毛党在用完亲属的手机和号码之后，还想再享受新用户优惠，于是模拟器、改机软件、接码平台、IP地址代理、群控系统逐步上阵，然后蔓延到微信QQ群、变身"肉牛"……

6.3.2 技术手段

红包优惠券等营销活动的刷单识别是一项以 C 端用户为中心的综合复杂技术。它需要研究用户的所有行为特征，层层防御，从 App 的激活启动、账号注册登录，到用户的操作内容、下单结算及后续行为（如评价、退换等），行为路径的每个关键节点都进行分析检测，参见前面的图 6.1；它还需要研究用户的任何可合法采集的信息，如账号（包含微信号、昵称）、手机号、设备、GPS、IP 地址、收货/联系地址等，刻画用户的单点画像以及网络关系。具体而言，可以拆解成如下几部分。

- 设备风险识别技术。包括 App 加固、设备指纹、模拟器检测、改机刷机检测。
- 用户风险信息识别。包括 IP 画像，名称（Wi-Fi、昵称、微信账号的备注、通讯录人名备注）异常分析，通话记录的分析，手机号码拨测，地址暗号检测，地址、设备、手机号、IP、支付账号的关联网络等。
- 自然人识别与团伙挖掘技术。包括识别一个人是否存在多个账号、是否参与团伙作案等，一般采用图划分、社区发现、风险传播等算法。
- 综合策略规则。针对业务场景，制定几十到几百上千种规则，限制用户的风险行为和资产损失，比如典型的就是频次限制。策略规则一般作为最贴近业务的上层风控逻辑，同时也会将设备风险识别、用户风险信息、自然人识别和团伙挖掘结果都输出到策略规则框架内，不能实时处理的就进行离线或近实时处理。

此外，营销活动的刷单识别，也需要端和云密切配合。在 App 端，需要通过 SDK 调用后端服务，在性能允许范围内，实时或异步 API 服务可以置轻量级的算法策略模型，大量的复杂计算任务放在云端离线执行。

对于识别出有风险的行为或用户，一般采取黑白灰的分层管控手段。如果被判别为黑，则会阻断操作、下线或做封禁处理；如果判别为灰，则引入打扰策略进一步判断，比如加入图形验证码、短信验证、语音验证、活体验证（眨眼、张嘴等）等；如果判别为白，则为正常用户。如果涉及与 B 端联合刷单的情况，则处罚手段也会联合 B 端同时处理。

红包、优惠券等营销活动往往是短期的，持续时间短，而常规的法务打击需要的周期很长，因此这类刷量行为不适合采用法务震慑辅助的方式，只能以技术手段为主。

6.3.3 案例

正如前面介绍的，这部分的刷单薅羊毛是互联网中最为关注也是种类最多的，因此反制手段也会随着羊毛党的玩法不同而变得多种多样。我们很难举一个例子就概全，所以下面用三个案例针对黑灰产玩法中的细节点来展开。

1. 案例：某外卖平台新用户优惠

2016年某外卖平台上新用户可以享受满15元减15元的首单红包，羊毛党可在计算机上安装手机系统模拟器（逍遥安卓模拟器），然后在接码平台（The Wolf）上花费0.2元购买接收短信验证码服务，即可拿到一个手机号和一个短信验证码，在外卖平台注册成功后去下单，如果需要二次语音验证，就再购买2元接收语音验证码服务，获取语音验证码后即可完成下单操作。如果想多次享受新用户优惠，可在借助"008神器"进行抹机，清除历史记录，使得设备的各项参数在App看来都是新的，如同获得了新手机。

这个案例中的漏洞在于，平台没有进行模拟器相关的检测，当然也缺少完善的设备指纹技术，这里主要说一下模拟器检测。不过这是针对2016年的模拟器来说的，如今有些检测手段可能已更新，但是在思路和方向上依然有一致性。

1）文件路径

```java
/*更多文件路径可以参考表5-4*/
private static String[] sim_file_paths = {
        "/system/lib/libc_malloc_debug_qemu.so",
        "/sys/qemu_trace",
        "/system/bin/qemu-props",
        "/data/data/com.bluestacks.home",
        ...
};
public static boolean checkFileExists() {
    for (int i = 0; i < sim_file_paths.length; i++) {
        String file_name = sim_file_paths[i];
        File qemu_file = new File(file_name);
        if (qemu_file.exists()) {
            return true;
        }
    }
    return false;
}
```

2）CPU 型号、蓝牙、光传感器、加速度传感器等

```java
public static boolean lightSensor(Context context) {
    SensorManager sm = (SensorManager) context.getSystemService(Context.SENSOR_SERVICE);
    Sensor sensor = sm.getDefaultSensor(Sensor.TYPE_LIGHT);
    //Sensor sensor = sm.getDefaultSensor(Sensor.TYPE_ACCELEROMETER);
    /* 获取传感器个数 */int sensorSize = sm.getSensorList(Sensor.TYPE_ALL).size();
    if (null == sensor) {
        return true;
    } else {
        return false;
    }
}
```

3）电池温度、电量变化、电压过小或过大

```java
public static boolean batteryStatus(Context context) {
    IntentFilter filter = new IntentFilter(Intent.ACTION_BATTERY_CHANGED);
    Intent batteryStatus = context.registerReceiver(null, filter);
    if (null == batteryStatus) {
        return false;
    }
    int chargePlug = batteryStatus.getIntExtra(BatteryManager.EXTRA_PLUGGED, -1);
    return chargePlug == BatteryManager.BATTERY_PLUGGED_USB;
}
```

4）Wi-Fi 名称、设备名称

```
public static String getSSID(Context context) {
// 获取 Wi-Fi 名称
    WifiManager wm = (WifiManager) context.getSystemService(WIFI_SERVICE);
        if (wm != null) {
            WifiInfo winfo = wm.getConnectionInfo();
            if (winfo != null) {
                String s = winfo.getSSID();
                if (s.length() > 2 && s.charAt(0) == '"' && s.charAt(s.length() - 1) == '"') {
                    return s.substring(1, s.length() - 1);
                }
            }
        }
        return "";
}
```

获取了 Wi-Fi 名称、设备名称之后如何使用呢？一是匹配高风险关键词，尤其是 Wi-Fi 名称；二是结合 GPS 信息，通过 Wi-Fi 名称发现相同位置的群体；三是利用统计学方法，根据 5.1.5 节中介绍的概率计算公式，算出每个名称出现的概率，低概率的有可能是随机生成的，再结合其他特征辅助判断是否为模拟器。

此外还有进程检测方法、判断安装的 App 数量是否过少（7 个以下）等。准确度高的方法可以作为前置规则使用；如果准确度不够高，则综合多种方法的结果判断是否为模拟器。

2. 案例：地址隐藏的漏洞

无论在电商平台、O2O 还是基于 LBS 的打车、买菜、生鲜等生活服务平台，甚至是互联网金融平台等，都会要求用户填入地址，作为收货地址、上车地址、联系地址等。在早些年，地址的填写还是由用户完全手动输入；后来演变成用户手选省份和城市，街道、楼栋和门牌号部分由用户手动输入；再后来变成了基于 GPS 或 Wi-Fi 的自动定位，自动选择省份和城市，甚至街道和楼栋位置，再细的门牌号部分还是由用户手动输入。但是在大部分平台上,用户依然可以更改自动定位出来的地址部分,以避免由于自动定位不准确而带来的不好体验。

先看两个带暗号的地址示例:"北京市昌平区融泽嘉园自己人""湖南省娄底市湖南人文科技学院3号宿舍楼 不用送"。这两个地址的空格之前的部分可认为是自动定位的地址,后面部分本是让用户自行输入小区楼栋、门牌号的地方,但是用户自己输入了备注性质的内容。再看几个正常的地址示例:"北京市海淀区上地信息路11号彩虹大厦""北京市海淀区上地彩虹大厦""北京市海淀区信息路11号彩虹大厦西门",虽然文字上略有差异,但都是指同一个地方。

为什么把地址这个细小的点拿出来作为一个案例介绍呢?因为这个细小的点隐藏了很多风险,当然在很多时候也可以起到识别的功效。像在羊毛党和商家联合刷单的场景、黄牛倒卖场景里,双方的暗号往往都在地址里隐藏,单看一个地址并不会发现特殊之处,甚至还看不懂其含义,很多相似的地址聚在一起便一目了然了。

在金融反欺诈场景中,依据地址建立的关系图谱,可以用于发现一个窝点集中的欺诈申请,黄牛抢茅台酒的场景更是如此。由此可见,地址是一个可以用来建立关系网络的重要属性。但是完整的地址是由省、市、区(县)、街道、小区、楼栋、单元和门牌号组成的,尤其是小区、楼栋、单元和门牌号部分,存在不同的写法。想要使用地址建立关联,首先要解决的是地址的相似性判断问题。地址相似性判断有很多方法,这里列举几个例子。

1)前缀树匹配、最长公共子序列方法

这种方法需要先建立关键词库,可放入内存中,类似于敏感词过滤的路子,适用于地址格式相对比较整齐的情况,如简写和完整写的情况,比如北京和北京市、彩虹大厦和彩虹大厦西门。

2)gensim 软件包三件套(corpora、models、similarities)

gensim 是一个 Python 的自然语言处理库,能够将文档转化成向量形式,常用的三个套件是 corpora、models 和 similarities,具体使用如下面代码所示。corpora.Dictionary 可以把每个地址分词后的文档生成字典,而后借助 doc2bow 转换为向量表示,其中还可以过滤掉用户自行输入的内容中有停顿词、极低频词的情况。models 可以继续对 doc2bow 的结果使用 TF-IDF 模型、LDA 主题模型、LSI 模型等。最后使用 similarities 计算地址间的相似度,与一般向量的相似度计算类似,采用余弦相似度计算。

```
import jieba
from gensim import corpora, models, similarities
```

```python
all_address = ['北京市海淀区上地信息路11号彩虹大厦','北京市海淀区上地彩虹大厦','北京市海淀区信息路11号彩虹大厦西门','山东济南市历城区山大南路27号','北京市海淀区双清路30号','北京市海淀区颐和园路5号']

all_ad_list = []
for ad in all_address:
    ad_list = [word for word in jieba.cut_for_search(ad)]
    all_ad_list.append(ad_list)
#print(all_ad_list)


ad_test="北京市上地创新大厦"
ad_test_list = [word for word in jieba.cut_for_search(doc_test)]
#print(ad_test_list)


dictionary = corpora.Dictionary(all_ad_list)
#print(dictionary)
corpus = [dictionary.doc2bow(ad) for ad in all_ad_list]
ad_test_vec = dictionary.doc2bow(ad_test_list)

tfidf = models.TfidfModel(corpus)


#tfidf[ad_test_vec]


index = similarities.SparseMatrixSimilarity(tfidf[corpus], num_features=len(dictionary.keys()))
sim = index[tfidf[ad_test_vec]]


sorted(enumerate(sim), key=lambda item: -item[1])
```

输入如下结果：

[(1, 0.91524804),

```
(0, 0.69571865),
(2, 0.12689067),
(4, 0.022071958),
(5, 0.018199205),
(3, 0.0)]
```

3）相似的地址具有相近的距离、相同的类别

在得到相似的地址集合后，可使用该方法进一步筛选过滤，去掉在定位距离上相距较远的，以及在地址类别上不一致的情况。比如，假设"北京大学第一附属医院住院部"与"北京大学3号教学楼"计算结果很相似，但前者当归属为医院类地址，后者归属为学校类地址，可排除相似性。因为一般有定位的坐标信息，所以计算两个地址的距离是比较容易的，那么如何较低成本地对地址进行分类呢？这里面也有一些很细的技巧。我们简单把地址划分成六大类，每大类中再细分成不同数量的子类，如表6-1所示，每个类别中都会准备一些关键词，以关键词匹配的方式归类。这些关键词可基于地址数据集进行统计得出，比如"单元"这个词绝大部分出现在类别为"家"的地址中。如果地址是由自动定位+人工输入两部分组成的，则匹配时优先按人工输入部分去匹配。若匹配时一个地址匹配上多个关键词，则按后置索引优先的原则，即地址越往后部分越能代表地址的类别。

表6-1 地址类别划分

一级类别	二级类别
住宿	家、公寓、宾馆、酒店、旅馆、小区
工作	办公室、大厦、公司、集团、科技园
学校	大学、学院、中学、小学、幼儿园、学校
生活	超市、社区、药店、医院
娱乐	会所、商场、网吧
其他	其他

3. 案例：基于地址的关系网络

在黄牛倒卖茅台酒的例子中，参与薅羊毛的用户都是真实用户，只不过他们的收货地址都是黄牛的"牛头"所在地。通过地址的相似度，可以建立这些用户之间的关系网，关系网本质是图结构，节点为用户，边为两个用户订单收货地址的相似度，为方便计算，在地址相似度高于阈值（比如0.8）的两个用户之间才会建立一条边，否则没有边。这样就可以通过找连通子图的方式，找到那些服务于同一个"牛头"的"肉牛"们。下面构建一组数据来模拟一个小型网络，如下代码所示，网络中共计15个节点18条边，从数据中看，节点7和节点8之间没有边相连，那么整个网络将会划分为两个连通子图，如图6.6所示。

```python
import networkx as nx
import matplotlib.pyplot as plt

point_list = ['1','2','3','4','5','6','7','8','9','10','11','12','13','14','15']
link_list = [('1','2'),('1','3'),('2','3'),('4','5'),('5','6'),('4','6'),('3','7'),('6','7'),('8','9'),\
('8','12'),('9','10'),('9','11'),('10','11'),('12','13'),('12','14'),('13','14'),('13','15'),('14','15'),]
def connectedSubGraph():
    G = nx.Graph()
    for node in point_list:
        G.add_node(node)
    for link in link_list:
        G.add_edge(link[0], link[1])
    
    plt.figure(figsize=(12,8))
    plt.subplot(111)
    plt.xticks([])
    plt.yticks([])
    
    nx.draw_networkx(G, with_labels=True)
    
    i = 1
    color = ['r','y']
    for c in nx.connected_components(G):
        nodeSet = G.subgraph(c).nodes()
```

```
            subgraph = G.subgraph(c)
    # 每行画两个子图
            if i == 1:
                plt.figure(figsize=(12,4))
                plt.subplot(121)
                plt.xticks([])
                plt.yticks([])
                i = i + 1
            else:
                plt.subplot(122)
                plt.xticks([])
                plt.yticks([])
                i = 1
                nx.draw_networkx(subgraph, with_labels=True,node_color=color[i-1])
    plt.show()

if __name__=="__main__":
    connectedSubGraph()
```

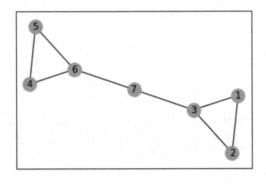 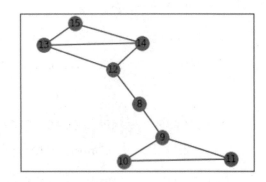

图 6.6　连通子图

这里使用了 networkx 包简单示例，主要用到了它的 connected_components 方法，按广度优先遍历的方式求解连通子图。实际中，节点数往往都是百万、千万甚至上亿级别的，边数更是扩大几个数量级，使用 networkx 是不现实的，一个是单机性能和画图性能问题，一个是可视化问题，如图 6.7 所示为 900 多个节点时的情况，当有 3 万多个节点时，单机已经需要小时级别才能运行完成。这就需要借助 Spark GraphX（或者 GraphFrames）和 Neo4j 的力量了。

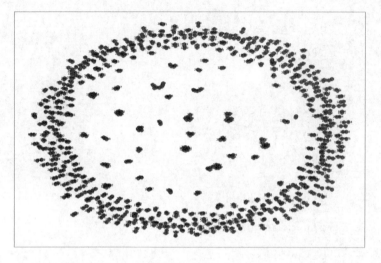

图 6.7　networkx 划分为 900 多个节点的网络

使用 Spark GraphX 获取连通图的步骤也是非常简单的，首先构建出节点的 RDD 和边的 RDD，然后通过 Graph 对象构建图，也可以通过 GraphLoader 直接构建图，调用 connectedComponents 即可获取连通图，3 万多节点、18 万条边秒出结果，不仅简单而且高效，只是如果想要可视化展现和更多维度的查询检索，就需要借助 Neo4j 了。值得注意的是，GraphX 返回的连通图是以顶点对 tuple 表示的，每个节点的 id 为 key，value 为节点 id 所在连通图的 id，用该连通图中最小的节点 id 表示。如果需要附带节点的其他属性信息，还需要进行一个 join 操作。

```scala
import org.apache.spark._
import org.apache.spark.graphx._
import org.apache.spark.rdd.RDD

val graph = GraphLoader.edgeListFile(sc, "hdfs_path/data.txt")
val cc = graph.connectedComponents().vertices
println(cc.collect().mkString("\n"))
/*
(29933,29932)
(30799,30798)
```

```
(26997,0)
(5983,0)
(25559,25559)
(8301,0)
(26285,26285)
*/
val users = sc.textFile("hdfs_path/users.txt").map { line =>
  val fields = line.split(",")
  (fields(0).toLong, fields(1))
}
val ccByUsername = users.join(cc).map {
  case (id, (username, cc)) => (username, cc)
}
println(ccByUsername.collect().mkString("\n"))
```

通过关系网络得到结果后，并不能直接用于风险管控，还需要评价划分的效果，一般会从聚集性、可疑度、规模等角度去评估。最终结果一般有几个用处：可视化展现，配合人工运营手段使用；结合其他策略规则，走策略的口子应用；进一步加工特征，提供给下游的模型任务使用。

求连通子图方法存在的问题是，得到的每个子图可能会有较大误伤，尤其是度数大的节点、节点数量多的子图等，所以还需要通过一些去除噪声数据的手段修正结果。因此，连通子图方法对数据的质量要求是比较高的，两个节点之间的关系必须非常靠谱才可以，比如根据设备 ID、账号、手机号、身份证号、支付 ID 等建立的关联网络可以采用连通图划分方法，以此可以识别出一个自然人拥有的所有账号。这些 ID 成本越高，重复出现率也就越高。关于如何去噪，除了一些技术技巧，也可以结合业务场景，比如以 ID 类信息建立的关联网络，在去噪时可以考虑业务上用户行为的相似性，一个自然人在不同账号上表现出的行为是很相似的，不同自然人表现出的行为有较大区分度。

6.4 刷团伙、群控、BC 联合套现 <<<

在 6.3 节介绍外卖优惠券、打车优惠券这种涉及用户端和 B 端的营销活动时，我们提到，这种场景可以做到双方获利，用户一方可以获得好处费，商户一方（也包括司机端）

可以获得平台的补贴收入。类似的场景还有如下几种。

- 打车行业的刷补贴。假设一单是 30 元，前期平台不抽佣，司机除了正常收到车费，平台还会额外补贴司机 14 元，即便用户不使用券，司机端也能挣到补贴，按五五分成，依然可以撸到 7 元。
- 电商平台上的运费险套利行为。假设一份外卖 30 元，用户使用满 30 元减 14 元的优惠券之后，实际支付 16 元，前期平台不抽佣，商家获得 30 元，其中平台补贴 14 元，用户与商家联合刷单，商家无须出餐，返还用户支付的 16 元。然后五五分成，每人各得 7 元。

运费险的刷单经历了几个阶段，如图 6.8 所示，从最初的批量注册账号和购买淘宝 ID、寻找包邮小额商品模式，到自行开店、购买快递单低价快递，再到人人都薅运费险羊毛，买东西多买几个型号款式，退掉不合适的，反正多花几毛钱就可以免费退货，得到的运费赔偿可能还要高于自己付出的运费两三块钱，何乐而不为呢，于是运费险变成了剁手党们的购物神器。

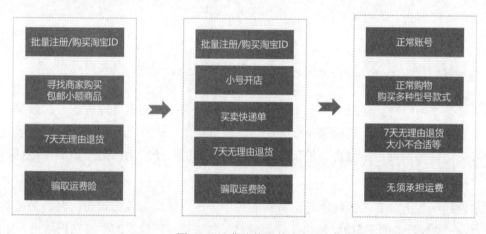

图 6.8　运费险的刷单演变

6.4.1　背景

在业务模式本身就是 B2C 或者 BC 联合刷单的情况下（两者的区别是前者的 B 端 C 端可以不联合），想要较大规模地薅取羊毛，需要有很多订单、很多用户的配合。而要做到这一点，主要存在机刷、群控、人肉三种模式。无论哪种模式，商户这一侧资源可以掌握在羊毛党手里，也可以采取与真实商家合作分成的方式。

一般而言，在平台业务的前期阶段，平台有引流带量的迫切性，而且在风险意识上缺乏经验，可能会存在机刷的手段，即通过少量设备，借助改机软件、定位修改器、接码平台等工具，就可以实现一人小规模的刷单。

随着反制手段的升级,以及设备数量的限制,机刷瓶颈明显,于是大规模采用模拟器和群控系统,而群控系统都是真机完成的,更容易绕过审查。群控系统大概在2015年兴起,主要围绕微商,后来发展到可以针对各个互联网平台的营销活动。目前群控系统已经形成了成熟的工业级服务,从软件、硬件、设备乃至机架、线、操作教程等都打包售卖,提供一条龙服务。群控系统需要结合移动端按键精灵配合使用,每台设备都安装好工具,准备好操作脚本,由电脑控制执行,如果再结合机刷的配套设施(如改机软件、抹机工具),那么刷单规模和效率将得到指数级的提高。

人肉模式是一种比群控模式低效,但安全很多的刷单模式,由"羊头"通过网络招募刷单人群,以众包任务形式组织,"羊头"一般会有多个QQ群、微信群等,每群都有几十到几百人甚至上千人,"羊头"的任务可能是自己找的,也可能是平台合作找到的,其中不乏代理商和地推人员。群里的成员性质复杂,有不少是学生、无固定职业人群、甚至有IT背景的人。群里的任务一般也多种多样,秒杀、红包、优惠券都可能存在,一般从群的名称上就能看到它针对的是哪个产品,如图6.9所示。这种针对固定产品的刷单群,会紧跟产品的更新动态,经常研究漏洞和最新优惠活动,一有口子便会蜂拥而上。

图6.9 刷单群(图片来源于网络)

为了更准确及时地了解到羊毛党盯上的猎物和所使用的手法,一般风控团队里都会有专人研究黑灰产,甚至不惜养号、卧底,真正参与到黑产一线。所以这些QQ群、微信群、任务网站、各交流社区等往往也潜伏着反欺诈人员。

6.4.2 技术手段

这类问题的识别难度是最高的,没有哪一种技术可以独立解决问题。我们拆成几种情况来分析。先不考虑商户是掌握在羊毛党手里的问题商户、虚假商户还是一个有着刷单需求的正常商户，只要是用户与商户的联合刷单，就满足两个条件：有暗号或者约定好的东西；规模或者金额不会太小（一般至少要十几单起步）。如果是用户单方面以团伙、群控方式薅平台的优惠补贴，至少也有两个特点：快速发酵；行为模式一致。抢实物套现的，一般会有相同或相似的收货地址，这在前面已经提到了。

读到这里，相信很多读者已经猜到要介绍诸如知识图谱、社区发现等方法了。没错，这是接下来会介绍的。但是实际上，这些方法都是离线事后型的方法，真正实时地预防、发现团伙和群控作案以及采取措施的，并不一定是这些方法，而是前面三种。

（1）监控和预警。监控和预警从来都不会缺席。针对单品销量、商户销量、销售额、IP、区域、机型、渠道、地址、Wi-Fi等都可以监控。监控是避免发生大规模事件的不可或缺的手段。

（2）策略规则。策略规则是最靠近业务逻辑的一层手段，它是多种技术手段的应用层，优势在于可以实时或准实时地识别用户风险。比如，群控中的设备出口IP可能是一样的，支付的渠道可能是一样的（如均采用支付宝或微信支付），手机型号可能是一样的，App的版本可能是一样的，下单时间可能都是在某个时间窗之内的，GPS定位可能是一样的，Wi-Fi的名字可能是一样的，到达活动页面的refer可能是一样的，下单前浏览的页面数或者行为序列是一样的，等等。这些深挖具体细节的特征，都可以放入监督模型中，也可以以参与活动的单品维度聚合统计作为实时规则。除了监督模型，还可以考虑使用AutoEncoder模型，甚至可以把业务规则进行编码喂给AE模型，有企业尝试使用该做法获得了比规则更好的召回率和准确率，降低了规则维护成本。

（3）产品手段。很多口子源自产品逻辑的考虑不周，当发现漏洞后，自然也可以通过修改产品交互流程避免损失。比如3.1.3节举过一个例子，微信和支付宝联合超市做活动时，消费者必须消费掉红包才能领下一个，每天只能领取一个；而某平台做类似活动时竟然不做限制，最后可想而知，补贴都进了少数人的口袋，并未起到推广拉新作用。再比如运费险，如果人人都买多件再退货，则技术手段已经无法攻克刷运费险的风险，于是产品层面出现了自动定价保险费用，而不是固定值，虽然自动定价需要靠技术手段实现，但是从策略角度看，这是一个产品策略。

（4）知识图谱、社区发现、团体分群、聚类等图挖掘技术。这些技术的发挥都建立在关系网络的基础上，因此重点就是如何建立关系网络，也就是如何定义用户与用户之间的关系、用户与商品之间的关系、用户与商户之间的关系等。在解决实际问题时，关系的定义需要紧密结合业务需求，比如提供相同的地址、相同的联系电话等，并且关系种类常常有很多，节点类型也很多。

不建议把多种关系、多种节点类型都放在一个网络中考虑，否则需要在异构大规模网络计算上有足够的资源和合适的算法，比如AliGraph支持异构图，图中可以含有多种节点，节点之间可有多条边。既然如此，我们尽量使得网络中的节点类型不超过两个，比如只有用户节点、只有商户节点、同时有用户和商户两种类型的节点、同时有用户和商品两种类型的节点。节点与节点之间只留一条边，即一个关系，如果实在有多种关系，可以考虑多个网络或者把关系叠加。

关系网络建立后，可以进行社区发现、连通图划分、分群、聚类等，根据关系的定义，划分出的子网络（即团伙）规模本身可能就是风险的主要判断特征，比如网贷业务，通过相同申请信息（如单位名称、联系地址）建立的关系网，团伙中出现三个以上甚至十几上百的节点时，有明显异常。一般在数据中都存在明确标签（正样本、欺诈用户）的节点，进行关系传播后，以此可以评估每个子图的欺诈风险大小，也可以简单以每个子图中含有正样本的比例来初步评估。

分群和聚类也是分析子图的常用方法，分群需要对每个子图提取特征，一般包括子图的节点数量、边数量、平均自由度、子图中最长和最短路径等；还有业务特征，如总订单数、平均单量、总金额、平均金额、男女比例、App 版本比例、支付渠道比例、总商品数等。如果特征过多，可先降维（如通过 t-SNE）再聚类。除此之外，可以对网络中的节点、边以及子图进行 embedding，然后再聚类或以特征贡献给监督模型去做分类，尤其是这几年随着 GNN 的研究越来越多，这种方式逐渐变得普遍。

6.4.3 案例

团伙、群控、联合刷单是交易类黑灰产中的高级模式，这给反欺诈带来了诸多挑战。加上每个企业的产品业务形态都不一样，通用的解决方案和反欺诈框架并不适合，因此要具体情况具体分析，没有严格的对与错，就看最终的效果好不好，也许大家使用同样的算法，却因为特征处理的某个细节导致结果大相径庭。读者在看这部分内容时，尽量结合自己遇到的场景，不要局限于这里介绍的案例。

1. 案例：联合套现抓商户

外卖平台和打车平台都是存在 C 端和 B 端的，外卖平台的分别是用户和商户，打车平台的分别是乘客和司机。外卖和打车都是高频需求，美团点评的到店事业群总裁曾提到，高频服务靠补贴，低频服务靠广告，外卖和打车确实是靠着巨额补贴火起来的。在外卖和打车场景下的 BC 联合套现黑产活动中，B 端是收益大的一方，也是反欺诈容易切入的地方。也就是说，我们以识别商户是否刷单、司机是否刷单为目标。这里并不是说不去管用户侧（C 端），只是一个切入角度问题。从 B 端切入有几个好处：样本更容易收集；结果更好验证；资金结算周期可能是 $T+1$，甚至更久，因此给了反欺诈留了更多时间，以避免资损；可以进行事后追赃；比起用户规模，商户规模和司机规模较小，更便于对其他商户或司机起到警示作用；针对商户更容易制订相应的行为规范和处罚办法。

以外卖业务为例,我们看一下如何通过机器学习模型的方法识别刷单的商户。其实只要从历史数据中获取有标记的正负样本,即可通过监督训练方式得到分类模型,用于判断是否欺诈。其中大量的工作在于考虑哪些特征,而这只能从数据和业务经验中来了。一般的路子是人工特征工程起步,先采用 LR 模型或者 XGBoost 模型作为 baseline,逐步尝试其他模型如 FM、FFM、DeepFM、GBDT+LR、Wide & Deep、LSTM 等。那么我们考虑哪些特征呢?只要是交易相关的,不外乎以下这几个大的维度。

- 用户信息:ID、注册时间、认证情况、会员与否、常住城市、地址……
- 商户信息:ID、入驻时间、星级、单量成长速度、平均营业时长……
- 商品信息:ID、品类、价格……
- 交易信息:购买数量、频次、收货地址、版本、IP、设备、备注、发票与否……
- 支付信息:金额、账号、时间、支付方式、支付成功花费时间、支付的入口……

然后这些维度再交叉出来一些特征,比如用户在商户上的历史交易数、用户是否收藏店铺或者关注商品等。值得注意的是,当从 B 端切入时,所有特征都是在一个商户下的交易特征,这时候很多特征都是**比值型特征**,比如,注册时间在 3 个月内的用户数与当日商户下消费的所有用户数比值,10 分钟内下 2 单以上的用户占比,最近 1 个月内购买超过 30 次的用户占比,相同 IP 的用户占比,相同收货地址的用户占比,相同金额的用户占比,相同 App 版本的用户占比,相同定位的用户占比,等等。之所以这样考虑,是因为团伙和群控模式下具有相似的行为表现。

你可能会问,我虽然知道了罗列的这些特征是从用户、商户、商品、交易和支付的角度考虑的,但实际操作时可能还是想不全面,有没有可能不是非常熟悉黑产玩法也能做好特征挖掘?事实上有一些基本方法,但它并不是凭空而想的,也不能让你完全做好特征挖掘,终究还是要了解产品业务细节,摸清黑产玩法,黑产用户也是用户,始终离不开时间、地点、频次的角度,所以围绕 RFM 模型可以衍生出很多特征,如最近一段时间内消费的时间间隔、次数、金额等,然后再结合统计量,得到总和、平均、分位数、方差等特征,这些都是可以通过自动化特征工程来实现的。特征工作更多考验对产品业务的熟悉程度,对黑产的熟悉程度,对数据的熟悉程度。对于使用监督训练方式的模型来说,无论模型是否支持特征交叉,是否支持自动特征提取,人工挖掘原始数据构造基本特征的工作是少不了的。

既然特征如此重要,在模型选择上可以尽可能发挥模型的先天优势,更利于特征的选择和交叉。忽略数据的来源问题,这里使用了一个样本很不平衡的数据集,每个样本 30 维特征,在基本不做特征工程工作(包括不处理样本失衡问题)的基础上简单对比一下几种模型的效果,以下给出了主要代码片段。

```
#LR
X_train, X_test, y_train, y_test = train_test_split(X, y, test_size = 0.3, random_state = 0)
param_grid = {'C': [0.01,0.1, 1, 10, 100, 1000,], 'penalty': ['l1', 'l2']}
grid_search = GridSearchCV(LogisticRegression(), param_grid, cv=10)
grid_search.fit(X_train, y_train)
y_pred = grid_search.predict(X_test)
...
#XGBoost+LR
import xgboost as xgb
from sklearn.preprocessing.data import OneHotEncoder
x_train_leaves = xgbc.apply(X_train)
x_test_leaves = xgbc.apply(X_test)
all_leaves = np.concatenate((x_train_leaves, x_test_leaves), axis=0)
all_leaves = all_leaves.astype(np.int32)
one_hot_enc = OneHotEncoder()
leaf_enc = one_hot_enc.fit_transform(all_leaves)

(train_rows, cols) = x_train_leaves.shape
(test_rows, cols2) = x_test_leaves.shape
X_trans = leaf_enc[:train_rows,:]
X_tests = leaf_enc[train_rows:,:]
grid_search = GridSearchCV(LogisticRegression(), param_grid, cv=10)
grid_search.fit(X_trans[:train_rows, :], y_train)
...
#FM
```

```
from pyfm import pylibfm
fm = pylibfm.FM(num_factors=15, num_iter=20, verbose=True,
task="classification", initial_learning_rate=0.001, learning_rate_
schedule="optimal")
X_train2 = [{v: k for k, v in dict(zip(i, range(len(i)))).
items()}  for i in X_train.values]
X_test2 = [{v: k for k, v in dict(zip(i, range(len(i)))).
items()}  for i in X_test.values]
v = DictVectorizer()
X_train = v.fit_transform(X_train2)
X_test = v.transform(X_test2)
fm.fit(X_train,y_train)
y_pred = fm.predict(X_test)
...
```

既然样本极度不平衡，我们主要看一下模型在少数类样本上的 P-R 表现情况。可以看到，使用 FM 的方法和使用 XGB+LR 方法均比 LR 要好一些，而这两种方法其实本质上也是在做特征工程的工作。这其实也从另一个角度说明了特征工作的重要性。

	precision	recall	f1-score
LR	0.88	0.62	0.73
FM	0.89	0.64	0.74
XGB+LR	0.92	0.74	0.82

这里的 FM 模型是基于 LibFM 的 Python 包，虽然无法直接使用 GridSearchCV 方法寻找参数，但也可以通过 ParameterGrid 自行编码循环的寻优过程找到相对最优结果。

很多业务场景中都会存在一套模型去计算商户的风险，这里面的核心工作就是常见的机器学习问题：特征工程、模型选择和优化。在这套框架下，模型负责发现风险，而真正能够让风险可控的则是如何执行处罚。一旦考虑到执行，就会发现以商户角度切入的优势。在执行上，需要有明确的行为管理办法，如图 6.10 所示，既要有明确的处罚规则，还要有支持处罚的各个系统。

商品跨城市配送、快递等	商家跨城市绘制配送范围，或通过快递的形式配送商品或菜品		1. 扣100分，永久关店
信息泄露	商家在平台或平台之外暴露、滥用或售卖用户信息（如姓名、电话、地址等隐私信息）		1. 首次发现扣15分，置休3天 2. 再次发现，永久关店
涉嫌违规刷销量	恶意刷单行为，违反公平竞争，为公司带来损失		1. 首次发现扣2分，警告 2. 再次发现扣10分，置休1天
涉嫌套取平台补贴	商户通过设置不合理的虚假高频满减活动（特价促销）、虚假交易等获取平台（所有形式）补贴的违法违规行为		1. 首次发现扣10分，置休1天 2. 再次发现，永久关店
对公司带来重大影响	商户通过违规行为、虚假交易等获取平台（所有形式）补贴的违法违规行为，导致平台造成重大损失		1. 扣100分，永久关店
贿赂人员	商户通过向平台工作人员行贿等不正当手段谋取利益，损害公平竞争环境的行为	主动行贿获取不正当利益、不接受或不配合调查	1. 扣100分，永久关店
		行贿未获取不正当利益、被索贿积极配合调查	1. 首次发现扣15分，置休3天 2. 再次发现，永久关店
资质问题	伪造资质（营业执照、食品经营许可证等）		1. 扣100分，永久关店
		无论举报、检查，发现无医药资质许可售卖任何类型药品	1. 扣100分，永久关店
		无论举报、检查，发现无相关医疗器械许可售卖任何类型医疗器械（如隐形眼镜、隐形眼镜药水、避孕套），按种类不同处罚有所不同	1. 首次发现扣15分，置休3天 2. 再次发现扣20分，置休7天 3. 三次发现，永久关店
	商品超经营范围	平台商户被举报超范围经营商品，售卖商品与许可范围存在不一致商品（如许可范围为售卖热食类，却自行扩展业务售卖冷菜）	1. 首次发现扣8分，置休4小时 2. 再次发现扣10分，置休1天 3. 三次及以上扣15分，置休3天
		平台商户被举报超范围经营商品，售卖商品与许可范围完全不一致（如商超类，许可范围仅可售卖预包装食品，自行扩展成制作餐饮类食品店铺，做炸鸡、盖浇饭等商品）	1. 首次发现扣15分，置休3天 2. 再次发现扣20分，置休7天 3. 三次发现，永久关店

图 6.10　某平台商家违规行为管理办法

2. 案例：团伙关系抓用户

在第一个案例中，我们可以抓到高风险的商户，但是不好确定高风险的用户，因为在特征里，这些用户是以比例形式呈现的，无法找到具体的用户。即便处罚了违规的商家，这些联合套现的用户还会继续存在于平台，继续与其他商家合作。而团伙和群控手段的特点在于账户之间存在相同或相似信息，这一点并不依赖于你面临的是什么业务——无论是电商里的团伙刷单、金融里的团伙骗贷，还是各类场景中的团伙刷量。通过团伙关系，可以定位到高风险的用户，也间接辅助定位高风险的商户。究竟如何构建节点之间的边关系呢？主要从信息、资源和行为三个角度来建立。

- 第一种是用户账号之间的**联系关系**，是指两个用户在信息层面有直接的联系记录而建立的关系。比如账号 A 最近一段时间内的通话记录中有 B 账号，可以通过通话次数量化这种关系亲密程度；又如账号 A 的通讯录中有 B，分析备注内容量化亲密程度；又如账号 A 的紧急联系人里有 B 账号；又如账号 B 是账号 A 通过转介绍、老拉新带来的用户；又如账号 A 关注了账号 B；再如账号 A 评论了账号 B。总之，账号之间有过直接接触。

- 第二种是用户账号之间的**资源共享关系**，是指两个用户账号之间重复使用某些资源。比如最近一段时间内账号 A 与 B 使用过同一台设备、同一个 Wi-Fi 名称、同一个 IP；又如账号 A 和 B 填写的单位名称是一样的；再如账号 A 和 B 在同一天里都抢了 iPhone 11 却填写了一样的地址。可以通过计算使用相同资源的多少和次数来量化亲密程度。

- 第三种是用户账号之间的**行为关系**,是指两个用户之间并无直接接触,而是有一致的行为,一般会限制到一个时间窗口内。比如账号 A 最近一段时间总是打到司机 C 的车,账号 B 最近一段时间也是如此;又如账号 A 和 B 都点了同一个餐馆的外卖而且都只点了米饭。

无论哪种关系都可以使用第 5 章介绍 Facebook 的 SynchroTrap 方法时提到的公式化定义,这个定义里既包括**行为**也包括**资源**。

建立关系时,面临的最大问题可能是**数据源问题**。比如两账号使用过相同设备,这个数据的来源可能很多。在微信群和朋友圈中经常会有某产品领红包的活动链接,打开后可能只需要在框中输入自己的手机号就可以领取红包。这时如果不小心输错了自己的手机号,那么极有可能导致两个手机号使用了同一个设备的现象发生。另一个数据来源是在下单操作时采集的用户手机号和设备号。很明显,这两个不同采集操作的数据源其数据质量是不一样的。数据源问题会导致质量问题、时效性问题和稳定性问题。

如果存在多个数据源,可以选择每种数据源独立建图,也可以合并建图,甚至丢掉不靠谱的数据源。当然也不是每种关系都能有多个数据源这种好事,能有数据源就不错了,比如账号 A 最近一段时间内的通话记录中有 B 账号这种关系,虽然不存在多个数据源的问题,但它存在数据源时效性问题,上个月的通话记录中有记录,这个月的没有记录,该如何处理呢?是否需要考虑单独建立存量历史关系和增量关系呢?如果在建图之前不能较好地处理数据源问题,一般选择抗干扰算法,以及在团伙发现之后需要额外的手段来去除噪音数据。

关系建好之后,便是选择用什么方法进行团伙发现了,可以选择第 5 章提到的谱聚类、图分割、模块度等方法。其中模块度的方法是应用比较广泛的方法之一,而 Louvain 算法又是较早使用模块度的算法。下面先通过 Zachary Karate Club 数据集简单看一下 Louvain 算法的使用,这个数据集的网络是通过对一个美国大学空手道俱乐部进行观测而构建出的一个社会网络,包含 34 个节点和 78 条边,其中节点表示俱乐部的成员,边表示成员之间存在的朋友关系,数据集非常小,方便实验。我们在单机上还是借助 networkx 来实现图的一些操作。

```
import networkx as nx
G_karate = nx.karate_club_graph()
pos = nx.spring_layout(G_karate)
nx.draw(G_karate, cmap = plt.get_cmap('rainbow'), with_labels=True, pos=pos)
```

从图 6.11 中大概可以看出节点之间的关联关系,直观来看,节点 32 附近的点聚集在一起,节点 0 附近的点聚集在一起,还有左上角 4、5、6、10、16 几个点,以及右下角的 24、25、27 几个点。

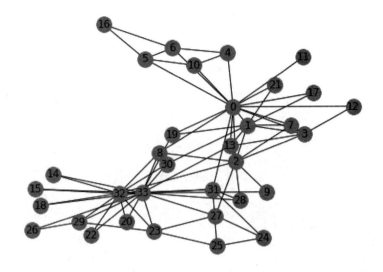

图 6.11 Zachary Karate Club 网络

对网络结构有了大体了解后，再借助 Louvain 算法的 Python 包 python-louvain 看一下社区划分情况与观察结果是否一致。

```
#pip3 install python-louvain
# 注意这里 import 的包名叫 community
import community


plt.figure(figsize=(12, 8))


partition = community.best_partition(G_karate)
community_map = {}
for com in set(partition.values()) :
    for node in partition.keys():
        if partition[node] == com:
            community_map[node] = com


indexed = [community_map.get(node) for node in G_karate]
```

```python
    pos = nx.spring_layout(G_karate)


    plt.axis("off")
    nx.draw_networkx_labels(G_karate, pos,
                            labels=dict([(n, n) for n in partition.keys()]),
                            font_color='white')
    nx.draw_networkx_nodes(G_karate, pos, node_size = 450,
                           cmap = plt.get_cmap('rainbow'),
                           node_color = indexed)
    nx.draw_networkx_edges(G_karate, pos, alpha=0.5)
    plt.show()


    centers = {}
    communities = {}
    for com in set(partition.values()) :
        list_nodes = [nodes for nodes in partition.keys() if partition[nodes] == com]
        H = G_karate.subgraph(list_nodes)
        d_c = nx.degree_centrality(H)
        center = max(d_c, key=d_c.get)
        centers[center] = com
        communities[com] = center
        print('Community of ', center , '(ID ', com, ') - ', len(list_nodes), ':')
        print(list_nodes, '\n')
    '''
    Community of  0 (ID 0 ) -  11 :
    [0, 1, 2, 3, 7, 11, 12, 13, 17, 19, 21]
```

代码中 best_partition 是关键操作，它返回的结果是一组 kv，k 即 key 是节点编号，v 即 value 是节点所属的社区，然后通过 networkx 和 matplotlib 对划分结果进行可视化。从图 6.12 中和代码输出结果都可以看出，它分成了四个社区，与我们直观看到的结果很相近。如果你执行这段代码，可能会得到并不完全一致的划分结果，这是由于算法迭代过程中，不同的节点访问顺序导致的。

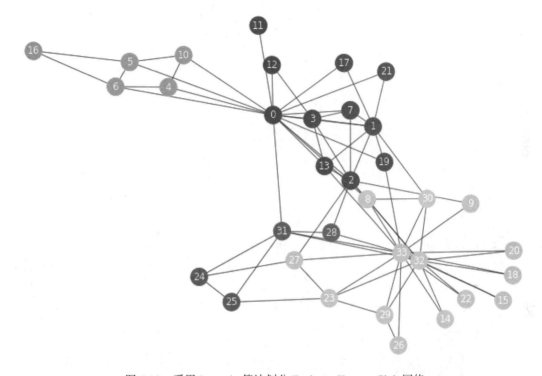

图 6.12　采用 Louvain 算法划分 Zachary Karate Club 网络

再来看一个基于实际数据的案例，使用某电商平台一天内小部分的用户行为和交易数据构建用户关系网络。在定义用户关系时，以一天内的相同行为次数累加计算两两权重，然后过滤掉低权重的用户，使得用户规模大大减小。同时为了可视化方便，在构图时使用 from_pandas_edgelist 方式，这样就去掉了大量的孤立节点。在计算相同行为次数时，有一个结合业务场景的前提是，都在同一个商户下单或者购买同一个商品，然后计算地址的相似度、联系人是否相同等其他订单信息和行为。

处理后的数据内容如图 6.13 所示，包含三列，第一列是用户 ID，去除源 ID 后自动编码；第二列也是用户 ID；第三列为两者之间的距离。以图中每行代表一条边的两个用户和边权重，这里按阈值过滤后，只保留某个阈值以上的边权重，为了简便，按无权无向图方式构图。

这样处理后，还剩 4000 多条边，足以在单机 macbook 上运行 Louvain 算法了，也可以使用 networkx 直接画图，不需要再迁移到 Gephi 或者 Neo4j 了。关系数据的可视化结果如图 6.14 所示。

```
547244   548091   0.316205
547245   548091   0.308177
547287   548091   0.593860
547292   548091   0.166461
547320   548091   0.328862
547412   548091   0.073132
547459   548091   0.847400
547522   548091   0.137961
547529   548091   0.280385
547581   548091   0.119763
547592   548091   0.048889
547620   548091   0.954754
```

图 6.13　用户关系数据示例

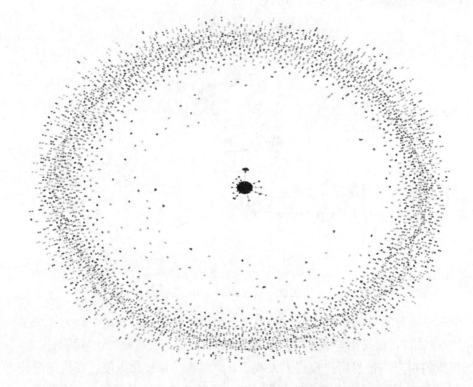

扫码看彩图

图 6.14　关系数据可视化展现示例

由于在数据源头滤掉了孤立的节点，所以从图 6.14 中大致可以看出，绝大部分社区都是两个节点，中间区域有较大数量的节点形成了 3 个社区。借助程序统计后发现，至少包含 3 个节点的社区有 80 多个，其中一个社区有 550 个节点，一个社区有 31 个节点，还有几个社区节点数量为 5~10 个。初步怀疑，这几个大的社区都存在欺诈可能。在定义用户关系时，我们并未考虑设备等资源信息，于是对于这几个风险社区的进一步诊断，可以人工再去排查它们的设备使用情况；另外，该关系网络仅是在一天的小部分交易数据基础上建立的，也可以扩大时间范围。事实上，如图 6.15 所示，果不其然，几个较大的社区存在刷销量的迹象，部分设备号、手机号存在重叠，支付金额为 1~2 分钱。

ID	设备ID	手机号	支付金额
12163	1eeb1f7f2ade*************4ee	72160ee7e8db**************ffe3	1
547699	1eeb1f7f2ade*************4ee	72160ee7e8db**************ffe3	1
20637	1eeb1f7f2ade*************4ee	72160ee7e8db**************ffe3	1
43311	1eeb1f7f2ade*************4ee	72160ee7e8db**************ffe3	1
89317	1eeb1f7f2ade*************4ee	72160ee7e8db**************ffe3	1
91686	1eeb1f7f2ade*************4ee	72160ee7e8db**************ffe3	1
93100	1eeb1f7f2ade*************4ee	72160ee7e8db**************ffe3	1
97790	1eeb1f7f2ade*************4ee	72160ee7e8db**************ffe3	2
113707	1eeb1f7f2ade*************4ee	72160ee7e8db**************ffe3	2
127400	1eeb1f7f2ade*************4ee	72160ee7e8db**************ffe3	2
166775	1eeb1f7f2ade*************4ee	72160ee7e8db**************ffe3	2
180071	c2ed180f8003*************a2f	72160ee7e8db**************ffe3	1
208378	c2ed180f8003*************a2f	72160ee7e8db**************ffe3	1
215616	c2ed180f8003*************a2f	72160ee7e8db**************ffe3	1
219815	c2ed180f8003*************a2f	72160ee7e8db**************ffe3	1
264733	c2ed180f8003*************a2f	72160ee7e8db**************ffe3	1
274123	c2ed180f8003*************a2f	72160ee7e8db**************ffe3	1
283674	c2ed180f8003*************a2f	72160ee7e8db**************ffe3	1
332693	c2ed180f8003*************a2f	58ed6ae9c3e1**************0a07	1
355007	c2ed180f8003*************a2f	58ed6ae9c3e1**************0a07	1

图 6.15 某社区用户订单数据示例

这里只是为了验证方便，所以构建关系时只选取了部分维度，保留了部分维度，实际中也会把更多的维度一起纳入关系计算中，再复杂的做法是两个用户之间构建多种关系图，或者构建多边异构图。

更大规模数据集上的社区发现，一般需要借助 Spark GraphX 的实现。可以选择 SNAP 的数据集进行研究实验。这里选取了 com-Orkut 数据集，有 3 070 000 个节点，117 000 000 个边关系，在 Spark 上执行社区划分，共得到 640 000 个 level_0 级社区，合并节点后，得到 12 000 个 level_3 级社区，模块度结果为 0.43189，耗时 62 分钟。

关于 Louvain 算法的具体代码实现以及 Spark GraphX 版本的实现，感兴趣的读者可以参考 python-louvain 源码以及开源项目 https://github.com/Sotera/spark-distributed-louvain-modularity。图 6.16 便是对开源项目 spark-distributed-louvain-modularity 改造后进行划分的结果，版本相关的依赖配置如下。

```
(1088000,{name:17039,community:585835,communityName:275517,communitySigmaTot:137024,internalWeight:0,nodeWeight:19})
(868400,{name:719186,community:721751,communityName:88799,communitySigmaTot:4116,internalWeight:0,nodeWeight:128})
(777600,{name:875039,community:777600,communityName:875039,communitySigmaTot:2,internalWeight:0,nodeWeight:2})
(980000,{name:2280855,community:715249,communityName:2003068,communitySigmaTot:1991,internalWeight:0,nodeWeight:13})
(1464000,{name:1746921,community:1008226,communityName:2834504,communitySigmaTot:6,internalWeight:0,nodeWeight:6})
(1627200,{name:2799698,community:155982,communityName:2778972,communitySigmaTot:7898,internalWeight:0,nodeWeight:11})
(1007600,{name:1887303,community:835305,communityName:2149360,communitySigmaTot:32953175,internalWeight:222,nodeWeight:744})
(1452400,{name:1465684,community:835305,communityName:2149360,communitySigmaTot:32953175,internalWeight:0,nodeWeight:34})
(1144000,{name:229405,community:835305,communityName:2149360,communitySigmaTot:32953175,internalWeight:0,nodeWeight:2})
(2635149,{name:229405,community:835305,communityName:2149360,communitySigmaTot:32953175,internalWeight:1632,nodeWeight:9678})
(462000,{name:2454771,community:345413,communityName:876491,communitySigmaTot:1759,internalWeight:0,nodeWeight:6})
(449200,{name:2369235,community:178007,communityName:2293056,communitySigmaTot:920633,internalWeight:0,nodeWeight:5})
(555600,{name:1697443,community:62557,communityName:2459322,communitySigmaTot:127323,internalWeight:40,nodeWeight:367})
(1624800,{name:3029411,community:1133012,communityName:599713,communitySigmaTot:4585,internalWeight:0,nodeWeight:10})
(442800,{name:909464,community:442800,communityName:909464,communitySigmaTot:1332,internalWeight:354,nodeWeight:946})
(964800,{name:881320,community:669472,communityName:2879547,communitySigmaTot:1506258,internalWeight:10,nodeWeight:34})
(429600,{name:555115,community:254509,communityName:2878851,communitySigmaTot:470711,internalWeight:26,nodeWeight:228})
(792400,{name:1499641,community:701078,communityName:255657,communitySigmaTot:10985,internalWeight:254,nodeWeight:665})
(1316800,{name:2981000,community:934087,communityName:2971503,communitySigmaTot:245,internalWeight:2,nodeWeight:185})
(177600,{name:2764894,community:563991,communityName:3065773,communitySigmaTot:923082,internalWeight:238,nodeWeight:587})
(948800,{name:1593592,community:835305,communityName:2149360,communitySigmaTot:32953175,internalWeight:8,nodeWeight:207})
```

图 6.16 com-Orkut 数据集上的社区划分示例

```
dependencies {
    compile group: 'org.apache.spark', name: 'spark-core_2.11', version: '2.3.0'
    compile group: 'org.apache.spark', name: 'spark-graphx_2.11', version: '2.3.0'
    compile group: 'com.github.scopt', name: 'scopt_2.11', version: '3.2.0'
    compile group: 'com.typesafe', name:'config', version:'1.2.1'
    compile(
            [group: 'org.slf4j', name: 'slf4j-api', version: '1.6.6'],
            [group: 'org.slf4j', name: 'slf4j-log4j12', version: '1.6.6']
    )
    testCompile 'junit:junit:4.11'
}
```

它的输出结果区分节点目录（_vertices）、边目录（_edges）和模块度目录（qvalues_），如图 6.17 所示，level 表示对社区节点进行第几次的压缩合并，一个节点的 level_1 表示对一个社区内的所有 level_0 节点合并后看作一个节点。

```
/user/wangyonghui/com-orkut.ungraph/1571052129819/level_0_edges
/user/wangyonghui/com-orkut.ungraph/1571052129819/level_0_vertices
/user/wangyonghui/com-orkut.ungraph/1571052129819/level_1_edges
/user/wangyonghui/com-orkut.ungraph/1571052129819/level_1_vertices
/user/wangyonghui/com-orkut.ungraph/1571052129819/level_2_edges
/user/wangyonghui/com-orkut.ungraph/1571052129819/level_2_vertices
/user/wangyonghui/com-orkut.ungraph/1571052129819/level_3_edges
/user/wangyonghui/com-orkut.ungraph/1571052129819/level_3_vertices
/user/wangyonghui/com-orkut.ungraph/1571052129819/qvalues_0
/user/wangyonghui/com-orkut.ungraph/1571052129819/qvalues_1
/user/wangyonghui/com-orkut.ungraph/1571052129819/qvalues_2
/user/wangyonghui/com-orkut.ungraph/1571052129819/qvalues_3
```

图 6.17 Louvain 在 Spark 上执行的结果目录示例

从 com-Orkut 数据集上来看，在三百多万规模的节点上全量计算一次社区划分，要花费一个多小时的时间，这还是在多台 worker 机器的集群上，所以很多时候团伙关系计算都是每天离线进行全量的计算。当然除了选择 Spark GraphX，还可以考虑其他高性能图计算框架，如腾讯的 Plato 框架，宣传称十亿级节点图计算可以在分钟级搞定。目前来看，再快的计算速度也达不到秒级，除非减少计算的范围即构建小图。目前在快速响应业务上还存在很大挑战，比如在授信环节，需要实时分析进件的用户关系网；在定时营销活动环节，需要实时分析是否有脚本抢货导致的用户关系网。这种情况下，除了实时检索查询用户是否存在团伙关系，还要实时更新网络结构实时计算社区变化情况，因为只查询不更新的话会漏掉当时新增的团伙。所以这里面临两个主要问题：

- 如何高效地检索查询？
- 如何高效地更新社区网络？

这两个问题里面隐含了一个逻辑，即计算和存储是分离的。第一个问题是相对比较好解决的，在5.3.9节中提到了诸如Neo4j、Dgraph、TigerGraph等图数据库，如果不想付费，也可以基于Redis和ElasticSearch进行上层应用开发，实现更便于图关系查询的接口能力。目前也存在基于Redis实现的图数据库RedisGraph，不过面对大规模用户场景下的高性能稳定性要求，它的表现可能还差一些。第二个问题的处理要复杂很多。这里简单提一下当前业界主要的两种解决手段。

一种是动态图方法，基于Spark Streaming和GraphX，先对实时流构建小图，然后离线与大图合并。根据网络公开资料，早在2015年时，阿里内部已有团队采用这种方式进行实时社区发现。

另一种是基于PyG（PyTorch Geometric）框架的GNN方法。GNN的归纳式技能，使得网络结构新增节点时无须重新训练也能得到向量表示；当解决了性能问题时，GNN的向量表示能捕获更多关联信息。PyG库是2019年德国多特蒙德工业大学做出来的，诚如在5.3.8节中介绍的那样，PyG速度超快，碾压DGL，并支持很多种图神经网络模型。虽然这种方式可以解决上面的两类问题，但它并不属于社区发现部分。

3. 案例：embedding用处多

上述两个场景的例子分别是单独采用监督训练和无监督挖掘的例子，它们都存在各自的优缺点，监督训练对于历史未出现的现象不敏感，无监督挖掘的结果不好直接程序化使用。当然想结合它们的优点，把无监督挖掘的结果能够及时地补充到监督模型中去。可以针对图划分的结果进行特征提取，比如节点数量、出入度、度数中心性、介数中心性、黑节点比例、PR值等，但它并不能保留节点的结构信息。而Graph embedding可以做到在空间中保留结构关系，也可以直接作为监督学习任务的输入，还便于进行可视化。因此，Graph embedding在处理关系网络时具有很好的优势，这也是当前业界主流的做法。

在关系网络中，embedding分为两种：一种是图元素的embedding，比如节点、边和属性；另一种是整个图或者子图的embedding。Graph embedding的经典算法有DeepWalk、Node2Vec、LINE、Graph2Vec等，还有最近火爆的GNN。下面先通过一个简单例子看一下如何对图的节点、边和子图进行embedding。这里使用的还是空手道俱乐部的数据集，采用Node2Vec进行图嵌入操作。

```
import numpy as np
```

```python
import random
import networkx as nx
from IPython.display import Image
import matplotlib.pyplot as plt
from node2vec import Node2Vec

G_karate = nx.karate_club_graph()
pos = nx.spring_layout(G_karate)

node2vec = Node2Vec(G_karate, dimensions=64, walk_length=30, num_walks=200, workers=4)
model = node2vec.fit(window=10, min_count=1, batch_words=4)
model.wv.get_vector('2')
'''
array([-1.7242932e-01, -2.1949297e-01,  1.8501446e-01,  2.3419440e-01,
       -2.8183192e-01,  1.4917875e-02, -2.9548327e-02, -2.6291510e-01,
       ...
        7.0590980e-02, -1.4281765e-01,  2.3855897e-02,  3.0267361e-01],
      dtype=float32)
'''
model.wv.most_similar('2')
'''
[('7', 0.6597374677658081),
 ('3', 0.6389907002449036),
 ...]
'''
from node2vec.edges import HadamardEmbedder
```

```
edges_embs = HadamardEmbedder(keyed_vectors=model.wv)
edges_embs[('1', '2')]
edges_kv = edges_embs.as_keyed_vectors()
edges_kv.most_similar(str(('1', '2')))
```

代码实现非常简洁，node2vec 先对图进行预计算节点转移概率，并产生随机游走的序列，然后调用 fit 函数对节点进行表示，fit 的实质则是进行 skip-gram 模式的 word2vec，之后便可以输出每个节点的向量表示了。可以根据需要指定向量维度、游走序列的长度和游走次数。有了每个节点的向量表示后，很容易就可以得到距离每个节点最近的节点列表。边也可以进行向量表示，通过 HadamardEmbedder 类即可得到所有边的向量结果。与节点类似，同样可以查询每条边的向量以及与之最近的边。HadamardEmbedder 继承自 EdgeEmbedder 类，是可以对边进行向量表示的方法之一，称为哈达玛积嵌入法，其他方法还有平均法、加权 L1、L2 方法，这些都代表了对边的两个节点进行不同的计算方式。哈达玛积的计算逻辑是对两个同阶矩阵相同位置的元素进行相乘。所以说，边的向量化表示是在节点向量化基础上进行的。

虽然代码挺简洁，但是在大规模数据上的性能也是非常差的。斯坦福大学提供了高性能 C++ 版本的实现，可用于较大规模的图数据上，具体可以参考官方源码。与 karate club 数据集对比来看，Python 版要 10 秒多时间，而 C++ 版只需 2 秒的时间，性能差异可见一斑。这里采用了 C++ 版本，以 SNAP 上的亚马逊无向图作为数据集，该网络拥有 33 万个节点，92 万条边，大概需要花费 2 个小时进行 node2vec。如图 6.18 所示为 node2vec 的 embedding 结果，每行的第一列表示节点 ID，后面 64 列表示节点的 64 维 embedding 结果。

	0	1	2	3	4	5	6	7	8	9	...	55	56	57	58	5
51739	0.426598	-0.032806	-0.264037	-0.215086	-0.392505	-0.589594	-0.654536	0.185326	0.725390	...	-0.666071	0.108677	0.344751	-0.366369	-0.46515
32260	0.556041	-0.402786	-0.464144	-0.252990	-0.424005	-0.509912	-0.673225	0.145471	0.976414	...	-0.754343	-0.083598	0.324000	-0.459922	-0.43898
263411	0.360851	-0.162006	-0.327068	-0.349790	-0.501877	-0.203047	-0.456995	-0.048521	0.455131	...	-0.318877	0.158294	0.624308	-0.583227	-0.39371
244057	0.406586	-0.303769	-0.190930	-0.202606	-0.426411	-0.448053	-0.546943	0.201636	0.959703	...	-0.571918	-0.006743	0.288660	-0.497670	-0.48433
447788	0.549424	-0.333161	-0.325986	-0.216357	-0.299648	-0.444151	-0.460046	0.179277	0.890740	...	-0.184961	-0.001405	0.352019	-0.536837	-0.44400
447976	0.470698	-0.301473	-0.368347	-0.082336	-0.470191	-0.483885	-0.378284	0.294044	1.158960	...	-0.881110	0.109978	0.126840	-0.390603	-0.54099
164463	0.322325	-0.285347	-0.247672	-0.056224	-0.429903	-0.490847	-0.421334	0.297871	1.005990	...	-0.792786	0.020858	0.307418	-0.624752	-0.56484
479480	0.513284	-0.237740	-0.192709	-0.141094	-0.444866	-0.527034	-0.494435	0.184359	0.974978	...	-0.853573	-0.054014	0.274411	-0.484894	-0.49810
76356	-0.384881	0.675130	-0.088802	-0.118565	-0.419912	-0.689400	-0.399989	-0.078268	-0.342163	...	0.648853	-0.341387	0.386715	-0.456641	-0.53065
426211	-0.385190	0.671963	-0.077867	-0.080429	-0.473317	-0.647778	-0.378623	-0.097487	-0.351055	...	0.551434	-0.355469	0.433254	-0.517465	-0.51701

rows × 65 columns

图 6.18　node2vec 向量化结果示例

得到此 embedding 结果后，可以采用聚类或图挖掘算法进行分群，比如这里采用 C++ 实现的高性能版 DBSCAN 算法进行自动聚类，得到 5619 个类簇。

此外，Node2Vec 还有 Spark 版实现，清华大学联合腾讯、微软亚洲研究院开源了

OpenNE 网络嵌入工具包，里面包含 DeepWalk、LINE、node2vec、GraphFactorization、SDNE 和 GCN 等算法实现，而且支持 TensorFlow 计算框架。PyG 中也支持 node2vec，在 GPU 上计算亚马逊的这份数据只需要几分钟即可完成，如图 6.19 所示。当然了，既然能用到这个工具和框架，自然也就不局限于使用 node2vec 来做 embedding 了。

图 6.19　PyG 中使用 node2vec 测试亚马逊数据示例

了解了如何具体对节点 embedding，那如何对子图进行 embedding 呢？graph2vec 借鉴了 doc2vec 的思想，把图看作文档，把节点及其部分邻居节点与边组成的子图看作单词，以无监督训练方式得到子图向量。子图向量可以再作为下游分类或聚类任务的输入。其论文开源了代码，提供了 TensorFlow 版本的实现。除了 graph2vec，ComE 还提出了一种新的框架，同时解决了社区子图的 embedding、社区发现和节点的 embedding 三个问题，它把子图的 embedding 定义为节点低维空间中的多元高斯分布，这在第 5 章中已经详细介绍过。

6.5　虚假商户、虚假申请、虚假账号、多角色联合的虚假孤岛 <<<

虚假账号对很多人来说并不陌生，在很多平台都是存在的，僵尸粉、灌水账号、假店等，尤其是在手机号实名制之前，注册机可以随便注册。本节要介绍的虚假账号并非指普通用户账号，而是指平台合作的商户，比如店铺掌柜或者联盟广告中的媒体，内部销售和代理商等角色的账号。所以，你能想到，这是关于"合作"的故事。这类账号的生成一般有两种情况：自主注册和内部开通。自主注册并不像普通用户一样填一个手机号、设置一个密码就可以使用了，而是需要提交一些材料，由系统审核通过后才可以正常使用；内部开通账号则往往流程很简单，由人工在运营后台填写信息进行开通。前者的风险在于审核的出错率，后者则在于流程的不规范。为什么要特地介绍这种类型的虚假账号呢？原因是这类账号一旦出现虚假，涉及的损失额度往往很大，因此要严防死守。

6.5.1 背景

一般情况下，审核团队多以审核效率、通过率和拒绝率指标来作为业务指标，尤其看重审核效率。每天审核了多少件、延迟多少、平均用时多少，这些几乎是审核主管每天开例会时都要强调的，但是较少强调审核准确率。这也可以理解，因为一方面人工审核效率低很容易成为瓶颈；另一方面审核专员在培训时会介绍每一项的审核标准，如有变更也会及时通知每个人，默认人工执行这些标准时，准确率是能得到基本保证的。

但是对于证件、资质素材的审核，以及对图片、视频多媒体资料的审核，人工审核就会显得效率低且准确率低。比如对于营业执照的审核，人工审核一般以拍照清晰度、是否过期、是否符合手持拍摄条件、是否为平台不允许出现的行业等角度来判断，如果需要界定执照中的编号真伪，则需要审核专员自行查询。技术团队可能通过 OCR 技术帮助提取其中的编号，审核团队也可能有部分的执照库可查，但肯定不全面，各省市还不统一，曾经有审核专员反馈，为了查询一个编号的真假，他需要暂离审核系统，在单独的页面或者 Excel 表格里查询，再加上清晰度、过期与否的审核，这一项要花去十几秒的时间，而所有几十项条目的审核时间一共只有 50s。时间如此紧张，审核准确率很容易下降，这里面会产生哪些虚假申请呢？笔者在实际中主要发现过这几种：

- 虚假材料，包括通过使用 Photoshop 软件伪造证书、授权书、不存在的编号，但是材料是打印版的，无使用 Photoshop 处理过的痕迹，即材料本身的真实性存伪，"1200 元开三无外卖店"就属于这种情况。
- 真实材料但持有人虚假，即盗用或借用他人信息经营账号。
- 是真实材料，能够通过资质审核，但线下实体和运转的过程是虚假的。比如，拥有真实的执照和资质，申请入驻某商业平台，虽然材料是真的，但线下不存在真实的实体，流量都是假的。

6.5.2 技术手段

总体来说，虚假账号的识别主要通过申请/注册阶段的审核和后续行为识别两个思路来实现，尤以前者为重，而审核一般又分为人审和机审，人审包括一审和二审甚至多审，可能还存在人工线下/电话确认的环节；对于品牌客户或 KA，一般会有单独的通道，有商务专员对接。不同的业务，对应着不同的审核流程，而这里只突出强调一个细节，如何通过数据关联提供待审账号在已有数据上的耦合情况，来为审核人员提高审核的效率和准确率？这并不存在一个最优解，但是一个不可或缺的事情。在数据中台的概念大火之前，让业务部门做这件事情并不是轻而易举的，他们甚至完全没有这个意识，直到问题暴露出来。但是对于风控部门来说，数据是一定要关联的，而能用到新账号阶段的策略，一定会有 IDMapping。

IDMapping 是一种形象化描述，它本质上是关系图谱。关系图谱不仅可以用在这种场景下进行风险识别，还可以作为画像服务，把同一用户使用的同一家公司的多个不同产品（如手机淘宝和天猫、美团和美团买菜）、不同账号和设备等信息刻画出来，找出背后的自然人。而且如今很多 App 出现了极速版（如 QQ 和 QQ 极速版），也可以通过 IDMapping 建立同一自然人的不同设备和账号之间的关系。它的计算过程是比较复杂的，也是对准确率要求比较高的，下面通过一个案例详细介绍一下这种关系图谱的构建过程。

6.5.3 案例

几年前，在外卖业务飞速发展的阶段，曾曝出很多不规范的事情，其中就有"三无外卖店"，即没有实体店、没有营业执照、没有食品经营许可证，这里面主要的难点是对有无使用过 Photoshop 软件进行伪造的识别和资质库的建立。除了三无现象，还有几种现象，包括一店多开、身份复用和身兼数职。一店多开是指同一份营业执照被用于多个线上店铺，身份复用是指多个店铺的联系人、法人、结算人为同一个人，身兼数职是指商业平台中的商户掌柜也可以是销售的身份。为了通过 IDMapping 识别出背后的自然人，我们需要做一系列的事情，下面按顺序分别介绍每一步的细节内容。

1）从日志和业务数据中抽取关系 ID

可以从业务的结构化数据中抽取关系 ID，也可以从日志里提取，这里的 ID 可以分为两大类。

- 通用标识性 ID：设备指纹中常考虑的硬件设备标识 ID，可以尽可能唯一表示设备，跟使用哪个公司的哪个 App 无关，采集到的都是一样的数据，如 IMEI、IDFA、AndroidID、OAID、蓝牙 MAC；除了硬件设备 ID，还有手机号、SIM 卡号、身份证号、微信的 OpenId、支付宝的 UserId，虽然不一定都能采集到，但它们同样也不会因使用的 App 不同而不同。

- 业务标识性 ID：由业务方单独生成的身份 ID，只在业务内有效且唯一。外卖场景里用户、商家、销售和骑手分别有各自的 App，每种 App 都会有自己的账号、DeviceID。

由于识别出的自然人最终需要用一个 ID 来代表，而且每个业务的用户账号一般也是手机号，因此，为了减少不必要的笛卡儿积集合的大小，指定手机号为主 ID。

清楚了这些 ID 后，就可以从数据中抽取了，抽取时需要区分是因为什么行为建立的关联，抽取完成后还要汇总每种行为建立关联的次数，每条原始日志可以抽取多个关系，表示为 <id1, id2, 行为, 时间戳>，因为手机号为主 ID，这里 id1 就是手机号，除了时间戳，还可以记录其他信息，主要供明细查询和分析数据使用。

例如，一条商户入驻的申请记录中有手机号、身份证号，因此可以标记为 <手机号, 身份证号, 入驻申请, 时间戳>。在实际中，并不仅限于使用这个关系图谱来解决审核问题，还可以发现更多其他的线索，因此在建立关联时考虑更多的行为，并扩大到所有角色上。例如，一个用户下订单的业务数据和日志中可以提取这些关系：<手机号, IMEI, 用户订单, 时间戳>、<手机号, AndroidID, 用户订单, 时间戳>、<手机号, OpenId, 用户订单, 时间戳>。考虑的行为主要包括以下几种。

- 登录行为：用户、商户、销售人员、骑手的业务账号在设备上的登录行为。
- 订单行为：用户账号在设备上的下单行为以及在支付账号上的支付行为。
- 接单行为：商户账号在设备上的接单行为。
- 签到行为：销售账号在设备上的打卡签到的行为。
- 配送行为：骑手账号在配送时操作送达的行为。

2）清洗 ID 关系

清洗操作主要考虑数据可能出现的脏乱现象，尤其是来源于日志的情况，需要去除空值、NULL 值、乱码、日志截断，以及 IMEI 为 15 个 8、15 个 0 或 15 个 1 或不够位数或已知会关联大量正常设备的串号，IDFA 为 00000000-0000-0000-0000-000000000000，等等，同时还要去除已知的测试账号。一言以蔽之，清洗事小但事关重大。

3）入库落盘

每天清洗后的数据需要落入 HDFS 文件或其他永久性存储文件，以备明细查询。当然也可以入 Hive 表，但更建议聚合一天内的数据之后再入 Hive 表，即累加两个 ID 在某个行为上出现的次数。除了天级聚合，还需要聚合一个月的数据，读者也可以根据自身业务情况考虑时间周期。在做聚合操作时，可能会出现某两个 ID 之间的关联次数非常大的情况，这时候需要分析一下原因，如果是因为某些垃圾数据导致的，需清洗掉。

4）置信度计算

有了基础数据之后，在生成图谱之前还需要做一个关键操作——置信度计算。因为某些 ID 对的关联建立可能是偶发的正常现象，因此需要计算每个关联的置信度，过滤掉置信度较低的情况。置信度是观察到事件后的后验概率，注意这里不同于基于马尔可夫随机场的置信度传播算法。假设采用的置信度计算公式如下：

$$P(id_u, id_v) = \alpha \frac{\text{freq}(id_u, id_v)}{\min(\text{freq}(id_u), \text{freq}(id_v))}$$

其中 $\alpha = \dfrac{1}{1+e^{-\lambda \min(f(id_u), f(id_v))}}$，$\lambda$ 为调节参数，默认为 1。freq(id_u, id_v) 表示 id_u 和 id_v 两个 ID 绑定出现（或称共同出现、共现）的次数，freq(id_u) 为 id_u 与所有其他 ID（包括 id_v）绑定出现的次数。从公式也可以看出，两个 ID 共同出现的次数越多，置信度越高。但同时也存在另外两种情况是无法包括在内的。一是虽然共同出现的次数不多，但是关联的事件本身有较高的置信度，因订单行为的关联要比因登录行为的关联更可靠；二是即便同样的共现次数，如果行为种类更多，置信度也更高，假设两组 ID 都共现 5 次，其中一组是因为登录共现 5 次，而另一组是登录、订单分别共现 3 次和 2 次，那么显然后者更具有说服力。因此，我们需要调整一下计算方法：

$$P(id_u, id_v) = \alpha \frac{\sum_k w_k \mathrm{freq}_k(id_u, id_v)}{\min(\mathrm{freq}(id_u), \mathrm{freq}(id_v))}$$

其中 w_k 表示第 k 种行为的权重，可以根据业务经验设定，$\mathrm{freq}_k(id_u, id_v)$ 则表示 id_u 和 id_v 两个 ID 在第 k 种行为上共现发生的次数。

5）图计算

因为在图计算环节需要使用 Spark 的 GraphX，而 GraphX 要求每个节点是长整形，因此置信度过滤完成之后，需要为每个 ID 编号，同时记录下这种映射关系，存入 Hive 表中，然后以新的 ID 编号来表示原来的关联关系。图计算的核心是要找出所有的连通子图，可以通过 GraphX 的 Connected Components 算法来实现，它以连通图中编号最小的顶点 ID 作为连通图的 ID，6.3 节里已经讲了如何从文件直接构造图，也可以从 Hive 表取数构建 vertexRDD 和 edgeRDD。

```
def getVertexes(sqlContext:SQLContext, pt:String): DataFrame = {
  val sql =
    s"""
      |select
      | vertex_id,
      | origin_id,
      | timestamp,
      | attr
      |from table_name
      |where pt = '$pt'
    """.stripMargin
  val vertexDF = sqlContext.sql(sql)
```

```scala
      return vertexDF
  }

  def getEdges(sqlContext:SQLContext, pt:String): DataFrame = {
    val sql =
      s"""
         |select
         |  id_1,
         |  id_2,
         |  confidence
         |from table_name
         |where pt = '$pt'
      """.stripMargin
    val edgeDF= sqlContext.sql(sql)
    return edgeDF
  }


    val vertexRDD: RDD[(Long, (String, Long, String))] = getVertexes(sqlContext, "20190320")
      .rdd
      .map(r => (r.getLong(0), (r.getString(1), r.getLong(2), r.getString(3))))
    .persist(StorageLevel.MEMORY_AND_DISK_SER)

    val edgeRDD: RDD[Edge[Double]] = getEdges(sqlContext, "20190320")
      .rdd
      .map(r => Edge(r.getLong(0), r.getLong(1), r.getDouble(2)))
      .persist(StorageLevel.MEMORY_AND_DISK_SER)

    val graph: Graph[(Long, String), Double] = Graph(vertexRDD, edgeRDD)
```

```
    val cc: Graph[Long, Double] = graph.connectedComponents()
  val vertices: VertexRDD[Long] = cc.vertices
  val res = vertexRDD.join(vertices)
    .map{
      case (v_id, ((oid, ts, attr), c_id)) => (c_id, (oid, ts, attr))
    }
.persist(StorageLevel.MEMORY_AND_DISK_SER)
  import sqlContext.implicits._
res.toDF().write.parquet("res_20190320")
```

计算出联通图后，一般还需要一个代表性 ID（即主 ID）来表示每个联通图，当然也可以使用代码中的 c_id，不过它并不稳定，因为它是联通图里最小编号的 ID，会随着时间变化。可以使用每个联通图里最早出现的那个手机号作为主 ID，也可以自定义规则生成一个新的 ID。这里留给读者一个问题，因为数据是每天都在更新的，所以 IDMapping 每天都在变化，如何把每天的增量数据与历史数据进行合并呢？

6）数据验证

计算完成之后得到 IDMapping 的结果，每个自然人构成一个联通图，但是如何验证这个联通图是同一个人呢？这里提供几个角度。

- 白名单验证法。一般公司员工都会使用或体验自家的 App，因此可以采集公司员工的信息来判断联通图内的 ID 是否为同一人。
- 信息一致性验证法。验证联通图内关联 ID 的所属城市、商圈、收餐地址、常用 IP、连接的 Wi-Fi、性别是否一致，可根据一致性的比例来验证准确性。
- 相似行为验证法。验证如安装的应用列表、点过的外卖商户和菜品、定位的坐标等，以及在外卖 App 上的行为序列是否具有强相似性。
- map 增速验证法。每个联通子图称为一个 map，计算每个 map 每天的大小变化和所有 map 的平均增速，假设平均增速小于 1，如果一个 map 节点数初始为 5，第二天增长到 100，增速为 19 倍，那么必然要关注它到底是误关联还是作弊关联了。

作弊关联在验证上往往会表现出异乎寻常的特点，这时候需要一个案例一个案例地分析，去发现问题，抽象出可以规避的方法。一个作弊的地推人员使用自己的手机给多个用户下单复购，城市和商圈是一致的，其他信息都是不一致的，虽然关联的次数较少，但是下单关联的权重是高的。一个 IMEI 号和几百个手机号共现发生下单行为又未必是作弊，因为虽然下单行为权重高，但 map 内节点行为差异较大。

对于验证后认为需要删除关联关系的情况，建议单独放置一个更新模块，只在最后的存储上和前置的清洗环节进行，不对计算做干预。

7）查询服务和输出

为了方便查询，需要建立 ID 间的正向和反向关系，通过 map 内任何一个 ID 都可以查到整个 map，并能够清楚了解 ID 间建立关系的行为原因和时间点。详情的存储可以以四元组形式存储到 Hive 表，在线的正反向关系查询可以交给 ES 检索系统。如图 6.20 所示为 IDMapping 的一个可视化效果图，每个联通子图归属一个自然人。

图 6.20　IDMapping 可视化效果

图 6.20 中的每个联通子图都可以查看具体详情，建立关联的原因和具体时间等，如图 6.21 所示，可以看到两个账号因为哪些 ID 建立了关联、关联的次数和时间，不过这里并没有将具体行为展示出来。

图 6.21　两个账号的关联关系

建立了底层的 IDMapping 服务之后，便可以应用到业务场景中，结合账号所属的业务系统和角色，就可以非常方便地知道"面具"隐藏下的真实面貌，也就解决了案例开始提到的一人多身份问题。图 6.22 呈现了通过一个手机号查出所有关联角色的过程，手机号关联了登录账号，而登录账号又通过设备号关联了多个不同的业务账号。

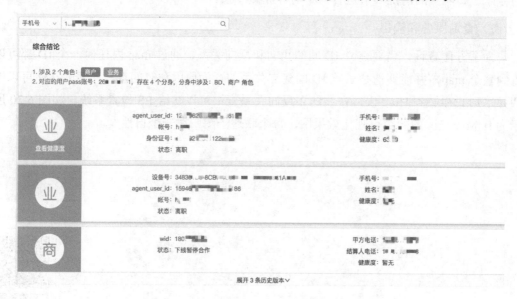

图 6.22　基于 IDMapping 的检索查询

在实际中还会遇到很多细节问题，比如增量计算问题、全量更新问题、联通图膨胀问题，定期清理问题等，这都与更新模块有关，避免影响准确性和计算性能，具体细节不再阐述。

6.6　刷广告、渠道推广

广告是很多平台的主要收入来源，也是很多广告主的主要推广方式。但是广告经历了几个阶段发展到如今的计算广告，本身是比较复杂的，其中存在多个角色，而每个角色都是存在作弊可能的，不过媒体作弊的比例可能更高。在广告体系里主要存在以下这几个角色：

- 广告主：花钱的人，将自己产品的广告投放给用户，通过广告在受众群体中产生一定的品牌影响力，进一步使得用户成为其服务或产品的消费者。
- DSP（需求方平台）：给花钱的人提供程序化购买广告的平台，即为广告主提供跨媒体流量采购的平台，帮助广告主完成用户触达。
- 媒体：提供广告落地的载体媒介，用户在浏览其内容或使用其服务的时候，在该媒体上完成广告的展示，媒体可以是一些 App，比如打开一款 App 时启动页会有开屏广告。

- SSP（供应方平台）：给媒体提供服务的平台，对媒体的广告进行全方位的分析和管理，媒体接入 SSP，可以优化自身的广告收益。
- Ad-Exchange（广告交易平台）：广告竞价，实现广告网络之间广告与流量的交换和交易，在不同商业模式之间实现市场互通，进而完成广告市场的整合与利益最大化。
- Ad Network（广告网络）：可以理解为中小媒体的代理商。

除此之外，广告领域还有一个非常重要的角色——第三方监测，常见的有热云、Talking Data、友盟、AdMaster 和秒针等，不同于上述其他角色，第三方监测往往是有公信度的，如果勾结其他角色当然也可以获利不少，但长久来看是不明智的。

除了需要了解这些不同角色在广告投放中扮演的内容，还需要知道广告存在多种结算方式。主流的结算方式如下。

- CPD/T：按天/时间收费，这是一种粗犷的结算方式，程序化广告时代下已经极少这么做了，甚至此处的 D 也变成了 Download 的意思。
- CPM：按照每 1000 次曝光为单位进行结算；虽然结算方式是按曝光来算，但是每个广告主基本还是会看实际的转化效果，以此衡量每个渠道的效果。
- CPC：按照广告的点击次数进行结算；这种结算方式对广告主是有利的，对平台方提升了要求，需要更高水平的技术和更高质量的数据，以控制好点击率预估。
- CPA：根据每个用户对广告所采取的行动收费的模式。行动是指，包括形成一次交易、获得一个注册用户，或者下载 App 并启动激活等，一般多用来指激活。
- CPS：按实际销售产品的提成来结算；对于平台方的技术和数据要求，CPA 和 CPS 比 CPC 还要高，因为相较于点击，又增加了一层转化。
- oCPC：优化后的 CPC，按转化目标智能出价，可帮助广告主控制成本，优化转化目标，结算依然按照 CPC 方式；类似的还有 oCPM。

在这些结算方式中，CPM、CPC 是最容易掺假的，其次是 CPA。至于 CPS，因为流程已到产品的交易环节，所以可在交易类反作弊中识别。为什么要了解结算方式呢？因为针对广告的结算方式不同，作弊方式的重点也会有所不同，可以是主刷点击量、刷曝光量、刷下载量、刷激活量等。结算方式为 CPD 和 CPM 的广告，一般对应的刷量方式就是刷请求量和曝光量；CPC 一般对应刷点击量；CPA 和 CPS 需要刷留存量、刷激活量等。结算的节点越靠后，伪装性越好，不过作弊的成本不一定高，这一点可能与大家的普遍认识（越好的伪装性需要越高的成本）相反。成本不高的原因是，节点越往后，转化的绝对量越大幅减小，甚至减为个位数，黑产想要刷几笔付费、充值需要付出的成本是非常低的。所以黑产只需要付出低成本就能做到非常好的伪装。

既然存在多个角色，那么广告反作弊的视角也就会有多个，可以是站在广告主角度的，可以是广告交易平台角度的，也可以是联盟和第三方统计角度的。其中最大的区别在于掌握的数据维度和量级是不一样的。

6.6.1 背景

在整个广告业务的长链条中，链条的两端是广告主和媒体，在过去的搜索广告中，还存在广告主之间为了竞争而消耗竞对手广告资源的情况，而到了信息流里很少再有这种情况出现。媒体和广告平台都有收益需求，自然也有作弊动机，刷点击抢归因、劫持流量、买量暗刷、诱导点击是常见操作。这就导致在广告投放过程中，存在大量的虚假流量和无效流量，这个比例甚至高达70%以上。虽然虚假流量的作弊手段并不高超，但成本很低，而且广告主对于流量质量的评估往往是缺乏数据支撑的，追究虚假流量难度较大。

除了虚假流量还有无效流量，无效流量是指借助诱导点击的网赚模式，或者强制曝光、静默操作等手段，采用真人真量和真机假量模式参量，给反作弊的工作带来了很大挑战，甚至这种流量是否被认定为作弊流量也是一个有争议的话题。以某头条为代表的网赚产品，专门以任务方式引导用户点击广告，2016年以后，刷新闻赚钱、喝水打卡赚钱、走路赚钱、睡觉赚钱等产品开始遍地开花。

早年间，笔者曾利用几个网站接入了某广告联盟平台，为了试验平台的反作弊能力，我们使用计算机和两部手机每天多次打开页面，以曝光广告，然后以大概10%~30%的曝光比例去点击广告，如此操作了很久，平台很难发现。听起来操作极其简单，但对于平台和广告主来说，发现却不是易事，因为这种操作方式并不好识别。

那么主流的虚假流量是如何刷出来的呢？其实无外乎前面讲过的黑灰产手段。一般分为虚假设备的手段和参量的手段，以及两者结合的方式，而这里使用的是比较低效的参量手段。虚假设备流量主要通过脚本伪装、模拟器和云控技术等模拟实现真机真人行为，参量的方式主要通过木马和"肉鸡"、iframe展示、诱导操作、强制曝光、静默操作，以及结合赌博和色情网站的流量参量，较少存在雇佣大量闲散人员、水军等去点击广告、下载App、访问网页的人肉作弊法，这不同于前面所介绍的电商刷单。

虚假流量的主要瓶颈在于资源重复，主要在设备、IP、ISP、UA等层面做很多动作。如今移动广告的份额越来越高，这里也主要关注移动广告的作弊。移动广告的作弊设备主要通过刷机、模拟器和云手机以及群控云控来解决（如图6.23为某群控系统，一机一号一参）。这里面最难识别的是API模式下的广告请求，使用全部真实的设备参数配合全国IP混拨，既解决了设备资源又解决了网络资源。当然，全国混拨也存在较大漏洞，常驻地不一致问题不能较好地解决，而保留最近真实访问记录的沙盒环境代价又略高。至于SDK的模式，如果没有较好的加固能力，则逆向后与API模式差异不大。

图 6.23 某群控系统宣传页

参量的主要瓶颈在于如何利用真人行为，因此会想方设法诱导正常用户，通过投放木马寻找"肉鸡"、使用群控系统等手段来突破瓶颈。人在这个环节更多是"韭菜"的身份，被黑产恶意利用。不要觉得"肉鸡"离我们很遥远，在 Android 手机上，安装一个流氓的 App，埋藏在 SDK 中的风险就可能导致手机变成"肉鸡"。腾讯安全团队曾追踪到暴风影音、天天看、塔读文学等 1000 多个应用中集成的某 SDK 存在下载恶意子包问题，在用户无感知的情况下刷百度广告。如图 6.24 所示，SDK 通过多次下载并加载刷量子包，使用 webview 加载 JavaScript 脚本，实现在用户无感知的情况下自动化地执行刷量任务。

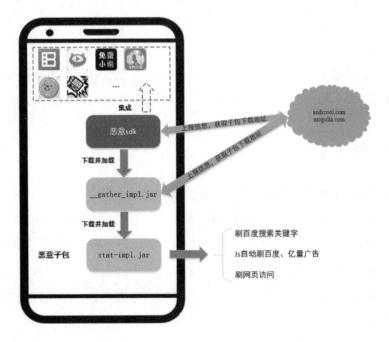

图 6.24 恶意 SDK 借助肉鸡刷广告流程

除了在 SDK 上动手脚收割"肉鸡"，买量暗刷是近年来很常见的一种补量手段，如图 6.25 所示，大小媒体无不深爱，流量掺水四五倍是常见现象，暗刷参量的玩法也有很多种，如下所述。

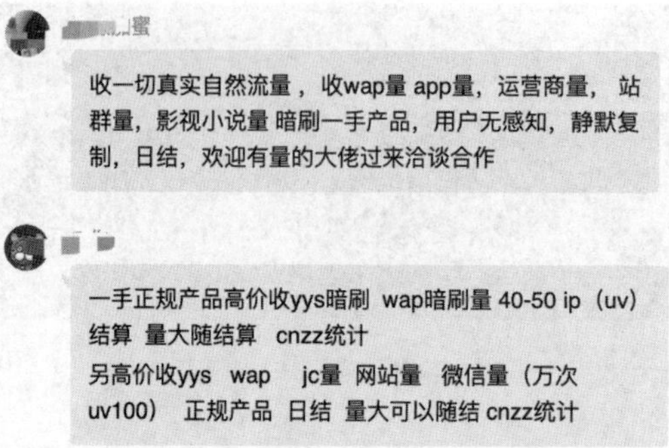

图 6.25 某刷量交易群黑产广告

- 一般通过 JavaScript 暗链方式在供量 App 的代码中植入，主要以 WAP 量为主，App 流量成本稍高。用户在点击操作时，将流量复制一份到买量的媒体上，真实用户真实行为，但用户并不知道贡献了自己的价值。在广告领域，真正使用人工一个个点击广告的作弊现象是很少存在的，人工方式多用于补充次留、七日留、充值、付费、下单等后续行为，因此相比程序化操作和诱导正常用户点击以及暗刷的规模还是小很多，所以说广告的作弊门槛相比其他领域要高很多，不适合人人薅羊毛，绝大部分用户都只是充当了"韭菜"。

- 以媒体身份加入多个广告联盟，同时也有自己的联盟流量，将自身联盟中的流量按一定比例复制到加入的多个广告联盟中，伪装成自己的产品流量。这是很多互联网企业的玩法，其中不乏一些知名品牌的企业。

- 以 SDK 接入模式加入多个广告联盟，然后再生成新的 SDK，被众多不知名的小 App 嵌入后，在赌博色情网站上引流。

6.6.2 技术手段

了解了虚假无效的流量是怎么来的，也就知道广告反作弊该如何对症下药了，但是想要药到病除是很难的。脚本伪装、模拟器和群控云控的识别相对还算容易，而真机假量的行为过于逼真，想要甄别实属不易。这时候除了技术手段，往往还要结合运营手段。

目前广告反作弊的主要技术手段如下。

- 设备指纹的目的是检测相同的设备参数是否重复出现，一般用于普通级别的刷流量行为。

- 模拟器识别的思路是不去识别参数是否唯一的问题，而是检测设备的真实性，发现有模拟器特征就认定为模拟器。

- 异常分析和算法建模主要从数据规律上找特征，存在明显规律的直接通过规则清洗流量，对潜在规律进行离线挖掘，建模识别。因为广告体系涉及多方且不同处于一个系统内，所以针对不同方来做这件事是有很大区别的。如果是对广告平台，那么可以在广告请求和计费阶段实时识别，也可以在离线阶段进行识别；如果是对第三方监测平台，那么可以在监测上报和离线阶段做判别；而如果是对广告主，除了三方数据，只有从 App 激活开始才能掌握数据做判定。主要的区别在于拿到的数据多少。

这些技术手段的综合应用从根本上还是围绕设备的个体和群体关系异常两角度开展的，这与图 6.4 描述的并无二致。偏运营的手段则会从质量分建设、广告出价、结算打折等方面切入，侧重解决从 PV 流量层面不能精准打击的虚假流量。

在前面很多场景里都提到了规则引擎，在广告场景里更是离不开规则。规则在很多高大上的技术面前可能不值一提，然而它是有效的。关于规则，你可能有两个疑问，如何确定规则的阈值？如何评估规则的效果？很多资料给出的答案都是基于样本来确定阈值和评估效果，也有人说是拍脑袋定的。

但是在广告反作弊里，样本是怎么来的呢？有多少样本？样本质量又如何呢？笔者与众多从事广告反作弊的同仁交流过，有的是根据客户投诉来的，有的是根据人工标注来的，还有的是通过规则脚本跑出来的，这些回答感觉起来是不是有点不太科学？到底是先有样本还是先有规则呢？

关于规则，其实可以分为两类，一类是风控类规则，即不管你是正常需求的操作还是作弊的操作，达到这个限制就不可以，比如一个账号一天只能参加某个活动一次（而不是多次）、一个订单只能使用一张满减优惠券（而不是可以任意叠加使用）、请求来源 IP 不允许是 IDC 机房 IP，这些都是约束类规则，这类规则的阈值确定，有些是可以直接拍定的，有些则表面上可以"人工拍"，但是背后实际是有一本经济账的，并不是随便拍的，只不过这个账不一定是在反作弊环节计算的。另一类是异常识别的规则，即高于规则阈值的操作偏向于风险操作，比如一天内单账号在同一个信息流广告位上点击广告不超过三次（而不是任意次），这里的三次便是绝大部分正常行为的上限。

在统计学里，读者一定接触过正态分布的 3σ 准则，即一个正态分布的数据集中有 99.73% 的数据集中在距离平均值 3 个标准差的区间内，因此很多领域用 3σ 准则来确定阈值（2σ 范围覆盖 95.45% 的数据）。但并不是所有分布都是正态分布，比如同一个广告位不同账号的点击次数，绝大多数都是 0 次，这时候可以借助切比雪夫不等式（见下方公式，其中随机变量 X 的数学期望为 $E(X) = u$，方差 $D(X) = \sigma^2$，ϵ 为任意大于 0 的实数），在非正态分布下，数据集中 88.9% 的数据集中于距离平均值 3 个标准差的范围内，96% 的数据集中于距离平均值 5 个标准差的范围内；如果是单峰分布，正负 3 个标准差的范围覆盖 95% 的数据。

$$P\{|X - u| < \epsilon\} \geq 1 - \frac{\sigma^2}{\epsilon^2}$$

除了通过切比雪夫不等式确定阈值，还可以根据 Tukey's Test 方法来确定阈值，即上下边界分别为 $Q3 + k(Q3 - Q1)$ 和 $Q1 - k(Q3 - Q1)$，其中 $Q1$ 和 $Q3$ 分别为下四分位数和上四分位数，k 为控制变量，$k=1.5$ 时为中度异常，$k=3$ 时为极度异常。该方法不仅适用于正态分布，也可以在非正态分布中使用。当然，非正态分布也可以通过某种数学转换（如取对数）来满足正态分布。当单个变量采用 3σ 准则不能达到很好的效果时，可以考虑多个规则变量一起来做，这个时候需要尽量满足变量之间的独立性，然后通过如下的公式进行判定：

$$p(x) = \prod_{j=1}^{n} p(x_j; u_j, \sigma_j^2) = \prod_{j=1}^{n} \frac{1}{\sqrt{2\pi}\sigma_j} \exp\left(-\frac{(x_j - u_j)^2}{2\sigma_j^2}\right) < \epsilon$$

有了规则的阈值之后，就要评估规则的效果，反馈阈值的合理性。很多文献资料上都有说明，规则效果的评估主要是看覆盖率和准确率：

- 覆盖率是指一条规则覆盖了数据集中多少比例的实例。
- 准确率是指覆盖的实例中多少是正确的，而正确的标准是通过实例的标签判别的。

这就又绕回到了前面的问题：在没有样本的情况下，我们需要制定规则，而规则的评估又要依赖样本，怎么办？样本的获取是很困难的，尤其是对广告来说，因为涉及广告主、媒体和中间平台，无论哪一方做反作弊，可能都不知道黑产到底是怎么运作的，它区别于电商、O2O 等领域的直接对抗，完全是不知彼的对抗，谈何 Ground truth 呢？所以这就造成了这样一种现象：很多规则尤其是初期的规则，其阈值主要通过前述的这些统计方法和人工经验设定的，阈值的宽松程度主要考虑假阳假阴的不同成本。人工经验在这里也并不是随意拍脑袋决定的，最常用的方法就是考察满足阈值的这些异常数据，其总体的转化率是否明显低于大盘转化率，转化事件在行为链路中成本越高越好。此外，还会通过外部三方服务测试对比来反馈阈值合理性。

样本终究还是要搜集的，前面提到的客户投诉、人工标注和规则脚本都是平时工作中可能会遇到的方法，但都面临一些问题，客诉毕竟少、人工不准确、规则有局限。以此建立的样本集用于评估规则或建模使用都是有偏的。其实在这方面业界至少还有以下几种玩法。

- 使用蜜罐技术诱捕黑产。
- 使用无监督方法找出显著异常的群体，确保这些异常群体的转化率是明显低的。
- 通过前期积累发现部分流量异常后，在能够追踪定位该部分流量的前提下，每次只轻微对抗，"养着"黑产。
- 在公司内部组建白帽子团队，形成内部的黑白对抗，白帽子的玩法与外界黑产并无二致。
- 与外部白帽子团队甚至是黑产团队达成合作，长期持续对抗。

后两种陪练式做法一般在大企业中才会有，因为掌握直接的数据，能够充分对作弊的行为进行研究。

介绍完了规则阈值的确定和评估问题后，再来看一下常见的规则，这些常见规则都是非常基础的规则，无论是从广告主、广告平台还是三方监测来看，一般都会考虑的维度通常是围绕图 6.4 的框架的。虽然有些手段很简单，但是依旧大量存在，这个行业就是这么嚣张，谁都知道里面有虚假流量，谁也不介意被知道里面有虚假流量。下面简要描述几个常见的规则。

- 频控类。单 IP/ 设备在某个时间周期内的行为次数，时间周期可以设定为分钟、小时、天、周、月等几个周期。如图 6.26 所示，一个名为广告互点的 QQ 群，简介中明确写着点击按两小时一间隔进行，每次三到四次点击，就是为了避免命中频控类规则。因此频控类规则主要是防御大点击量、大曝光量。相关的还有点击率异常、波动较大、转化率异常等。

图 6.26　某广告作弊群

- 时序类。广告行为的前后顺序异常，该在后面发生的出现在了前面；一般先点击，后下载，再激活。IP 地址可能有规律地出现在点击或曝光日志中，或者时间间隔存在规律等。

- 分布类。例如访问地域异常、IP 地址所属城市较为集中、机型集中等。此外还有曝光地域和点击源的不一致问题，比如同一个设备，曝光来自一个地域，而点击来自另一个地域。

- 参数类。IMEI、IDFA、AndroidID 等格式存在异常，目前极少数会存在这种"傻白"做法，但是在设备参数这个方向上总会存在一些能发现的明显异常，这种异常可能来自作弊软件的不完善或者伪造请求的逻辑不严谨。如果聚集到渠道或者广告位，这些参数的缺失率也可以作为一个线索，需要注意的是 IMEI 在安卓系统上也开始逐渐获取不到，取而代之的是 OAID。

- 行为类。激活启动后的访问轨迹和时长异常，这是指广告主的反作弊。
- 名单黑库。对于已经确定的或者长期处于作弊状态的账号、设备或 IP 标记为黑名单。所有源于黑名单库的广告数据都认定为无效数据。对采集的每个设备参数都记账，所有按新设备结算的广告都过滤掉历史设备参数，这在对账上可以做到有理有据。IP 除了黑名单还有 IP 属性，是否源于 IDC 机房、是否为 CDN 加速通道的 IP、是否为代理 IP 等。

上述这些特征主要是从 IP、地理位置、设备参数、行为等角度分析的，实际中分析的角度远比这多，针对不同结算方式的广告反作弊考虑的特征也有所区别。一般还会有自己的统计分析平台，从广告进量到留存转化后，一层层漏斗式分析。在细分项上，再去对比看不同渠道的投放效果，结合设备型号、操作系统、运营商、地理位置、App 版本等进行笛卡儿交叉分析。广告主可以以此评估出不同渠道的用户质量，合理安排投放资源；广告平台也可以以此评估不同媒体质量，差别对待媒体请求或在出价上灵活处理。

规则的方法是有效的，但在召回率上还明显不够，因此还要辅以其他手段，比如时间序列分析、图方法以及监督模型的经典算法和深度算法。

- 时间序列分析在广告反作弊中是非常常见的，因为广告作弊有大量的高频聚集行为和低频分散行为。时间序列分析包括两部分，一是检测流量的波动情况，作弊的流量往往是不稳定的，突升或突降；二是检测流量中隐藏的规律性操作。对于突升突降的检测有很多异常检测方法可以使用，如移动平均法及其各种改进版、线性回归、同比环比检测、泊松分布检测、STL 和 Prophet 等方法，这些方法的思路都是先预测，再检测实际值与预测值的差异是否超过阈值。对于规律性操作的检测可以采用傅里叶变换和小波变换的方法，提取出频率信息。
- 图方法依赖于网络关系的构建，广告作弊里有大量的程序化手段，自然也就少不了很多群体账号的资源共享性、行为相似性和共现性特征，这是建立关系的基础。比如很多设备 ID 经常来源于同一网段，又经常一起在相同的媒体上有广告点击行为，这是一种很强的关系了。图方法的好处在于信息可以传播，节点的标签可以传播，节点间可以获得间接关系，这些都有利于提高召回率。
- 监督模型在广告反作弊中也常有应用，比如 Wide & Deep 模型、LR 模型、GBDT+LR 模型、FM 模型等，用于解决单个场景的泛化召回问题。

总结来讲，目前广告反作弊的技术手段主要靠规则、无监督和监督算法挖掘。早在 2013 年，秒针就发布过互联网广告反作弊的技术白皮书，当时把点击率异常、IP 地址分布异常、URL/访问者指纹信息（浏览器、操作系统等）异常、点击没有对应的曝光请求、来源异常、时间分布异常六种非正常广告行为界定为虚假流量。时至今日，这些技术依然未过时，虽然如今已是移动互联网、产业互联网时代，虽然 2018 年秒针和腾讯灯塔又发布了广告反欺诈白皮书，反欺诈技术也在不断进步，但是广告作弊现象始终未曾停止，即便是当初的惯用伎俩故技重施，我们也不曾消灭干净。这是为什么呢？这与复杂的利益权衡以及黑灰产的庞大产业链都有关系。广告反作弊想要做好，不仅是技术问题，更是运营问题，真的需要行业层面的联合力量才行。

6.6.3 案例

本节依据笔者曾接触的几个实践案例，介绍一下如何"挤广告里的水分"，这里主要涉及不同视角的广告，一个是广告主的按激活付费拉新，第二个是媒体视角的 CPC 广告售卖，最后一个则是三方视角的广告监测。

1. 案例一

公司市场部负责线上付费推广业务的同学与不同广告渠道合作，在一些媒体的站点、App、H5 等页面上投放 App 下载广告，用户点击广告并触发下载动作，下载后安装然后打开 App，算作一次激活。

先看一下 App 推广的一些细节，因为这涉及数据采集和结算对账问题，所以一个非常重要且自然的问题就是，如何跟踪推广的效果？一般的手段是借助第三方统计 SDK，比如 TalkingData、友盟、百度统计等。

- 在推广之前，要做的就是给 App 打包。对于 Android 版本来说，因为国内应用市场繁多，需要打多个渠道包，给不同的应用市场分发。这些渠道包需要包含渠道 ID 信息，在 App 和服务端交互以及向第三方统计上报数据时，会带上渠道 ID 信息，这样就能统计到每个分发渠道的下载量、激活量等关键数据；iOS 跟 Android 生态不一样，绝大部分都从 App Store 下载，所以一般打一个渠道包。

- 有了信息流广告之后，App 推广不再局限于应用市场，主流媒体也承担了很大分发流量。因此对于 Android 版本来说，渠道变得更多，同一个渠道不同的广告计划也可以打不同的包，当然也可以使用第三方监测链接来进行统计；而 iOS 就只能使用监测链接了。监测链接一般是可以直接跳转到下载地址的，也有不可以直接跳转的，比如在今日头条上投放，首先是头条的平台采集用户数据，然后通过监测链接回传给第三方进行统计。

- 还有 API 对接实时回调的，比如腾讯的智汇推，把采集的用户数据通过第三方的回调接口上报给监测平台。不管采用哪种方式，我们都可以拿到第三方跟踪监测的统计数据，第三方一般也会提供简单的反作弊过滤，甚至也可以提供数据的明细，包括媒体类型、标签等。对于 App 端来说，在激活启动时，是需要向第三方统计的 SDK 上报的，上报时需要传递渠道 ID 以及自定义的参数。在买量投放的过程中，广告主可以采集的外部数据是很少的，只有渠道相关的信息，更多数据是激活后通过自身采集能力获取的数据。

假设能在 App 激活启动时采集几类设备 ID（比如 AndroidID、IDFA、IMEI 等及各种自编码的设备指纹 ID），同时还可以获取归因的来源渠道。如何基于此清洗出每日各渠道的新增激活数据？再扩展一下，类似的问题还有，如何清洗出每日的 DAU、每日的新用户等。

解决的思路并不复杂，这里先暂时不涉及其他角度，只考虑激活新用户的认定问题，只要代表一个用户的任何一种 ID 在历史中出现过，即认为该用户非新用户、非真实的激活数据。当日数据去重处理后，与历史数据匹配，新增 ID 再补充进历史数据中。得到过滤后的数据，再按渠道计算各渠道水分和跟进其转化效果。整个流程如图 6.27 所示，部分过滤代码如下。读者很快就会发现事情的焦点在哪里。

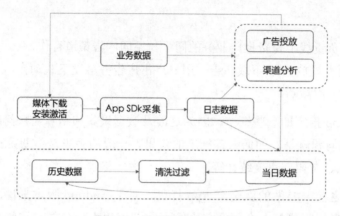

图 6.27　激活数据清洗流程

```
from pyspark import SparkContext, SparkConf
from pyspark.sql import SparkSession
from pyspark.sql import Row
warehouse_location = 'spark-warehouse'
sqlContext = SparkSession \
    .builder \
    .appName("id-clean-tsk") \
    .config("spark.sql.warehouse.dir", warehouse_location) \
    .enableHiveSupport() \
    .getOrCreate()
sc = SparkContext.getOrCreate()


lines = sc.textFile(" 每日新增的数据 ")
```

```
line1 = lines.map(lambda x: x.split(","))
line2 = line1.map(lambda p: Row(id1=p[0],id2=p[1] ))
trans = sqlContext.createDataFrame(line2)
trans.registerTempTable("today_ids")

lines_a = sc.textFile(" 历史数据 ")
line2_a = lines_a.map(lambda x: Row(id=x ))
trans_a = sqlContext.createDataFrame(line2_a)
trans_a.registerTempTable("all_ids")

q_sql="""
        select id1,id2,id from today_ids left join (select id1 aa from today_ids union select id2 aa from today_ids)tmp on today_ids.id1=tmp.aa left join all_ids on (tmp.aa=all_ids.id )
    where id is null
"""
sqlContext.sql(q_sql).repartition(20).write.saveAsTable('table_name', mode='overwrite')
```

在代码示例中，通过两类 ID 来表示一个激活用户，任何一个 ID 出现即认为非激活用户。对于历史 ID 数据的存储，我们简单把所有 ID 混在一起，不做区分。即便一个用户有十个 ID，在亿级数据上计算该过程也只需十几分钟。

从流程图可以大体看出，整个流程中最核心的部分并不是代码示例的清洗计算环节，而是 SDK 采集部分，因为所有的计算都是围绕 ID 来的，而 ID 都是从 App 采集来的，因此这种清洗方法的上限取决于 ID 唯一性编码的质量以及加密传输的安全性。

一般的做法是除了常规能采集到的诸如 AndroidID、IMEI、MAC 地址等 ID，还需要加密一种特殊的 ID，这就是前面章节提到的设备指纹，往往结合应用证书、内核以及常规 ID 签发，举例如下：

- 百度的 cuid，cuid 结合了 DeviceID、IMEI 以及 UUID 等，通过 md5 加密生成，每种 ID 的获取有一些特殊的技巧，以避免刷机的影响。

- 百度的 guid，考虑了多个 SD 卡的 ID 组合，此外还有 wifimac、厂商序列号 SERIAL、初始化时间和内存等因素。

- 微信的设备指纹,结合了 AndroidID、DeviceID 和 HardwareID,这里的 HardwareID 是通过系统的 MANUFACTURER、MODEL 和 CPU 信息签出来的。

在介绍设备指纹的时候提到过,针对获取设备唯一性 ID 的场景,单独的设备指纹是不可靠的,寄希望于通过一个唯一标识永久性定位一部设备也是不可能的,因此,在尽可能准确且稳定编码的同时,还需要考虑模拟器的识别问题。同样地,在激活数据的清洗流程中,依然需要识别模拟器问题,在 App 端通过前文介绍的模拟器识别技术(如检测特定文件、启动命令行中的特定参数等)检测是否为模拟器或虚拟机请求,将结果记录在服务端日志中,然后在清洗计算环节过滤掉这种垃圾数据。所以,应该注意到了,设备指纹与模拟器识别往往都是共存共生的,一个尽可能逼近唯一性标识,一个想办法识别无须标识的部分。

基于 ID 唯一性的清洗只是渠道拉新过滤的第一步,通过激活后采集的设备数据和行为数据来判断用户的真实性,则是后续动作,当然这部分内容与其他类型的作弊识别区别不大。

2. 案例二

这是一个关于 CPC 广告点击作弊的识别。这个例子的背景是有特殊性的,发生在业务体量增长到一定量级之后,平台刚开始尝试广告变现业务,售卖 banner 位置的流量,本身是作为媒体来做反作弊的,保障客户的利益不受损,以获取口碑。

针对这种场景下的 CPC 广告作弊,其中一些反作弊技术并不是单独为其存在的,更多复用了其他模块的服务,主要的策略有以下几部分。

(1)建立唯一性指纹和模拟器识别,这与激活付费的反作弊一样,针对非登录态下的场景至关重要,任何以流量为靶子的建模,其特征往往都需要以用户维度计算,而唯一性 ID 的表示在非登录态下是最重要的。

(2)规则的方法检测每条记录和用户,以 IP 地址、Cookie、唯一性 ID 等为维度在频率、集中度方面进行检测,粗略识别大面积的低水平作弊,并积累黑名单库。

(3)建模识别每个用户(不是每条点击记录)的作弊概率,往往基于统计特征和组合特征,统计特征一般会聚合一段时间内的数据,同样跟频率和集中度有关。如果是离线模型,特征还会纵深发展到点击后续的行为,如转化、留存等。

(4)聚类和图等检测方法。从 IP 地址相同、Wi-Fi 相同、行为相似等维度量化用户两两距离,通过聚类、图划分以及图神经网络等技术识别异常的流量群体。

在很多反作弊的场景中,都存在一个共性的做法,即规则方法更适合针对每条订单、每个点击等 PV 流量单位,模型方法更适合针对每个用户、商户、媒体、广告位等实体单位。前面说过,这个场景假定的是媒体平台上的反作弊,可以理解为一个平台做到一定量级后刚开始提供自己的流量供客户投放,并且此时不是计算广告而是合约制的广告投放,因此自然不需要以媒体维度去建模,这不同于站在广告平台和联盟的角度。

正是因为角色的定位问题，用户维度建模才具有了可行性和合理性。在这个场景里，用户的作弊动机可能不存在利益目的，而是商业竞争或者恶意行为，选择针对用户建模比针对流量建模更合适些。因此这里的监督模型建模有两个要点值得参考，一是点击反作弊，以用户为单位（而不是以流量的一次点击行为为单位），默认点击作弊里一个用户的行为是同质的，用户可以是 cookie、设备 ID、自编码的唯一性 ID 等，以用户为单位得益于平台自身的业务形态，可以获得更多用户行为数据；二是聚合特征，根据作弊特点，挖掘出所有可以进行聚合的 key 值。考虑到数据集和隐私问题，这个案例不再给出代码示例。

3. 案例三

接下来通过一个 Kaggle 上的 TalkingData AdTracking Fraud Detection Challenge 比赛数据集来介绍一下如何在较少特征的情况下衍生特征进行建模。它提供的特征的确很少，只有 6 个，分别是 ip、app_id、device_type、os、channel、click_time，这与我们在日常工作中能拿到的字段数可能很接近。然后我们看看怎么处理特征，这些方法来源于参赛选手的启发和我的一些实际经验。

（1）app、device_type、os、channel，它们都属于 categorical feature，可以通过 embedding 向量化，或者以类别中正样本的比例替换每个类别的取值。

（2）特征交叉组合，聚合统计。比如计算每个 ip、app_id、device_type、os、channel 在本次点击记录之前一段时间内（5s、10s、30s、60s、300s）的点击数，每个原始特征都可以衍生出 5 个新的特征。然后这 5 个原始特征的两两组合，再结合上时间片，又可以衍生出 50 个特征。例如，ip_device_5s 可以表示为当前点击记录的设备类型在过去 5 秒内出现的 ip 数量，device_ip_5s 表示当前点击记录的 ip 在过去 5 秒内出现的 device 类型数量，cross_ip_device_5s 表示当前点击记录的 ip 和 device 类型在过去 5 秒内出现的数量。

（3）按用户为单位的聚合。其实（2）中单独对 ip、app_id、device_type、os、channel 和两两组合后进行的时间窗聚合，已经有按用户为单位聚合的意思了，只是这种方式对用户的表示还不够准确，而数据集里刚好又不存在表示用户的 ID。所以这时候可以通过组合多个 ID 来表示用户，比如连接 ip、app_id、device_type、os、channel 五个特征进行表示，即 uid=ip+app_id+device_type+os+channel，然后统计每个 uid 分别在之前 5s、10s、30s、60s、300s 内的点击数。

（4）集中度统计。聚合统计看的是落在一个时间窗口内的总数量，如果把时间窗口做得足够细，很多窗口放一起看，短时间内大量集中访问的行为更偏向于异常。所以集中度看的是点击量在各段时间间隔内的分布情况。如何表示这种分布呢？假设把时间窗口切割成更小的窗格粒度，然后统计每个小窗格内的数量。度量集中度的方法主要有赫尔芬达尔—赫希曼指数（Herfindahl-Hirschman Index，HHI，简称赫氏指数）、基尼系数、逆指数和熵指数等。这里简单看一下赫氏指数。赫氏指数在经济学中经常被运用在反垄断审查中，它是指一个行业中各市场竞争主体所占行业总收入或总资产百分比的平方和，用来计量市场份额的变化,即市场中企业规模的离散度。赫氏指数越大,表示市场集中程度越高,垄断程度越高。当市场只有一家企业独占时,HHI=1;当所有的企业规模相同时,HHI=1/n。因此,可以使用赫氏指数来表示每个时间窗内的点击数集中度,这样每个基于时间窗的特征又可以衍生出同等数量的集中度特征。

所以,区区的6个特征,经过加工,可以变成几十甚至上百个特征,然后还要做特征选择和降维处理。虽然建议建模的对象是用户,特征尽量按照用户维度计算,但是经过生成特征后,拟合出来的模型实质上是在拟合用户的行为,拟合效果越好,在用户行为发生变化后越容易失效,所以数据集和模型都需要不断更新以适应新的变化。另外还需要配备监控能力,监控每个渠道的流量波动、转化率变化。

6.7 舞弊刷业绩——销售

企业产品的推广方式可分为线上和线下两种。线上有广告投放、渠道推广,而线下有一种方式叫地面推广。地面推广主要由BD团队主导,具体执行时会寻求代理商承包,代理商可能还会层层转包给一线团队,因此地推人员的水平和素质差别很大,每层的利润空间也越来越小。电商和O2O领域的BD团队除了负责获客和拓展商户,其工作内容一般还包括其他很多事项,举例如下:

- 了解、分析和反馈市场竞争情况,熟悉竞争对手市场策略。
- 制订并实施市场开拓计划。
- 维护好所属区域与代理商和商户的关系,定期拜访,传达产品信息、宣传品牌,并给予培训和指导。
- 开展市场活动,进行物料铺设、品牌推广、制订或执行营销活动运营计划。
- 完成公司要求的业绩指标,如新用户量、复购率、出单量、签约商户数等。

这里面的很多项都是在线下进行的,线上监控少,导致针对BD行为的关注也比较少,反舞弊也就很难做。不要说很多人接触不到这些场景,就是从事多年反作弊工作的人也未必接触过线下场景的运转细节。因此下面通过了解外卖行业中的BD负责的一些工作细节来看其中可能存在的风险点。

6.7.1 背景

在线下做推广工作与坐在办公室里写代码、看报表是两种完全不同的体验,很多细节的事情是在跑腿和聊天过程中就顺手做了的。比如,新签约了一个商户,商户要在平台里录入自己的各种信息资料,商家可能不熟悉信息化操作,随口请求BD代为录入,

BD 也为节省自己的时间就爽快答应，于是这件事情就完成了，这在当面的沟通中是一种很平常的事情。再比如，拜访商户时，商户反馈自己家店的菜品种类太多，配菜不好掌控，现炒很容易出现出菜慢的问题，BD 往往会给出建议，比如减少冷门菜品，很有可能双方在聊天现场就登录系统把菜品下架了。再如，商户抱怨做活动满减力度大时出单量就大，活动力度一降下来出单量也随之大降，与商户关系好的 BD 可能直接帮他提高平台的补贴力度。

再举一个买菜地面推广的例子，推广人员在小区和路口摆放一些鸡蛋、老干妈辣椒油等礼品吸引新客下单，如果客户说已经下过一单了，推广人员一般会问还有其他手机号码吗，可以再下一单再送一盒鸡蛋。上面这些例子都说明了一个问题，线下的操作并不像线上操作那样规范，而是具有灵活性和人情味的。

除了操作上的不同，线下与线上明显的不同还体现在 KPI 业绩考核上面。BD 的考核标准往往是非常清晰透明的，主要包括两部分，一是定性部分的考核，如行为态度等，即便是定性考核一般也会明确写出某某行为奖励几分或惩罚几分，某某行为记大功、记大过等；二是定量的业绩考核，如各项指标的完成率、增长率等。第二部分占的比重会大很多，平时讲的 KPI 要求多指这部分内容。BD 的 KPI 要求一般都比较高，完不成市场计划、达不到业绩目标，绩效奖金就大受影响，相比产品研发群体而言，这是一个不断淘汰弱者的严峻制度，也因此导致 BD 的离职率往往是很高的。但同时另一方面，对于业绩好的 BD 提供的奖励也是相当丰厚诱人的，公司销售部门会经常组织多种形式的比赛，为了激发战斗力，或者为了完成某项开拓任务，这些比赛的奖励一般都是非常有吸引力的。

在这样一个背景之下，风险很容易滋生出来，总结起来大概有以下几种。

（1）虚假拉新。既然新用户可以是刷出来的，一旦 BD 接触了这方面的东西，就意味着他离造假之路只有一步之遥。有的 BD 懂点技术，亲自尝试小规模刷机试验，但大部分会选择雇用职业黑产代刷，黑产有时也会主动找上门。

（2）虚假商户。BD 可以帮助商家开通账户，录入资料，甚至有的 BD 是从竞争对手跳槽过来的，手里也有很多商家的资料。这就意味着可以建立虚假商户。餐饮店的倒闭率高达 70%，不少商户关门了，但是平台上未必注销信息，BD 有权限修改部分信息变成自己的。但它只是一个在平台上还存在的商家而已，线下早已不存在，本质上也是一个虚假商户。

（3）低质拉新。虚假拉新毕竟面临巨大风险，而且针对销售的业绩往往都会有复核流程，一旦发现虚假拉新便会开除。所以很多 BD 还是很谨慎的，不会轻易与黑产进行这方面的合作。大部分为了单纯完成量的指标，把人群瞄准了老人、学生等非平台主流目标用户群体。比如前面提到的买菜拉新推广这个例子，在小区里推广是没有问题的，但是锁定老年人群体是比较低效的，原因有两个，一是现场下载 App 对于很多老年人来说太耗流量，扫码→下载→安装→注册→收验证码→选特定推广物品→填写收货人、地址、手机号等→下单→支付，这个流程对老年人来说比较长，往往需要推广人员代为操作，常见的现象是围了一群人咨询优惠结果，推广人员却在忙着帮老人装软件呢；二是绝大多数老年人非目标用户，仅为了享受首单优惠，后续不复购或极少复购。严格来说，低质量的拉新不属于欺诈也不属于作弊，但一个BD长期如此必将是要被淘汰的。

（4）违规操作。常见的违规操作有虚假打卡、代操作或故意操作商户账户、将补贴倾斜给少数某些商户、胡乱配置营销活动、把商圈区域内的数据和战略计划透露给竞争对手等，以及其他明文章程规定的行为条例。其中，操纵商家账户和补贴倾斜、胡乱配置营销活动等往往与资金风险有直接关系，情节较为严重。操作商家账户可以修改设置很多信息，比如餐饮的商家端会有营业时间、配送范围、结算收款人和账户等。补贴倾斜现象经常发生，个别商家享受的平台优惠力度过大，BD容易以拉新和增加出单量为借口，实际这些商家背后的法人可能与自己有亲属关系。恶意或手误配置过大优惠的营销活动，一般会在平台系统建设不完善的初期发生，因缺乏基本的校验和审批机制而导致资金损失，甚至会出现把恶意配置说成手误的情况。

这几种风险行为，从外在呈现上看，一部分是BD行为层面的，比如违规操作部分可以直接挂钩到BD的账户上；一部分是商户层面的，比如虚假的商户，其结果直接体现在商户账户上，要挂钩到BD账户还需要中间的行为关联；一部分是用户层面的，比如拉新的用户是直接体现到用户群体上的，如要挂钩到BD账户上，同样需要中间的信息关联。

6.7.2 技术手段

虽然我们已经来到了智能化时代，但是对于线下场景来说，依然还在信息化的阶段，甚至一些行业的线下环节还没有走向信息化。作为B端的主体——商家端，其智能化发展相对靠前，甚至已经开始覆盖供应链、物流到会员体系、营销、零售集成整个流程。但是对销售和BD的管理，依然还较为落后，毕竟他们的场景全部都在线下。这种情形下，针对线下BD的风险管控，一般以业务抓手的制度和奖惩管理办法为主，技术手段为辅。经常看到BD的奖惩管理办法中清楚地写到某某行为一经发现就如何处理，比如下面这些示例：

- 做私生意者，一经查证属实，一律开除。直属主管若有呈报，免受连带惩罚。若未呈报，不论是否知情，记过二次。
- 与商户串通勾结套取平台补贴者，一经查证属实，一律开除。
- 不得以任何理由成为平台合作商家的结算人，若核实平台商户合同信息中的甲方账户信息所属人为业务人员（包括但不限于结算人账号、结算人手机号、结算人姓名等），将作出如下处理……

- 不得以任何理由操作商户端进行接单行为，若认定业务人员存在接单行为（包括但不限于帮助商家代接单、拉新时接单等），将作出如下处理……

那么技术手段要做的事情之一便是发现这些惩罚条例中的行为。然而 BD 的行为较多，技术手段如何相对收敛可控又有主线地做这件事呢？笔者认为可以从下面几个角度应对这个问题。

- 建立订单、行为、账户相关数据在用户—商户—BD 三层次上的数据体系，因为 BD 的风险从外在直接呈现上会分布在不同的角色上，并不能直接挂钩到 BD 账号上，有了基础数据体系才能更方便快捷地做后续的分析挖掘。
- 6.5 节中提到的建立关系图谱，BD 是与商家、用户联系紧密的角色，尤其是与商家，图谱中涉及 BD 的关系可直接与条例中的风险行为相关。
- 以策略规则方式检查每个 BD 在每条风险行为上的命中情况，进行系统化监控和预警，并与奖惩管理打通。
- 针对用户风险、商户风险分别识别和治理，这在前面的 6.3~6.5 节已经进行了介绍，然后尝试找到这些风险是否与 BD 有关系。如何找呢？一是提供平台工具由运营人员人工找，平台给出数据线索，如每个 BD 下的风险商户和用户数量、比例、数据突变异常、BD 操作日志与这些异常的时间线、关系图谱等，由人工进行推断；二是系统推断由人工复核，系统做这个推断是比较困难的，原因在于有舞弊的 BD 绝对数量太少，且每个 BD 的舞弊行为又不尽相同，即便是系统推断，更多也是人为制订的一些策略。比如 BD 名下的两家商户被识别出有套补贴嫌疑，而这刚好发生在该 BD 为这 2 家商户调高补贴后；再如 BD 名下的商户突然被识别为虚假商户，原因是该商户成为沉睡商户之后被修改了结算信息才再次出单，该修改行为是 BD 发起的。

以上这几点是在拿到了采集数据之后的环节可做的事情。事实上，针对 BD 的数据采集，往往是非常简单粗暴的，大概也是因为不如此实在拿不到多少数据吧。这些粗暴的方法里最常见的就是要求 BD 使用刷过 Rom 的定制手机，BD 使用的 App 会埋点采集操作行为、定位地址，即便是像微信这种 App，仍然可以做到"再套一个壳"，任何聊天内容都可以采集到。但是电商和 O2O 中的销售一般不强制使用工作手机，在线教育、二手车以及医药相关领域多强制使用工作手机。所以最通用的做法就是针对 BD 和商家使用的系统做数据采集。

6.7.3 案例

因笔者较熟悉外卖业务的线下流程，本节将介绍外卖业务中的三个与 BD 相关的案例，一起了解一下那些很少进入外界视野的舞弊操作。

1. 案例一

2016年10月，某外卖平台一个BDM伙同几个BD在超市购买商品，然后到校园拉新，要求学生第二天继续下单或者留下账号等信息进行复购。初步看这个案例并无明显异常，我们进一步分析下里面的问题。购买商品到校园拉新是很正常的行为，要求学生第二天继续下单也说得过去，问题就出在留下学生的账号信息自行下单。难道自行下单不需要花钱吗？所以这里才是有问题的地方，为了能自行下单少花钱必然会做一些手段，比如选择几个合适的商户，设定几个超低价的半真半假菜品，让BD使用这些账号下单，以完成复购率指标。

简单分析一下这个案例中BD使用的几个手法。首先学生的第一单是正常的，这就是正常的用户、正常的操作。而由BD完成的第二单是异常的。这里的关键点有两个，第一是怎么实现低价单，第二要BD使用自己的手机完成下单。

- 想要实现低价单，需要操纵商户的后台，配置低价的菜品，这个不难做到；而如果不想让正常的用户看到低价菜品，就需要满足几个条件：商户是新入驻的或是长期沉睡不出单的，排名不靠前，不易被发现，或者非正常时段上架菜品，下单后下架。

- 使用自己的手机登录他人账号下单，听起来这是一个极易被发现的事情，事实上不难，但不那么直接。试想，抛掉上面介绍的案例背景，你并不知道BD是否有问题，也不知道BD有这种手段，更不知道学生配合了BD的要求，复购率指标上并无明显异常。从**用户风险治理的角度看**，唯有同一个设备上一天下了多单能提供风险痕迹，而且还未必能确定是BD的设备。从**商户风险治理的角度看**，一个店的部分订单都来自同一个设备，但是量级如果影响不大，并不会造成恶劣结果，也不太可能直接挂钩到BD上。所以说异常不是完全无法发现，而是不一定直接发现背后是BD，不搞清背后的主谋是BD而错误惩罚用户和商户，都可能会造成不好的影响。

了解了其中的关键点，如何解决这类问题也就比较清楚了，依然是业务抓手+技术抓手。推动业务规范的修订，明令禁止索要账户代下单行为；而技术抓手主要是技术识别和监控，底层的数据能力则需要建立账号、设备等关系图谱，然后是行为层面的分析。

建立关系图谱需要使用哪些维度的数据呢？多年在一线的经验告诉我们，只要是涉及跨端的数据，一般都是有"坑"的。在这个例子上，我们就遇到了一个"大坑"：用户端、商户端和销售端三个App在同一个设备上生成的设备指纹ID是不一致的，这样的话如果销售人员在自己的手机上登录商户端和用户端，同时商户登录用户端，就无法根据这个ID来识别一人扮演多角色了。怎么解决这个问题呢？

（1）除了我们自己签发的这个ID，还有其他ID可用，如IMEI、OAID、AndroidID（Android 8以后已经不能跨App）、IDFA、手机号，通过这些ID依然可以建立关联。

（2）推进实现同设备不同App签发出相同设备指纹，为未来计。

（3）经过分析发现，商户和销售人员大都有下单行为、登录后浏览行为，因此可以通过用户端 App 采集指纹数据，这样就可以做到统一了，这个过程如图 6.28 所示。

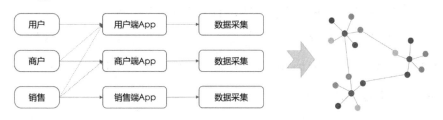

图 6.28　图谱数据流示例

以图 6.29 所示的数据示例，构建用户关系图谱，可以针对两两用户之间任意一种 ID 相等来建立一种类型的关系，也可以建多种类型的关系。这里不需要关心关系的方向性，但在 Neo4j 中不支持创建无向关系，不过这并不影响什么，除了展示有点混乱。节点和关系可以批量导入 Neo4j 中，图 6.30 是节点间的关系效果。因为这里的节点数量很少，所以可以直观看到这十几个节点共分成了五部分,其中有三个是孤立点,有两个相互连通,其余的都相互连通在一起。

uid	phone	imei	cuid
32967362	624acf384036ee13c74f85fae7abefce	863155021517832	348361D5-8CB7-4C36-A9E8-D2E13581A029
2248602157	e81b032acad86daf1056db3759b8a938	863155021365257	E0D470E12082F1D9FD218D0F225074CB
18738233203	e00ccd2ac556bc64eda09bd5bd0c8fea	863155021902219	348361D5-8CB7-4C36-A9E8-D2E13589CD24
67467862	624acf384036ee13c74f85fae7abefce	863155021517832	348361D5-8CB7-4C36-A9E8-D2E13581A029
8978372	624acf384036ee13c74f85fae7abefce	863155021517832	348361D5-8CB7-4C36-A9E8-D2E13581A029
562357584	23c37da7fcad472b6b2f15b1115674d5	863155021517832	348361D5-8CB7-4C36-A9E8-D2E13581A029
389208098	23c37da7fcad472b6b2f15b1115674d5	863155021517832	348361D5-8CB7-4C36-A9E8-D2E13581A029
2248678301	3ee9487a9367d3551b6e1e68a93860b0	863155021789874	348361D5-8CB7-4C36-A9E8-D2E135EB8915
1726263722	2d78e73260df75c90357675cf733a2cc	863155021517832	348361D5-8CB7-4C36-A9E8-D2E13581A029
18738234623	2a2419fd0f3f128ad781b6fb49a9f5b9	863155021517832	348361D5-8CB7-4C36-A9E8-D2E13581A029
18738234831	2a2419fd0f3f128ad781b6fb49a9f5b9	863155021517832	348361D5-8CB7-4C36-A9E8-D2E13581A029
76134203	eb124783e14961d7b0d824e00a8ada5c	867845624104532	E0D470E12082F1D9FD218D0F2250FC81
76134428	eb124783e14961d7b0d824e00a8ada5c	869743625193463	E0D470E12082F1D9FD218D0F22500000

图 6.29　采集的设备数据示例

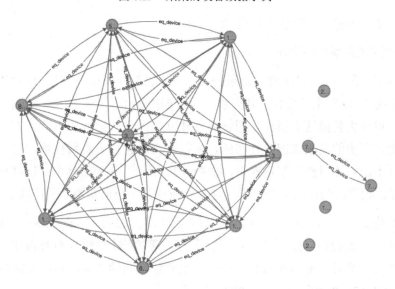

图 6.30　图谱示例

如果想要把所有的节点的连通情况找出来,可以构建 Cypher 查询语句:

```
CALL algo.unionFind.stream('People', 'eq_device')
YIELD nodeId, setId
RETURN algo.asNode(nodeId).uid AS uid, setId AS MapId
ORDER BY MapId, uid
```

然后可以看到如图 6.31 所示的连通结果,处于同一个连通图的用户称为一个 map,它们有相同的 MapId,确实存在 5 个 map。

uid	MapId
8978372	0
32967362	0
67467862	0
389208098	0
562357584	0
1726263722	0
18738234623	0
18738234831	0
18738233203	1
76134203	4
76134428	4
2248602157	5
2248678301	9

图 6.31 连通图查找结果示例

在实际使用中需要注意以下几点。

1)节点/关系属性的更新

这里的节点属性都是 ID 值,如果同一个 uid 的部分属性即其他 ID 发生了变化,是否需要更新呢?ID 发生了变化,代表着几种可能:换了手机、刷机、临时使用其他手机登录。如果单纯更新掉这个属性,因该属性建立的关系就会受到影响,在实际中无论发生哪种可能,历史的关系依旧是存在的,所以不可以直接更新属性值,可以再创建一个节点而且并不影响该属性上创建索引,如图 6.32 所示。在 Neo4j 中,即便两个节点的属性完全一样,也支持创建出多个节点(这其实应该是一个值得留心的陷阱)。

假设新增的这个节点是 uid 为 32967362 的用户,它的 phone、imei、cuid 信息同时都发生了变更,我们新创建一个节点来表示它,通过 uid 与原来的身份建立关联。然后再来看连通图的结果(见图 6.33),注意这里要包括两种关系。新的连通结果里包含了两个 uid 为 32967362 的用户,他们属于同一个 map。

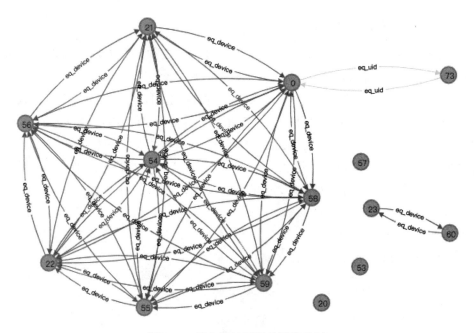

图 6.32　引入属性更新的图谱示例

```
CALL algo.unionFind.stream('People', 'eq_device,eq_uid')
YIELD nodeId, setId
RETURN algo.asNode(nodeId).uid AS uid, setId AS MapId
ORDER BY MapId, uid
```

uid	MapId
8978372	0
32967362	0
32967362	0
67467862	0
389208098	0
562357584	0
1726263722	0
18738234623	0
18738234831	0
18738233203	1
76134203	4
76134428	4
2248602157	5
2248678301	9

图 6.33　存在相同 uid 情况的连通图查找结果示例

除了节点属性更新，还有关系的属性更新，比如两个节点的关系多次建立，以次数来作为其 weight 属性，每次更新该数值。数据的更新在实际应用中一般都以编程接口来实现，可以选择不同的 Driver 和 API，Neo4j 支持 Go、Java 和 Python。

2) 关系的建立存在次数问题

两个 uid 因为某个设备 ID 参数相同建立了关系，这种参数相同出现的时机可以是一次或多次，次数不同是有区别的。建立一次可能存在临时的关联，比如 A 今天的优惠券花完了，要用朋友 B 的账号再下一单；建立多次则可能是当事人持有多个设备。因此，这个次数需要记录在关系属性中，并在去噪防误伤环节使用。假设把 76134203 和 76134428 两个节点间关系的属性 weight 更新为 2，把那 8 个紧密相连的节点间关系的 weight 属性更新为 10，在找连通图时按阈值 5 过滤掉低权重的关系，得到的结果就会发生变化：这两个节点不符合连通条件，被视为孤立点，如图 6.34 所示。

```
CALL algo.unionFind.stream('People', 'eq_device', {
  weightProperty: 'weight',
  threshold: 5.0,
  concurrency:1
 })
YIELD nodeId, setId
RETURN algo.asNode(nodeId).uid AS uid, setId AS MapId
ORDER BY MapId, uid
```

uid	MapId
8978372	0
32967362	0
67467862	0
389208098	0
562357584	0
1726263722	0
18738234623	0
18738234831	0
18738233203	1
76134428	4
2248602157	5
2248678301	9
76134203	12

图 6.34 带权连通图查找结果示例

3) 去噪

去噪的目的是保证每个连通图 map 的结果背后都是一个自然人，或者是一家人，总之即便是多个人也可以当作一个人看待。去噪可以在数据源头、图谱中以及数据终点进行。通过关系权重阈值过滤的方式是在图谱中进行去噪。因为这个图谱的本质目的是要识别自然人，准确性要求相当高，所以在数据源头上可以控制严格一些，这个怎么理解呢？虽然这个例子里是通过 uid、phone、imei 和 cuid 建立关联关系的，但是在不同动作上获得的数据是有质量区别的。

举例来说，我们经常会在微信群里看到推广红包活动页面，如图 6.35 所示，输入手机号可以领一个红包，后台会使用手机号自动创建账户。在手机号还没有作为账号主体前，一般系统还会创建一个内部的账号，称为 uid，如果活动不限于新用户，则给手机号对应的账号推送红包。图中的左右两种模式虽然只有是否需要手机短信验证码的区别，但从数据质量上来说，区别很大：左图的交互简单，若敲错了手机号，依然会产生一条 uid、phone、imei 和 cuid 的记录；右图并不会。如果这条记录被拿去建立了关系，就是有噪声的，这种噪声直观上看只要通过前面介绍的 weight 过滤即可去掉，但实际上各种噪声会带来几种风险，一是图谱中边数量的增加带来的计算性能的考验，二是领红包接口容易被恶意访问干扰正常关系数据。考虑到这个图谱的目的是尽可能准确地识别自然人，所以应在数据源头上避免采集这种低质量数据。

图 6.35　微信群的推广红包活动页面

在数据的终点去噪是指已经产生了连通图之后，如何针对得到的每个 map 去噪的问题。

这里提供两个参考思路。一是 map 的大小及其增长速度，二是 map 中用户行为的差异性。map 过大，或者 map 的大小增长速度过快，都可能是由于存在特殊情况导致的关联。行为差异主要考虑操作习惯，如操作路径、时长，此外也可以考虑使用的网络情况，各运营商和 Wi-Fi 分布是否符合正常比例，连接的 Wi-Fi 名称完全不同等。

4）性能

关于 Neo4j 使用性能的问题主要体现在数据导入、多层次查询和数据更新上。在

Neo4j 官网上，以及网络上不少社区版和企业版用户都给出了性能相关的测试数据。需要说明的是，最佳性能的数据往往配合了优化手段，比如对配置文件中的 memory 和 cache 相关的优化、对索引的优化、对服务器 swap 分区的优化，以及对服务器内存大小的要求和磁盘的要求等。因此在实际使用中也要先完成诸如配置优化、索引优化这些基础事情，再来评估自身业务数据规模是否允许使用 Neo4j，不存在一定要使用图数据库的原则。我的团队曾经使用 Spark、Redis 和 Hbase，并且自编程实现了 IDMapping 服务。

2. 案例二

某商户因运营业绩不良决定关门大吉，并停止了在外卖平台的业务。从该商户的出单数据上看，之前每天有少量的订单，关门后变为 0。理论上本该删除该商户，但平台无法获知实际情况，商户便成为了平台的沉睡商户（实际应该是僵尸商户）。因为平台与商户之间的结算有金额和时间要求，比如低于 100 元不打款，所以商户很有可能放弃账户上还尚未结算的几十元余款。而负责维护的 BD 将商户的结算信息改为自己或亲属的信息，继续在平台营业，使之满足打款门槛，以此巧妙获利。

该案例的求解关键是商户出单的异常监控和准确识别关联的结算信息，同样会再次使用到 IDMapping 服务。

3. 案例三

BD 出于各种原因，利用手中的商户资料在平台注册了一个新商户，为避免被发现，对商户的门脸图进行了 Photoshop 图像处理，抹掉了店名，改成了另一个名字，同时把合同和结算等信息填为自己人，甚至提供了一份法人授权结算人经营的书面证明。单看这个新商户的资料是很难发现问题的。即便制造出该商户未必用于舞弊目的，但是它存在于平台中始终存在被利用的风险。

如图 6.36 所示，三张门脸图分别是同一平台中同时存在的三个商户，除了门头位置有区别，其余部分都是完全一样的，我们有理由相信这些图中有两个是假的或者全是假的。那么技术层面要做的就是把这种相似门图的商户呈现给审核人员，并提供可能进行了 Photoshop 图像处理的线索依据。此外，业务抓手是什么呢？业务层面上同样需要进行规范，不允许上传经过处理的图片，只能使用直接拍摄的原图。

图 6.36　门脸图的 Photoshop 图像处理示例

图片的相似识别技术已经是比较成熟的技术了,以图搜图也是各大知名搜索引擎上比较火热的功能。结合我们这种场景的特点,即相似的图片暂不存在同一个物体不同角度的相似识别,而只是同一角度的小部分内容的区别,简单介绍几种常见的做法。

感知哈希算法(Perceptual Hash Algorithm,PHA)主要包括 aHash、pHash、dHash 等常用算法,这几种方法的计算原理都比较简单,本质都是要为图片生成一个指纹,用于计算两两之间的相似度;不同之处在于生成指纹的思路,分别采用了均值、函数变换和渐变差异值计算的方法。

1)aHash

aHash 即平均哈希算法,在转换过程中使用像素的平均值,其主要步骤如下。

(1)缩小尺寸。一般把所有图片的尺寸都缩小到 8×8 共 64 个像素,统一图片大小。

(2)灰度处理。把图片转换为 64 阶或 256 阶灰度图。

(3)计算均值。对灰度图的所有像素点计算灰度平均值。

(4)比较灰度。遍历灰度图的每个像素,如果大于均值就记录为 1,否则为 0。

(5)计算哈希。64 个像素点的结果组合在一起就构成了一个 64 位的数,作为图片的指纹。64 个像素点的组合次序无要求,但要求所有图片都采取同一种次序组合。

有了每个图的哈希值,计算任意两张图片的相似度,使用汉明距离即可,距离越小越相似。

2)pHash

pHash 即感知哈希算法,计算中通过离散余弦变换(Discrete Cosine Transform,DCT)把像素域变换到频率域(读者肯定会想到傅里叶变换,没错它是一种特殊的傅里叶变换,也是 JPEG 压缩中的主要变换),获取图片的低频信息。其主要步骤如下。

(1)缩小尺寸。一般把所有图片的尺寸都缩小到 32×32 像素。

(2)灰度处理。

(3)离散余弦变换。进行离散余弦变换后,将图片从像素域变换为频率域,并且 DCT 矩阵从左上角到右下角代表越来越高频率的系数,但是除左上角外,其他地方的系数为 0 或接近 0,因此只保留左上角的低频区域。具体的计算原理和公式可以参考 DCT 相关资料。变换后最终得到一个 32×32 的矩阵。

(4)缩小变换。截取变换结果左上角 8×8 的矩阵,记为最终的 DCT 矩阵。

(5)计算均值。计算缩小变换后的均值。

(6)计算哈希。将每个 DCT 值与平均值进行比较。大于或等于平均值,记为 1;小于平均值,记为 0。剩下的步骤与 aHash 一致,按固定下来的次序组合 64 位的数据即可。

3）dHash

dHash 即差异哈希算法，在计算过程中，通过比较左右两个像素点的颜色强度差异这种渐变式实现方式来计算哈希值。其主要步骤如下。

（1）缩小尺寸。一般将图片缩小为 9×8 像素。

（2）灰度化处理。

（3）计算差异。比较每行左右两个像素，如果左边的像素颜色强度大于右边的，即左边像素值大于右边像素值，则记录为 1，否则为 0。由于每行有 9 个像素，左右两个依次比较，所以共产生 8 个差异值，8 行像素共可以得出 64 个差异值。

（4）计算哈希。这与前面的 aHash、pHash 并无不同。

几种方法的 Python 实现如下面代码所示，如果能用 C++ 实现就更好了。

```python
import cv2
# 通过pip3 install opencv-python 安装
import numpy as np


def aHash(img,leng=8,wid=8):
    img = cv2.resize(img,(leng, wid))
    image = cv2.cvtColor(img,cv2.COLOR_BGR2GRAY)
    avreage = np.mean(image)
    hash = []
    for i in range(image.shape[0]):
        for j in range(image.shape[1]):
            if image[i,j] >= avreage:
                hash.append(1)
            else:
                hash.append(0)
    return hash

def pHash(img,leng=32,wid=32):
    img = cv2.resize(img, (leng, wid))
```

```
        gray = cv2.cvtColor(img, cv2.COLOR_BGR2GRAY)
        dct = cv2.dct(np.float32(gray))
        dct_roi = dct[0:8, 0:8]
        avreage = np.mean(dct_roi)
        phash_01 = (dct_roi>avreage)+0
        phash_list = phash_01.reshape(1,-1)[0].tolist()
        hash = ''.join([str(x) for x in phash_list])
    return hash


def dHash(img,leng=9,wid=8):
        img = cv2.resize(img,(leng, wid))
        image = cv2.cvtColor(img,cv2.COLOR_BGR2GRAY)
        hash = []
        for i in range(wid):
            for j in range(wid):
                if image[i,j]>image[i,j+1]:
                    hash.append(1)
                else:
                    hash.append(0)
    return hash
```

相对来说，pHash 和 dHash 的精确度都比 aHash 高一些，性能上 dHash 更好一些。如果在线使用的吞吐量不算大，可以考虑使用 pHash，对历史图片的哈希计算离线进行。

除了这些算法，实际应用中还有 SIFT、SURF、GIST 等算法。有了这么多算法可供选择，在计算相似度时，我们也可以做一个融合方案，把各种算法的哈希结果作为特征，以实际的相似与否作为目标，拟合出一个模型。

以上这些还是偏向传统的做法，当前基于深度学习的图像特征表示已经是图像检索的主流技术，CNN 网络具有很多不同程度对图像进行抽象的层，靠前的层得到的是图像的简单特征（偏向像素级的描述），靠后的层得到的是图像理解方面的特征（理解图像是什么）。因此可以使用 CNN 提取图片特征，然后再做相似度计算。还可以采用 End2End 的方式，最早用来从相似图片数据集上学习图片表示的网络结构是 Siamese 网络。

其实人脸识别背后也需计算人脸图像特征的相似度，当然人脸识别的特征要比这里介绍的图像复杂得多，比如它有丰富的 3D 数据。

有了图的特征表示，剩下的是如何构建大规模图片数据集上的检索引擎。早期一般是采用 K-D 树和 LSH 局部敏感哈希的方案，当前主流的方案是 PQ 乘积量化和 VLAD 局部向量聚合，比如 FaceBook 开源的 FAISS。这些就不再展开介绍了，有兴趣的读者可以继续参阅相关资料。

再回到案例三，识别出相似图片只是完成了第一步，因为你会发现有大量的图片是相似的，这是由于它们都是同一个品牌的店铺，或者都是某个地下美食城的店铺因而复用同一张图片（因为这类商户的入驻都是统一合作），再或者是两张图片的色调、背景、布局虽然相似但实际并无关系。我们更想识别出哪些图片是经过 Photoshop 图像处理的，但很不幸的是，想要准确识别是否进行过 Photoshop 处理是很困难的，因为 Photoshop 处理的范围实在太大，调整一下图片亮度和对比度、裁剪一下大小、合成、修饰、变形都是 Photoshop 处理，而我们关注的更多是商户周围环境一致的情况下门头是否有更改。所以配合业务动作做这件事情更具有可行性。

其实国外有一些专门技术用于检测图片是否使用 Photoshop 软件进行过图像处理，比如 FotoForensics、JPEGsnoop、Ghiro、Forensically、Amped Authenticate 等，其中普遍采用的技术方案有 Metadata Analysis、Error Level Analysis（ELA）。Metadata Analysis 主要对图片的元数据进行分析，很多简单的 Photoshop 软件操作在元数据里是显而易见的，有一个很简单的验证方法：以文本方式打开图片，会显示一堆乱码，直接搜索是否存在如 Photoshop、meitu 等关键词，就能判断出图片被何种软件处理过。

ELA 方法是一种检测图片是否被编辑过的方法，其主要思路是对压缩后和压缩前图像噪声层面的差异进行分析，差异越大，被编辑过的可能性越大。每次编辑修改都以一个错误率对图片重新保存（即 JPEG 格式的有损压缩），计算其与原图之间的差异，如果几乎没有变化，则在该质量级别的误差已达到其局部最小值。如果有较大变化，那么像素就不在其局部最小值处，并且是有效的原始像素。具体来说，假设一张图片是按 90% 的画质保存的，继续以 90% 的画质重新保存，那么得到的图片则是 81% 的画质，如果说重新保存前对图片进行了修改，比如抹掉一些信息并贴上新的内容，那么保存后的图片会有不同的质量级别的部分，这是因为图片上有的部分已经被保存了两次，有的部分只保存了一次，次数不同，压缩的程度就不同，损失也就不同。ELA 方法通过亮度表示质量级别的差异，明亮的部分表示最近有编辑，较暗的部分表示多次被重新保存。如图 6.37 所示，图片的门头部分经过 ELA 呈现后最为明亮。

此外还有 Noise Inconsistencies 方法、DCT 系数分析法等来分析图片是否有被修改。Noise Inconsistencies 方法是把图像切割成不同程度噪声的块，在分块中使用中值法检测噪声偏差，若图像中存在异常的噪声偏差，即噪声不一致，则表示图像是被修改过的。DCT 方法则是用 DCT 系数直方图计算图像不同分块之间的差异，然后计算每个分块的特征值，特征值大于阈值的分块判定为篡改块，最后选取连通区域，标定出篡改区域，它的依据是两次 JPEG 压缩形成的 DCT 系数直方图会有周期性变化。

图 6.37　ELA 效果示例

正如 FotoForensics 那些软件一样，这些方法每个都不能单独使用，都有其缺陷，比如 ELA 方法不好确定差异值的阈值，受制于图片质量；Noise 方法受制于大多数图像中都有不同噪声水平的孤立区域这一正常现象。所以可以融合多种方法，像 FotoForensics 一样提供每种方法的结果，也可以对多种方法的结果融合出一个分类模型。我们曾经也尝试过使用 ResNet 等深度网络，但效果一般（主要原因还是在于缺乏对图像篡改特征的提取，通用网络结构难以满足要求），倒可以作为一种子方法来使用。

国外学者还提出了 RGB Net（单个 Faster R-CNN 网络）、RGB-N（双流 Faster R-CNN 网络），效果较 ELA 好很多，读者可以参考论文 "Learning Rich Features for Image Manipulation Detection" 了解详情。未来关于图像篡改的检测研究还会大力发展，当前人工智能换脸站上了风口浪尖，人工智能如何鉴别人工智能必然是一项紧急且重要的任务。试想一下，目前针对换脸算法 DeepFake、FaceSwap 和 Face2Face 换脸鉴别的模型思路是不是也可以用于案例三的 PS 识别呢？感兴趣的读者朋友可以试试。

通过这些案例的介绍不难发现，针对线下环节的风控是非常复杂的，而技术往往是在一个有清晰边界的范围内解决问题，因此针对线下环节，在产品设计、业务流程设计和规章制度约束上早早开展，更有利于业务健康发展。

6.8　内容风险 <<<

在如今内容为王的时代，以生产用户内容为主营业务的平台如最右、斗鱼、喜马拉雅受到了严格的监管，其他平台如快手、抖音、微博、趣头条、微信公众号等无一不高度重视内容审核。

内容从数据表现层面可以分为文本数据、图像数据、视频数据、音频数据，这不同于结构化的交易数据，其审核成本是非常高的，尤其当平台的用户体量大时，每天需要审核的内容量也是巨大的，不少平台的审核团队规模在 2000 人以上，少则也要几百人。目前业界不少企业依然主要使用人工审核的方式过滤有害信息，规避内容安全风险，但并不是所有平台都有足够的成本搭建专业审核团队，所以技术手段的辅助就显得很有价值了。

针对图像和音视频数据的处理，目前有很多成熟的技术，尤其是深度学习普及后；比图像和音视频数据更麻烦的是文本数据。前者（图像、音视频数据）更多是人的感知层面的数据，后者（文本数据）则是认知层面的数据。本节以文本内容的风险识别为例介绍主要识别手段。

6.8.1 背景

文本内容的风险把控主要包括涉政文本的识别、色情文本的识别、违禁文本的识别，即所谓的黄赌毒，此外还有社区生态相关的如辱骂文本的识别、垃圾文本的识别、广告文本的识别等。

- 涉政文本识别是指识别文本中是否涉及政治人物、政治事件、宗教、反动分裂、恐怖主义等不法言论。

- 色情文本识别是指识别文本中是否存在淫秽内容，近几年网络流行的文爱以及软色情引诱挑逗等也是其中重要部分。

- 违禁文本识别是指识别文本中是否存在赌博、毒品、诈骗、贩假等内容，比如餐饮平台不允许售卖海豚，如果出现相关文本，也要识别为违禁文本。

- 辱骂文本识别是指识别文本中是否存在谩骂、诋毁、侮辱、攻击等信息，多存在于社区评论中。

- 垃圾文本识别是指识别文本中是否存在竞品导流信息、与主题无关的刷屏内容、灌水等内容，比如京东和淘宝的商品评论中偶尔出现过一些较长篇幅的与商品无关的评论。

- 广告文本识别是指识别文本中是否存在利用微信号、手机号、链接等推广的内容，比如评论中经常出现"加V"等字眼，也会出现一些链接，甚至是黄色网站的地址。

以上这六种风险里，前三种是监管的严管地带，属于不可触犯的；后三种是平台自身内容建设要求。除此之外，凡是允许用户自行输入文字又能对外展现出来的地方，一般都需要进行内容的风险识别。

6.8.2 技术手段

文字内容的风险识别手段主要以规则策略、人工审核为主，最近几年随着 NLP 技术的不断突破，开始大面积采用传统机器学习和深度学习技术，绝大多数都是二分类任务。

- 规则策略手段一般包括脚本跑规则、线上系统使用规则引擎、敏感词库和敏感词过滤技术，敏感词库往往包括涉政、色情、违禁等多种类型，可对应不同等级，词库可不断添加新词以应对新问题。采用模型手段的识别技术越来越多，包括不限于朴素贝叶斯、决策树类算法、SVM、FastText、TextCNN、Word2Vec、Elmo、Glove、GPT、BERT 等。
- 人工审核的范围主要是规则和模型的漏斗筛剩下的、存在举报和投诉的、分享或转发次数大等快速发酵的内容，因为要保证大面积传播的内容是没问题的。

用户生产的文字性内容一般区分先发后审和先审后发两种模式。按监管要求，应该一律是先审后发，但是先审后发的成本很高，所以一般先通过规则策略和模型进行机器审核，然后很快进入下游的人工复审环节。

UGC 内容一般具有突发性和快速传播性的特点，因此在文字内容风险控制上都会设置应急手段，对于涉政、色情和违禁类风险来说，应急手段一般不讲究准确率的概念，一经发现，无论造成多大误伤，一律先紧急处理，宁可多召回也不能漏掉，这种情况下不要谈用户体验问题。

普遍使用的手段是基于策略规则进行软删除，以及敏感词库 + 敏感词过滤技术。敏感词过滤主要采用 AC 算法、基于前缀树匹配的 DFA 算法和 Bloom-Filter，量级小的场景使用正则也是可以的，量级大就会突显效率问题。它们的弊端都是不能有效应对敏感词的变种形式。

AC 算法是一种经典的模式匹配算法，与经典的 KMP 算法是同时期出现的，它由三部分构成，goto 表、failure 表和 output 表，以及计算这三张表的查表算法和 AC 算法本身。goto 表是由模式集合中的所有模式构成的状态转移自动机，本质是 Trie 树；failure 表是查 goto 表失败后的状态跳转表；output 是输出表，到达某个状态后表示匹配成功。AC 自动机本质是基于 Trie 树的算法。

前缀树匹配的 DFA 算法是确定性有穷自动机，可以用于最长左子式匹配。它的实现比较简单，依据敏感词库建立前缀树，剩下的就是查找过程了。

一般敏感词中间会掺杂特殊符号，这类方法在运用时也会去除特殊符号的干扰，但是对于拼音混杂、一字拆解多字、同音替换、变形字等不好处理，只能不断扩充敏感词库。而敏感词过多也会对查询性能加大挑战。

6.8.3 案例

下面基于一个外卖的评论数据集（格式如表 6-2 所示），以文本中常见的情感分析任务为例来讲文本分类的识别过程。因为本质上它们都是在做分本分类的事情，方向上并无太多区别,这里以正向和负向的二分类作为任务目标。

表 6-2 评论数据集格式

标签	评论内容
__label__pos	虽然时间比较长,但是可以理解
__label__neg	送餐速度太慢,俩小时,不能忍了

传统建模过程一般是获取语料、分词、去停用词,形成词向量特征,然后进行模型训练评估。如今可以省去词向量特征环节,直接端到端地进行训练。这里分别采用 FastText 和 BERT 模型看一下具体过程。

1)FastText 模型

FastText 模型是 FaceBook 在 2016 年开源的一个词向量和文本分类的模型,它使用词袋和 n-gram 特征,使用子词(subword)信息,使得语料库之外的词依然可以构建出词向量。它与 word2vec 同宗同族,它的作者 Thomas Mikolov 曾经在谷歌发明了 word2vec,后来跳槽去了 FaceBook,又有了 FastText。FastText 提供两个主要的功能,一个是训练词向量,一个是文本多分类。

训练词向量时,相对 word2vec 来说,增加了子词特征,即一个词的字符级别(char-level)的 n-gram,但是在中文里区分字粒度和词粒度。比如一句话是"送餐速度太慢了",假设分词后为"送餐 速度 太慢 了",那么词粒度的 2-gram 为"送餐/速度 速度/太慢 太慢/了;如果是字粒度的 2-gram 则变成了"送/餐 餐/速 速/度 度/太 太/慢 慢/了"。这种 n-gram 的表示方法,对于英语来说,有相同词缀的词表示起来有一定相似性,同时避免了语料库中样本太少或缺失词问题。但是对于中文来说,例子中的"餐/速"却可能与"餐饮"有一定相似性,而实际语义上八竿子打不着。

另一个主要功能是做文本多分类,其网络结构就是一层 embedding 隐层加上输出层,与 word2vec 的词袋模型很像。一般可以用作文本分类的基础(baseline)模型。使用 FastText 的步骤是比较简单的,主要是准备数据集、清洗数据、训练模型和测试效果四步,英文语料无须分词,中文语料需要分词,当然不分词扔进模型也不会报错,但效果不会好,读者可以思考一下为什么。

```
def filter_stopwds(lines, stopwords, to_file):
    f = open(to_file, 'w', encoding='utf-8')
    for line in lines:
        line = line.strip('\n')
        arr = line.split('\t')
        if len(arr)<2:
```

```
            continue
        segs = jieba.lcut(arr[1])
        segs = filter(lambda x:len(x)>1,segs)
        segs = filter(lambda x:x not in stopwords,segs)
        f.write(arr[0]+"\t"+" ".join(segs)+"\n")
...
classifier = fasttext.train_supervised(corpus_train_path, lr=0.1, dim=100, epoch=10, minCount=1, wordNgrams=2, loss='softmax', label="__label__")
classifier.save_model(model_file)
precision_and_recall(corpus_train_path, corpus_test_path)
```

模型不做任何调优的效果如下，可以看到，即便如此，效果还是不错的。

```
# 训练集效果
pos   precision: 0.9796029371770465   recall: 0.9774762550881954   F1: 0.9785384406411302
neg   precision: 0.9886456908344733   recall: 0.9897288414133114   F1: 0.989186969614016
# 测试集效果
pos   precision: 0.7430340557275542   recall: 0.7766990291262136   F1: 0.7594936708860759
neg   precision: 0.8980797636632201   recall: 0.8798842257597684   F1: 0.8888888888888888
```

FastText 模型除了以软件包的引用方式使用，还提供了可执行程序的工具化使用方式。从 Github 上将源码复制到本地，然后 make 编译生成一个可执行文件 fasttext，执行即可打印出使用说明。

```
./fasttext
usage: fasttext <command> <args>



The commands supported by fasttext are:
```

```
supervised           train a supervised classifier
test                 evaluate a supervised classifier
predict              predict most likely label
predict_prob         predict labels and probility
skipgram             train a skipgram model
cbow                 train a cbow model
print-vectors        print vectors given a trained model
```

选择不同的功能选项，执行即可看到该功能的参数说明。此外，FastText 模型因为在计算效率上做了很多优化，其优秀的性能因素往往是在企业中大量使用的重点考量点。

2）BERT 模型

比起 FastText 这种轻量级模型，BERT 模型就显得很重了，虽然笔者相信以后一定会出现轻量版，但至少目前的版本不是谁都可以随便跑起来的。BERT 模型是谷歌在 2018 年 10 月发布的语言表示模型。它是基于 Transformer 的双向编码表示模型，关于它的原理和网络结构，读者可以翻阅论文和大量的文章介绍，此处不再赘述。使用 BERT 模型可以采用预训练＋调优的两阶段式方法。现在通过一个简单例子来看一下如何使用它去做分类任务。

（1）下载模型代码。从 https://github.com/google-research/bert.git 下载模型代码。

（2）下载预训练模型。针对不同语言和模型大小，谷歌提供了多个训练好的 BERT 模型版本。因为我们的例子是中文场景，所以选择使用 BERT-Base, Chinese: Chinese Simplified and Traditional, 12-layer, 768-hidden, 12-heads, 110M parameters 这个版本，找到对应的预训练模型，下载到本地。

（3）检查环境准备数据。检查 Python 环境和 TensorFlow 版本。然后准备数据集，这里选用了某外卖平台的评论数据集，每行代表一个样本，由一个标签加一个 tab 加上文本组成，数据集按 7∶2∶1 分为训练集（train.tsv）、验证集（dev.tsv）和测试集（test.tsv），放在专门存放数据的目录下。

（4）编写 DataProcessor 类。在 BERT 代码的 run_classifier.py 文件中，已经给出了 ColaProcessor、MnliProcessor、MrpcProcessor、XnliProcessor 四个例子，我们依葫芦画瓢再增加一个 NewTaskProcessor：

```
processors = {
    "cola": ColaProcessor,
    "mnli": MnliProcessor,
```

```
    "mrpc": MrpcProcessor,
    "xnli": XnliProcessor,
    "newtask": NewTaskProcessor,
}
```

然后仿照其他 Processor 类的实现，新增一个 NewTaskProcessor 类，需要注意 _create_examples 方法中的变化，因为数据文件格式是 label\tcontent 的形式，且任务是进行二分类，所以在提取数据时不需要 text_b 参数，传 None 即可。

```
class NewTaskProcessor(DataProcessor):

    def get_train_examples(self, data_dir):
        """See base class."""
        return self._create_examples(
            self._read_tsv(os.path.join(data_dir, "train.tsv")), "train")

    def get_dev_examples(self, data_dir):
        """See base class."""
        return self._create_examples(
                self._read_tsv(os.path.join(data_dir, "dev.tsv")),"dev")

    def get_test_examples(self, data_dir):
        """See base class."""
        return self._create_examples(
            self._read_tsv(os.path.join(data_dir, "test.tsv")), "test")

    def get_labels(self):
        """See base class."""
        return ["0","1"]
```

```python
    def _create_examples(self, lines, set_type):
        """Creates examples for the training and dev sets."""
        examples = []
        for (i, line) in enumerate(lines):
            if i == 0:
                continue
            guid = "%s-%s" % (set_type, i)
            text_a = tokenization.convert_to_unicode(line[1])
            label = tokenization.convert_to_unicode(line[0])
            examples.append(
                InputExample(guid=guid, text_a=text_a, text_b=None, label=label))
        return examples
```

（5）训练，代码如下。

```
export DATA_DIR=/../bert-master/bert_train_data
export BERT_BASE_DIR=/../chinese_L-12_H-768_A-12
export OUT_DIR=/../bert_train_out
python3 run_classifier.py \
--task_name=newtask \
 --do_train=true \
 --do_eval=true \
 --data_dir=$DATA_DIR/ \
 --vocab_file=$BERT_BASE_DIR/vocab.txt \
 --bert_config_file=$BERT_BASE_DIR/bert_config.json \
 --init_checkpoint=$BERT_BASE_DIR/bert_model.ckpt \
 --max_seq_length=128 \
 --train_batch_size=32 \
 --learning_rate=2e-5 \
```

```
--num_train_epochs=3.0 \
--output_dir=$OUT_DIR
```

启动脚本后，根据自身机器性能的不同，等待时间长短不一，执行成功后得到如下结果：

```
INFO:tensorflow:***** Eval results *****
INFO:tensorflow:  eval_accuracy = 0.91695845
INFO:tensorflow:  eval_loss = 0.2599603
INFO:tensorflow:  global_step = 842
INFO:tensorflow:  loss = 0.25984725
```

然后可以在输出目录中看到 fine-tune 之后的模型文件，预测的时候就可以使用它了。

（6）使用预测，代码如下。

```
export DATA_DIR=/../bert-master/bert_train_data
export BERT_BASE_DIR=/../chinese_L-12_H-768_A-12
export MINE_MODEL=/../bert_train_out
export OUT_DIR=/../bert_train_out
python3 run_classifier.py \
--task_name=newtask \
--do_predict=true \
--data_dir=$DATA_DIR/ \
--vocab_file=$BERT_BASE_DIR/vocab.txt \
--bert_config_file=$BERT_BASE_DIR/bert_config.json \
--init_checkpoint=$MINE_MODEL/model.ckpt-842 \
--max_seq_length=128 \
--output_dir=$OUT_DIR
```

如果除了文本特征还要配合其他用户行为属性，可以使用 BERT 模型输出句子向量，作为特征输出到下游模型。可以使用 bert-as-service（可以在 GitHub 上找到）比较方便地实现这个功能，当然离线场景直接使用上面的 do_predict 预测就可以。按照 bert-as-service 的官方说明安装完相应的软件包之后，在 Server 端启动服务，加载 fine-tune 之后的模型，然后在 Client 端就可以调用了。

```
from bert_serving.client import BertClient
bc = BertClient()
bc.encode(['服务很不错,送得很快,半小时不到就送来了', '难吃,不给
发票',…])
```

需要注意的是,这个服务的性能跟很多参数有关,比如支持的句子最大长度、每次请求的最大句子数量、worker 数量等,需要根据实际情况调整。

关于 BERT 模型在生产环境的大规模使用,存在至少两个明显的问题,一是需要 GPU 机器的支持;二是中文环境里需要对模型的细节进行改造,虽然官方提供了中文版本,但它是基于字符级别的,对中文并不友好,这与 FastText 的 subwords 一样。关于这部分内容,欢迎有兴趣的读者朋友联系我深入交流。

6.9 物流作弊 <<<

物流在电商、O2O 和新零售业务中扮演着线下闭环的重要环节,很多作弊案件想要顺利实施,都需要考虑物流的问题,因此本节把物流作弊单独拿出来介绍。在本章介绍的八个场景中,物流作弊较为特殊,不能非常清晰地将其划分为拉新或留存中的风险,但由于这个闭环的过程跨越时空,所以互联网的很多生活服务在做营销活动时,如果黑灰产想要作弊,物流总是一个不太好绕过去的关卡,这就为反作弊的分析提供了线索。

本地生活服务的特点是需要开启定位功能,无论用户还是配送员——这有利于分析轨迹数据,这是物流的特点之一。另外一个特点则是完成物流环节需要的时间较长,短则几十分钟,长则数天。物流作弊一般包括几种常见的类型:

- 缺失实际的线下物流环节,如打车场景里司机伙同刷单用户作弊,司机接单实际并不送,不存在真实的乘客。
- 空单,有物流环节但实际没有配送任何东西。
- 存在真实的物流环节,有实际配送,盯上的是其他东西,比如刷运费险,瞄准的是赔付金额与快递费的差价。

6.9.1 背景

在早些年的外卖业务初期,存在外卖骑手伙同商户联合刷单的现象,以及线上点外卖、线下堂食的现象,分析数据就会发现,这种场景的骑手配送轨迹明显异常,往往是点、直线线段或几条折线,单均配送时长很短。在打车业务初期也存在类似问题,司机团伙互下单,

但不接不送,或者单均用时很短。所以,读者在这里会看到,所谓物流作弊只是一个过程。

跟物流作弊有一定关系的还有一类场景,即刷运费险。运费险本是电商平台联合保险公司推出的一种解决用户退换货不愿承担运费的手段,但在早期被黑产钻了空子。黑产通过开设或购买网店,使用小号虚假下单、发货、退货、确认收货再申请退货的方式进行刷单,以骗取保险公司赔付的运费险,如果将收货地址设置在偏远的内蒙古、西藏等地,每单可以获得高达 20 元的理赔金额。即便真的通过物流发单,在量大多销的情况下,可与快递谈成每单运费成本 3~6 元,其间利润依然很大。在这个过程中,物流环节依然是很重要的判断因素,表现为收货地址、物流时间、IP 地址或定位以及物流的中转过程等各方面的异常。

6.9.2 技术手段

根据物流数据的时空特点,结合背景中介绍的情形来看,识别物流作弊的抓手主要在时间和空间上。

- 时间方面可以从单均配送时长来对比分析,但这个粒度比较粗糙,一般可以借助预估的送达时间来对比时长差距,以及配送路程上的停顿情况;而在预估时间的计算上,除了配送距离因素,还需要考虑是电动车还是摩托车,如果可以获得导航数据,还能够计算拥堵耗时,以及在红绿灯路口的等待时间。

- 空间方面则可以分析采集的轨迹点个数、按导航计算的路线长度,收货地址的重复出现次数等。

这类问题采用规则策略就可以起到较好的检测效果,无须复杂的算法过程,但是在计算和存储上较为耗资源。另外,时空数据配合轨迹回放的可视化系统,可以更加直观地发现异常。如图 6.38 和图 6.39 所示的两条轨迹,图 6.38 表示下单和配送地为同一地方,图 6.39 表示配送距离超过 3 万米,两者均为异常轨迹。

图 6.38 异常配送轨迹(1)

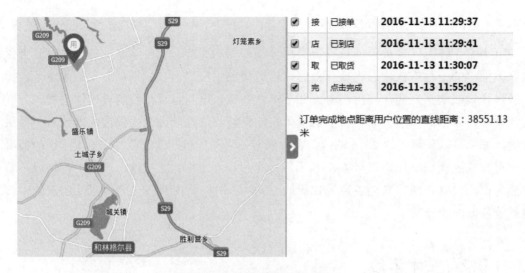

图 6.39 异常配送轨迹（2）

6.9.3 案例

下面分别以外卖和打车中的骑手和司机作弊为例，来剖析与物流轨迹相关的异常。外卖中，骑手在用户下单被商家确认后会收到派单通知，确定是否接此派单，送完手中的外卖随后去商家取餐，然后再送达用户手中。这个过程在骑手使用的 App 上分别对应了接单、到店、已取餐、已送达几个操作。这里面常见的异常情况有：

- 自下自接，伙同商户，不实际配送。
- 跟单，跟着实际用户的单自下单，同一地址，不配送。
- 某时段内只接特定人的订单，不配送。
- 改派异常，无配送轨迹，订单由系统派给某个骑手后可由调度站长手动改派他人配送。

一条订单正常的配送轨迹是，先到商家处取餐，而后送到用户手中。考虑到对骑手配送时效性和服务态度的要求，骑手一般在距离用户很近的位置才可以确认送达。因此轨迹采集的确认送达位置理论上应该距离用户很近，另外取餐位置距离商户很近。因此常用的策略规则有：

- 骑手取餐位置坐标与商家坐标之间超过某距离。
- 骑手送达位置坐标与用户收餐坐标之间超过某距离。
- 轨迹打点之间的导航距离之和过小。
- 配送时长过短。

图 6.40　异常配送轨迹（3）

通过几条简单策略便可以发现非常明显的异常轨迹，图 6.38~图 6.40 都是此类问题，图 6.40 则是取餐和配送都偏离商家和用户的情况。

在打车业务早期，司机刷单严重，司机互刷和小号下单现象明显。一条打车订单的流程与外卖类似，不过早期是抢单模式，司机接单后需要行驶到乘客位置处，接上乘客然后送往目的地，确认完成订单，用户支付。为了找出这种作弊司机，轨迹上常用的策略有：

- 司机接单后某段时间内，行驶轨迹的导航距离之和未超过某距离。
- 司机接单后某段时间内，没有从乘客位置到目的地的轨迹。
- 司机接单后没有从接单位置到乘客下单位置的轨迹。
- 司机接单后，从乘客角度来看，除了乘客下单地的坐标，没有乘客的其他轨迹坐标。
- 乘客一天内前后两个相邻订单的出发地址相同，且时速超过一定阈值。

从策略内容上看，与外卖的轨迹策略存在类似之处。虽然时空数据是一种比较复杂的数据，但是反作弊的使用方式较为简单，而且事半功倍，效果显著。

6.10　分角色治理 <<<

从前面几节的内容可以了解到，大部分场景里不是一个单纯的用户角色在作弊，而是商户、司机、销售人员、商务人员、媒体、骑手等角色都在参与，可以说用户只是实现作弊的棋子而已。为什么要分角色治理呢？笔者认为有两点原因：

（1）更容易理清利益方，找到作弊动机，抓住主要矛盾。

（2）更容易从总体打击，便于管控。

业务模式往往都是多角色参与，按角色分析问题可以理清业务逻辑关系，看清其中的利益空间，方便抓住主要矛盾。比如电商中的用户和商户，单独一个用户只有薅羊毛的动机，而一个商户在平台的目的是盈利，从正常角度考虑，用户只关心能不能买到物美价廉的东西，商家关心销量涨跌、利润大小、排名升降等。

那么就要分析了，用户刷单这件事情从本质上来讲，谁是主谋呢？谁有动机和利益呢？很明显，**商户的动机大过用户的**。如果我们把所有力气都花在识别用户是否作弊上，无论多么准确，也无法有效打击，因为即使封禁了一批又一批的用户，还会有更多的用户。但是，如果把目标瞄准商户，打击作弊的商户，使其因此而受损或徒劳无获，甚至引导其往健康的方向发展，那么效果就会好很多。

图 6.41 描述的是笔者在外卖平台的实践，以商户为中心，分别识别它在刷量、刷补贴、刷好评、虚假店方面的可能性，并针对识别的结果进行不同层级的处罚，支持对处罚有异议的商户提交材料进行申诉。作弊严重的商户面临封号不结算的处罚，轻微的则要警告通知整改，并降低商户在搜索结果中的排名。整个过程形成一个闭环，明确地告知商户做哪些事情会导致哪些不好的结果，是很有利于综合治理的。而对于用户侧的管制，则采取了常用的实时规则引擎做法，配合离线的算法挖掘，对有作弊嫌疑和命中风控规则的用户采取轻重不同的限制措施。用户和商户分别进行管制，两者紧密结合，缺一不可。

图 6.41 外卖商户风控

在广告场景里涉及用户受众、广告主、广告平台和媒体等多方，如果反作弊始终从用户视角来做，效果一定不会太好，这时候就适合采用分角色治理的思路，按渠道、媒体、广告位、KOL 来切入，尤其是在联盟和短视频 KOL 营销场景。联盟是一种很好的补量渠道，尤其受中小媒体喜爱，但往往也容易滋生虚假流量和无效流量。从利益动机角度看，媒体有最大的刷量动机，因此我们会看到广告平台除了在用户流量侧实施反作弊，还会通过类似媒体质量评分的工具约束媒体，严重者封号冻结结算，轻者扣除一定比例的利益分成。这本质上与外卖商户风控无异，都是把流量切到某一个维度上，挖掘这个维度下的总体异常表现，而单流量的反作弊则通过实时规则引擎来管控，同时也结合流量所属的用户维度下的综合表现。

所以从技术上看，分角色治理其实是在确定流量要在什么字段上聚合，从业务上看，是在决定谁是最大作弊动机方，也就是主要打击对象，而用户流量都只是表象，流量在数据层面只是最基础的底层数据，单条流量能用来反作弊的信息量太少。更何况，如今的作弊方式已从此前的虚假演变成了真人、真实流量，但就是无效流量。以某头条为代表的一系列内容资讯产品开启了网赚模式和社交裂变手法，它们大都接入了头部的广告联盟，以广告收益大于用户奖励作为商业盈利模式。这些资讯产品的流量里有原始虚假流量，更有大规模的无效劣质流量，靠单流量和单用户层面的识别效果较差，更适合在媒体总体表现上给予反馈。

分角色治理是系统性防御的重要一环，往往在事后环节进行，这里存在一个默认前提，即业务场景是支持 T+n 天结算周期的，这样事后打击才会有效，损失才可以追回。

第7章
评估：损失与收益的平衡

　　了解了黑产的背景，研究了黑产在数据方面的特点，于是有了相应的对策，可是对策到底能起到怎样的效果呢？这就需要评估。相信很多人都会遇到灵魂三问，尤其是不熟悉风控的人更容易问到的三个问题：风控策略的准确率是多少？召回率是多少？总的风险量有多少？想要回答这几个问题绝非易事，这就是评估要做的事情。而要评估一件事情做得好与不好，就需要有评价标准和计算方法。这就是本章要讲的内容。

7.1 评估的意义和困难 <<<

为什么需要评估？原因有以下三点：

- 需要知道一条策略是否有效，需要知道一个模型的泛化能力，需要了解如果上线，影响是什么，上线后的实际影响又是什么。
- 需要知道做了一系列风控动作的总体效果，并根据评估结果决策后续的改进方向。
- 业务人员和老板都需要知道效果，需要了解风控带来的损失和收益，需要决策。

所以，评估的意义就是要清楚了解效果，无论是一个具体策略动作的效果还是整个风控工作的效果，无论是正面效果还是负面效果。

评估可以分为定性评估和定量评估。根据印象、口碑、专家经验、负反馈、特殊案例以及不确定数据形成的认知等，对风控效果作出的判断可以称为**定性评估**。例如，某自媒体记者为调查几家电商平台的反刷单能力，购买了刷单教程后，分别在 A、B、C 三家平台体验测试，结果在 A 平台刷单成功，以此认为 A 平台的风控能力最差。再比如你的老板因为一个大客户反馈了一个作弊现象，以此认定反作弊工作没做好。这些都属于定性评估，定性评估存在主观性，无法保证客观真实。运用数量指标作出的、比定性评估更加客观的判断，称为**定量评估**。本章主要侧重定量评估的介绍。

评估效果需要有指标、有参照，即在哪些指标上达到什么程度才算优秀；评估还需要依据统计数据，即样本，而评估的困难主要来自样本的真实标签不易获取，尤其是黑标签。在绝大部分的互联网场景里，用户作弊与否的标签都是非常难拿到的。大部分作弊者的行为与正常用户行为差别没有明显到一眼看穿的程度，或者因为拿到的数据太少无法准确判断是否作弊，所以多处于拿捏不定的情况，另外实施作弊行为获取利益之后可以不再出现，无法靠进一步的线索加以判断。而风控和反作弊的判别模型都是二分类模型，没有真实标签，便无法训练和准确评估。因此，长期以来，摆在评估面前的困难便是无法获取足够多带有真实标签的样本。

为了使得评估能够尽可能逼近真实情况，人们开始了各种探索，一是寻找不需要样本标签的评估指标和方法，比如以可疑群体与大盘在某些白性特征上的效果对比来衡量总体性好坏；二是寻找能够获取尽可能多样本的方法，比如采用专家经验、人工审核或者实际调查暗访等手段。在实际中你会发现，这两种情况一定同时存在，我们会想尽办法地采集到一定量的黑白样本，同时也在探索着让整体系统的输出更有区分度更准确的北极星指标。

7.2 评估指标

确定了指标，可以对比不同模型的差异，可以指导优化方向。分类和回归问题，有不同的评价指标，这里主要侧重分类问题。尽管不同业务模式区别很大，但因为不同业务模式的风控和反作弊技术大同小异，所以在评估指标上从业者都会采用一些通用指标，比如精准率（Precision）和召回率（Recall），这两个指标是同时可以作为评估单条策略、单个模型以及整个系统输出的评价指标。但是在很多情况下，样本集的获取是一个难题，接下来以是否有明确的样本集为区分，来看一下具体的评估指标和方法。

7.2.1 有明确样本集的评估

以精准率和召回率为中心，有一系列周边相关指标用于辅助参考，或者作为同等效用的指标，但表达方式和计算口径不同，主要包括混淆矩阵、TPR、FPR、ROC 曲线、PR 曲线、AUC、AP、F1-Score、KS、Lift 值等。

1）混淆矩阵

混淆矩阵如表 7-1 所示，实际就是一张表格，在评估的样本集上，分别统计出四个值：

- 预测为正、真实为正的样本数量，即 True Positive（TP）。
- 预测为正、真实为负的样本数量，即 False Positive（FP）。
- 预测为负、真实为正的样本数量，即 False Negative（FN）。
- 预测为负、真实为负的样本数量，即 True Negative（TN）。

表 7-1 混淆矩阵

样本数	真实为正	真实为负
预测为正	True Positive（TP）	False Positive（FP）
预测为负	False Negative（FN）	True Negative（TN）

然后将这四个值填入表 7-1 中，即所谓混淆矩阵，然后以此为基础，可以计算很多指标了。

2）精准率

精准率表示为 P=TP/(TP+FP)，即所有预测为正的样本里是真正的比例，也就是系统预测对的比例，我们希望这个指标越高越好。

3）召回率

召回率表示为 R=TP/(TP+FN)，即所有真实为正的样本里系统预测对的比例，我们也希望这个指标越高越好。

4) 准确率

准确率表示为 Acc=(TP+TN)/(TP+FN+FP+TN)，即系统判断正确的样本数占总样本数的比例。

5) F1 值

F1 值表示为 F1-Score=2PR/(P+R)，它是精准率和召回率的一种调和平均，让两者同时最高取得平衡。

6) 宏平均与微平均

宏平均是先对每一种类别统计指标值，然后再对所有类别求算术平均值。因此宏平均同等对待每一个类别。

$$Macro\_P = \frac{1}{n}\sum_{i=1}^{n} P_i$$

$$Macro\_R = \frac{1}{n}\sum_{i=1}^{n} R_i$$

$$Macro\_F = \frac{1}{n}\sum_{i=1}^{n} F_i$$

微平均是对数据集中的每一个样本不分类别地进行统计，建立全局混淆矩阵，然后计算相应指标。因此微平均同等对待每一个样本，数量多的类别占优势。

$$Macro\_P = \frac{\overline{TP}}{\overline{TP} + \overline{FP}}$$

$$Macro\_R = \frac{\overline{TP}}{\overline{TP} + \overline{FN}}$$

$$Macro\_F = \frac{2 \times Micro\_P \times Micro\_R}{Micro\_P + Micro\_R}$$

当类别间的样本比例悬殊时，微平均和宏平均就会表现出差异。一般来说，想要更关注样本少的少数类就注意宏平均。

7) 真正率与假正率

真正率表示为 TPR=TP/(TP+FN)，即召回率，也叫灵敏度。

假正率表示为 FPR=FP/(FP+TN)=1-TN/(FP+TN)，即表示实际为负的样本有多少比例被预测为正了，其中 TN/(FP+TN) 又称为特异度，是相对于召回率从标签对立面来说的。

8) ROC 曲线与 AUC

混淆矩阵隐藏了一个问题，即没有体现预测结果进行二分类的阈值是多少。假设为 0.5，那么大于 0.5 的，认为是正类；小于 0.5 的，认为是负类——也就是说混淆矩阵是在固定了一个阈值的前提下得到的，阈值不同，矩阵便不同。

而 ROC 曲线则可以认为是很多个阈值下混淆矩阵的结果组合。把模型预测结果从高到低排序，每个结果依次作为阈值，得到多个混淆矩阵。假如阈值设定为 0.7，那么计算出此时的 FPR 和 TPR，标记为一个点，记为 (FPR1,TPR1)；如果阈值定为 0.5，就可以计算出另一个点，记为 (FPR2,TPR2)；以此类推，设定不同的阈值，就可以计算不同的点 (FPR,TPR)。然后以所有的假正率 FPR 为横坐标、所有的真正率 TPR 为纵坐标绘制曲线，即为 ROC 曲线，显然曲线越靠近左上角越好。

AUC 表示 ROC 曲线下方与坐标轴之间的区域面积，并以对角线下的面积（0.5）为参照，对角线表示随机判断的结果，所以 AUC 一般为 0.5~1。

9）PR 曲线与 AP 值

类似 ROC 曲线，以不同阈值下的精准率和召回率分别为纵坐标和横坐标，绘制 PR 曲线，PR 曲线下方的面积用 AP 值表示，PR 曲线越靠近右上角越好。一般来说 ROC 曲线和 AUC 是所有模型的标配，但是在样本不平衡的风控场景里，需要同时参考 PR 曲线和 AP 值，二者更难衡量分类效果的好坏。PR 曲线的两个维度都是以正类为视角的，而 ROC 曲线兼顾正类负类，在正负类比例发生变化时不够灵敏。

10）KS 值

ROC 曲线上的每一点 (FPR,TPR) 代表一个固定阈值下的假正率和真正率，如果以阈值为横坐标，分别以 FPR 和 TPR 为纵坐标，就可以画出两条曲线（即 K-S 曲线），从这两条曲线可以计算出 KS 值。以阈值为横坐标、TPR-FPR 为纵坐标，再画一条曲线，该曲线是一个凹函数，存在极大值，取极大值时就是 KS 值：KS= max(TPR-FPR)，也即两条曲线之间的最大间隔距离。

通过 K-S 曲线和 KS 值，能够比较直观地找到使得模型输出最有区分度的一个阈值，所以在评分卡中常使用，但 KS 值不能反映所有阈值区间的情况，所以要结合着 K-S 曲线用。此外，KS 值还有另外一种计算方法，在第 5.3.1 节提到过，即将所有样本的分值排好序后，分组计算每组的累计坏样本数、实际总坏样本数、累计好样本数、实际总好样本数，进而得到累计坏样本数占比、累计好样本数占比以及差值，差值最大值为 KS 值。

11）Lift 值

Lift 值衡量的是，与不利用模型相比，模型的预测能力好了多少，它的计算公式如下：

$$Lift = \frac{\frac{TP}{TP+FP}}{\frac{TP+FN}{TP+FP+TN+FN}}$$

在不用模型的情况下，以先验概率估计正例的比例，即公式的分母部分；运用模型后，再看预测为正例的样本集合中有多少是真正例；两个比例相除就是提升值 Lift。通常把打分结果从高到低或从低到高排序，按 10 等分分组，计算每组内的样本数、坏样本数、模型捕捉到的坏样本比例、先验的坏样本比例，以及模型和先验在分组累计的坏样本比例，计算二者（模型和先验在分组累计的坏样本比例）比值得到 Lift 值，如表 7-2 所示。

表 7-2 提升表示例

分数段	样本数	坏样本数	模型捕捉的坏样本比例	先验坏样本比例	模型捕捉的累计坏样本比例	累计先验坏样本比例	Lift 值
0.9~1	100	30	0.326086957	0.1	0.326086957	0.1	3.260869565
0.8~0.9	100	20	0.217391304	0.1	0.543478261	0.2	2.717391304
0.7~0.8	100	10	0.108695652	0.1	0.652173913	0.3	2.173913043
0.6~0.7	100	8	0.086956522	0.1	0.739130435	0.4	1.847826087
0.5~0.6	100	7	0.076086957	0.1	0.815217391	0.5	1.630434783
0.4~0.5	100	7	0.076086957	0.1	0.891304348	0.6	1.485507246
0.3~0.4	100	6	0.065217391	0.1	0.956521739	0.7	1.366459627
0.2~0.3	100	3	0.032608696	0.1	0.989130435	0.8	1.236413043
0.1~0.2	100	1	0.010869565	0.1	1	0.9	1.111111111
0~0.1	100	0	0	0.1	1	1	1

根据表格数据，我们可以绘制出以分数段为横轴、以捕捉的坏样本比例为纵轴的提升图（如图 7.1 所示），以及以分数段为横轴、以 Lift 值为纵轴的累计提升图（如图 7.2 所示）：

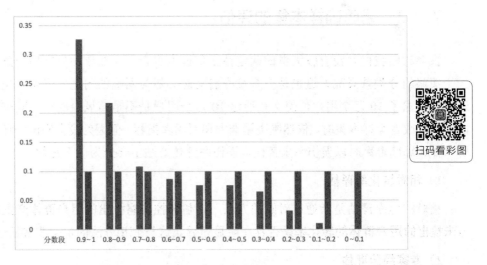

图 7.1 提升图示例

此外，还可以将每个分数段的坏样本比例除以总样本里的坏样本比例，作为 Lift 值。在无法获取样本真实标签的情况下，还可以这样使用 Lift 值：以模型预测的正例在某些行为上的反馈表示 FP，比如预测样本为欺诈用户，但是因为后续该用户的某些行为证实为好用户，以此计算出预测的正例集合中这种样本的比例，然后计算随机情况下有这种行为的用户比例，两者相除，即为 Lift 值。因为概念相反，所以这种情况下的 Lift 越小越好。

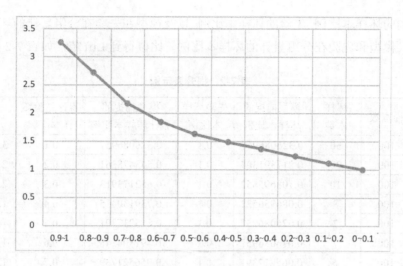

图 7.2　累计提升图

例如，在广告场景中，预测为作弊的用户因为多次充值付费操作，故认为预测错误，假设预测作弊的用户集合里有 5% 的这种情况，而所有样本集合里随机情况下有 10% 发生充值付费，那么 Lift 值为 0.5，显然越小越好。类似地，当采用无监督检测方法识别出的可疑群体转化效果明显低于大盘的转化效果时，检测方法就是有效的。

7.2.2　无明确样本集的评估

很多时候我们并没有较大量的确定性正负样本集合，那么该如何评估一条规则或者一个策略的分类效果呢？这也是在系统冷启动时必然会面临的问题。例如，通过几个筛选条件找出了 10 万个用户，怎么知道这 10 万个用户是不是高风险的？一般来说，无明确样本集或者无样本集时，依然围绕精准率和召回率指标，但因为没有明确的样本集合，所以在计算精准率时以误伤率来替代，误伤率评估方法主要分为以下几种。

1）相对转化率评估

相对转化率评估是指通过对照的方法，评估**风控策略检出的用户群体产生的转化率与未检出的用户群体的转化率**是否存在明显差异。这与 Lift 方法的定义非常相似。

2）专家经验评估

专家经验评估是指借助风控专家的经验，结合统计数据进行的评估。该过程用到的东西比较综合又有主观经验。我们不妨通过一个现实生活中的例子来类比。假设有 10 张面值 100 元人民币，A 检测里面有 5 张是假币，那么现在由你来评估 A 的检测结果，你可能会做的事情有：

- 过一遍这 5 张假币，发现 1 张背面竟然都没有图案，毫无疑问是假币。
- 1 张摸起来软绵绵的，甩起来不响，看不见暗字，肯定也是假的。

- 紫外线灯照射钞票，1 张看不见荧光图案，也是假的。
- 还剩 2 张不确定，1 张拿去买东西，经过验钞机后未报警，是真的；另 1 张拿去买东西，对方摸起来觉得是真的，最终也花出去了。

结论是，这 5 张里确有 3 张假币，1 张真币，1 张不确定但很可能是真币。以上评估过程与评估无样本分类的操作非常类似。

- 背面无图案：这就好比业务规则，具备某一些特征必然是坏样本，无任何争议，在了解业务特点的前提下，这类策略可以直接上线，不需要评估。
- 手摸和暗字验钞：这就好比专家经验，作弊见得多了，发现具备某一些特点就可以下结论，这些特点的"火候"掌握需要靠经验，但是可以总结为标准，成为人工标注的参照。
- 紫外线灯和验钞机：这两个是已知效果的分类器，能力不同，准确率不一样，但可以辅助做评估。
- 拿去买东西：这就好比养号（先不处理），观察后续反应，发现白色性质的特点就可以洗白，发现黑色性质的特点就做黑化处理。

专家经验评估是一个综合性评估，不局限于具体的技术手段，可以使用交叉评估、反馈评估和试探性评估等任何手段。需要说明的是，专家经验并不是主观评估，它需要借助统计数据，比如观察策略给出的风险用户与全量用户在转化率上的差异、用户价值的分布差异、支付方式的分布差异、机型的分布差异等各个属性和行为方面的分布差异来综合判断。

3）交叉评估

交叉评估是指通过多个已知效果的分类器来评估，根据多个结果进行投票的方式来评估当前策略的误伤率。交叉评估存在较大的局限性，尤其在系统冷启动阶段，不同策略的侧重差异非常大，很难借助已知效果的分类器辅助评估，否则新策略的增益过小。

一般还会借助第三方服务来进行交叉验证，可以选择多个三方服务或者具体公信力的三方服务进行验证。

4）反馈评估

反馈评估是指通过用户反馈、客诉、举报等各个渠道的数据综合来看误识别率，这需要在较大数据量的情况下进行，否则只能从侧面大体上反馈误伤率。

5）试探性评估

试探性评估是指在条件允许的情况下，增加对用户的试探性交互，来验证策略的误伤率。例如，在登录验证环节，为识别机器爬虫的策略增加图片滑动验证码，来试探用户的操作响应，以此来验证爬虫识别的误伤率。

6）召回率评估

针对召回率的评估在无样本时更是一个大难题。召回率的评估可以按大致的作弊场景或类型区别对待，例如在某渠道拉新的用户中，99%都不复购，远低于大盘的复购率，那么这些用户大概率是刷单的，针对该场景的召回率就太低；某媒体的广告点击率24小时稳定在3%，那么该媒体有刷量嫌疑，这种场景的召回率也不够。如果想要计算召回率，最大的难题在于召回率的分母，即灵魂三问中的第三问：总的风险量到底有多少？

评估召回率常用的方法有三种，如图7.3所示，本质上都是在回答风险总量的问题。

图7.3　无明确样本集时评估召回率的方法

- 一是通过业务场景的低转化率行为进行评估，例如评估拉新用户中总的风险量，以当日拉新中30日内无留存行为的用户作为总量。
- 二是通过独立于当前系统策略的单独模型来圈定用户评估总量，包括监督学习和无监督学习的模型，以及多种规则策略，因为这种能力要独立于线上具有拦截能力的"杀"系统，所以一般称之"查"系统。
- 三是人工抽样评估、标注和三方交叉验证的方法。前两种方法无论采用哪种方法，还需要不定期继续评估与真实值的差异，但真实值不可知，所以就采用人工抽样评估和三方验证的方法。

方法不是固定的，最终取决于业务，有的业务天然存在确定标签的样本，有的业务天然不存在。因此，在无样本时以及策略上线后，只能借助一些手段进行有偏差的评估，无论采用哪种指标，都以准确率和召回率为中心，进行经验性评估。而A/B测试虽然也可以用于评估，但它在风控领域存在一些局限性，后文再叙。

以上指标可以说是围绕准确率和召回率的技术指标，实际中往往还有很多业务指标，而这些业务多与行业经验密切相关。比如，金融里的指标涉及申请、审批、还款、催收等各个环节，指标多得可以写满一页A4纸，因为它的本质就是在做风险与收益控制；其他大部分互联网业务里的风控或反作弊并不会有这么多指标，例如，广告里面主要关注点击率、转化率、次留率指标，电商里有激活率、购买率、次留率、复购率等。除此外，打扰率、x秒内验证通过率、资产损失量、拦截量等也是一些常见的业务指标。

绝不要忽视业务指标的重要性，因为业务指标是站在业务角度的话术，是**与业务人员沟通的法宝**，风控和反作弊的策略如果不能带来业务指标的提升反而导致业务收入下降，这是会被人挑战的。

7.3 样本来源

以精准率和召回率为核心的评价体系都需要样本的支撑,而绝大部分业务的风控或反作弊在采样上都存在困难,然而样本终究还是要搜集的,这里给出一些常见的搜集样本方法,主要针对坏样本或黑样本的搜集。

- case 驱动搜集:来源于任何渠道的 case 反馈,包括用户/客户投诉、内部团队报的 case、举报等。不要低估这部分的力量,一个 case 可能会引发一类作弊问题的检出。

- 规则提取 + 人工标注:有的规则可以锁定黑样本,并且板上钉钉,准确无误;有的规则可以圈定一个范围,再结合人工经验评估比较容易获得样本。

- 使用无监督方法找出显著异常的群体:常见的方法是使用聚类和社区划分找出异常的离群点和群体,结合各项指标评估这些样本与大盘的差异来进行标签标注。

- 通过监控发现部分流量异常但无法确定时,在能够追踪定位该部分流量的前提下,每次只轻微对抗,"养着"黑产,观察行为:这种方法适用于数据上看起来异常、但并不能确定业务上是否存在此类情况的正常现象,可以采取试探的方式加以验证。例如,在登录过程中如果超过三次密码错误就需要拼图验证码验证,这种风控策略就符合这种宗旨。又如,在抢红包活动中,如果针对异常群体发放的红包金额不超过预估的作弊成本,那么从理论上来说这种作弊的收益是负的,群体中如果继续存在大量这种低金额红包,则可能并非黑产行为。

- 使用蜜罐技术诱捕黑产,例如投放 1 像素乘 1 像素大小的广告:"蜜罐"是指安全领域常用的一种入侵诱饵,借以搜集攻击的证据和信息。因为蜜罐并未提供对用户有任何价值的服务,所以蜜罐上发生的任何行为都是可疑的。蜜罐技术的使用可能会影响系统原有的逻辑和稳定性,有一定的研发和部署成本。

- 在公司内部组建白帽子团队形成内部的黑白对抗,需要白帽子熟悉外界黑产套路:国内组建白帽团队的公司还很少,这是一件比较有风险的做法,因为白帽子很容易转向黑产。当熟练掌握作弊套路,又熟知反作弊策略时,如果不能站在正义的一边,那么所产生的风险和破坏力是最大的。

- 外部合作:购买第三方数据或者与外部团队合作对抗。

- 线上和线下卧底:目的并不是为了获取样本,但是结果利于获取。卧底有风险,实施需谨慎,有线下卧底执行能力的一般是专职提供风控服务的机构。在线上的一些论坛、社交软件群里获取信息有助于了解作弊手段,也可以通过付费购买作弊软件自行研究规律,再使用其他方法获取样本;还可以通过向专门的第三方机构如威胁猎人公司购买情报详细了解作弊手法。

有了采样的方法,还需要有采样评估的系统。在评估的系统建设方面,一般会去建设"查"和"验"系统,来评估"杀"系统的召回率和误伤率,而前述的这些方法大都是"查"系统的组成部分;"验"系统用于评估"杀"系统的误伤率,"验"系统的数据来源多是 case 反馈和转化数据。

7.4 A/B 测试

我们知道 A/B 测试的广泛应用,那么一个风控策略或者算法在上生产前是否需要进行 A/B 测试呢?为了回答这个问题,我们先来看一下 A/B 测试的原理和它要解决的问题。

7.4.1 A/B 测试原理

A/B 测试的统计学原理主要是大数定理、中心极限定理和假设检验。**样本量的选取**基于大数定理和中心极限定理。通俗来讲,大数定理讲的是,样本均值在总体数量趋于无穷时依概率收敛于总体的均值;而中心极限定理告诉我们,在样本量足够大时,样本均值的分布近似于正态分布。为了对比不同的效果,在进行 A/B 测试时需要选定实验样本,多少样本量合适呢?这就可以依据这些定理和检验方法计算出需要的样本量。网站 abtestguide 上专门提供了计算样本量的工具,用 Python 中的统计包计算也比较方便。

选择实验样本进行 A/B 测试后,需要分析数据,检验实验组效果是否真的比对照组效果好,避免一些随机因素导致的偶然情况。在进行假设检验时,我们有两个假设:原假设 H_0 和备择假设 H_1,分别代表 A、B 组没有显著性差异和有显著性差异。

- 当 H_0 为真、H_1 为假时,如果拒绝 H_0,就犯了第 I 类错误,发生这种情况的概率记为 α,我们称 α 为显著性,称 $1-\alpha$ 为置信水平,即 $1-\alpha$ 的概率正确接受了原假设。一般 α 取值为 0.05 或更小的数值。
- 当 H_0 为假、H_1 为真时,如果接受 H_0,就犯了第 II 类错误,发生这种情况的概率为 β,我们把 $1-\beta$ 称为统计功效。

下面看一个例子,以不同交互设计的转化率为例,A/B 测试一周,分别对 10 000 个样本进行测试,效果如表 7-3 所示。

表 7-3 A/B 测试效果

组别	用户数	转化数	转化率
A	10000	800	8%
B	10000	900	9%

首先假设 B 组的效果不如 A 组，然后试图拒绝这个假设，即原假设 H_0：$P_b - P_a \leq 0$，备择假设 H_1：$P_b - P_a > 0$，P_a 和 P_b 分别表示 A 组、B 组的转化率，定义 $X = P_b - P_a$，表示转化差异。由于 A 组、B 组样本符合二项分布，即 $A \sim B(N, P_a)$，$B \sim B(N, P_b)$，N 为样本数量。根据中心极限定理，A 和 B 近似正态分布，那么 X 也近似正态分布，这里用 X 标准化后的随机变量 Z 作为检验统计量：

$$Z = \frac{P_b - P_a}{\sqrt{\frac{P_b(1-P_b)}{N} + \frac{P_a(1-P_a)}{N}}}$$

这里采用右尾检验，当 $Z > Z_\alpha$ 时，拒绝原假设，认为 A 组和 B 组有显著性差异，否则不能拒绝原假设。如果取显著性水平 $\alpha = 0.05$，则 $Z_\alpha = 1.645$，而计算得到 $Z = 2.536$，所以可以认为 B 方案比 A 方案好，实验结束。从这里看出，样本量对检验结果是有影响的，因此需要确定样本量。

A/B 测试多用于判断两个版本哪个更好，当然也可以对比评估多个方案的不同收益，比如最近上线了某个功能，那么究竟会影响多少 DAU？从根本上来说，为什么要进行 A/B 测试呢？这是因为如果直接全量采用 B 方案是有风险的，而为了低成本地衡量采用 B 方案的效果，选择在小范围内进行试验。因此，A/B 测试是从风险和成本的角度考虑的。

7.4.2 风控中的 A/B 测试

在风控和反作弊领域是否需要进行 A/B 测试呢？笔者认为，A/B 测试的方法论依然是适用的，但是要具体问题具体分析。当我们要在风控和反作弊的场景里来讨论 A/B 测试时，问题就会变得有些不同，其原因也在于风险和成本问题。当开发完成一条策略后，究竟是否可以上线，需要评估。实际上开发的过程中就是要基于历史数据进行分析的，影响的范围、产生的收益和损失都可以基于历史数据评估出来。当然，离线基于历史数据的分析并不等同于真实生产环境的效果，A/B 测试可以对比分析策略的效果，但是策略本身就是要减少损失的，而进行 A/B 测试所带来的收益可能远小于策略延迟上线带来的损失。

我们可以按以下两种情形区分对待：
- 如果风控的动作会导致用户的行为链路受影响，建议进行 A/B 测试。
- 如果风控的动作对用户操作无感知，建议染色标记。

例如，要根据一个用户的设备属性和历史行为决定是否针对本次请求下发广告，如果命中策略不出广告，被拒绝的用户就没了后续的广告展现和点击行为了；又如，对于手机号码归属地与当前定位不相符的用户，在下单时增加短信校验，因为增加了额外成本，用户可能放弃下单。这样的情形下，最好进行 A/B 测试。对于满足条件的用户，随机抽取一部分下发广告或者不加校验，以进行对比实验。但这样也会存在问题，如果这部分用户在后续的行为中发生了明确的欺诈作弊动作，那么会直接带来损失。因此需要控制对照实验的比例。

对于风控动作不打扰用户的情形，可在策略开发完成后，在生产环境中以染色的方式标记数据，进而分析真实环境的效果。例如，可以针对有作弊特征的用户在广告计费点（如曝光、点击等）上进行标记，做不计费处理，对用户的操作体验无任何影响。

7.5 损失与收益评估 <<<

风险控制到什么程度合适？反作弊的团队投入应该有多大呢？这是很多团队面临的困惑。如果能够知道做一件事情的收益大于损失，当然也就不是什么问题了。但一般无法明确知道，因此我们才需要进行评估，需要 A/B 测试、需要染色等手段来辅助评估，需要精准率和召回率等指标。

7.5.1 业务损失和收益评估

业务损失的计算是相对比较容易评估的，主要包括两部分：

- 因拦截、封禁等风控动作而减少的直接收入。
- 因未能识别（假阴）以及误识别（假阳）风险而带来的直接损失（如赔偿、补贴等）和间接损失（如投诉、口碑、舆论等）。

因为风控动作而减少的业务收入，可以通过具体的明细数据计算出来，或者通过历史数据以及 A/B 测试预估出来。由于漏召回或误召回而导致的直接损失，可以通过案件的特点、客户的反馈和模型升级后的回溯计算出来，至于投诉、口碑和舆论等不好评估，可以不计。

风控对于业务的收益是非常不好计算的，对绝大多数互联网场景来说都是负向的。以单个 IP 地址策略为例，黑产喜欢利用正常 IP 地址掩护身份，如果封禁一个 IP 地址，那么可以通过历史数据计算出一段时间内该 IP 地址上的用户转化率和业务价值，从而得出一个大致的损失。但是封掉一个 IP 地址并不会带来业务的增收，而是会减少资产损失程度。因此，从风控角度来说，对业务的收益等同于放任风险时业务会导致的损失，但这个损失是否会产生存在一定概率，甚至在很长时间内放任风险的存在会带来业务增收。为了避免扯皮，我们不直接核算对业务的损失和收益，而是考虑为了降低风险（增加收益），引入的误伤和业务损失大小如何权衡，最终还是转化为准确率和召回率的评估问题。

7.5.2 风控视角的损失和收益评估

风控视角的损失和收益评估是指为了降低风险，风控策略引入的误伤和业务损失大小如何权衡的问题。它是在模型和策略的准确率、召回率基础上，结合业务指标，清楚地描述用多少的业务损失解决了多少的作弊/欺诈等问题。解决了多少作弊/欺诈问题，可以通过前述评估召回率的方法来计算；在计算业务损失上，主要计算假阳和假阴带来的业务损失。

要实现损失和收益的平衡，并不是要把损失和收益做到相等，而是要把风险做到可控，代价做到最小。为了能够做到可控，一般都会建立风控评估体系和监控体系。评估体系主要围绕前文介绍的准召率评估，而监控体系可以做到监控但不阻断，灵活控制风险和损失的大小。

举一个监控而不阻断的例子。你一定见过那些用户体验非常糟糕、到处充满了广告的新闻资讯和网赚游戏类 App，它们的业务模式是以红包、金币等激励方式诱导用户点击广告以赚取广告分成，其中存在大量的"用户"使用脚本、外挂和云控手段刷红包和金币，但它们一般不做过多的阻断操作。在这种场景里完全可以只监控不阻断，识别出哪些是刷量用户、哪些是正常用户，进行用户质量分级，不同等级的用户群体投放的广告不同，转化率不同，分成也不同。理想情况下，可以借助不同质量的用户投放不同收益的广告，实现利益最大化。而这些 App 并没有封掉作弊用户的动力，毕竟即便封掉了一部分用户，当它接入到广告平台后，依然还会被过滤掉一部分数据，或者广告平台还不见得能识别出来呢。

7.5.3 实施方法

在实际中对风控结果会有数不尽的争论，如何应对业务人员的挑战和抵触是一个大难题。根据笔者的经验，想要使得业务人员信服，要尽可能绕开单一 case 分析，从业务指标出发，站在业务的角度说话。第 3 章强调要理解业务、清楚业务人员的考核和关注的指标。一般把问题分成下面三阶段。

（1）暴露问题时，从业务指标上对比差异。风控团队想要解决某类风险问题时，需要在解决之前详细分析该问题，计算这部分用户群体的业务指标，如激活转化率、次留率、复购率等指标，同时对比大盘或同等条件的其他群体的业务指标。例如，通过广告营销拉新时，发现某渠道存在虚假量，如果想要过滤虚假流量同时减少在该渠道的预算投入，就需要先说明问题，对比计算该渠道与其他渠道的安装数、激活数、次留率、复购率等指标。

（2）策略研发时，从技术指标上分析效果。这里主要就是围绕准确率和召回率，那么如何做平衡呢？例如，通过离线历史数据，预估过滤掉虚假流量后，某渠道的业务指标是否可以达到除该渠道之外的平均水平？而过滤掉的那部分流量，其业务指标是否远低于平均水平？具体低到什么程度，这个时候可以借助 Lift 值来计算。假设按小于 1 口径来算，在低于 1 的范围内，观察滤掉后的业务指标，如果达到平均水准时 Lift 值小于 0.5，那么值越小说明策略越好；而如果 Lift 值大于 1 才能保证达到平均水平，则说明策略有很大问题，需要优化。

至于对业务的影响，可以通过算一笔账来说明对业务是正向收益。

未加入作弊识别机制时：

- 假设劣质渠道每个用户的拉新成本是 10 元钱，投入了 100 000 元，带来 10 000 名用户。若作弊比例为 50%，则实际是 5000 名真实用户，平均每个用户的成本就变成了 20 元。
- 假设优质渠道每个用户 15 元，投入了 150 000 元，同样带来 10 000 名用户，作弊比例 5%，则实际带来 9500 名真实用户，实际平均每个用户的成本是 15.8 元。
- 劣质渠道和优质渠道一共拉来 20 000 名新用户，实际带来 14 500 名真实用户，花费 250 000 元。

加入作弊识别后，理想情况下：

- 原劣质渠道扣除一半流量，5000 名用户花费 50 000 元。
- 另外 50 000 元转而投入到优质渠道，作弊比例仍为 5%。则 200 000 元会带来 13 000 名真实用户。
- 综合来看，同样的预算可以带来 18 000 名用户，这对拉新的业务来说，收益是正向的。当然这个计算过程是理想化的，因为假设识别无误。

（3）解决问题时，再从业务指标上对比差异。风控策略影响了某类群体后，再次计算业务指标的表现，是否有提升。比如刚才营销增长的例子，针对过滤掉的虚假流量，再次计算安装数、激活数、次留率、复购率指标，对比过滤之前的情况，是否有明显提升；如果将在该渠道减去的预算增加到另一个高质量渠道上，大盘整体的安装数、激活数、次留率、复购率是否比之前有提升。负责增长的销售运营可能会对风控提出问题：为什么报表数据与渠道方数据差别很大？也可能会导出一批数据让风控人员给出具体原因，但是这些都是单一案例（case）问题，应尽量避免就单一案例去查原因，而是给出整体性解释。毕竟很多问题在风控介入后，效果指标是会变好的，如果没变好，说明策略不给力，方向有问题，再或者，对比计算的角度有问题，若因为这个原因被其他部门挑战就比较冤枉了。

有了上面这三个阶段的数据做支撑，风控的介入对业务的利弊是非常明显的，而至于单一的特殊案例，可以拿来当作发现程序 bug 和改进策略的线索了。实际上，如果条件允许，风控带给业务的损失和收益，最好交由业务团队来定目标、掌握平衡，这样会省去很多沟通的麻烦。

第 8 章

管理平台：直观的可视化工具和管控工具

　　智能风控系统一定离不开一个功能健全的驾驶舱，就好比一辆汽车不能没有驾驶舱一样。它除了有丰富的功能操作入口，还有漂亮的仪表盘。而生活中有些人之所以选择某款车，竟也有可能只是觉得驾驶舱功能齐全。管理平台就是风控的驾驶舱。

8.1 管理平台的重要性

这里说的管理平台（也称可视化平台，或简称平台）是指有 UI 界面的管理工具，表面上它只是 Web 页面，实际上后台却需要很多事情的支撑。管理平台是一个完整解决方案的窗口，集操控功能、效果看板、监控预警、案例详情以及审核流程等多功能于一体，全方位、多角度涵盖了风控、反欺诈/反作弊的综合服务。为什么一定要有管理平台？简言之，管理平台可以大幅提高效率，例如下面这些场景你一定会在风控工作中遇到：

- 情报人员发现口子，需要紧急上线策略堵住它。难道要临时开发吗？只需要在规则引擎的配置化界面上配置一下就可以添加上线。
- 老板问你最近风控的效果如何。风控的效果包括哪些指标？每个都要现跑数据吗？只需要给老板一个看板链接就够了，想要的指标都在里面。
- 运营人员反馈了一个客户数据异常的案例，原来是客户被风控系统识别为作弊，导致收入受到影响，客户很是生气，运营人员想要了解原因。需要临场跑数据吗？只需要根据客户的 ID 在平台中查询一下，各种异常说明就都有了。
- 收到监控报警，某媒体流量拦截率突增。如果没有各项指标的监控看板，如何定位问题？
- 模型对某个商户的作弊概率打分为 90%，需要知道是哪些方面导致的。如果没有一个直观的可解释呈现，你会一遍遍重复分析，结果可能是吃力不讨好的。

以上种种都是在风控工作中会遇到的正常现象。管理平台不是面子工程，它确实能够解决实际的难题，大幅提高工作效率。即便是日常的工作汇报，长期以来，风控也面临着汇报难的问题。原因有二：

- 准确率和召回率是风控的基础技术指标，但是计算需要样本，而样本量不足是一个难题，所以无法给出精确的准召率，易被单一的坏案例挑战，第 7 章讨论的就是量化问题。
- 技术指标只是向上汇报的基础指标，何况风控的业务属性很重，因此风控对业务的影响是向上汇报的关键，汇报的重点是风控的影响效果，以及做了什么努力、获得什么能力，而平台可以很好地解释这些。

如果用一个比喻来描述管理平台的能力，就好比小说中描绘地那样：报告，前方发现敌情，我部具有地空打击能力，是否启动打击，请指示。

8.2 可视化看板 <<<

古语云"知彼知己,百战不殆",可视化看板正是要把"彼"和"己"呈现出来。"己"的部分展现风控具备的能力和打击效果,"彼"的部分则展现黑产的特点。当然我们并不会割裂地去呈现彼和己,一般是同时呈现。根据面临的业务不同,可视化平台呈现的具体内容差异很大,这里面的共性从大方面讲主要是**大屏看板**和**案例详情看板**,分别代表了对**总体**和**个体**的洞察。

1. 大屏看板

大屏看板能围绕风控拦截的效果进行各维度的分布展示,并能展示风控关注的各项业务指标和同环比变化情况。如图 8.1 所示,该大屏看板展示的是某电商平台的风险数据大盘,该图与笔者从事的外卖风控监控大盘类似,包括拦截次数、阻止的交易额、风险地域分布、各端风险比例分布以及黑产集中的商品商户等。

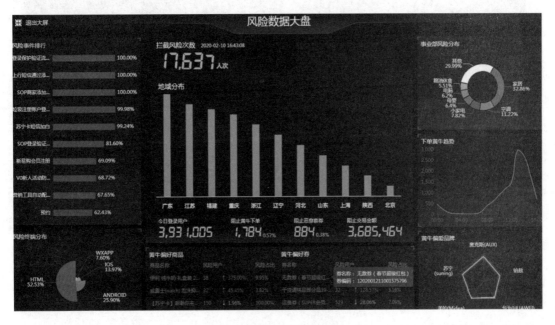

图 8.1 某平台大屏看板

在 12306 的监控大屏看板中,有一块区域是专门的风控实况部分,它的监控内容里同样有风险地域的分布、拦截次数、终端风险比例,此外还有策略命中的分布和异常 IP。

图 8.2 为某广告平台反作弊效果大屏看板,因为具体数据较为隐私,故以示意图形式呈现,图中包括了拦截比例和变化情况、媒体和广告位分布以及准确率指标的变化趋势等。

从这些监控大屏看板上可以看到,虽然业务不同,但是关注的效果内容都是围绕风控拦截量比、拦截的黑产特点分布(如地域分布)和黑产类型分布(与之对应的是命中的策略分布)。归根结底,就是通过直观的可视化页面把黑产的情况和防御的效果描述清楚,即"彼"和"己"。更通俗地讲,大屏看板要做的事情就是回答所有人都关心的灵魂三问,即:**准确率是多少?召回率是多少?作弊总量有多少?**但实际上内行人都知道,要回答好这三个问题并不容易,而对于不了解风控的人来说,这三个问题往往被看作最基本的问题。大屏的可视化就是在试图回答这三个问题,而且以一种主动带入的方式避免直接回答,因为,它确实不好回答。

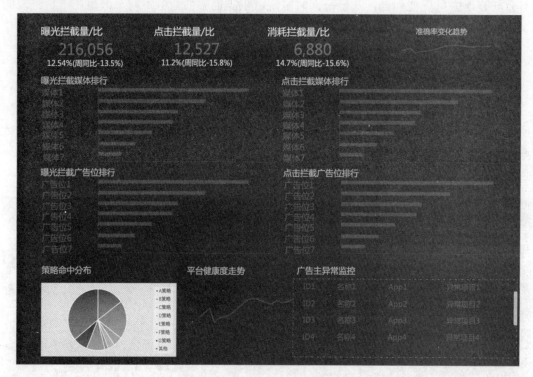

图 8.2　某广告平台效果大屏看板示意图

总体洞察上,除了效果大屏看板,还有很多导航性质的汇总页看板,这种看板是建立在全部个体数据之上统计出来的头部数据、分布数据、变化显著的数据,侧重关注大盘中各维度统计口径下排在前面的极值情况,这是最重要的一条,即总体看板侧重各个维度下的**极值**,例如:

- 健康度得分从低到高排序的前 20% 商户。
- 得分低于 50 分的商户所属城市分布。
- 使用补贴从多到少排序的前 10 家商户。
- 订单数量从高到低排序的前 10 家商户。

2. 案例详情看板

大屏看板是一种总体呈现,而案例详情看板则是局部呈现,它是指对一个**实体**(用户、商户等)的风险刻画,包括不限于模型打分、风险级别、模型解释、静态基础信息、动态指标信息以及多维度的风险指标信息等,其中:

- 静态基础信息包括不限于账号 ID、手机号、证件号、年龄性别、注册时间、常用设备、机型、常驻地等。
- 动态指标信息包括不限于周活天数、月活天数、最后一次活跃时间、最后一次订单金额、月订单量以及各类指标在时间上的分布等。

这些与用户画像的常见标签无异，如图 8.3 所示，其中健康度由模型来打分，风险级别为低风险（图中为低风险，以颜色为区分，分为高中低三个级别），模型解释部分以命中的主要策略来呈现，最重要的部分则是**风险指标信息**和**模型解释部分**。

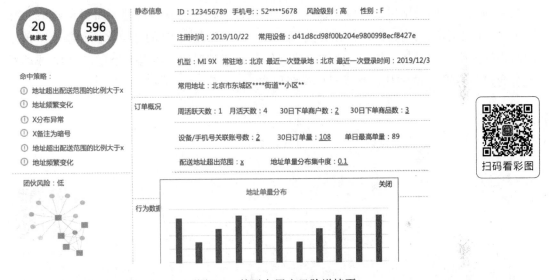

图 8.3 某平台用户风险详情页

大部分的风险指标信息与产品业务强相关，少部分是设备维度和聚集性团伙性的指标。如笔者从事的**外卖**业务中常见的风险指标有：

- 一段时间（天/周/月）内的下单商户数、浏览商户数、加购商户数。
- 一段时间内的下单间隔。
- 一段时间内的下单支付方式。
- 订单使用优惠券比例。
- 5 元以上优惠券比例。
- 订单金额超出优惠满减门槛的多少。
- 不同地址数、跨城数。
- 收货手机号与绑定手机号的一致性。
- 是否为小号。
- 手机号关联设备数、账号数。

- 是否存在团伙，团伙中黑号比例，传播的风险概率。

风险指标信息的威力在于维度升级和对比。

维度升级是指将风险指标由个体上升到群体层面，这样更容易发现异常。如从用户到商户维度，那么风险指标就变成了一段时间内仅在该商户下单的用户比例、下单间隔小于某值的用户比例、某支付方式的用户比例、使用优惠券的订单比例、异地跨城订单比例、手机号不一致的订单比例，等等。

对比是指单看一个维度的各项指标未必能看到异常，只能靠经验；而如果能对比同比、环比、同地域、同类别以及大盘，那么看一项指标往往就能发现问题。如图 8.4 和图 8.5 所示（两图的横轴均为日期，纵轴见图题），某商户在相同 IP 的订单比例和频繁下单比例两指标上明显异于区域指标，而如果没有维度升级和对比，单看一个用户的 IP 或单看一个商户下的相同 IP 占比，都不足以说明异常。

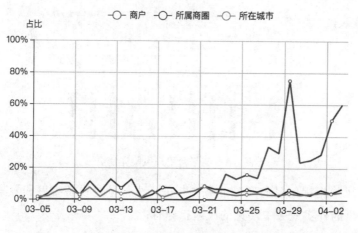

图 8.4　相同 IP 订单占比

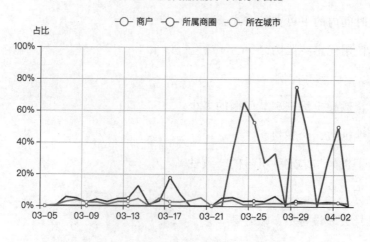

图 8.5　同一账户频繁下单的订单比例

模型打分和模型解释是案例详情看板中非常重要的一块。打分直接决定了风险级别和处罚轻重，而模型解释给出了打分的依据。**打分**、**解释**和**风险指标信息**是案例详情看板的三大核心要素，三者结合起来可以对一个案例的风险大小和风险点描述清楚。三要素结合呈现的方式适用于产品、运营、客服等所有角色，能够大大降低模型的理解难度。如图8.6所示，为某平台的商户案例详情看板的部分截图，其中展示了模型打分和风险点，看起来非常直观，不至于使得黑盒的模型打分过程无法感知。

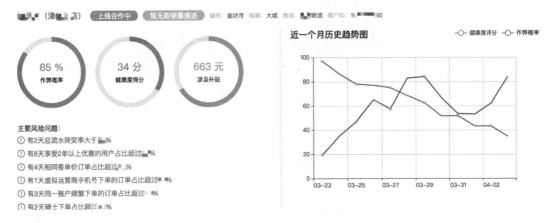

图 8.6　某平台打分与解释示意图

这里面比较复杂的地方是如何尽可能直观地描述风险点。在第 3 章中提到了模型的可解释性方法，主要从特征重要性角度来说明影响结果的重要特征。笔者实践证明，合适的解释方法和呈现方式有助于其他角色理解风控的输出结果，避免黑盒的不友好，对于模型落地能够起到事半功倍的作用。下面再花些篇幅介绍一下可解释性与可视化的问题。

8.3　可解释性与可视化 <<<

1. 总体解释和个体解释

可解释性包括总体解释和个体解释，也可以称为全局解释和局部解释。在 Python 中常用的 feature_importances_ 或者 plot_importance 就属于总体解释（如图 8.7 所示，横轴表示特征编号，纵轴表示特征的重要性大小），从整体上分析特征重要性。

而 8.2 节所说的模型解释主要指**个体解释**，即给出模型对一个实体打出相应分数的依据，如图 8.8 所示的决策树细节，输入一个具体的样本，很容易就能根据决策树分支了解到得分原因。人们习惯性用线性思维方式，面对一个打分，最想知道的就是有哪些影响因素以及影响的分量，特征重要性一定程度上可以回答这两个问题，但是很遗憾的是，很少有问题是线性的，很少有问题只用一棵决策树就能解决。

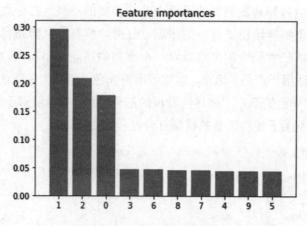

图 8.7 总体解释特征重要性

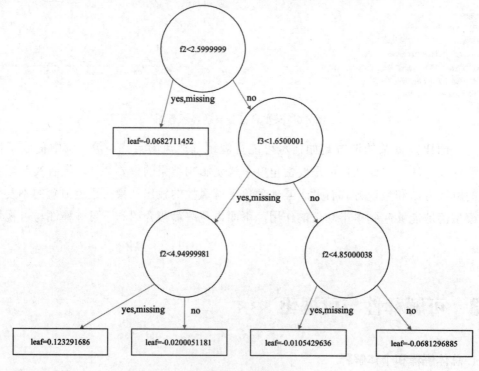

图 8.8 个体解释

于是就有了新的解决方案：问题不是线性的就用树模型，一棵树不行就用多棵树。没错，树模型在风控领域非常常见，甚至 XGBoost 可以是一个公司风控团队的唯一模型。而我们也可以看到树模型的很多解释方法，例如：

- 总体解释上有随机森林的 OOB（袋外数据）错误率解释方法，GBDT 的 Gini 系数解释方法，XGBoost 的 Weight、Gain 和 Cover 解释方法。
- 个体解释上有随机森林的 FC（基于样本分布变化的特征贡献度）解释方法、GBDT 的 *Unpack Local Model Interpretation for GBDT* 解释方法等。

到底该选择哪种解释方法呢？有没有一种解释方法相对比较通用？

2. LIME 和 SHAP 解释

在第 3 章中提到了 LIME 和 SHAP 两种解释框架（如图 8.9 和图 8.10 所示），这两种方法都是比较常用的，而且开发成本很低，只需要简单嵌入几行代码就能实现可视化效果，尤其是 SHAP 方法，支持 TensorFlow、Keras 和 PyTorch，支持特征交叉的解释，并且是截至目前为数不多的存在数学理论基础的解释方法。

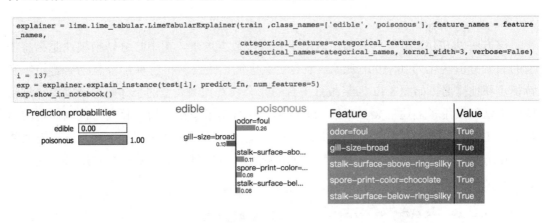

图 8.9　LIME 解释可视化

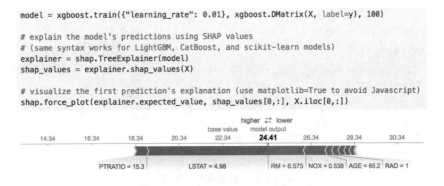

图 8.10　SHAP 解释可视化

从可视化角度来说，这两种解释方法的图形呈现更多是给模型开发人员使用的，尤其是 SHAP 方法，对非开发人员不太友好。实际使用中，可以只用其数据不用其界面。

另外，在可视化解释时，往往还需要形成文案。但是我们知道，模型输入里的很多特征在实际物理意义上可能表示同一个东西，比如 one-hot 的特征，比如连续特征分桶后形成的新特征，如果直接将这类特征原生解释出来，会显得非常生硬、更加难懂。因此在结构化数据建模场景下使用 SHAP 进行个体解释时，需要进行二次加工。

如图 8.11 所示，将模型的特征映射到业务知识，这样表达同一业务知识的不同特征会被映射到同一组，而每个业务知识可以采用一套话术模板，结合特征取值和模型结果进行填充，最后给出人能理解的描述，同时还保留了 SHAP 原有的解释结果。

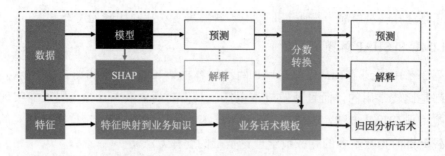

图 8.11　SHAP 方法应用

该方法以 SHAP 框架为基础，适用于表格化数据场景，图中打分转换模块是指将模型的原始分值转化为 [0, 100] 或者其他自定义区间，最终输出解释部分包括语言组织和特征重要性排名。如图 8.12 为某教育平台的一个续费预测模型的个体解释示意图，这种解释方法就采用了上述框架，根据预测结果，结合话术模板，把正负向特征以通俗的语句描述出来。虽然没有严格解释正向影响的特征，但已经在最大程度逼近，这对于系统的使用方来说，可以将黑盒的模型解释人情化，并且提供的话术对于决策环节有很强的参考意义。

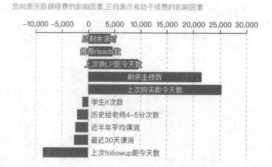

图 8.12　SHAP 解释应用场景示意

3. 反事实和补充示例解释

除了以上的解释方法，笔者在研究中发现，反事实和补充示例解释方法的可视化呈现也是一种人人可以理解的方案。反事实解释为样本在当前输入数据下提供了一个决策辅助，即如果想要获得相反的模型结果，所需的最小改变是什么。这种解释方法尤其适用于审批场景。如图 8.13（a）所示为一个通过审核的贷款申请，如果其中几项数据不是现状值而是列出的情况，那么申请就不会通过。它通过算法计算出了每个变量的容忍度（即不改变模型结果的边界值），NetFractionRevolvingBurden、NetFractionInstallBurden 和 PercentTradesWBalance 分别为 55、93 和 68。图 8.13（b）图所示更实用一些，它给出了一个被拒绝的申请需要作出哪些改变才能获批，例如 MsinceOldestTradeOpen 如果在当前取值基础上增加 48~161，就可以申请通过；NetFractionInstallBurden 如果能减少

38~58，就更好了。这种解释方法既回答了为什么，又回答了怎么办的问题。

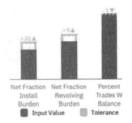

图 8.13　反事实解释法

这种解释方法的理念认为，每个个体应该在不同的特征上具有不一样的改变可能性，方法的重点和难点是要找出具有可执行性的特征（而不是任意特征）做出改变，否则不具备实际意义。例如"如果您的学历是本科而不是专科，那么申请就可以通过"之类的解释就没有参考意义，甚至会惹来麻烦。该方案可以通过交互式的系统设计来规避这个问题，即可以从生成的解释特征中选择自己想要的，或者提前指定一个范围。针对这个例子而言，限定了不考虑学历特征后，重新创建解释，它可能会给出"用户的最低收入如果变成了多少就可以申请通过"，而收入特征对于申请者来说依然是改变不了的，那么就把收入也加入不考虑的范围，它可能给出的是"用户银行账户余额至少为多少就可以获批"。

图 8.14 为补充示例解释法的示意图，输入一个样本，在输出分类类别的同时，还会输出语言解释和一组示例，为什么图片中的鸟是朱红霸鹟（Vermilion Flycatcher）呢？这是因为鸟的翅膀是黑色的，身体主色调是红色的，这都是符合朱红霸鹟的特征，用于示例的其他鸟类从反面排除了不是相应鸟类的情况。该方法的整个框架包括预测器、语言解释器和示例选择器，解释模型被协同训练以确保生成的解释对于目标彼此互补。虽然该框架可能会导致补充的反示例过于离谱，但这种可视化思路和形式都值得深入研究。

4. 无监督学习解释

相比监督学习模型的解释问题，无监督学习方法就容易接受很多。常见的无监督学习方法如聚类、社区划分，都可以通过直观的方式呈现出来。在维度过高时，最常见的聚类算法也可以结合 t-SNE 辅助我们把高于两维的聚类结果以二维方式展示出来。如图 8.15 所示为使用 t-SNE 将 64 维数据降到二维的效果。

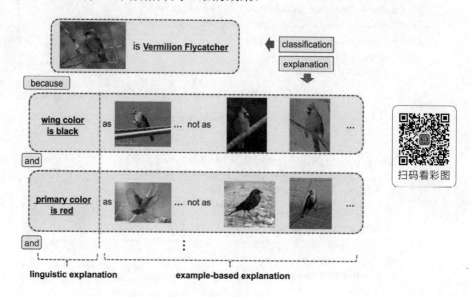

图 8.14 补充示例解释法

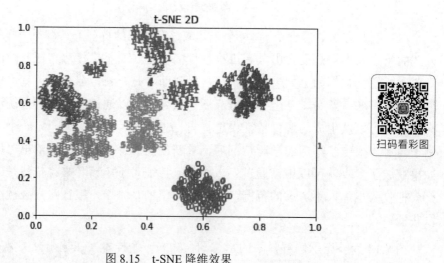

图 8.15 t-SNE 降维效果

无监督学习的结果往往以图或簇为主，实际上很少直接使用 Python 软件包的绘图能力，一般在做小规模数据开发测试时才会用。无监督学习的方法容易被接受，就和直观的可视化效果有很大关系，但是这种可视化并不太容易，因为我们在实际使用中需要看到各种规则或者视角下的可视化展示，直接基于 Python 软件包的绘图能力就很有限，也无法做到开发上的前后端分离，因此更建议使用一些可视化组件。

Neo4j 提供了与图数据库专门配套使用的可视化工具：Neo4j Browser 和 Neo4j Bloom。前者是 Neo4j 浏览器，主要面向开发人员，可以通过 Cypher 查询并可视化结果；后者是商业产品，主要面向非开发人员，按照其规则可以使用自然语言查询图数据库。

其他可视化工具可以通过内置 Neo4j 连接能力，如 neovis.js，将 JavaScript 可视化与 Neo4j 集成。注意要区别于 vis.js，vis.js 不具有 Neo4j 的连接能力，它擅长处理网络格式的可视化效果。popoto.js 是基于 D3.js 的 JavaScript 库，提供了类似 Neo4j Browser 的能力，如图 8.16 所示，用户使用它可以在上面可视化查询 Neo4j 的数据；而 D3.js 是一个常用于可视化的 JavaScript 库，能够将图网络数据转换为想要的格式，它专注于解决基于数据对页面文档进行高效操控，它不能直连 Neo4j，所以需要服务端转换 Neo4j 的导出数据。

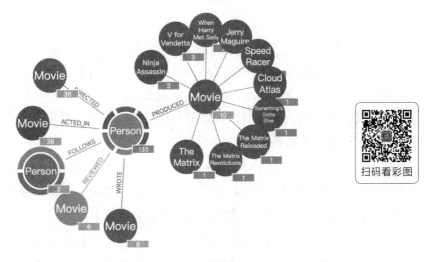

图 8.16　popoto.js 可视化效果

此外，还有一些独立的应用程序来做可视化，例如 GraphXR、yFiles、Graphistry、Gephi 等。Gephi 的画图能力（如图 8.17 所示）虽然很强大，但与其他工具比起来，在 API 接口和 JavaScrip 方面的支持较弱，多见于客户端的使用。

图 8.17　Gephi 强大的画图能力

8.4 查询分析平台 <<<

"报Case""查异常"和人工评估是风控工作中的家常便饭。8.2节中的案例详情看板很大程度上可以辅助进行分析定位,但如果从查和分析的角度来说,它还只是整个查询分析平台的一个落地页。完整的查询分析平台具有层级概念,先从总体刻画查询实体的各项指标和分布,再到实体最小粒度的详情信息。

笔者在外卖平台中参与设计了一套名为月光宝盒的综合查询分析系统,该系统支持查询订单、用户、商户、销售人员和骑手等多角度的信息,从总体上刻画四个角色(用户、商户、销售人员和骑手)的健康度,并将主要风险属性和异常指标呈现出来,最细粒度是提取相应的订单。这样从总到分的层次化呈现,便于全面了解一个实体对象的风险状况,更重要的是,有经验的人员可以根据罗列出来的指标和订单信息,判断出刻画的健康度是否准确,因此它又兼具了人工评估的能力。

若要查询对一个用户的刻画是否存在异常,在平台提交查询任务后,系统会抽取该用户在指定时间范围内的全部订单,统计分析各项指标,提取系统对该用户在相应时间段的打分,大部分指标支持查看对应的详情订单。

如图8.18所示,它与前面的图8.3基本一样,除了指定的时间范围。这里面用得最多的是一些分布图和订单详情,这些分布图可以不断添加,从各个维度描述订单的分布情况,有些可以用一个量化指标描述加入模型中,有些则只是用于人工分析判断。这个页面上还可以加入一个纠正标签的入口,当人工在查询过程中发现对这个用户的评判出现偏差时可以打标备注。我们曾在健康度的位置添加了一个标注功能,但因为标注人力的问题,最终未能形成规模,因而关闭。

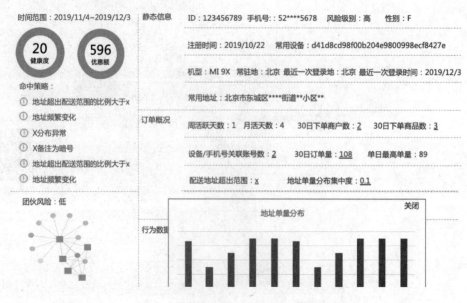

图8.18 查询分析平台的用户详情页面

类似地，若分析一个商户的风险情况，在平台提交查询任务后，系统会抽取该商户指定时间范围内的全部订单，统计分析各项指标，提取系统对该商户在相应时间段的打分，大部分指标支持查看对应的用户详情和订单详情，如图 8.4 至图 8.6 所示。与用户查询分析的不同之处有两点，一是商户查询分析会对比区域平均水平，当然用户的查询分析也是可以对比大盘情况的，很多分布和分桶的指标就属于这类；二是每个指标都存在订单详情，如图 8.19 实为图 8.5 点击链接进去的页面效果。

[redacted]店） 同一账户短时间隔频繁下单的订单占比

订单id	用户名	用户账号	收餐手机	绑定手机	新用户订单	订单来源	版本号	用户实付	[redacted]补贴	[redacted]补贴	支付渠道	支付类型	备注内容
152[redacted]938	刘	158[redacted]17	137[redacted]870	18[redacted]261	否	na-android	4.15.0	5	7	10.5	微信直连	外卖独立收银台	-
152[redacted]811	刘	158[redacted]17	137[redacted]870	18[redacted]261	否	na-android	4.15.0	5	7	10.5	微信直连	外卖独立收银台	-
152[redacted]726	冯[redacted]	33[redacted]28	188[redacted]525	18[redacted]525	否	na-android	4.15.0	5	7	10.5	微信直连	外卖独立收银台	冯
152[redacted]740	冯[redacted]	33[redacted]28	188[redacted]525	18[redacted]525	否	na-android	4.15.0	5	7	10.5	微信直连	外卖独立收银台	冯
152[redacted]846	王[redacted]	3[redacted]886	188[redacted]464	13[redacted]53	否	na-android	4.15.0	5	7	10.5	微信直连	外卖独立收银台	多放醋,冯
152[redacted]13	王[redacted]	3[redacted]886	188[redacted]464	13[redacted]53	否	na-android	4.15.0	5	7	10.5	微信直连	外卖独立收银台	冯
152[redacted]92	孙[redacted]	344[redacted]59	158[redacted]56	15[redacted]47	否	na-android	4.15.0	5	7	10.5	微信直连	外卖独立收银台	飞专送
152[redacted]09	孙[redacted]	344[redacted]9	158[redacted]56	15[redacted]47	否	na-android	4.15.0	5	7	10.5	微信直连	外卖独立收银台	-
152[redacted]028	孙[redacted]	344[redacted]9	158[redacted]56	15[redacted]47	否	na-android	4.15.0	5	7	10.5	微信直连	外卖独立收银台	-
152[redacted]884	张[redacted]	137[redacted]5	139[redacted]69	13[redacted]69	否	na-android	4.15.0	5	7	10.5	微信直连	外卖独立收银台	-
152[redacted]19	张[redacted]	137[redacted]5	139[redacted]69	139[redacted]69	否	na-android	4.15.0	5	7	10.5	微信直连	外卖独立收银台	-
152[redacted]7	赵	201[redacted]9	13[redacted]54	13[redacted]554	否	na-android	4.15.0	5	7	10.5	微信直连	外卖独立收银台	-
152[redacted]21	赵	2011[redacted]99	13[redacted]54	13[redacted]54	否	na-android	4.15.0	5	7	10.5	支付宝直连	外卖独立收银台	-

图 8.19 异常指标的订单详情查询

查询分析平台的综合能力还在于能够提供查询的统一入口，像搜索引擎一样，无论何种账户 ID 都能将其刻画和盘托出，底层实际是借助了 IDMapping 和检索框架，如图 8.20 所示，输入一个手机号，可以将平台中所有关于此手机号的信息检索出来，甚至包括是否是公司的员工。落地页依然是类似于图 8.19 所示的详情信息刻画。

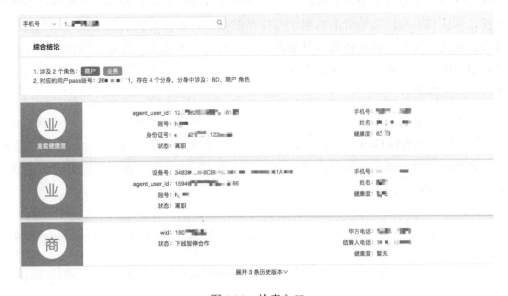

图 8.20 检索入口

综合查询平台中一个重要的标记是账号的处罚状态，包括正常状态、封禁状态以及限制性约束状态等，是 CASE 查询的必要数据。综合查询是查询分析个案的门户入口，属于第一层级；第二层级是各个实体的详情刻画；最后一个层级是订单详情。根据业务情况，中间可能会有其他层级，比如查询的是商户时，第二层是商户，第三层可以是在商户下单的用户。

到此为止，我们介绍的案例详情可视化、解释性可视化以及查询分析平台都是在讲如何做好个体刻画能力的问题，但其中贯穿了包括机器学习模型、数据挖掘与统计分析以及数据打通等在内的诸多工作，不可谓不繁杂，而做好系统之间连贯性的最大瓶颈在于数据流的建设是否足够便捷，因此有足够的理由去实现**数据中台**。

8.5 监控和引擎配置平台 <<<

8.3 节和 8.4 节介绍的平台虽然具有发现异常的能力，但更多是底层能力的可视化，在实时打击上明显不够，而专门发现敌情和执行打击的，当属监控报警和规则引擎，也就是本节要讲的监控和引擎配置平台，所有程序化例行的异常发现和打击，都属于这个范畴。

监控报警包括两部分，一是服务稳定性监控，如服务可用性、总体拦截比例的变化、每个策略的波动、准确率等，是对线上生产服务能力的监控和预警；二是对风险异常的监控，即通过无监督模型、分布类的指标、实验性指标等暂未发挥拦截的策略进行的监控，是对线上服务的补充，便于及时发现未知的大风险。

规则引擎是风控打击能力的实现者，任何规则或策略都可在规则引擎配置平台中完成配置、审核和上线，包括诸多机器学习模型的输出，都在规则引擎中配置和调用，它的核心是表达式引擎，重度依赖实时数据计算引擎。一般来说，规则引擎的配置平台紧耦合规则的响应和效果报表，因此策略的效果大屏看板与规则引擎的平台往往是合在一起的，作为配套能力。

监控平台和引擎配置平台属于基本能力，对应的实现工具有很多可选的成熟方案。监控可视化的工具包括 Grafana、Tableau、Supset 等，如图 8.21 所示为 Grafana 的监控效果，非常符合风控的严肃风格。引擎配置平台与常见的 CRM 系统类似，即便自行开发 Web 可视化界面，成本也较低。

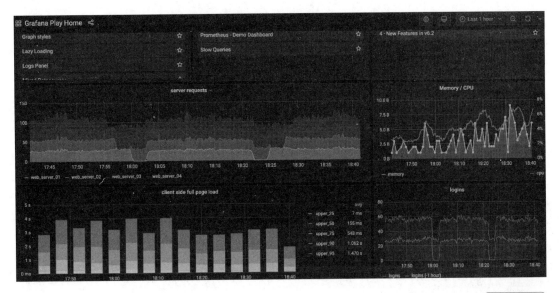

图 8.21　Grafana 可视化效果

扫码看彩图

8.6　其他工具 <<<

在核心系统的外围，还存在一些重要的运营工具，包括审核、处罚、样本采集、黑白灰查询等。从数据角度讲，这些工具的最大价值是将数据形成闭环，本质上是在做标注的事情，这是智能风控系统必不可少的一环。

- 审核工具：它不是要替代人工审核，而是将风控策略产生的不确定性结果分发给运营审核人员，由人工来复核，以及针对处罚之后产生的申诉材料进行甄别。
- 处罚工具：可以补充程序化标准处罚之外的特殊情况。正常情况下，处罚交由系统自动完成，根据处罚标准执行不同程度、不同级别的处罚手段。但风控往往不缺 CASE，对特殊案例的处罚可以由人工在处罚平台执行。
- 样本采集：用于搜集确定性结论的样本，记录发现的时间点、特征等信息，方便后续进行样本提取。样本采集平台的后端会对新增的样本回溯计算发现时间点附近的特征，加入样本特征库。
- 黑灰白查询：不同于前面三种工具，多以离线文件、Hive 表或 API 形式提供，文件和表区分为全量和增量。之所以提供查询能力，一是为了方便查 CASE；二是将风控的输出结果给业务线使用，渗透到产品各个环节，并可以根据后续行为修正结果。例如，活动运营团队想要上线一个"6·18"活动，可以在 CRM 中实现过滤黑名单用户，并使得灰名单用户抢到大额红包的概率小于白名单用户。

8.7 小结 <<<

以上便是智能风控系统中常用到的管理平台功能，包括总体可视化的大屏看板、个体可视化的案例详情看板、专用于机器学习和人工智能的可解释性可视化、用于评估和挖掘的查询分析平台，以及传统风控最常见的监控和规则引擎配置平台，还包括一些辅助工具。这些可视化平台和工具可以分成三类：

- 一类是监控和规则引擎配置平台，外加审核工具、处罚工具，属于操控类，好比驾驶舱的刹车、油门、方向盘和档。
- 第二类是以综合查询分析平台为入口的层次化详情看板，包括个体可视化案例详情看板在内，好比各类仪表盘和指示灯。
- 第三类则是效果大屏看板，以及在各层级的个体可视化案例详情页面上建立的导航页，好比车内装饰。

如果你是买车人，无论是操控的刹车、油门、方向盘，还是仪表盘、指示灯，抑或是车内装饰，这三项中缺少任意一项的话，我相信你肯定不买。我知道很多人最不在意车内装饰，但如果销售人员告诉你一辆车的操控性能多好、仪表盘指示灯多全，就是没有任何装饰，座位没有皮革，直接麻布包裹，我也相信你会心生怀疑：在装饰上连这点投入都不舍得，性能上能有多好？同样的道理，管理平台也是智能风控系统不可或缺的组成部分。

第 9 章
风控的挑战与智能风控系统的搭建原则

  智能摄像机的产生,解决了传统摄像机监控 24 小时需要人力盯守的问题,但与此同时也扩大了隐私泄露的问题,不过这并不影响它带来的进步。同样地,智能风控系统也比传统风控系统存在明显的优势,但它在落地过程中依然存在诸多痛点和挑战。正确认识并解决这些问题,才能不断发展向前。

9.1 风控的痛点与挑战

智能风控相较于传统风控,最大的亮点在于大数据和人工智能技术的运用。而风控不是一个单点问题,实为系统化问题。大数据和人工智能技术在风控实践中想要成功落地、实现系统化解决方案,需要克服诸多困难。根据笔者多年的实践经历,经常遇到的问题有以下几条,这些痛点问题从本质上讲是**数据和评估**问题。

1. "灵魂三问"

在前文已数次提到"灵魂三问"——**准确率是多少、召回率是多少、作弊总量有多少**,堪比哲学里"我是谁""我从哪里来""我要到哪里去"三个问题。这三个问题在工作中会被问到无数次,提问的人包括你的老板、你的每个合作方、每个风控之外的团队。这三个问题实际是在问整个风控系统的准召和整个业务的风险情况,不单单是一个机器学习模型,不单单是一个作弊手段。

为什么称之为"灵魂三问"?因为如此容易提出又很宏大的问题,的确不那么容易回答好,所有其他常见的使用机器学习的场景里,基本都存在明确的样本集合,但是绝大多数互联网业务的反欺诈、反作弊和风控都不能做到这点。这是因为风险实施的难验证导致的,难验证就难以大量采集坏样本。但这三个问题又必须回答,因此,"灵魂三问"背后是如何**建设评估体系**的问题。

2. 有大数据量的概念,没有大数据的底子

大数据概念普及以来,大大小小的企业都在提大数据,也确实在不断积累业务数据量,丰富数据维度。而大部分中小企业的风控是从什么时期开始出现的呢?往往是在曝出了案例后,被动而后发,这时先安排几个人临时应付维持,同时招人组建团队。这个时期业务一般处在高速发展阶段,前后端技术的基建方面逐步成熟稳定,大数据技术也在逐步走向成型。但对于此时的风控来说,一穷二白,大数据的概念并不属于此时的风控。

我们知道风控的数据源头较多,其中很重要的一块是需要采集客户端的设备属性和用户行为,而这些数据的采集依赖 App 版本的发布更新,从提出需求到版本发布,再到覆盖 80% 以上的用户群体,这个时间往往长达数月;如果采集信息有遗漏或者存在 bug,又需要数月的时间。因此,对于风控来说,初期没有大数据的底子,而此时业务发展早已进入下一阶段,不在一个水平线上。那么这种问题带来的后果是什么呢?最直接的后果就是随着第一批 Case 的爆发,频频发生大大小小的一系列 Case。智能风控建设初期的压力也是最大的,因为此时首要目标是堵住口子,而此时如果招人搞建模,反倒使不上劲:口子堵不住,模型又没有数据,团队立不住都是有可能发生的。

有大数据量而没有大数据量的融合打通,是风控技术发展的另一痛点问题。这个问题在小规模和大规模业务中都不太容易发生,反倒容易发生在**中等规模**业务里。我们知道芝麻信用和微信的支付分都是很有威信力的,因为大家都相信这两家企业的应用覆盖,分数的背后是对一个人多方面的综合刻画。但是我也了解到，很多中等规模的业务风控想要获取业务的全部数据都不是一件容易事，这可能与基建能力、数据架构有关，或者发展太快，系统的历史遗留问题太多。实际上，很多成熟的公司都为风控设了单独的数据仓库。

3. 隐私问题与数据采集

随着 Android 10 和 iOS 14 的发布，IMEI 和 IDFA 这些对风控相当重要的参数获取变得越来越困难，国家对于移动应用非法获取用户隐私数据的法制规范也越来越完善。早些年很多 P2P 公司为了获取用户数据，连短信内容、通讯录和通话记录都会采集，甚至为了获取用户的常住地址，强制采集用户手机外卖 App 里的收餐地址信息。

隐私问题的确需要正视，但它对风控可利用数据的影响也是存在的，黑灰产在暗处，而风控要在明处对抗，同时还要考虑隐私数据问题，这本身就是很大的挑战。未来客户端的数据采集会更加关注设备上行为轨迹的采集，随着硬件技术的发展进步，设备指纹也将可能取得突破。

4. 黑盒模型的不透明

一直以来，传统风控都将黑盒模型的不透明视为智能风控模型的弊端，根本原因在于作弊的难验证问题。虽然复杂深度模型的确不能如决策树规则那样，一条条地解释命中的原因，但如果能够有清晰可靠的验证手段，将在一定程度上避免这个问题。

5. 情报不足

股民们经常存在两类人群，一种是看新闻消息的，一种是看 K 线和各种指标的。做风控也一样存在两类，一类是可以通过对黑灰产的熟悉和掌握制定策略的，一类是纯数据驱动的。但是数据总有无数的坑，有无数意外的特殊情况。两者相结合是最好的，只是情报信息没有那么容易获取，甚至有较高的人身安全代价。

我们经常看到一些关于黑灰产套路分类的介绍，但是很多的分类是对抗者的猜测和推断。有效的情报信息能够大幅提高线索挖掘的效率，也能辅助验证策略和模型的效果。截至目前，本书所介绍的智能风控并不能解决情报不足问题，情报来源主要是一些线上的舆情爬取和黑灰产群卧底，以及深入黑灰产窝点潜伏。但情报搜集的确影响风险挖掘方向和策略效果的评估，对以线下为主导的业务场景至关重要。

6. 专家经验不可缺，人机结合是必然

智能风控，还没智能到把一堆乱七八糟的信息丢进系统，就能自动识别出风险的程度。它需要明确的输入，而明确的输入更多还是来源于专家经验。我们都知道客户端信息很重要，但要具体到采集哪些参数、如何采集，就需要专门的人才了。我们都知道用户行为很重要，但是如何从用户行为变成模型的输入特征，每个人的做法都会不同，也需要专门的人才。我们都知道手机的品牌和机型很重要，但如果华为的手机刷了小米的系统，那么获取的品牌和机型又是谁的呢？专家经验将在长时间里继续影响着模型的效果。

实际上，在企业里既能精通模型，又能精通手机客户端、网络和手机操作系统的人基本不存在。因此，智能风控的落地绝非单靠着大数据和人工智能就行了，还需要其他专业人才，为了实现风控所需要的大数据，如果没有这个链条上的全流程团队，就会比较困难。反观黑灰产，不也有卡商、号商、开发者、代理的分工吗？

7. 业务阻力大

本书中多次强调风控全方位渗透于业务和产品的重要性，但实际上，这个渗透非常困难，业务阻力超乎想象。这里面一般会面临两道坎：

- 对于一件事情，如果风控不设风险过滤检查，其面临的风险有多大？如果设过滤检查，带来的收益有多大？能否较为可信地评估出来？不容易评估。
- 即便评估出来了，找业务方配合上线风控策略，也是一件备受阻碍的事情。

原因很简单，业务人员风险意识弱、业务压力大。互联网业务普遍的特点就是节奏快、讲排期，而且是短排期。如果接入风控流程对于业务研发来说需要花费较大的代价，在原有项目排期很紧的情况下，大概率是不会接入的；更重要的是，很多人认为风控往往与业务的目标背道而驰，担心影响用户体验、平台收入等。

因此，量化的数据评估、规范的风控流程和便捷的接入能力，对于减少业务阻力是非常有帮助的三要素。在 9.2 节还会提出与业务方共背风控目标的方法，来减少来自业务方的阻力。

8. badcase 压力大

因为"灵魂三问"的存在，以及业务阻力大的问题，当出现 badcase 时，存在这些问题的角色很容易出现以偏概全的现象，并以此怀疑总体风控系统的准确性，尤其是因为机器学习模型导致的 badcase。最坏的情况是，发现了 badcase 一段时间后，再次发现同类型的 badcase，这将会大大降低风控系统准召能力的公信力。

而风控恰恰是需要 case 驱动的，没有一定量的 case 绝不是好事情，无论是对于完善系统还是其他方面（一定的 case 可以让领导感知团队的重要性）。如何让 case 成为有利因素，这是有技巧的。面对 case 投诉问题，最基本的原则是需要量化出这类 case 的数量和占比、系统识别这类 case 的准召情况，即讲清楚影响面积。

9.2 搭建智能风控系统的原则

风控落地中存在的以上诸多困难，很多并不是智能技术的运用带来的，更多是风控的特点导致的。但无论如何，都必须面对和解决。在搭建智能风控系统的过程中，需要遵循哪些原则才能少走弯路？笔者根据自己的经验总结了几点建议。

1. 业务优先原则

这是从人的方面来讲的，理解业务要靠人，确定目标也要靠人。业务优先原则是指解决什么问题、达到什么目标，都要以业务为主导，具体的解决办法要以熟悉业务细节为前提，避免空谈数据和模型。

举例来说，假设是电商业务，要解决的问题是用户和商户刷单问题，达到的目标是刷单比例降到 5%。这个地方读者可能有疑问，为什么目标也是业务主导？换句话说，风控的考核为何基本交到了业务手里？以业务为主导是以业务的需求为驱动，为业务服务，目标由业务侧提出并确定，双方达成共识，有利于推动落地，这是跨团队共建 OKR 的最好方式。为了达成这个目标，必然需要业务方的大力配合，包括数据埋点、检测服务的接入和处罚管控标准的执行，都需要业务方配合才能实现。而当目标由业务方提出并作为共同目标时，动力最大。

至于搭建风控系统过程中的细节问题，比如挖掘哪些特征，自然需要熟悉业务，这在第 3 章已经介绍过了。

2. 数据先行原则

这是从事情的方面来讲的，从最原始数据的获取到最后喂到模型的输入，中间需要的工作越多、时间越长，风控就越难做好，智能风控系统的关键就是数据。数据方面的主要卡点在于原始数据的采集和风控数仓的建设。

- 原始数据采集主要是指客户端埋点和日志，外采数据除外。之所以称这个环节为卡点，是因为客户端发版问题，如果不能尽早埋点，后期随着业务快速发展，回收数据太慢跟不上节奏。

- 风控数仓的建设往往是最容易被忽视，也是决定风控系统能否智能化、体系化的关键节点。数据仓库都是分层设计的，主要好处是减少重复开发和重复计算，而数据分层则会将原始数据逐层加工，聚合形成一系列中间表，层次结构越往上，数据聚合程度越高，越贴近于业务。层次化结构最明显的好处是，很多需要复杂计算过程的指标可以通过查询引擎直接从中间表获得，不需要每个使用者通过原始表层层计算出来，大大节省了计算资源，这正是数仓的业务目标。

但是这套以业务指标为目标的分层方案建出来的中间表，往往忽略了风控的数据使用习惯，风控使用的很多数据往往是业务上不太关注的一些细节数据，例如设备信息，一般业务常用到设备的 AndroidID、IDFA、IME 和机型，而对于 MAC 地址、COOKIE、User-Agent、CPU、内存、电池电量、各类传感器等信息极少关注；再如 IDMapping 信息，查询一跳、二跳节点，计算订单时间差分布等，这都是业务很少关注但是风控重点关注的数据，而这些往往都无法在已有的数仓中直接获得，只能穿透到底层原始表自行计算。

可想而知，如果没有风控的数据仓库，每个人都穿透到底层去计算各类指标，将会极大浪费资源，更会极大影响效率。因此，风控需要建立单独的数据仓库，包括离线和实时数仓，并且越早越好。如果数据方面的这个原则不能坚持做好，风控做到最后可能都是一盘散沙。

3. 灵活管控、重检测、快响应原则

阿里安全部门曾提出"轻管控、重检测、快响应"的九字方针，轻管控主要是从用户和客户体验角度出发；重检测则是侧重大数据能力，及时发现恶意行为；快响应是指能够第一时间给予处理和打击。

这里提出的"灵活管控、重检测、快响应"原则与之类似，不同点就在于**管控**上。对于管控的轻重，并无明确标准，当业务面临的黑灰产过于嚣张时，必然会采取严管控策略，控制住态势后自然会侧重体验问题。但在具体执行管控动作上，要分级管控：

- 对于能够精准识别的恶劣行为，可以实行稳、准、狠的打击原则，以起到以儆效尤的效果，毕竟管控是让黑灰产感知对抗存在的唯一手段。
- 而对于传播可能性小、危害小的恶意行为，可以轻管控。

总之，管控手段需要有分级标准，区分对待。此外，灵活管控在业务风控里还有另外一层含义，即把处罚权交于业务方执行，风控团队只负责检测和流量层面的管控，而生态管控可由风控发起建议，具体执行交由业务方权衡。举例来说，对于薅羊毛刷单的管控，对于实时订单和用户层面的管控，可以直接由风控部门执行；而对于商户是否需要封禁、关停，则可由监察执行。需要说明的是，分级管控的标准需要共同拟定达成共识。

至于**重检测**，这是智能风控系统的卖点，我们在第4章和第5章讲到的所有技术手段都是为了检测。

这些原则并非都是与智能风控的技术相关的，遵循这些原则，会让搭建过程走得更顺利、更规范。智能风控一定是可闭环的系统，实现闭环必然需要多方参与，尤其是业务方。而只要执行管控，基本都会牵扯业务人员的利益，遵循业务优先原则和灵活管控原则，在事情推进上更容易获得支持。闭环是指数据的闭环，清楚数据怎么来、从哪里来、如何变化、又到哪里去。如果能把数据闭环的通道搞得高效清晰，那么你的系统已经离成功不远。

9.3 搭建智能风控系统的注意事项

业务优先、数据先行，以及灵活管控、重检测、快响应原则是搭建智能风控系统的三大原则，遵循三大原则可以避免不必要的弯路和阻力。除了这些方向性原则，还有很多具体的注意事项（如下），坚持原则、重视细节，才能有效化解9.1节的痛点和挑战难题。

1. 尽早建立总体评估体系

哪怕总体评估体系很不成熟，也可以慢慢完善，但越早建立总体评估系统越好。因为这是能够回答"灵魂三问"的基础。设想一下，你刚加入一个正处于快速发展的企业，因为业务上发生了几次恶劣的作弊事件才新增了你这个岗位，你的老板希望你能够解决这个问题。无论对于老板还是业务侧，最想了解的是什么？当然是这种作弊还有多少没被发现，能不能短时间内控制住。因此，我们最需要评估的是作弊有多少的问题。

此时的评估可以非常简单，甚至可以总结当前已经发生的作弊事件的特点，再来计算还有多少同类型的作弊。紧接着就需要根据作弊特点制订相关策略进行约束管控。解决了这种类型的问题之后，最紧急的问题还是类似的，除了这种类型的作弊，还有多少没被发现？这个问题会一直持续问下去，直至你有了召回率的指标。所以"灵魂三问"中最紧急的是召回率和作弊有多少的问题，当管控遇到 badcase 或者影响业务利益时，准确率就会变成最紧急的。关于如何回答这三个问题，前面章节已有介绍，这里重点强调要早建立评估体系，并注意优先级。

2. 尽早完成客户端的埋点采集工作

主要是指设备环境相关的部分工作，尽可能限制到两次发版完成。这里面最常见的问题是并不能一次性实现采集齐所有需要的信息，往往因风控人员经验不足导致提出的需求无法覆盖较多信息，以及虽可以提出很多采集要求，但客户端发版往往周期固定、时间紧急，而客户端研发采集这些罕见信息的经验又不足，导致无法一次性采集齐全。采集工作的战线拉得越长，风控越被动。正因为发版成本拉高了采集成本，因此在埋点上需要加强质量测试和质量监控，及早发现问题。

3. 不要过于看重可解释性问题而放弃复杂模型的探索

需要解释的场景多出现于报 case 和出现大范围波动。针对个体解释的方法，我们在第 3 章中已有介绍，并配合指标可视化，绝大多数情况下可以讲得通，业务人员可接受。这跟 B 超类似，绝大部分人看不懂 B 超图，但是可以看懂 B 超上的诊断说明和一些血象指标。给出更多能让人看懂的信息，一定程度上就会缓解对模型可解释性的要求。至于 badcase 的误判，就需要研发人员从模型和特征去详细分析研究了。

4. 不要唯数据论和模型论

数据上总会有异于正常情况的存在，但未必是作弊，比如数据的来源 IP 是机房 IP，很容易被视为作弊，但是导致来源 IP 是机房 IP 的原因很复杂，并不能说明是作弊 IP 或者恶意 IP，还需要更多维度的分析和调查。

不要对任何风险的对抗都采用机器学习模型的方法，尤其是紧急、简单的对抗。智能风控首先是风控，而后是智能。在规则、模型和监控这个组合套餐里，规则引擎是主框架，智能模型是辅助，主次要分清楚，模型的应用最终要融合到规则中去。

5. 重视线索挖掘和特征工程

在第 4 章里介绍了数据加工流程，这是一个很重要的流水线工作。风控里的线索和特征主要分类两类，一类是设备、账号和网络层面的，即属性类；另一类是用户行为层面的，即行为类。

在设备终端、账号和网络层面做手脚是成本最低的，因此为欺诈作弊者的首选，他们使用 PC 和服务器或者模拟器伪装真实设备，或者在真机上刷机、使用按键精灵，又或者借助云 OS 安装辅助等，多使用代理、VPN 等分散 IP 伪装来自不同地域。这类对抗多采用设备指纹技术，但其实，对设备和网络层面的研究成本是很高的，需要很多综合知识，例如，针对下面这两个 IME 号，如果你不能一眼看出他们是假的，说明你对 IME 的认识还不够。

IMEI：419967721179242、863946932742354

识别设备的虚假，可以通过设备指纹检测，也可以直接基于这些综合知识进行检测，前者解决不了第一次出现就能识别的问题；后者存在召回不够的问题，因为很多模拟器和欺诈作弊高手可以做到滴水不漏——所以在做线索挖掘和特征工程时往往会把两者都用上。还是以 IMEI 为例，它可以用来作为设备指纹的因子，又可以从中提取特征，比如它的前 6 位、前 8 位。另外，属性类信息往往被定性思维看成静态信息，实际上，把属性类信息看成动态信息会更有收获。

从用户行为信息到特征这一步，往往有很多解法，如计算用户在某些业务事件上的频次、发生的次序、时间间隔，以及与其他用户是否构成相似行为、团伙等。这可以在线索挖掘阶段进行探索，分析单个用户在一段时间内的行为特点、多个用户的聚集性特点、规律性特点。笔者提倡线索挖掘和特征工程能够分工明确各司其职形成流水线工作。

6. 重视 IDMapping

IDMapping 是用来做一人多账号识别的。既然欺诈作弊者首选在客户端上搞事情，那就意味着有大量的设备 ID 背后实际上是一个自然人，再加上一个商业生态里存在诸多角色，角色之间的账号体系往往又不同，所以 IDMapping 的作用就会显得非常重要。笔者也见过 API 广告流量里，同一个设备传原始值和 md5 加密值，就被当成两个用户了，这些都可以交由 IDMapping 来解决。

7. 要形成全链路、全渗透的系统化风控，从生态循环上引导

全链路是指一个业务的前、中、后都要有风控环节，全渗透是公司的所有业务和产品都要有风险控制。这两点非常不易做到，尤其是后者。要注意的具体事项是，要有简洁的对接接口和灵活管控的意识。事前、事中和事后全链路的概念很容易理解，大部分风控从业者都具有这个意识。下面重点讲一下全渗透的生态循环具体怎么理解。

举一个例子，假设你用深度神经网络训练了一个识别用户欺诈的模型，在测试集上表现良好，部署到生产环境后，预测出的头部用户和尾部用户都能比较容易地评估出准确度，但相当大比例的中部区域用户无法很好地验证，哪怕抽样评估也是模棱两可的。按照一般管控方法，这部分无法验证的用户大概率是要放行不做任何处理，顶多长期监控，但实际根本无暇关注。在全渗透和生态循环理念下，要为全量的每个用户都刻画一个风险等级，对外输出到运营、用户画像、营销和推荐这些团队。

如图9.1所示，通过各个业务数据建立的风控模型，最终结果又输出到各个业务中去。如果做某个营销活动，可以选择不同风险等级的用户进行试验对照，屏蔽高风险的黑用户，降低灰用户（即无法确定性质的用户）中偏高风险用户的红包概率。类似地，如果换成了商户，在检索排名中也会受到降序影响，这在电商中已是基本常识。换句话说，全渗透风控表面是在避免产品业务各个角落的风险，实际是在做变相管控，将风险变成了运营、画像、营销和推荐这些事情中的低质量问题，从而靠系统的生态循环能力打压灰黑产利益空间。再进一步，如果运营、营销和推荐这些事情做到极致，是不需要风控的存在的。

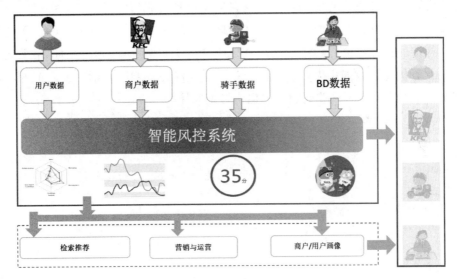

图9.1 全渗透风控示意图

想要做到全链路、全渗透的系统化风控，往往会耗费巨大的人力成本，为此，我们需要做一些尽可能通用的接口：

（1）在关键节点上接入风控能力，这些关键节点一般是一个事情的开端和结尾，或者是中台能力节点，例如针对抢红包活动，风控可以卡在抢红包和用红包（或提现）两个事件上，因此，像下单、支付、提现、结算等节点上一定会接入风控。在关键节点上接入，可以减少对接的业务数量，降低对接成本。

（2）标准化风控输出。建立以风险分/质量分/健康度/信用分为核心的量化刻画方法，并配合脱敏的原因解释作为风控的标准化输出。这样的好处是以全量输出，易于以量化方式对比用户差异，给下游使用方更好的使用体验，同时也兼容了传统黑白灰的划分方法。

8. 注重平台建设

平台工具和可视化能力可以实现事半功倍的效果，这在第 8 章已经详细介绍，可视化既可以解决汇报难问题，又能解决 badcase 问题，这两个问题都是 9.1 节提到的痛点问题，可视化的效果大屏看板一般都会朝着回答"灵魂三问"的方向努力。而工具可以很好地实现灵活管控和快响应。

9. 建立明确的违规处罚标准和违规处罚流程

在第 2 章中介绍了与风控有关的团队，其中合规、监察和运营团队都具有审核权和处罚执行权，没有明确的执行标准和流程很容易出现混乱，而风控的策略研发团队会负责违规的识别判定，智能风控的系统同时也承担了线上自动化的处罚管控。因此，需要分工明确，严格执行。

我们主要从评估体系、数据建设、系统化风控等方面介绍了搭建智能风控系统的注意事项，实际上会有更多的坑等着你去踩。但无论是人的问题还是具体事情的阻力，诸多细节基本上离不开这几方面，尤其是评估体系和数据建设。在这几方面投入更多精力和人力，打造的系统不会差到哪里去，至于风控系统如何更有影响力地作用于业务上，可以遵循业务优先、数据优先以及灵活管控、重检测、快响应原则，灵活把握，永远不要站在业务的对立面思考风控问题，提倡引导型风控。

第 10 章
风控的未来技术

新一轮科技革命和产业变革由萌芽进入快速发展阶段,大数据理论的成熟、算力的提升和 5G 网络设施的提升,驱动着人工智能技术进入新阶段,人工智能的显著效益必将带动着风控技术的革新和进步。

10.1 未来的技术趋势

通过本书前面的章节介绍，我们已经认识到，风控并不是一个单一的问题，也不存在一项单独的技术来解决所有问题，未来长期发展，必将围绕大数据建设起完善的**智能风控体系**，才能够有效抗衡黑灰产。不过在这个体系中，存在几个重点技术方向将会随着技术的成熟和成本的降低，在风控领域中发挥越来越大的作用，介绍如下。

1. 重点技术方向

1）向量化表示

向量化表示在机器学习模型中会越来越普遍，而模型并不会变得更复杂。图表示学习的普遍性将会推动下游任务的向量化输入。图表示学习研究的对象也是图数据，以向量化刻画数据之间的非线性表达，既保留了足够的信息，又可以采用工程简单的模型来训练。

长期以来，原始特征的提取以人工经验为主，而人工经验以强特征为主，致使这种机制下训练出来的模型召回受限，并且采用广义线性模型时还存在量纲问题，即便归一化也存在相对大小问题，未来随着 GNN 的普及，以及经典图嵌入表示方法的大规模应用，节点、边以及子图的嵌入表示会使得风控机器学习模型的输入更加向量化。

2）图神经网络技术

图神经网络技术会越来越成熟。图神经网络技术是深度学习在非欧几里得空间上的延伸，深度学习中的卷积网络、注意力机制、自编码等思想均已应用于图数据上，并产出了很多相应的算法。笔者之所以认为图神经网络技术在智能风控体系中将会发挥更大的作用，主要原因是风控的数据更适合用图数据结构来表示。当谈论一个设备或者 IP 是否有高风险时，除了一些明显的属性方面的特征，主要是看这个设备或 IP 上发生的"多数行为"或者与其他设备或 IP 发生的群体行为，这就是适合用图来表达的东西。

在使用监督模型或者 CNN、RNN 等深度模型时，往往也会想方设法去构建这类表达关系的特征，更不用说专门去做关系挖掘的聚类、社区发现算法了。在图数据结构的表达中，异构图和属性图是风控中常见的两类，因此图神经网络在未来的风控技术中，针对异构图和属性图的探索会有更多的突破。早在 2018 年腾讯灯塔和秒针系统联合发布的《2018 广告反欺诈白皮书》中，就提到了使用深度图神经网络进行反作弊的技术建议，如图 10.1 所示为带有一阶滤波器的多层 GCN 示意图，并将该技术应用于众包作弊用户检测的场景。

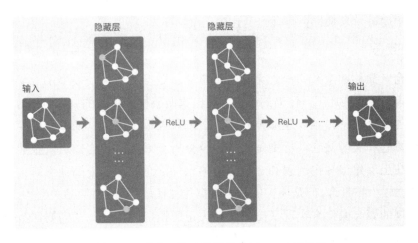

图 10.1　带有一阶滤波器的多层 GCN 示意图

3）生物特征识别技术

生物特征识别技术的应用会更加普及。生物特征识别是通过指纹、人脸、虹膜、声纹等进行个人身份的鉴定（如图 10.2 所示），目前大规模使用的主要是指纹和人脸识别，多应用于金融领域，如证券远程开户和金融机构的信贷申请时的人脸识别、手机银行指纹登录、手机银行转账时的人脸识别验证。相较于指纹和人脸识别，虹膜和声纹识别的市场占有率还比较低，多用于银行的系统以及公安和安防系统。

图 10.2　常见的生物特征识别技术

虹膜识别是基于眼睛中的虹膜进行身份识别，虹膜是位于眼睛的黑色瞳孔和白色巩膜之间的圆环状部分，包含很多相互交错的斑点、细丝、冠状、条纹等细节特征，而且在人的整个生命历程中是保持不变的。这种唯一性决定了虹膜可用于身份识别的精准性，甚至可能是所有生物识别中最精准的一种，因此应用前景非常广阔。但目前来说，虹膜图像的采集成本很高，虹膜直径仅 11 毫米，采集人脸图像的普通设备无法用于虹膜采集，需要专业的硬件设备；另外如果按照人脸采集的配合度来进行虹膜采集，则成像质量较低。同样存在采集问题的还有**声纹识别**，噪声对声纹的采集有很大影响，算法在识别上会受到干扰。

而**人脸和指纹识别**的市场占有率高，与其采集方便是有很大关系的。不过人脸和指纹识别的应用还不够广，还没普及到像使用短信验证码一样低成本，但未来随着硬件能力的提升和成本的降低，生物特征识别一定会有更普遍的应用。

2. 智能风控系统化技术

根据笔者实践经历，以上三个技术方向在风控领域中会发挥越来越大作用。从智能风控系统化角度讲,未来也会有几点变化。

1) 风控数仓

风控数仓(简称数仓)的概念会越来越重要。数据之于风控模型的意义自不用说,而数据从采集、存储到加工、传输的过程,是由数据架构来承载的。大数据时代的风控,若没有高效的数仓支持,难以建成体系化。传统风控很少提数仓的概念,而智能风控则强依赖离线数仓和实时数仓,特别是进行多维分析查询时。我们知道,企业的数仓会根据业务情况在上层建很多主题表和多维分析的指标汇总表,以提高业务查询效率,而底层的明细数据较少被查询。但是风控的指标数据往往比较怪异,与业务关注的点很不相同,很难通过常规的聚合操作来实现(比如团伙关系的挖掘),因此才需要在数仓的建设上单独考虑对风控的特殊支持。

2) 全链路联防联控

全链路联防联控的协同化风控越来越重要,线下逐步转型线上,闭环可能性越来越大。风控的系统化方案强调事前、事中和事后都要介入,在产品的全链路上采集、捕获用户属性和行为,离线和实时都需要检测,把一个企业的所有业务数据打通,不同产品之间的风险判断及时协同,真正做到天网恢恢,疏而不漏。

全链路联防联控的风控理念不苛求在风险进入的第一个环节就能检测出来,但追求将风险尽可能早地识别。例如,可以通过免费的在线接码平台获取短信验证码,顺利完成很多 App 的手机号注册这一环节。这个环节虽不一定需要禁止注册行为,但需要有检测能力,并且检测结果要能够在后续的环节里提供参考。

全链路联防联控还会影响一些存在线下行为的业务考虑线上线下闭环的可能性,逐步通过定制化硬件设备、线上 App 打卡签到、线上完成交易等方式采集数据,将线下行为转为线上数据,以借助大数据进行分析检测。国内目前已有不少企业正在做全链路联防联控的系统化风控,也有专业的风控解决方案提供商提倡类似的思路,如图 10.3 所示为数美科技提供的全栈式实时反欺诈体系。

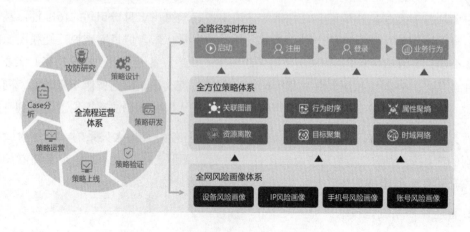

图 10.3　数美科技全栈式实时反欺诈体系

10.2 智能风控公司的机遇

未来智能风控技术掌握在大公司和专门提供风控服务的科技公司手里,为什么这么说?主要有以下几个原因。

1. 小公司首要解决的是生存问题

小公司生存下去是关键,业务不到一定体量不会动用大资源去考虑风控问题,即便遇到了一些黑灰产事件,也更适合投入少量人力紧急救火,或者寻求风控公司协助。

2. 大公司和风控公司掌握着数据

风控领域与其他领域最大的区别是什么?是数据。风控是比其他任何技术领域具有更多数据的领域,它可以获取所有其他技术领域获取的全部数据,还可以获取其他技术领域所没有的终端数据、网络数据、第三方数据。

然而风控技术最大的发展瓶颈也是数据,数据的假、脏、乱、差严重影响了智能风控体系建设的效率。且不说海量非结构化数据的清洗、抽取和转换,单就结构化数据的整合、预处理和校对,就是一个复杂耗时、"ROI 低"的事情,长期阻碍着风控技术的探索。

有过相关了解的读者会知道,推荐、排序等技术一般都是实时算法模型,相当消耗计算资源,但实际上,风控的算法模型需要的特征加工可能更耗资源,可是有哪些公司在两者的计算资源投入上是差不多的呢?这并不奇怪,这与风控数仓的建设有关,更是由于两者在收入问题上扮演正负向角色和投入产出比不同导致的。

因此我们会看到,大部分的检测模型都以离线发现为主,实时检测能力往往是不足的。人力资源和计算资源的投入会影响技术的发展。在这一点上,大公司和风控公司具有很大优势,尤其是后者。

3. 大公司、风控公司在风控的持续性和深度上有优势

影响风控技术发展的因素除了数据,还有黑灰产短时间内的不断变化和长期内的不断转移特性。不同的黑灰产工作室套路不同,表现出来的异常现象就会不同,同一黑灰产的套路也会随着风控的管制而调整套路,因此短期内很容易出现频繁曝 Case、Case 变异等现象。

这对风控的影响则是,短期内遇到一个口子堵上一个口子,处于被动局面,这个时期需要快速防御,先解决 Case 的问题再考虑其他。最常见的手段就是寻找 Case 特点,上规则,上策略。待缓解了燃眉之急,风控人员再去做更深层次的挖掘分析,开始尝试复杂技术手段,甚至研究新的技术。

但是当解决了基本问题还未深入研究时,你会发现,黑产很可能不见了。这不奇怪,黑灰产盯上的业务一定是有利可图的,投入低、收益大;随着管控的进行,投入开始变高、收益开始变小,他们就会转移到收益更大的业务上;当然如果管控后利益空间还足够大,他们便会继续对抗，升级套路。不断曝出不同类型的新 Case 以及不持久对抗的黑产特性，很大程度上会影响风控技术人员在技术探索上的深度。

但这也正是风控技术所面临的特点，也正因为如此，聚类、社区发现、GNN 等方法在风控中广泛应用并不断向前发展，而监督学习方法的研究鲜有以风控为背景的突破。大公司往往业务多，风控公司专职于研究黑灰产，因此在持续性和深入度上都占有优势。小企业或者新业务面对黑灰产，总是从简单防御开始，逐步升级对抗手段，存在一个原始积累过程，而风控公司常年持续研究黑灰产，甚至安排卧底到黑灰产的每个链条里去，对黑灰产的套路、数据表现出来的特点非常清楚，技术积累更是持续不断。

因此，根据以上几点，笔者认为大公司和风控公司（尤其是风控公司），在大数据、资源投入、研究深入程度上都占据优势，更容易在智能风控未来技术上有创新。这几年国内也出现了很多专职于风控解决方案的科技公司，如同盾、数美等，几家大的互联网企业也开始推出基于自身大数据打造的云风控服务，如阿里云，这些都能够覆盖互联网业务的绝大部分风控场景，并能随着黑灰产套路的演进而升级风控对抗技术。